胡铭 汪世荣 主编

"枫桥经验"史料整理与研究 第六卷

枫桥经验
流动人口服务管理史料与研究

卢芳霞 编著

商务印书馆
The Commercial Press
创于1897

浙江省文化研究工程指导委员会

主　任

王　浩

副主任

彭佳学　邱启文　刘　非　赵　承

胡　伟　张振丰　任少波

成　员

高浩杰　朱卫江　梁　群　来颖杰　陈柳裕

杜旭亮　陈春雷　尹学群　吴伟斌　陈广胜

王四清　郭华巍　盛世豪　程为民　余旭红

蔡袁强　蒋云良　陈　浩　陈　伟　施惠芳

朱重烈　高　屹　何中伟　沈铭权　吴舜泽

浙江文化研究工程成果文库总序

有人将文化比作一条来自老祖宗而又流向未来的河,这是说文化的传统,通过纵向传承和横向传递,生生不息地影响和引领着人们的生存与发展;有人说文化是人类的思想、智慧、信仰、情感和生活的载体、方式和方法,这是将文化作为人们代代相传的生活方式的整体。我们说,文化为群体生活提供规范、方式与环境,文化通过传承为社会进步发挥基础作用,文化会促进或制约经济乃至整个社会的发展。文化的力量,已经深深熔铸在民族的生命力、创造力和凝聚力之中。

在人类文化演化的进程中,各种文化都在其内部生成众多的元素、层次与类型,由此决定了文化的多样性与复杂性。

中国文化的博大精深,来源于其内部生成的多姿多彩;中国文化的历久弥新,取决于其变迁过程中各种元素、层次、类型在内容和结构上通过碰撞、解构、融合而产生的革故鼎新的强大动力。

中国土地广袤、疆域辽阔,不同区域间因自然环境、经济环境、社会环境等诸多方面的差异,建构了不同的区域文化。区域文化如同百川归海,共同汇聚成中国文化的大传统,这种大传统如同春风化雨,渗透于各种区域文化之中。在这个过程中,区域文化如同清溪山泉潺潺不息,在中国文化的共同价值取向下,以自己的独特个性支撑着、引领着本地经济社会的发展。

从区域文化入手,对一地文化的历史与现状展开全面、系统、扎实、有序的研究,一方面可以藉此梳理和弘扬当地的历史传统和文化资源,繁荣和丰富当代的先进文化建设活动,规划和指导未来的文化发展蓝图,增强文化软实力,为全面建设小康社会、加快推进社会主义现代化提供思想保证、精神动力、智力支持和舆论力量;另一方面,这也是深入了解中国文化、研究中国文化、发展中国文化、创新中国文化的重要途径之一。如今,区域文化研究日益受到各地重视,成为我国文化研究走向深入的一个重要标志。我们今天实施浙江文化研究工程,其目的和意义也在于此。

千百年来,浙江人民积淀和传承了一个底蕴深厚的文化传统。这种文化传统的独特性,正在于它令人惊叹的富于创造力的智慧和力量。

浙江文化中富于创造力的基因,早早地出现在其历史的源头。在浙江新石器时代最为著名的跨湖桥、河姆渡、马家浜和良渚的考古文化中,浙江先民们都以不同凡响的作为,在中华民族的文明之源留下了创造和进步的印记。

浙江人民在与时俱进的历史轨迹上一路走来,秉承富于创造力的文化传统,这深深地融汇在一代代浙江人民的血液中,体现在浙江人民的行为上,也在浙江历史上众多杰出人物身上得到充分展示。从大禹的因势利导、敬业治水,到勾践的卧薪尝胆、励精图治;从钱氏的保境安民、纳土归宋,到胡则的为官一任、造福一方;从岳飞、于谦的精忠报国、清白一生,到方孝孺、张苍水的刚正不阿、以身殉国;从沈括的博学多识、精研深究,到竺可桢的科学救国、求是一生;无论是陈亮、叶适的经世致用,还是黄宗羲的工商皆本;无论是王充、王阳明的批判、自觉,还是龚自珍、蔡元培的开明、开放,等等,都展示了浙江深厚的文化底蕴,凝聚了浙江人民求真务实的创造精神。

代代相传的文化创造的作为和精神,从观念、态度、行为方式和价值取向上,孕育、形成和发展了渊源有自的浙江地域文化传统和与时俱进的浙江文化精神,她滋育着浙江的生命力、催生着浙江的凝聚力、激发着浙江的创造力、培植着浙江的竞争力,激励着浙江人民永不自满、永不停息,在各个不同的历史时期不断地超越自我、创业奋进。

悠久深厚、意韵丰富的浙江文化传统,是历史赐予我们的宝贵财富,也是我们开拓未来的丰富资源和不竭动力。党的十六大以来推进浙江新发展的实践,使我们越来越深刻地认识到,与国家实施改革开放大政方针相伴随的浙江经济社会持续快速健康发展的深层原因,就在于浙江深厚的文化底蕴和文化传统与当今时代精神的有机结合,就在于发展先进生产力与发展先进文化的有机结合。今后一个时期浙江能否在全面建设小康社会、加快社会主义现代化建设进程中继续走在前列,很大程度上取决于我们对文化力量的深刻认识、对发展先进文化的高度自觉和对加快建设文化大省的工作力度。我们应该看到,文化的力量最终可以转化为物质的力量,文化的软实力最终可以转化为经济的硬实力。文化要素是综合竞争力的核心要素,文化资源是经济社会发展的重要资源,文化素质是领导者和劳动者的首要素质。因此,研究浙江文化的历史与现状,增强文化软实力,为浙江的现代化建设服务,是浙江人民的共同事业,也是浙江各级党委、政府的重要使命和责任。

2005年7月召开的中共浙江省委十一届八次全会,作出《关于加快建设文化大省的决定》,提出要从增强先进文化凝聚力、解放和发展生产力、增强社会公共服务能力入手,大力实施文明素质工程、文化精品工程、文化研究工程、文化保护工程、文化产业促进工程、文化阵地工程、文化传播工程、文化人才工程等"八项工程",实施科教兴国和人才强国战略,加快建设教育、科技、卫生、体育等"四个强省"。作为文化建设"八项工程"之一的文化研究工程,其任务就是系统研究浙江文化的历史成就和当代发展,深入挖掘浙江文化底蕴、研究浙江现象、总结浙江经验、指导浙江未来的发展。

浙江文化研究工程将重点研究"今、古、人、文"四个方面,即围绕浙江当代发展问题研究、浙江历史文化专题研究、浙江名人研究、浙江历史文献整理四大板块,开展系统研究,出版系列丛书。在研究内容上,深入挖掘浙江文化底蕴,系统梳理和分析浙江历史文化的内部结构、变化规律和地域特色,坚持和发展浙江精神;研究浙江文化与其他地域文化的异同,厘清浙江文化在中国文化中的地位和相互影响的关系;围绕浙江生动的当代实践,深入解读浙江现象,总结浙江经验,指导浙江发展。在研究力量上,通过课题组织、出版资助、重点研究基地建设、加强省内外大院名校合作、整合各地各部门力量等途径,形成上下联动、学界互动的整体合力。在成果运用上,注重研究成果的学术价值和应用价值,充分发挥其认识世界、传承文明、创新理论、咨政育人、服务社会的重要作用。

我们希望通过实施浙江文化研究工程,努力用浙江历史教育浙江人民、用浙江文化熏陶浙江人民、用浙江精神鼓舞浙江人民、用浙江经验引领浙江人民,进一步激发浙江人民的无穷智慧和伟大创造能力,推动浙江实现又快又好发展。

今天,我们踏着来自历史的河流,受着一方百姓的期许,理应负起使命,至诚奉献,让我们的文化绵延不绝,让我们的创造生生不息。

2006 年 5 月 30 日于杭州

目　录

导　论　/　001

第一章　"枫桥经验"与流动人口教育改造（1963—1978 年）　/　043

1.1　流动人口教育改造的调研报告　/　045

1.2　流动人口教育改造的工作总结　/　051

1.3　流动人口教育改造的典型案例　/　054

第二章　"枫桥经验"与流动人口综合管理（1979—2002 年）　/　069

2.1　流动人口综合管理的政策文件　/　071

2.2　流动人口综合管理的调研报告　/　112

2.3　流动人口综合管理的工作总结　/　142

2.4　流动人口综合管理的典型案例　/　157

2.5　流动人口综合管理的其他史料　/　173

第三章　"枫桥经验"与流动人口服务管理（2003—2012 年）　/　176

3.1　流动人口服务管理的政策文件　/　178

3.2 流动人口服务管理的调研报告 / 211

3.3 流动人口服务管理的工作总结 / 299

3.4 流动人口服务管理的典型案例 / 328

3.5 流动人口服务管理的其他史料 / 350

第四章 "枫桥经验"与流动人口融合治理（2013—2023 年）／ 384

4.1 流动人口融合治理的政策文件 / 387

4.2 流动人口融合治理的调研报告 / 436

4.3 流动人口融合治理的工作总结 / 467

4.4 流动人口融合治理的典型案例 / 485

4.5 流动人口融合治理的其他史料 / 508

参考文献 / 511

编写说明 / 533

导　论

社会人口的流动性是衡量一个社会活力的重要指标,也是影响社会结构,尤其是人口结构的重要因素。自新中国成立至今,流动人口服务管理工作始终是我国人口管理的重要组成部分。在"枫桥经验"60年的发展与创新中,加强对流动人口的管理与服务始终是一条主线。

流动人口在诞生之初至改革开放初期往往被泛称为"流窜犯",在20世纪80年代至21世纪初期被称为暂住人口、外来人口(从20世纪90年代中期又把流动人口称为外来建设者),2007年以后被称为新居民,目前又被称为新市民。

流动人口的统计口径,在不同时期有所不同。按2009年国务院通过的《流动人口计划生育工作条例》规定,流动人口是指离开户籍所在地的县、市或者市辖区,以工作、生活为目的异地居住的成年育龄人员。按2020年国家统计局人口普查的统计口径,流动人口是指人户分离人口中扣除市辖区内人户分离的人口。[1]根据第七次全国人口普查结果,我国人户分离人口为49 276万人,其中,市辖区内人户分离人口为11 694万人,流动人口为37 582万人,其中,跨省流动人口为12 484万人。与2010年相比,人户分离人口增长88.52%,市辖区内人户

---

[1] 国家统计局、国务院第七次全国人口普查领导小组办公室:《第七次全国人口普查公报(第七号)——城乡人口和流动人口情况》,《中国统计》2021年第5期。

分离人口增长192.66%，流动人口增长69.73%。[1] 这些流动人口大部分是从农村到城市，从欠发达地区到发达地区。以人口流动大省浙江省为例，截至2020年底，全省流动人口为25 557 450人，其中跨省流动人口为16 186 454人，省内流动人口为9 370 996人。[2] 尽管这些人员的流动能够为城市发展带来丰富的劳动力，但是由于户籍原因，他们的教育、医疗和社会保障等合法权益难以得到有效保障，由此潜伏着许多社会稳定隐患。因此，流动人口的服务管理工作不仅是社会治理的重点、难点问题，也是平安建设道路上不可回避的重要挑战。

新中国成立以来，从中央到地方各级都高度重视流动人口的服务管理工作，纷纷探索流动人口服务管理的新思路和新方法。"枫桥经验"是浙江枫桥人民经过长期的探索所形成的宝贵经验，它在党的领导下深入贯彻群众路线，依靠群众解决各类矛盾问题，是中国式基层社会治理的典范。从历史和现实的维度来看，"枫桥经验"形成、发展和创新的历程跟我国流动人口管理工作不断改进完善的过程同步。从20世纪60年代运用"枫桥经验"就地改造"流窜犯"，到20世纪90年代依靠群众开展流动人口的社会治安综合治理，再到21世纪初以"亲情式""服务式"加强对流动人口的管理，再到党的十八大以来"融合式""市民化"创新流动人口服务管理模式，从中可以看出，"枫桥经验"与流动人口的发展相互促进。一方面，"枫桥经验"与流动人口服务管理工作的深入融合，能够解决人口管理中的各类现实问题，推动流动人口服务管理模式的嬗变；另一方面，流动人口服务管理的丰富实践又能够不断深化和发展"枫桥经验"的核心要义，推动"枫桥经验"应用领域的拓展。因此，本书以不同的历史时期为纵切面，以同一时期流动人口服务管理的阶段性特征为横切面，探寻不同历史条件下

---

[1] 国务院新闻办就第七次全国人口普查主要数据结果举行发布会，2021年5月11日，https://www.gov.cn/xinwen/2021-05/11/content_5605842.htm。

[2] 浙江省统计局、浙江省人民政府第七次人口普查领导小组办公室：《浙江省第七次人口普查主要数据公报》，《浙江日报》2021年5月14日，第3版。

"枫桥经验"与流动人口服务管理之间的内在勾连,进而从流动人口服务管理模式的嬗变中把握"枫桥经验"的内在治理逻辑转向,为今后流动人口服务管理工作的实践创新与"枫桥经验"的理论创新提供方向遵循和思路支撑。

0.1 "枫桥经验"与流动人口服务管理工作的60年发展历程

"枫桥经验"诞生于1963年,这个时期刚好属于我国流动人口的严格控制阶段。在此阶段,"枫桥经验"创设了对"流窜犯"的教育式改造经验,成为我国人性化对待流动人口的首创者之一。因此,"枫桥经验"自诞生以来便对我国流动人口管理工作产生广泛影响。60年来,"枫桥经验"紧紧围绕党和国家的宏观政策背景,积极探索流动人口服务管理的新模式和新思路,并在枫桥干部群众的先试先行中逐渐走出了一条具有中国特色和时代特点的流动人口服务管理模式的变迁之路。它总体上可以分为"流动人口教育改造(1963—1978年)""流动人口综合管理(1979—2002年)""流动人口服务管理(2003—2012年)"和"流动人口融合治理(2013—2023年)"四个发展阶段。每个阶段均呈现出不同的特点,映射出我国经济社会发展不同阶段中流动人口的诉求变化及政策回应。党和国家对于流动人口的服务管理取向不仅决定了这一时期全国流动人口工作的重点和方向,还决定了流动人口服务管理工作在党和国家工作全局中的战略定位。因此,进行流动人口服务管理阶段性研究时,只有结合当时的社会条件和政策背景,才能找准"枫桥经验"与流动人口服务管理之间的互适性,进而梳理出不同阶段下流动人口服务管理的特点。

0.1.1 "枫桥经验"与流动人口教育改造(1963—1978年)

1949年新中国成立后,由于缺乏相应的政策规范,我国社会人口一直处于自由流动阶段。1951年7月16日，公安部发布《城市户口管理暂行条例》，这是我国第一个制定并发布全国统一实施的户口管理法规，基本上统一了全国城市的户口管理制度。该条例的颁布最初用于保障人民群众的居住、迁徙自由的权利，对于户口管理和变动的具体程序和条件并未做出详细规定。一方面，新中国成立初期，党和国家对于全国范围内城市和农村的人口状况缺乏充分了解，难以制定出准确可行的人口管理政策；另一方面，当时全国范围内仍有部分地区尚未解放，因此，党和国家对于人口管理的工作重点始终落脚于维护社会稳定和巩固国家政权，无法在短时间内制定完善的人口管理政策法规。1955年6月，国务院发布《关于建立经常户口登记制度的指示》，该指示对人口的出生、死亡、迁出、迁入四项变动登记做了明确规定，并对离婚、分居、失踪等引起的户口变动提出了具体的登记要求，进一步完善既有的户口管理制度。然而，这一补充性规定并未能在本质上填补人口迁徙管理的政策空白，因此，在这一背景下，大量农村人口开始盲目涌向城市。

由于农村人口在"盲流"初期并未对城市带来显著负面影响，因此，国家并未做出过多限制。随着城市中农村人口的不断增加，城市开始出现粮食供应不足、违法犯罪骤增等问题。1953年4月17日，政务院发布《关于劝止农民盲目流入城市的指示》，并在此后至1957年3月期间，又连续三次发布通知，力求改变农民盲目入城的混乱局面。然而，由于各地公安机关、劳动部门等对于农村人口盲目外流现象听之任之或者执行不力，所以，这一时期，被招进城市工厂的农村人口，在户口迁移问题上并没有严格执行户口管理规定。很多人轻易地从农村迁移到了城市，获取了城市户口，但事实上并不满足城镇户籍登记的各项条件，从而导致一些"二流子"和流入城市的地主、富农和劳改释放分子乘机通过聚赌、行窃等手段来维持生活，严重影响城市治安的稳定。1958年1月9日，全国人民代表大会常务委员会第91次会议通过了《中华人民共和国户口登记条例》，第一次明确将城乡居民区分为"农业户口"和"非农业户口"。条例第10

条明确规定:"公民由农村迁往城市,必须持有城市劳动部门的录用证明、学校的录取证明或者城市户口登记机关的准予迁入证明,向常住地户口登记机关申请办理迁出手续。"此项条例的颁布,宣告了农村人口向城市流动的壁垒开始形成。此后,1961年11月,中共中央又批转了公安部《关于制止人口自由流动的报告》,决定在大中城市设立"收容遣送站",建立收容制度,并规定由民政部门负责城市"盲流"的遣返工作。1964年8月14日,《公安部关于处理户口迁移的规定(草案)》出台,集中体现了该时期户口迁移的两个"严加限制"基本精神,即:对从农村迁往城市、集镇的要严加限制;对从集镇迁往城市的要严加限制。这一规定明确了公安机关在处理户口迁移时,应当正确地贯彻执行控制城镇人口增长的方针,要限制不合理的、盲目的迁移。1975年,新修订的《宪法》干脆取消了"公民自由迁徙权利"。在政府严控政策影响下,从1958年到1963年,我国人口总迁移率从9.65%下降到3.98%,1964年到1977年则始终保持在3%—4%。[1] 总之,国家在20世纪60—70年代持续强化户口迁移的管理力度,多次将大批人口遣返农村并严格管理和处置"流窜犯",奠定了这一时期国家严格管控的工作总基调。

诸暨市枫桥区在这一时期也面临着流窜犯罪问题。而且作为一个集体经济和商贸经济比较发达、交通非常便捷、省道穿境而过的集镇,枫桥区的"流窜犯"数量比一般地区要多。许多"流窜犯"不但在本地作案,还南下到外地作案,屡次被遣返。1965年春天,浙江省公安厅几位同志到枫桥开展调查研究,本来是去调研和了解自1963年以来"枫桥经验"全面推广后"四类分子"的改造工作,并准备在枫桥进行给改造好的"四类分子"摘帽试点。但是基层干部和群众反映,现在使他们头疼的不是"四类分子",而是村庄里的懒汉"二流子"和偷偷摸摸的人,这些人不仅闹得四邻不安,还南下流窜到城市去偷盗、做扒手。对

---

[1] 阎蓓:《新时期中国人口迁移》,湖南教育出版社1999年版,第85页。

此，枫桥干部群众强烈要求上交政府法办。

因为新中国成立初期经历三年困难时期，广大农村地区出现严重的缺粮问题。为解决温饱问题，农村大量"盲流"流窜作案，给农村集镇和城市带来了极大治安压力。当时，全国各地都建有"盲流"遣返站，不断地将"盲流"遣返原籍。但是，这些"盲流"遣返之后又流窜，拘留期满后再流窜，这样的恶性循环让公安机关困扰不已。枫桥区的"流窜犯"违法犯罪现象比较突出，一些人好逸恶劳，他们东流西窜，偷、扒、拐、骗，大案不做，小案常干。"流窜犯"人数虽然不多，但是社会危害性、腐蚀性却很大，严重危害集体经济、扰乱社会治安、涣散群众斗志、影响社队生产，成为农村基层突出的治安问题。一些群众形象地描述"流窜犯"："天当棺材盖，地当棺材底，锅灶搭在脚背上，找不着，管不牢，群众恨，干部怨，只好矛盾上交。"[1] 就这样，原本就存在的"流窜犯"在"四类分子"被和平改造后，就在农村治安问题中显得更加突出。

到枫桥调研的徐贤辅等同志回到杭州后，即向浙江省公安厅副厅长丛鹭丹汇报了这个情况。厅领导很重视，要求他们再回到枫桥区开展深入的摸底调研，全面掌握"流窜犯"作案的原因和基本情况，为省公安厅制定打击"流窜犯"的政策做好前期准备。1965年4月，经过深入的调查研究，省公安厅调查组将"流窜犯"归纳为以下三种人：一是大法不犯小法常犯的不良分子，他们好吃懒做，偷瓜摘茄，屡教不改，又达不到拘捕的条件，"气死公安，难死法院"；二是巫婆神汉，装神弄鬼，诈骗钱财；三是流窜作案者。这三类"流窜犯"所造成的治安问题，是当时枫桥的基层干部和群众要求解决的问题。群众之急，也是公安机关迫切要解决的问题。

于是，在浙江省公安厅的指导下，枫桥区的干部群众将发展"枫桥经验"的重点从改造"四类分子"逐渐转移到教育改造"流窜犯"上来。他们深刻意识到，

---

[1] 许根贤：《枫江红叶：枫桥经验产生和发展纪实》，群众出版社2004年版，第41页。

要做到捕人少、治安好,就需要减少和预防犯罪。群众是真正的英雄,要相信群众的智慧,在社会治安方面再创"矛盾不上交"的经验。1965年5月以来,枫桥区通过向基层干部和群众宣传毛泽东关于依靠群众专政、少捕、矛盾不上交的指示,做通了干部群众和"流窜犯"家属的思想,逐渐形成了"发动群众、依靠群众"教育改造"流窜犯"的工作经验。枫桥区原有在外流窜作案的惯犯16人,经过几个月的努力成功找回来10人,并及时对其进行安置,及时开展教育改造工作。仍然在外流窜、下落不明的6人,后来也在各地公安部门帮助下寻回,并被送回其所在的生产队,在群众的帮助和监督下就地改造。枫桥区通过"群众监督"和"专人管教"相结合的办法教育改造"流窜犯",成功地化解了基层社会治安隐患。这样,1965年就成为"枫桥经验"第一次转型发展的分水岭,枫桥区将工作重点从改造"四类分子"转移到了对"流窜犯"、失足一般违法人员的帮教工作上,又一次为全国贡献了维护社会治安的典型经验。

最终,枫桥区在改造流窜作案分子方面摸索出了"管头"(做思想工作)、"管脚"(防止外逃的措施)、"管肚皮"(安排好劳动和生活)的成功经验。后来,枫桥又及时总结出"三清一落实"[1]的帮教经验。在帮教过程中,枫桥干部实行"发动群众管"和"专人帮"相结合;着重抓思想政治教育和社会主义道德品质教育,帮助帮教对象总结变坏的教训,启发他们改造的自觉性;不厌恶,不歧视,严肃批评其过错,热情鼓励其进步;劳动上严加督促,生活上帮助其自食其力,适当安排;消除走老路的条件,严防坏人勾引;有了进步,工作不放松,出现反复,思想不动摇。枫桥常年不懈地坚持帮教工作,取得了显著成效。全区除10名重大"流窜犯"被捕外,就地陆续安置改造的36人中,七八年以上不再作案、已经改造过来的有9人;稳定三五年、改造表现较好的有15人;严重危害一二年、开

---

[1] "三清"是指查清造成犯罪行为的原因,查清违法犯罪行为的活动规律,查清帮助教育改造的有利条件和不利因素;"一落实"是指落实帮教措施。

始接受改造的有7人。[1]

总之,在这一时期,枫桥干部群众创造了就地教育改造"流窜犯"的成功经验。这种教育改造模式主要有以下两个方面的特点。第一,从改造的手段上来看,"流窜犯"的教育改造兼顾思想教育和物质保障。其中,思想教育为主,物质保障为辅。改造"流窜犯"的手段与改造"四类分子"的方式相似,都是以说理、教育和监督等方式完成改造。这种方式与当时严格的政策管控模式形成了鲜明对比,在当时的政策背景下,公安部和各级公安机关除了劝说、堵截、收容和遣返农村"流窜犯"外,还动员大量职能部门,对农村人口向城市流动进行严格限制。相比之下,"枫桥经验"中这种以管制与教育相结合、精神与物质相结合的改造手段更加符合当时的改造需求,能够帮助"流窜犯"转变观念,并积极投身到社会主义的建设事业中去。第二,从管理的目的和效果上来看,这一阶段对流动人口的管理主要以限制人口向城市流动为主,以达到国家发展经济和支持工业的目的。因为,一方面,"流窜犯"严重扰乱城市社会治安,不利于社会经济的正常发展,亟须得到有效解决;另一方面,城市建设对于劳动力提出了更高需求。把"枫桥经验"运用于"流窜犯"教育,不仅达到了就地改造的目的,限制了人口流动,避免了"流窜犯"的再次犯罪,而且能让改造后的"流窜犯"重新安心工作,为农村经济发展增添新动力。

0.1.2 "枫桥经验"与流动人口综合管理(1979—2002年)

党的十一届三中全会的召开标志着我们党和国家的工作重心从"阶级斗争"向"经济建设"的转变,这不仅给中国的政治、经济、社会等各领域带来了深刻的变化,也为"枫桥经验"在新的时代背景下转型发展带来了机遇。改革开放

---

1 许根贤:《枫江红叶:枫桥经验产生和发展纪实》,群众出版社2004年版,第102—104页。

后,随着经济大发展、社会大变革、人财物大流动,刑事犯罪持续高发,流窜犯罪猖獗,青少年违法犯罪问题十分突出。[1] 以邓小平同志为核心的党中央提出"稳定压倒一切"的方针,以江泽民同志为核心的党中央延续稳定压倒一切的方针,两代领导人均提出正确处理改革发展稳定的关系。如何正确处理改革发展与稳定的关系,有效预防控制犯罪尤其是青少年、流动人口的违法犯罪,教育挽救违法犯罪人员,维护社会治安秩序,为改革开放创造良好稳定的国内环境,成为党中央和各级政法机关尤其是公安机关面临的一项重点和难点工作。

改革开放后,我国农村体制和城市体制改革相继推出,先是家庭联产承包责任制的推行,把农村劳动力解放出来,大量农村富余劳动力转移到城镇。1993年10月,我国确定以小城镇建设为重点的村镇建设方针,提出了到20世纪末小城镇建设发展的目标。随之,乡镇企业、民营企业先后蓬勃发展,吸引了农民大量进城镇务工。这些外来务工人员的素质较低,再加上当时的社会治安防控手段比较落后,城镇中的盗窃、"两抢"等违法犯罪行为明显增多,成为各地社会治安的重中之重。此时,枫桥的干部群众与时俱进,紧紧围绕"枫桥经验"的基本精髓,在党委政府领导下,以维护农村社会治安为突破口,充分依靠和发动群众管好治安,逐步形成了融"打、防、教、管"于一体的维护社会治安的新经验,创造了小城镇社区犯罪控制的经验,实现了自身的历史性飞跃,也为全国社会治安管理贡献了地方经验。

根据党和国家对于流动人口的管理力度,可以将这一时期大致分为两个阶段。

第一个阶段是1979—1992年。改革开放后,单位制度的取消标志着国家对于社会的控制减弱,社会人口的流动性因此而增加。再加上为适应经济体制改革的需求,我国开始对流动人口采用相对放任型政策。1984年10月13日,国

---

[1] 中国法学会"枫桥经验"理论总结和经验提升课题组:《"枫桥经验"的理论构建》,法律出版社2018年版,第104页。

务院发布《关于农民进入集镇落户问题的通知》，从制度上保障了农村人口向城镇（集镇）流动并给予落户的权利。1985年7月13日，公安部发布《关于城镇暂住人口管理的暂行规定》，取消原来"公民因私事离开常住地外出、暂住的时间超过三个月的，应当向户口登记机关申请延长时间或者办理迁移手续；既无理由延长时间又无迁移条件的，应当返回常住地"的规定，改为"对暂住时间拟超过三个月的十六周岁以上的人，须申领《暂住证》"，由此开启了我国"暂住证"时代。同年9月6日，第六届全国人民代表大会常务委员会第十二次会议通过《中华人民共和国居民身份证条例》。身份证制度的实施摒弃了过去那种由工作单位（城市人口）或由社队（农村人口）开具介绍信来证明公民身份的做法，改用身份证这种具有法律效力的证件来证明公民的身份。1986年11月28日，经国务院批准，公安部发布了《中华人民共和国居民身份证条例实施细则》。上述身份证制度的实施不仅充分体现了对个人在法律上的平等权利的尊重，而且为国内各阶层的公民以后从事各项社会活动提供了便利和法律保证。至此，相对放任的政策模式使得全国范围内掀起了农村人口大量涌入城市的"民工潮"，形成了改革开放初期人口流动的新常态。1989年，为控制农民大规模向城市流动，国家又对前期政策进行局部调整，加强了对人口盲目流动的管理。同年3月2日，国务院办公厅发出了《关于严格控制民工盲目外出的紧急通知》。同年4月10日，民政部、公安部发出《关于进一步做好控制民工盲目外流的通知》。但是，城乡的巨大差距，吸引着大批农民工继续向城市流动。到1990年，全国流动人口数量达到2 135万人。[1]

在该阶段，农村人口向城镇流动的方式主要可以分为两种：第一种是以"农转非"的方式进入城市正式部门。然而，由于这种方式有一定的能力上的门槛，所以通过这种方式进入城镇的农村人口仅占少数。根据国家统计局的统计，

---

[1] 《中华人民共和国国家统计局关于1990年人口普查主要数据的公报（第6号）》，《中国统计》1991年第2期。

1978—1988年,平均每年有139万人由农村进入城镇部门就业,平均每年安排91万名大中专学生就业,其中有相当一部分来自农村。[2]第二种是以暂时性流动的方式进入城镇非农产业部门。相比于前一种方式而言,以这种方式进入城镇的农村人口主要面向低端劳动力市场。根据1987年对北京、广州、武汉、郑州、太原5个城市的291.7万流动人口的调查,从事经济活动的人口有191.8万,占65.75%。其中,有91.5万人从事建筑工作,有65.1万人从事保姆、环卫工作、企业民工,35.2万人是从事商业活动。[3]

枫桥区一方面因改革开放带来了商品经济的飞速发展,社会治安的维护有了物质条件;另一方面,其社会治安工作也面临着许多新情况和新问题。一是农村生活结构改变以后,因产权转让,人际关系变化,争水利、争田地、争农机具等群众纠纷大幅度增加。二是商品经济的蓬勃发展,带动了农村小集镇的发展,全区建制镇从1个发展到2个,自然集镇增加到12个。由于集镇物资相对集中,人口流动频繁,犯罪分子趁机活动,集镇的治安问题也相应增多。三是乡镇企业发展后,管理制度、内部防范一度跟不上,成了犯罪分子的主要侵害目标,刑事案件接连发生。四是"严打"后整个社会治安是稳定的,但局部地区流氓、赌博、伤害案件等时有发生,不及时采取措施,就会滋长和蔓延,影响社会安定。[1]针对上述情况,枫桥政府把工作的重点及时转移到以治安管理为中心上来,紧紧抓住"枫桥经验"的基本精神,把预防、打击犯罪和教育、改造违法犯罪人员有机结合起来,努力减少可能诱发犯罪和影响社会稳定的各种因素,逐步形成了融"打、防、教、管"于一体的社会治安综合治理经验,"枫桥经验"也由教育改造"四类分子"的经验发展成为帮教"流窜犯"、一般违法犯罪特别是青少年违法犯罪的经验。这改善了社会治安管理,保障了商品经济的健康发展,因此,

---

2 国家统计局编:《中国统计年鉴(1989)》,中国统计出版社1990年版,第123页。
3 张庆五:《关于城市流动人口问题的思考》,《中国人口科学》1989年第3期。
1 诸暨县公安局调查组:《依靠群众管治安 保障社会安定 促进经济发展——枫桥在新形势下又有新经验》,内部资料,1988年印发。

"枫桥经验"成为全国农村社会治安综合治理的典范。

第二个阶段是1993—2002年。一方面,不断涌入城市的流动人口滋生了大量的不稳定因素,导致城市违法犯罪问题日渐突出。因此,国家不得不再次严格规范人口政策,强化流动人口的治安管理,严厉打击违法犯罪分子,维护社会治安稳定。另一方面,1992年的市场经济体制改革影响着社会利益结构的变革,因此,国家需要持续改善和完善户籍管理制度以适应市场经济体制改革的发展趋势,保证社会局势的稳定。1995年6月2日,公安部发布《暂住证申领办法》,对暂住证的申领条件、申领流程、法定义务和违法处罚等方面做出了详细规定,这意味着国家运用暂住证制度强化对流动人口的管理,通过为流动人口颁发暂住证进一步织牢织密流动人口的管理网络。同年9月19日,中共中央办公厅、国务院办公厅转发《中央社会治安综合治理委员会关于加强流动人口管理工作的意见》,该《意见》指出,在改革开放和建立社会主义市场经济体制的新形势下,人口流动特别是农村剩余劳动力跨地区的流动大量增加。这一方面对经济发展和社会进步起到了积极的促进作用;另一方面也对社会治安、劳动、交通、计划生育等各种管理秩序造成了很大的冲击。为了维护社会的稳定,保障改革开放和社会主义现代化建设的顺利进行,必须在全国范围内大力加强对流动人口的管理。该意见明确要求,各有关地区和部门树立全国一盘棋的观念,加强合作,齐抓共管,采取更加有力的措施,对流动人口问题进行综合治理。1997年6月10日,国务院批转公安部《小城镇户籍管理制度改革试点方案和关于完善农村户籍管理制度意见》,规定已在小城镇就业、居住,并符合一定条件的农村人口,可以在小城镇办理城镇常住户口。1998年7月22日,国务院批转公安部《关于解决当前户口管理工作中几个突出问题意见》,户籍制度进一步松动。

依据中央提出的方针,各大城市在外来农民工行业准入、子女就学等方面出台了许多限制性的政策,并加大了对城市"三无人员"收容遣送的力度。此后,民政部、公安部等也联合发文,进一步强化收容遣送工作,使收容遣送制度由最初用来维护城市形象、保障城市正常生产生活秩序的手段演变为限制外来人口流动的措施。[1] 1998年9月22日，国家人口计划生育委员会发布《流动人口计划生育工作管理办法》，该办法详细阐述了流动人口计划生育的政策要求和权利义务，有效控制了人口的增长。可见，1992年以后，国家对流动人口的政策模式已经改变，由改革开放初期的相对放任式转变为防范管控式，并且逐步将流动人口管理工作作为维护社会稳定的重点工作之一。

此阶段，"枫桥经验"发源地在国家宏观政策的指导下，也主要侧重于流动人口的防范管理，以维护社会治安和人民群众安全。因为，当时绍兴地区作为大量流动人口的流入地，面临着流动人口盗窃、抢劫、团伙结帮、计划超生等一系列问题，迫切需要加强对流动人口的管理。20世纪80年代，绍兴通过暂住证、身份证等管理流动人口，采用相对放任的管理模式。但是，本地农村人口受户籍制度限制，主要还是在农村生产生活，较少有人到城镇就业和生活，外省农村人口也是如此。所以，整个80年代的绍兴，流动人口的数量并不多。1992年，党的十四大确定了建立社会主义市场经济体制的目标，绍兴地区扬起改革开放新的风帆，各项建设蓬勃发展，本地农村人口和外省务工人员大量涌入城镇就业。随之，城镇的社会治安问题日益凸显出来。在当时，非常有名的是"城南帮""斧头帮"等本地流动人口的帮派，时常集聚斗殴、寻衅滋事，而"四川帮""贵州帮"等外来流动人口的帮派则时常盗窃、抢劫。1993年12月9日，绍兴市连续公布两项从源头上管理流动人口的文件：一是《绍兴市建筑施工工地治安管理暂行办法》，对建筑工地施工人员加强管理，规定施工人员暂住了3个月以上的，需查验施工人员暂住证；二是《绍兴市城镇私房租赁治安管理暂行规定》，规定私有房屋的租赁实行治安许可证管理制度。1994年，绍兴县柯桥镇、诸暨市大唐镇等7个试点地区建立乡（镇）政府、派出所、村（居委会、企业）三级共同

---

[1] 杨群红：《新中国成立以来我党加强流动人口管理服务的经验及启示》，《重庆行政》（公共论坛）2011年第3期。

负责暂住人口管理网络,乡(镇)政府设暂住人口管理委员会或领导小组,由分管乡(镇)长任主任。同时,绍兴全市共建立暂住人口管委会(领导小组)7个,设办公室7个、暂住人口登记站15个,有三级专(兼)职人员351人。1995年5月9日,《浙江省暂住人口管理条例》颁布实施,加强暂住人口管理,保障公民合法权益,维护社会治安秩序。5月30日,绍兴市成立暂住人口管理工作领导小组。随后绍兴开展了《条例》颁布实施的宣传月和大规模的外来人口清理整顿活动,进一步摸清了底数,建立健全了管理制度。同时,绍兴建立了流动人口的"四统一"管理模式,市公安局会同市劳动局、市计生委联合在市区开展了"统一领导、统一管理、统一发证、统一收费"的"四统一"的试点工作。这一模式在全市逐步推广,各地普遍采用"一站式"管理模式。1995年3月5日,绍兴市公安局成立流动人口计划生育管理工作领导小组。1996年2月15日,绍兴市人民政府发出《关于加强春节前后流动人口计划生育管理工作的通知》。1995年5月6日,绍兴市人民政府办公室转发《市计生委关于实行流动人口计划生育管理部门把关情况报表制度意见的通知》,加强对流动人口计划生育的管理。1998年,绍兴全市开展了规模较大的首次实有人口大排查。1999年,全市开展了出租房屋的集中清理整顿,市政府还专门转发了市公安局的《绍兴市出租房屋集中整治方案》。2000年,在第五次全国人口普查户口整顿期间,全市对外来人口进行了一次集中登记。2001年1月,绍兴市综治委流动人口治安管理工作领导小组成立,办公室设在市公安局户政处。2002年,绍兴市实施"政府牵头、公安为主、部门配合、综合治理"的方针,明确落实有关部门的职责,真正形成各司其职、齐抓共管的良好局面,明确市综治委流动人口治安管理办公室的职责,落实专职人员切实发挥其作用。2002年7月30日,绍兴市公安局印发《开展流动人口分层次管理工作的意见的通知》,根据流动人口的前科劣迹、职业特点、交往人员及现实表现等情况,将流动人口划分为重点控制对象、工作视线对象和一般管理对象三个层次,按不同层次加强分层管理。同年,绍兴市公安局会同市委宣传部门联合编印了《绍兴市外来人员手册》，人手一册，以使外来人员更好地了解绍兴、热爱绍兴、服务绍兴。

诸暨市作为"枫桥经验"的最初发源地，一方面按照中央、省、市对流动人口管理的统一要求，出台了一系列制度和文件，加强对流动人口的综合管理。1986年8月8日，诸暨市公安局印发《关于要求批转〈城关暂住人口登记管理实施意见〉的报告》，开启了暂住证时代。1994年12月7日，诸暨市成立外来人口管理工作领导小组，乡镇（街道）也相应成立领导小组。1996年2月28日，诸暨市公安局印发《关于成立暂住人口管理稽查队的通知》。1997年3月10日，诸暨市公安局印发《关于进一步强化暂住人口管理工作的意见》。1998年3月2日，诸暨市公安局印发《关于全面开展实有人口排查工作的意见》。2001年9月17日，诸暨市公安局印发《关于进一步完善外来流动人口综合管理工作的几点建议》。同年，中共枫桥镇委员会成立外来人口综合管理领导小组加强对外来人口的管理，大唐镇、草塔镇人民政府开展清理整顿出租房屋规范流动人口管理专项活动，诸暨市流动人口多的乡镇开始加大管理和稽查力度。2002年5月10日，诸暨市公安局印发《加强外来人口日常管理八项措施的通知》，进一步深化外来流动人口综合管理工作，增强防范、控制、打击力度。总体来讲，在这一时期，诸暨市对流动人口的管理主要还是防、管、控。然而，作为"枫桥经验"的发源地，其与众不同之处在于，善于发动群防群治，动员村社、用工单位、房主、旅店业主等社会力量共同管理流动人口，把这些文化素质较低、收入较低，对当地缺乏归属感的外来群体牢牢管理在可控范围内，引导他们从事正常生产生活，避免他们从事破坏活动。另外，诸暨市再次发挥"枫桥经验"人性化的一面，率先给流动人口提供关爱和服务。1998年，诸暨市店口镇率先建立集"教育、维权、服务、管理"四大功能于一体的外来建设者管理服务中心，抽调派出所、劳管所、计划生育办工作人员到管理服务中心集中办公，对三家单位原先使用的表、证进行科学整合，简化办事手续，提高服务管理效率。店口镇的流动人口服务管理模式已经超越了管控思维,率先提出服务理念。时任浙江省委书记张德江对此作出批示:"店口镇的经验很好,应进一步完善提高,并适时在全省推广。"另外,枫桥镇"海魄"公司率先将"以人为本"的理念引入外来职工管理,以教育培训促进外来职工的全面发展,满足外来职工的生活需求,从而提升外来职工的归属感和认同感,促进外来职工的社会融合。然而,总体来看,尽管服务理念的融入一定程度上能够提高流动人口的管理效率,但是,这个时期依然是一种管理、管控为主的政策导向。

总而言之,1979年至2002年,"枫桥经验"发源地的流动人口综合管理工作也具有鲜明的管理导向,主要立足于开展社会治安综合治理和维护社会稳定,通过暂住证管理、出租房整治、治安管控和犯罪预防,降低流动人口的违法犯罪率,确保社会治安的总体稳定。然而,当地善于运用"枫桥经验",加强流动人口管理的基层组织建设,整顿和充实基层治保组织,建立健全流动人口稽查队和专管员、协管员队伍建设,加强培训教育,落实报酬,建立考核奖惩激励机制;善于发动用工单位、出租房中介机构负责人、出租房主和旅店业主一起管理,签订治安责任书,明确落实流动人口治安管理的责任和义务。这种综合管理的模式,既发挥党委政府的"硬核"力量,又发挥群防群治的补充作用,把流动人口纳入有序管控,为改革开放和经济发展创造良好的社会秩序。

0.1.3 "枫桥经验"与流动人口服务管理(2003—2012年)

2002年11月,党的十六大提出全面建设小康社会,加快推进社会主义现代化,为开创中国特色社会主义事业新局面而奋斗。为配合这一目标的实现,我国出台一系列加快城市和小城镇建设、鼓励和支持农民进城务工的新政策。城镇化的推进、户籍制度的放开、进城务工的鼓励使得我国开始产生民工潮,大量流动人口涌入城镇。在这一时期,人口的流动呈现以下两种流向:一是由县(市、区)或地级市范围内的近距离小范围流动逐渐向中、远距离的省内和省际流动发展,接近半数的人口流动跨越省界;二是由经济欠发达地区向发达地区流动。2007年,各个省区的流动人口占全国流动人口的比例最高的五个省(直辖市)分别是广东(12.56%)、北京(9.97%)、浙江(8%)、上海(7.98%)和福建(5.67%),粤京浙沪闽共吸引了全国44%的流动人口。[1]尽管这些外出务工的流动人口能够为城市发展带来丰富的劳动力,但是,原有国家政策已经无法及时有效保障流动人口的合法权利,过去严格管制的经验做法已然无法适应流动人口不断扩增的发展趋势。

基于这一现实背景,党和国家开始重视流动人口合法权利的保障,将流动人口的服务工作提上日程,不断出台政策推动整个流动人口管理工作开始向服务型转型。然而,这种从管理到服务的模式转型并非一蹴而就,事实上它经历了从"硬性化管理"到"亲情化管理",再从"亲情化管理"到"均等化服务"两个演变阶段。

第一个阶段是2003年至2007年,即党的十六大至党的十七大期间。由于受到党和国家政策导向的影响,该阶段主要聚焦于管理模式的柔化和合法权利的保障。2002年11月,党的十六大报告指出:"消除不利于城镇化发展的体制和政策障碍,引导农村劳动力合理有序流动。"2003年3月,孙志刚事件的发生,加速了流动人口管控制度的改革和瓦解。2003年8月,施行21年的收容遣送制度被废止。2003年6月28日,全国人民代表大会常务委员会通过《中华人民共和国居民身份证法》,保障公民的合法权益,便利公民进行社会活动,维护社会秩序。2003年10月,党的十六届三中全会通过的《中共中央关于完善社会主义市场经济体制若干问题的决定》指出:"深化户籍制度改革,完善流动人口管理,引导农村富余劳动力平稳有序转移。加快城镇化进程,在城市有稳定职业和住所的农业人口,可按当地规定在就业地或居住地登记户籍,并依法享有当地居民应有的权利,承担应尽的义务。"该决定同时提出要将城镇从业人员纳入

---

[1] 国家统计局人口和就业统计司编:《2007中国人口》,中国统计出版社2008年版,第111页。

基本养老保险。2006年1月31日,国务院发布《关于解决农民工问题的若干意见》,这是新中国成立以来对进城农民工经济、社会、政治权益保障提出的最完整、相关内容阐述最详实的一份政府文件。2006年10月,党的十六届六中全会通过的《中共中央关于构建社会主义和谐社会若干重大问题的决定》指出:"加强流动人口服务和管理,促进流动人口同当地居民和睦相处。"2007年11月20日,中央社会治安综合治理委员会印发《关于进一步加强流动人口服务和管理的意见》,提出"公平对待、搞好服务、合理引导、完善管理"的工作方针,要求公平对待流动人口。总之,党的十六大以后,国家开始转变工作理念,将依法保障流动人口合法权利作为流动人口管理工作的重要内容,所以,这一阶段流动人口的硬性管理模式逐渐柔化,开始呈现出亲情化、人性化色彩。

在此阶段,习近平同志在浙江工作,他曾多次强调要平等对待农民工,保护农民工的权益。2004年8月6日,他在杭州考察西湖文化广场建设工地,慰问农民工时指出:"要坚持以人为本,更加关爱和善待广大民工,积极为广大民工提供良好的工作环境,创造必要的物质和文化生活条件,努力为他们解决家庭居所、子女就学、个人婚恋等实际问题。"[1] 2005年3月23日,习近平同志对《人民日报》发表的《李学生:农民工的人生壮举》一文作出批示:"农民工既是经济建设的重要力量,也是构建和谐社会的重要力量。在改革与发展的全过程中,我们都要关心和重视农民工的生产和生活,切实维护广大农民工的合法权益,给广大农民工以真切的人文关怀,同时加强对农民工的教育、引导和管理,促进社会各个阶层、不同岗位群众之间的和谐。"[2] 浙江省委把保护农民工的合法权益摆上重要位置,稳步推进农民工问题的更好解决:一是简化进城务工手续,降低进城门槛,减少成本。二是建立为流动人口服务的就业服务平台。各级政府部门创

---

[1] 习近平:《干在实处 走在前列——推进浙江新发展的思考与实践》,中共中央党校出版社2006年版,第251页。

[2] 同上。

办的公共职业介绍机构已延伸到全省许多街道、社区和乡镇、农村,免费为本地和外来农民工服务。浙江着力构建"三级机构、四级网络"就业服务平台,实现了网络互联和劳动力信息资源共享,外来农民工通过这一渠道就业的比例达81.2%。三是保障流动人口子女受教育权,推动流动人口子女就学的收费标准与当地学生一视同仁。四是建立民工公寓,解决民工住宿问题。五是用法律手段维护农民工利益。如湖州市南浔区人民法院成立民工法庭,专门审理和执行涉及农民工的民商事案件。六是依靠工会组织维护农民工的合法权益。为此,浙江省总工会、劳动和社会保障厅等七个部门于2005年7月联合出台了《组织农民工加入工会的实施办法》,要求各企业不得以任何理由拒绝农民工加入工会。2006年8月28日,浙江省人民政府下发《关于解决农民工问题的实施意见》,这是全国最早就农民工问题发布的地方规范性文件,对保护农民工合法权益作出了系统制度性安排。

绍兴市的城镇化、工业化快速推进,每年全市流动人口数量都以20%左右的幅度递增,至2007年8月底,登记在册的流动人口已达115万。流动人口已成为当地经济社会发展中一支不可或缺的重要力量。同时,流动人口的大量涌入,也给绍兴社会建设和城市管理带来了巨大的挑战,如何有效地服务和管理这个庞大的群体,已经成为当地各级党委政府面临的一个重大而紧迫的课题。为此,绍兴市围绕"服务、管理、教育、维权"四位一体的工作要求,积极探索,大胆实践,在流动人口服务管理方面形成和积累了不少好的做法和经验。一是初步建立流动人口服务管理的工作格局。绍兴先后出台了一系列文件,如2002年10月22日,绍兴市人民政府发布《绍兴市暂住人口管理办法》,进一步加强暂住人口管理,保障公民合法权益,维护社会治安稳定。2006年6月15日,中共绍兴市委、绍兴市人民政府印发《关于加强和改进对农村进城务工人员服务与管理的实施意见》,提出进一步加强和改进对农村进城务工人员的教育、服务、管理和维权等各项工作,为农村进城务工人员的就业生活创造公平、宽松、和谐的环境。2006年11月5日,绍兴市人民政府印发《关于解决农民工问题的实施意见》,要求抓紧解决农民工工资偏低和拖欠问题、依法规范农民工劳动管理、搞好农民工就业服务和培训、积极稳妥地解决农民工社会保障问题、加强对农民工的公共服务、健全维护农民工权益的保障机制和促进农村劳动力就地就近转移就业等问题。各县(市、区)普遍建立了由党政领导牵头、有关部门参加的流动人口管理工作领导小组或协调小组,并设立了日常办事机构。一些重点乡镇(街道)也建立了配套的工作机构,抽调了公安、劳动、计生等部门工作人员集中办公。同时,根据《绍兴市创新"枫桥经验"、创建"平安绍兴"五年规划》的要求,配备了相应的流动人口专(兼)职协管员队伍,初步形成了较为完善的流动人口服务管理网络。二是积极探索流动人口服务管理的工作模式。全面推广"外警协管外口""外地干部管理外来人员"的新模式,实行了亲情化管理。三是着力完善流动人口公共服务和保障体系。采取各种措施,努力在劳动就业、子女入学、居住生活等方面为流动人口提供优质服务,保障其正当权益,促使流动人口进得来、留得下、住得好。如在深化维权行动方面,全面实行和规范劳动合同管理,切实加大了工资清欠力度,开通了用工投诉、工伤认定、工资清欠等绿色通道,打造"零欠薪"城市行动。在解决"民工子女入学难"问题方面,全市大力实施了"拆掉门槛""规范收费""敞门接纳入学"等一系列举措,努力实现教育资源的共享。在居住服务管理方面,各地积极兴建各类人才公寓、民工小区、"建设者之家"等集中居住设施,以低价廉租等形式提供给外来人员居住,较大地改善了流动人口务工人员的居住条件。四是有效促进流动人口与本地居民的和谐共处。全市各地各部门通过教育、宣传、文化等多种手段,多管齐下、多措并举,努力形成本地人与外地人一视同仁、和谐共处的社会环境。如在教育培训方面,各地通过社区、市民学校、流动人口学校等平台强化对外来务工人员的职业技能、安全生产、社会保险等方面的培训。在文化娱乐方面,各地组建了不少外来务工人员业余文体团体,推出了"文化绿卡""文化大巴"等优惠措施,努力提供丰富的文化产品和服务。同时,广泛开展以"共融、共创、共享"等为主题的系列文化活动和赛事,增强了外来务工人员对绍兴的认同感和归属感。在舆论宣传方面,各地纷纷开展了"最感动您的外来员工""十佳外来创业人员""百名优秀建设者"等评选活动,大力宣传表彰外来务工人员中的优秀分子,使广大外来务工人员学有榜样,干有方向,努力形成"经济繁荣共创、发展空间共存、社会责任共担"的良好氛围。

诸暨市紧跟党中央和浙江省委步伐,努力将贯彻落实流动人口服务管理政策同创新发展"枫桥经验"相结合。2003年6月3日,诸暨市公安局印发《当前外来流动人口综合管理需明确的几个问题》。2003年7月4日,诸暨市公安局转发《浙江省公安厅〈关于进一步改进流动人口管理和服务工作〉的通知》。2006年3月13日,中共诸暨市委办公室、诸暨市人民政府办公室印发《诸暨市关于开展外来建设者服务管理工作专项活动的通知》。2006年4月5日,诸暨市公安局印发《强化暂住人口管理工作实施意见》。2007年9月17日,中共诸暨市委办公室、诸暨市人民政府办公室印发《关于加强流动人口服务管理工作的意见》。这些制度与文件极大地推动了流动人口的服务与管理水平,开创了流动人口管理新局面。在此阶段,"枫桥经验"与流动人口的服务管理结合更为明显。2003年,诸暨市公安局在城东大侣片区开展"以外管外"(外来人员管理外来人口)试点工作。在此基础上,在店口推行"外警协管外口"(引聘外来人员输出地警察前来协助管理外来人口)的管理模式,从贵州省遵义县、江西省永丰县等地公安局引聘3名民警到店口派出所,建立起由本地民警和外地引聘民警组成的暂住人口管理服务警务小组。同时,诸暨市公安局要求外来建设者较为集中的输出地建立起"劳动、人口计生、卫生"三级服务管理网络。这些网络共涵盖了27个综合服务中心、15个综合管理中心,按500∶1的比例配备流动人口专管员。2003年,公安部在诸暨召开现场会,向全国推广"外警协管外口"经验,诸暨店口经验备受关注。可见,这种"以外管外"的管理模式能够为流动人口提供市民化待遇、亲情化服务、人性化管理,保障流动人口的合法权利,帮助流动人口更好地融入当地社会。但从本质上来讲,这种模式依然属于流动人口管理工作的范畴。

第二个阶段是2008年至2012年,即党的十七大至党的十八大期间。在党的十七大精神的指引下,该阶段开始聚焦于流动人口服务模式的构建,注重流动人口的民生问题。2007年10月,党的十七大指出:"加强流动人口的服务和管理。"2008年10月,党的十七届三中全会通过的《中共中央关于推进农村改革发展若干重大问题的决定》提出:"统筹城乡劳动就业,加快建立城乡统一的人力资源市场,引导农民有序外出就业,鼓励农民就近转移就业,扶持农民工返乡创业。加强农民工权益保护,逐步实现农民工劳动报酬、子女就学、公共卫生、住房租购等与城镇居民享有同等待遇,改善农民工劳动条件,保障生产安全,扩大农民工工伤、医疗、养老保险覆盖面,尽快制定和实施农民工养老保险关系转移接续办法。统筹城乡社会管理,推进户籍制度改革,放宽中小城市落户条件,使在城镇稳定就业和居住的农民有序转变为城镇居民。推动流动人口服务和管理体制创新。"2009年4月29日,国务院第60次常务会议通过《流动人口计划生育工作条例》,该条例明确要寓管理于服务之中,实现由行政制约为主向依法管理、政策引导、优质服务等综合管理转变,保障流动人口在现居住地的计划生育合法权益,实现户籍所在地和现居住地对流动人口计划生育更协调、有效的管理。2010年7月1日,《中华人民共和国社会保险法》正式施行,这部法律对流动人口养老、医疗、工伤等保障作出了明确规定,并对用人单位和相关政府部门职责作出规范,标志着流动人口合法权益保障体系的初具雏形。2010年9月21日,国家人口和计划生育委员会、中央社会治安综合治理委员会办公室、财政部、人力资源和社会保障部等四部委联合下发《关于创新流动人口服务管理体制推进流动人口计划生育基本公共服务均等化试点工作指导意见》,并成立了推进流动人口计划生育基本公共服务均等化试点工作协调小组。2010年10月15日,宁波、泉州、苏州、青岛、南宁等49个城市开展试点,通过加强人口计划生育服务管理政策与户籍管理、劳动就业、教育、医疗、社会保障、住房等方面的政策制度的衔接和协调,制定和完善均等化服务相关公共政策,形成部门协同推进流动人口基本公共服务均等化工作合力。2010年10月18日,党的十七届五中全会审议通过的《中共中央关于制定国民经济和社会发展第十二个五年规划的建设》明确提出:"加强城镇化管理。要把符合落户条件的农业转移人口逐步转为城镇居民作为推进城镇化的重要任务。大城市要加强和改进人口管理,中小城市和小城镇要根据实际放宽外来人口落户条件。注重在制度上解决好农民工权益保护问题。"总之,这一阶段党中央明确提出流动人口应当与城镇居民享有同等待遇,必须从劳动、教育、就学、卫生和住房等各个方面为流动人口提供合理服务。至此,全国范围内的流动人口的亲情化管理模式进一步向着均等化服务模式发展,对于流动人口服务工作的完善发展具有重要意义。

浙江率先积极开展流动人口服务工作的创新实践,以更为合理的制度调试建立起相对完善的流动人口服务体系。早在2006年,浙江省就建立了农民工工作联席会议制度,加强对农民工权益保障等工作的统筹协调。同年,在省公安厅增设流动人口服务管理处,作为负责流动人口服务管理日常工作的省级办事机构。2006年11月,嘉兴市委市政府出台《关于加强嘉兴新居民服务管理工作的若干意见》,拉开了流动人口户籍管理制度改革的序幕。2007年9月25日,嘉兴市正式挂牌成立新居民事务局,并把所有的外来流动人口称为嘉兴市新居民。在嘉兴市户籍改革初步成功后的两年,2009年6月,浙江省制定出台《浙江省流动人口居住登记条例》,同年10月1日在全省范围施行,实施了14年之久的《浙江省暂住人口管理条例》就此废止。至此,在浙江省,只要符合一定条件,所有流动人口均可申领《浙江省临时居住证》或者《浙江省居住证》,持有这两种证的流动人口可以享受社会保障、公共服务等待遇。另外,《浙江省居住证》持有人符合县级以上人民政府规定条件的,可以申请转办居住地常住户口。它标志着浙江省流动人口由暂住证管理进入了居住证管理时期。[1]尽管"暂住"和"居

---

[1] 叶菊英:《浙江省流动人口服务管理的经验、问题及对策研究》,载浙江省社会学学会编:《2011年浙江省社会学学会年会论文集》,内部资料,2021年印发,第323—327页。

住"只有一字之差,但是在身份认同上已经将外地人转变为本地人,能够最大限度地提升流动人口的归属感和幸福感,从而促进流动人口的社会融合。2009年11月,浙江省委省政府随即成立了由17个相关职能部门负责人组成的全省流动人口服务管理工作领导小组,办公室设在省公安厅,具体负责日常工作。全省11个地级市先后都成立了由党委、政府分管领导任组长、相关职能部门负责人参加的流动人口服务管理综合协调机构。可见,浙江省的一系列政策文件体现出流动人口的服务理念,成功的服务实践充分证明了服务理念的科学性和可行性,为浙江省的服务经验走向全国奠定了实践基础。

绍兴市坚持管理、服务、教育、维权并举,落实流动人口管理经费,配齐配强专管员队伍,大力推行公寓式管理、分层次管理等多种模式,着力推进流动人口管理的法治化、规范化、信息化、人本化、社会化,为流动人口生产生活营造了良好的治安环境。2007年9月3日,中共绍兴市委办公室、绍兴市人民政府办公室印发《关于加强全市流动人口服务管理工作的意见》,进一步加大对流动人口的服务与关爱。截至2008年6月底,全市登记在册的流动人口达114.8万人,总数比五年前增长了106.96%。2008年,绍兴市推动流动人口教育制度改革,提出要充分发挥全市公办中小学接收流动儿童少年主渠道作用。要坚持"以流入地公办全日制学校为主"的管理要求,在教育资源配置上,要充分考虑流动儿童少年的入学需求。2010年6月3日,绍兴市人口和计划生育委员会、绍兴市公安局印发《关于全面推行流动人口服务管理协作工作的通知》,提出要发挥两个部门的各自优势,整合资源,全面提升流动人口综合服务与管理水平。2010年11月14日,绍兴市人民政府印发《绍兴市流动人口居住登记暂行规定》,加强流动人口服务管理,保障流动人口合法权益,促进经济社会协调发展。2010年12月9日,绍兴市人民政府办公室印发《绍兴市推进流动人口计划生育服务体制机制创新和基本公共服务均等化试点工作实施方案》,提出在流动人口计划生育服务管理上,实现"五同",即同宣传、同管理、同服务、同投入、同救助。当年,绍兴市再次推动医疗制度改革,明确城镇职工医保实行全市范围内医疗费用实时结算。其中要求积极做好农民工等流动就业人员基本医疗保险关系跨制度、跨地区转移接续工作,开展以异地安置退休人员为重点的就地就医、就地结算服务。2011年11月16日,绍兴市教育局印发《关于实行市区流动人口子女初中升学"一卡通"制度的通知》,进一步提高市区流动人口子女入学工作服务和管理水平。

诸暨市作为"枫桥经验"的发源地,一方面积极贯彻中央、省、市对于流动人口服务管理工作的精神要求,出台了《关于进一步规范流动人口信息登记工作的通知》《转发市流动人口服务管理局〈关于进一步加强和改进流动人口服务管理工作的意见〉的通知》等制度,开启了服务与管理并重的新阶段。另一方面,突出"枫桥经验"特色,更为人性化、关爱化地对待流动人口,并加强流动人口的社区管理与自治。2007年,诸暨市流动人口管理部门开始实行流动人口基本公共服务均等化,健全教育、服务、管理、维权四位一体的流动人口服务管理工作模式,利用政务信息网链接,实现信息资源共享。2008年,全市实施"外来建设者爱心服务一证通"工程。大唐镇创建"新大唐人理事会"。2011年,全市以流动人口基本公共服务均等化为重点,促进流动人口有条件地享受诸暨市民同等待遇。同年8月15日,诸暨市流动人口服务管理局正式授牌成立。诸暨在就业服务、社会保障、住房保障、子女就学、医疗服务、法律援助、精神文化、民主政治等方面扩大对流动人口的公共服务覆盖面。各乡镇(街道)建立流动人口党支部和工会组织,21万外来务工人员加入工会组织。教育局发布《诸暨市义务教育阶段外来务工人员子女就学管理暂行规定》,为1.4万余名流动人口子女解决就学问题。市第四人民医院、市第六人民医院开设外来建设者门诊部和绿色通道,并为流动人口减免医疗费用。诸暨市与贵州省余庆县签订《异地农民工法律援助合作协议》,开展流动人口法律援助合作。全市评选"十大杰出(优秀)外来建设者"。市流动人口计划生育基本公共服务均等化工作领导小组成立,并发布《诸暨市推进流动人口计划生育服务体制机制创新的基本公共服务均等化工作实施方案》。同时,27个乡镇(街道)也成立相应的工作领导小组。店口镇、大唐镇、安华镇、草塔镇为全市均等化服务试点乡镇。2012年,流动人口较为集中的企业和社区建立外来建设者之家。这些外来建设者之家提供安居、就医、就业、就学、文化、素质、维权、创优、关爱、基础十大服务管理项目。诸暨市建立流动人口流入地和流出地"两头抓,双向管"的协作机制,与贵州省和安徽省的4个县市建立对接协作机制、信息互通和定期走访机制、党建协作机制、重点人员和特殊人群管控衔接机制、劳务合作结对共建机制、人口和计生服务管理区域协作机制等。加强流动人口党组织、群团组织、社区组织建设,与江西井冈山、贵州遵义、安徽黄山、湖南韶山等地对接,分别建立江西井冈山红色党支部、贵州遵义模范党支部、安徽黄山先锋党支部、湖南韶山秋收党支部。实施外来建设者安居工程,全市建成117套8 872平方米人才公寓,并落实252套拟建公寓土地项目。[1]

可见,这一阶段对外来人口的管理以服务化转型为开篇,以服务融入管理为主线,实现了外来人口服务和管理工作新一轮的迭代升级。这不仅开拓了"枫桥经验"创新领域,而且还顺应了时代发展大势。历史证明,平安建设与公共服务均等化建设之间相互促进,相互保障。过去以治安防范为主的严格管制手段尽管能在短期内维护社会稳定,但是并不能适应外来人口对权利诉求不断提高的趋势。因此,逐渐消除户籍歧视,努力保障外来人口的各项合法权益,不断优化各类公共服务,才能引导更多的外来人口为城市建设贡献力量。

0.1.4 "枫桥经验"与流动人口融合治理(2013—2023年)

党的十八大以来,中国特色社会主义进入新时代,以习近平同志为核心的

---

[1] 诸暨市地方志编纂委员会办公室编:《诸暨市志(1979—2012)》(上册),浙江古籍出版社2020年版,第273—276页。

党中央高瞻远瞩,审时度势,守正创新,将新时代中国特色社会主义事业推向新的高度。这一时期,流动人口的服务管理工作也开始步入融合共治新阶段,党和国家十分注重顶层设计,从党和国家工作全局的角度对流动人口的治理工作展开谋篇布局,勾勒了新时代流动人口服务管理工作的宏伟蓝图。2012年11月,党的十八大报告指出:"加快改革户籍制度,有序推进农业转移人口市民化,努力实现城镇基本公共服务常住人口全覆盖。""实现基础养老金全国统筹,建立兼顾各类人员的社会保障待遇确定机制和正常调整机制","完善和创新流动人口和特殊人群管理服务"。2013年11月,党的十八届三中全会通过的《中共中央关于全面深化改革若干重大问题的决定》指出:"推进农业转移人口市民化,逐步把符合条件的农业转移人口转为城镇居民。创新人口管理,加快户籍制度改革,全面放开建制镇和小城市落户限制,有序放开中等城市落户限制,合理确定大城市落户条件,严格控制特大城市人口规模。稳步推进城镇基本公共服务常住人口全覆盖,把进城落户农民完全纳入城镇住房和社会保障体系,在农村参加的养老保险和医疗保险规范接入城镇社保体系。建立财政转移支付同农业转移人口市民化挂钩机制,从严合理供给城市建设用地,提高城市土地利用率。"2013年12月,习近平同志在中央城镇化工作会议上讲话时强调:"推进农业转移人口市民化,主要解决已转移到城镇就业的农业转移人口的落户问题,努力提高农民工融入城镇的素质和能力。"2014年3月5日,习近平同志在参加十二届全国人大二次会议上海代表团的审议时强调:"要加强流动人口服务管理,更多运用市场化、法治化手段,促进人口有序流动。"2014年3月12日,中共中央、国务院印发《国家新型城镇化规划(2014—2020年)》,明确要"有序推进农业转移人口市民化。按照尊重意愿、自主选择,因地制宜、分步推进,存量优先、带动增量的原则,以农业转移人口为重点,兼顾高校和职业技术院校毕业生、城镇间异地就业人员和城区城郊农业人口,统筹推进户籍制度改革和基本公共服务均等化"。2014年7月30日,国务院印发《国务院关于进一步推进户籍制度改革的意见》,宣告中国实行了半个多世纪的"农业"和"非农业"二元户籍管理模式退出历史舞台。2014年9月12日,国务院印发《国务院关于进一步做好为农民工服务工作的意见》,部署进一步做好新形势下为农民工服务工作,切实解决农民工面临的突出问题,有序推进农民工市民化。2015年2月,中共中央办公厅、国务院办公厅发布《关于全面深化公安改革若干重大问题的框架意见》及相关改革方案,提出将扎实推进户籍制度改革,取消暂住证制度,全面实施居住证制度,建立健全与居住年限等条件相挂钩的基本公共服务提供机制。实施了30年的暂住证制度被取消,意味着我国对流动人口彻底不再进行差别化对待。2015年10月29日,党的十八届五中全会通过的《中共中央关于制定国民经济和社会发展第十三个五年规划的建议》指出:"推进以人为核心的新型城镇化。提高城市规划、建设、管理水平。深化户籍制度改革,促进有能力在城镇稳定就业和生活的农业转移人口举家进城落户,并与城镇居民享有同等权利和义务。实施居住证制度,努力实现基本公共服务常住人口全覆盖。健全财政转移支付同农业转移人口市民化挂钩机制,建立城镇建设用地增加规模同吸纳农业转移人口落户数量挂钩机制。维护进城落户农民土地承包权、宅基地使用权、集体收益分配权,支持引导其依法自愿有偿转让上述权益。深化住房制度改革。"2017年2月9日,国家人口和计划生育委员会印发《"十三五"全国流动人口卫生计生服务管理规划》,这意味着流动人口的卫生计生服务管理工作进一步纳入中国经济社会发展的重大布局之中。2017年10月18日,党的十九大报告指出:"强调破除阻碍人口流动的壁垒,促进市民化的发展","破除妨碍劳动力、人才社会性流动的体制机制弊端,使人人都有通过辛勤劳动实现自身发展的机会"。可见,党中央高度重视从顶层设计的角度规定流动人口服务管理工作中的方方面面,以机制协调、制度创新、体系完善开创新时代流动人口服务管理的新局面。

浙江省是流动人口大省,省委省政府高度重视流动人口的服务管理工作,将做好流动人口的服务管理工作同贯彻落实党中央全会精神相结合,在全国范围内率先创新流动人口服务管理融合治理新模式。2014年1月22日,中共浙江省委办公厅、浙江省人民政府办公厅印发《关于完善和创新流动人口管理服务的指导意见》。2014年9月9日,浙江省人民政府办公厅印发《关于在嘉兴等地开展居住证制度改革试点工作的通知》。2015年6月11日,浙江省流动人口管理服务工作领导小组办公室、浙江省公安厅印发《浙江省IC卡式居住证试点工作方案》。2015年9月18日,全省流动人口服务管理工作会议明确提出要用心解决流动人口的民生问题,以人为本,不断创新,推动全省流动人口服务管理工作向智能化、社会化和融合化转变。2016年3月31日,浙江省人民代表大会常务委员会颁布《浙江省流动人口居住登记条例》。2016年8月28日,浙江省人民政府办公厅印发《关于推行新型居住证制度的通知》。至此,浙江率先在全国完成流动人口证件的重大改革,从原来的暂住证改为居住证,而且是新型居住证,大大方便流动人口使用。2018年初,浙江省公安厅牵头制定《流动人口服务管理提升工程实施方案》,并将该方案作为浙江省总结提升推广新时代"枫桥经验"的六大工程之一,该方案将"以人民为中心"的理念融入流动人口服务管理工作,提出通过居住证制度改革、"最多跑一次"改革、优化民生服务保障等方式优化流动人口服务质量,并将其纳入全省工作大局重点加以推进。2018年7月13日,浙江省流动人口和居住出租房屋管理服务工作现场推进会在诸暨召开,该会议明确指出要提高流动人口居住证含金量,加快实现居住证办理"零次跑",推动工业园区配套建设"夫妻房""全家房",并实行和完善流动人口"旅馆式"出租房管理新模式,为流动人口的务工就业、居家生活、医疗卫生和子女就学等合法权利提供有力保障。2018年11月23日,浙江省流动人口管理服务工作领导小组办公室、浙江省公安厅印发《关于推广使用电子居住证件的通知》。2022年1月18日,浙江省公安厅办公室印发《全省实施网上核发电子浙江省居住证工作方案》。2022年11月29日,浙江省公安厅印发《浙里人口全域治理集成应用建设工作方案》。浙江体现互联网大省的优势,利用科技手段和数据集成,为流动人口提供电子居住证件,而且可以在网上核发,这大大方便了流动人口的生产生活。2023年6月18日,浙江省人民政府办公厅印发《关于优化新市民积分管理服务工作的指导意见》,在全国首创"省级共性+市县个性"积分指标体系。新市民可凭居住证及积分在常住地申请享受子女义务教育、住房保障、技能培训、社会福利等公共服务。

绍兴市持续加强流动人口服务管理的顶层设计,并率先开启了探索流动人口治理的新实践。第一,加强流动人口服务管理机构建设,在全市范围内构建起完善的流动人口服务管理网络。截至2013年底,各区县共有42个规范化流管所已投入运行。此外,要求流动人口超过200人的社区(村居)、超过100人的用人单位设立服务管理站(点),依托综治工作室或警务室开展工作。全市有2 659个村、社区、企业建立了流动人口服务管理站(室)。"市、县(市、区)、镇(街道)、村(社区)"四级组织网络在绍兴初步形成。[1] 第二,以党建引领推动流动人口的再组织化建设。通过在流动人口中成立党支部或者群众性自治组织,如"新店口人先锋队""外来建设者党支部""爱在流动志愿者协会"等,以外来党员的力量助力流动人口的治理工作,形成"以外管外、以外帮外、以外联外"新型管理模式。这种方式不仅能够调动流动人口的积极性,动员他们参与社会治理,同时也能在服务他人的过程中赢得当地群众的信任,从而拥有更多的获得感、幸福感和满意感。第三,重视流动人口管理工作中的制度创新。在2013年至2023年,绍兴市先后出台了大量制度,促进流动人口更好地融入当地。2013年9月2日,绍兴市流动人口服务管理工作领导小组印发《关于加强流动人口再组织化建设的指导意见》。2019年5月13日,绍兴市流动人口管理服务工作领导小组办公室印发《绍兴市推广居住出租房屋"旅馆式"管理实施方案》。2015年6月10日,中共绍兴市委办公室、绍兴市人民政府办公室印发《关于实施流动

---

[1] 中共绍兴市委党校、绍兴市"枫桥经验"研究会编:《"枫桥经验"与新城镇社会管理创新研究》,中国社会科学出版社2013年版,第279—298页。

人口积分制管理的指导意见(试行)》。2019年10月21日,绍兴市教育局、绍兴市公安局印发《关于进一步做好义务教育阶段流动人口随迁子女积分入学工作的通知》。2023年8月4日,绍兴市公安局传发《绍兴市推行长三角城市流动人口居住证"跨省互通互认"工作实施方案》。这些制度性规定不仅明确了不同主体在流动人口管理工作的职责界限,健全流动人口管理机制,推动流动人口管理工作的规范化建设,同时还能够进一步巩固前期服务管理成果,促进流动人口服务管理体系的完善。第四,依靠数据赋能,推动流动人口服务管理工作的质量变革和效率变革。大数据、云计算和物联网等数字技术的发展成了这一阶段所特有的资源优势,它们能够最大限度地优化服务路径,降低服务成本,实现流动人口服务管理工作水平的跃升。

诸暨市作为"枫桥经验"的最初发源地,通过不断加强和改进新时代流动人口服务管理工作,形成了具有"枫桥经验"特色的流动人口融合治理模式。为吸引流动人口更好地融入当地,诸暨市出台了一系列制度与文件。2014年7月28日,诸暨市人民政府办公室印发《关于进一步做好外来建设者随迁子女就学工作的实施意见(试行)》,通过为外来建设者随迁子女做好当地入学工作,加强外来建设者对诸暨的认同感。2015年12月20日,中共诸暨市委办公室、诸暨市人民政府办公室印发《关于完善和创新流动人口管理服务工作的意见》。2015年12月31日,中共诸暨市委办公室、诸暨市人民政府办公室印发《诸暨市流动人口积分管理办法(试行)》。2017年2月20日,诸暨市人民政府办公室印发《关于诸暨市流动人口新型居住证制度的意见》。2018年7月5日,中共诸暨市委办公室、诸暨市人民政府办公室印发《诸暨市推广实施流动人口服务管理"四化四式"新模式工作方案》。2022年8月1日,诸暨市公安局印发《进一步加强流动人口管理服务工作的通知》。上述文件的出台,推动了诸暨市流动人口进一步融入当地。全市涌现了"诸暨市公安局以党建引领助推诸暨市流动人口管理迈向新高度""店口镇外来党员助力社会治理""新店口人先锋队""老乡党员

在身边 诸暨市大唐镇创新外来人口服务管理模式""红枫居:新枫桥人的心安首选"等典型经验。2018年,值毛泽东同志批示学习推广"枫桥经验"55周年暨习近平总书记指示坚持发展"枫桥经验"15周年之际,全省"流动人口和居住出租房屋管理服务工作现场推进会"在诸暨召开,作为浙江省总结提升推广新时代"枫桥经验"六大工程之一的"流动人口服务管理提升工程"的实践标志性成果向全省推广。在2018年至2023年,诸暨市又进一步加强流动人口管理服务工作,推动流动人口融入当地。如在新冠疫情期间,诸暨市加大对流动人口的服务和安抚力度,促使流动人口早日复工复产。枫桥镇持续推动集约化旅馆式管理新模式——"红枫居",使得流动人口的居住条件像本地人一样好,能安心留在枫桥就业。店口镇持续组建新店口人先锋队,使得流动人口在当地发挥先进作用,有自豪感和归属感,目前有更多的新店口人在店口买房落户安家。这些做法体现了"枫桥经验"融入流动人口服务管理工作的成效,也代表着流动人口服务管理工作的革新与转向,值得借鉴与学习。

总之,在此阶段,"枫桥经验"从社会管理走向社会治理,实现了理论内涵和实践要义的双重超越,成为习近平新时代中国特色社会主义思想的重要组成部分。与此同时,新时代"枫桥经验"对流动人口管理工作也有进一步推动,创新"融合式"的治理模式,使得流动人口的获得感、幸福感和满意感显著提升。

0.2 "枫桥经验"流动人口服务管理模式的内在逻辑

从20世纪60年代至今,"枫桥经验"始终贯穿于流动人口管理工作,它结合不同的历史条件和党的中心工作,创造了一系列的管理模式,在这一过程中,"枫桥经验"的核心内涵同样也得到了进一步深化和发展。事实上,"枫桥经验"在不同的历史条件下具有不同的治理逻辑,这些内在逻辑能够通过一定的载体和形式得以显现。由于流动人口服务管理的发展历程与"枫桥经验"形成、发展和创新的历史路径基本吻合,两者之间相互促进的内在关系为我们从流动人口服务管理工作看"枫桥经验"的演进发展提供了可能。因此,我们可以通过流动人口服务管理模式在不同阶段的嬗变把握"枫桥经验"治理的内在逻辑转向,从而为今后流动人口服务管理模式的创新提供新的逻辑思路。

0.2.1 从"'四类分子'教育改造"到"流动人口教育改造":教育逻辑的平移

"枫桥经验"最初是枫桥干部群众在改造"四类分子"时形成的成功经验,它以"文斗"代替"武斗",依靠群众说服教育成功改造"四类分子",得到毛泽东批示后推向全国,一度成为当时农村社会主义教育运动中的典范。在农村社会主义教育运动初期,不少"社教"工作队员和基层干部采取"一刀切"和"武斗"方式开展工作,导致赏罚不分明,改造效果不佳。在对敌人进行斗争的时候,往往是"干部斗得满头汗,社员一边当戏看,斗争完了没人管"。[1]相反,这种"文斗"的改造思路恰恰能够迎合当时的改造需求,实现"四类分子"的良性转化。事实上,其中便蕴含着"枫桥经验"对于违法犯罪分子的良性教育逻辑。当这种教育逻辑平移至"流窜犯"改造工作之中,便创造了"管头""管脚""管肚皮"和"三清一落实"的改造经验,成为"枫桥经验"运用于流动人口服务管理的开端。

然而,这种教育逻辑的平移绝非偶然。首先,"四类分子"与"流窜犯"、一般违法人员和失足青少年在性质上具有相似性。过去,无论是对待"四类分子"还是对待"流窜犯",全国各地的干部群众普遍采用乱捕、乱打的过激行为,但效果始终不甚理想。相反,对待这部分群体,只有采用"攻心"的方法,既抓准证据、

---

[1] 卢芳霞、李嘉豪:《"枫桥经验"产生在枫桥的多维探析》,《浙江警察学院学报》2023年第1期。

揭发罪行,又讲明政策、指明前途,才能将这些人改造成社会主义新人。其次,"流窜犯"的就地改造工作始终依靠群众,赢得了群众的支持。这是"流窜犯"能够成功改造的关键所在,也是推动整个改造工作顺利进行的根本动力。因此,从这个角度上来说,这种教育逻辑的实行离不开群众路线和群众基础。最后,枫桥干部群众的实践证明,运用"枫桥经验"就地改造"流窜犯"的思路和做法是完全正确的,这种教育逻辑的运用能够从根本上改变"流窜犯"的思维观念,实现"捕人少,治安好",这在刚刚经历三年自然灾害、因温饱问题没有解决而出现大量"流窜犯"的中国,有着极为重要的推广意义。

总之,"'四类分子'改造"与"'流窜犯'改造"同出一辙,它们从本质上都体现了"枫桥经验"的内在教育逻辑。在当时的社会条件下,"枫桥经验"的教育逻辑不仅能够服务于党和国家的工作大局,顺应新中国成立初期的时代发展趋势,还经受住了群众实践的反复检验,最终成为当时超越其他管制逻辑的主流逻辑,这也是"枫桥经验"在当时历史背景下能够实现"矛盾不上交,就地解决"的关键所在。

0.2.2 从"流动人口教育改造"到"流动人口综合管理":管理逻辑的强化

社会治安综合治理的形成是改革开放以后流动人口管理工作创新发展的标志之一。相比于过去的教育逻辑,这种"政府牵头、公安为主、多方参与、综合治理"的经验体现的是改革开放以来"枫桥经验"管理逻辑的强化。这种管理逻辑具有三个特点:第一,多元主体对于管理逻辑的强化。过去单一部门的管理模式逐渐转变为公安、劳动、计生、财政、教育等诸多部门组成的齐抓共管模式,在这种转变的过程中凸显出更为强烈的多部门控制导向。第二,制度建设对于管理逻辑的强化。改革开放后,流动人口管理更加注重制度建设,由于国家的政策导向能够极大地影响流动人口的行为导向,因此,运用制度规范加强对流动人口的行为约束是该时期突出的特点之一。第三,稳定压力对于管理逻辑的强化。这一时期违法犯罪案件高发,特别是重大刑事案件,严重影响了社会治安稳定和经济社会发展。基于此,国家曾在此期间展开了多次"严打"整治行动,依法从重从快处理严重刑事犯罪分子,在这一过程中持续强化了国家的管理逻辑。

改革开放作为"流动人口教育改造"向"流动人口综合管理"过渡的分水岭,它对"枫桥经验"的内在逻辑转变具有重要的导向意义。首先,国家工作重心的转移是管理逻辑强化的政策前提。改革开放后,国家的工作重心由"阶级斗争"转向"经济建设",这要求"枫桥经验"从过去改造"四类分子"的阶级斗争领域转向维护社会治安领域。因此,这一时期的流动人口管理更加侧重于打击犯罪分子,护航经济建设,从而表现出强烈的管理逻辑。其次,人口规模剧增和管理力量不足间的内在张力是管理逻辑强化的困境所在。一方面,改革开放初期暂住证制度的建立,导致大量流动人口涌入城市,这一时期的流动人口规模远超过20世纪60年代,这对社会治安的管理水平提出了更高的要求。另一方面,基层警力不足,警民关系疏远,社情敌情不明,使整个公安工作陷入了"打不胜打"但又"不得不打"的被动应付局面,难于从根本上扭转治安形势。因此,这种力量和要求之间的内在张力成为这一阶段不可回避的现实困境。最后,尽管这种强烈的管理逻辑能够有效维护社会秩序的稳定,但对流动人口的管理更多地停留于治安防范的层面,"重管理、轻服务"的情况普遍存在,并没有起到长期稳定的效果。

总之,从"流动人口教育改造"到"流动人口综合管理",反映了改造教育逻辑向管理逻辑的变迁,这种管理逻辑在改革开放的历史背景下得以进一步强化,以服务于党和国家经济发展的工作大局。然而,纯粹的单向管理逻辑恰恰忽视对流动人口合法权益的保护,容易出现管理主体与客体存在明显排斥、权利与义务严重不对等等问题。

0.2.3 从"流动人口综合管理"到"流动人口服务管理":服务逻辑的凸显

21世纪以来,随着党的十六届三中全会提出科学发展观,以人为本的管理理念开始运用于流动人口管理。正因此,流动人口管理开始从"流动人口管理"向"管理服务并重模式"转型,这背后体现的是管理逻辑的削弱和服务逻辑的凸显。2006年,国务院常务会议通过《国务院关于解决农民工问题的若干意见》,这是新中国成立以来对进城农民工经济、社会、政治权益保障提出的最完整、阐述得最详实的一份政府文件。文件指出要"强化服务,完善管理""转变政府职能,加强和改善对农民工的公共服务和社会管理"。可见,服务逻辑的凸显意味着国家开始着重保护流动人口的合法权益,聚焦于社会公平的维护和服务需求的回应。那么,为何服务逻辑会在新时期以后更加凸显?主要是以下三方面的原因:

首先,服务逻辑的凸显是问题导向下的结果。过去,在社会管理模式下管理主体与客体力量对比悬殊,国家未能从社会成员需求的角度回应农村流动人口的内在诉求,也并未从社会成员的发展需求角度考虑农村流动人口的发展权。因此,在当时的情境下,原本有义务为全体公民提供公共物品的国家非但不能保障农村流动人口的权益,反而在制度上阻碍流动人口权益的实现,在行为上直接侵害农村流动人口的权益。从长期来看,这种管理模式并未实现预防流动人口犯罪的目的,反而还使犯罪案件呈现不断增加的趋势,造成了新的管理困境。在这种鲜明的问题导向下,亟须转变管理逻辑为服务逻辑,弥合过去管理逻辑所造成的弊端。其次,服务逻辑的凸显是在流动人口服务管理中贯彻以人为本理念的结果。以人为本理念的提出和落实既与党中央的工作大局紧密相关,也与流动人口服务管理的发展趋势密不可分。党中央将人的全面发展作为社会发展的终极目标,将流动人口的全面发展作为这一阶段的主要目标,只有实现流动人口的全面发展才能实现流动人口管理工作的全面发展。最后,服务逻辑的凸显是在党领导下践行群众路线的结果。在这一阶段,枫桥干部群众以服务流动人口为抓手,在服务流动人口的过程中践行群众路线,并以此作为"平安枫桥"建设的主要动力,开创了"以人为本,依靠群众;抓早抓小,就地化解;维护稳定,建设小康"的新时期流动人口服务管理经验。

总之,"枫桥经验"服务逻辑的凸显是在新时期问题导向下,我们党运用群众路线积极探索以人为本的新模式的重大成果。实践充分证明,这种服务逻辑有效维护了社会治安,在一定程度上修补了过去断层的党群关系,开创了社会秩序良好、发展平稳有序、人民幸福美满的和谐局面。

0.2.4 从"流动人口服务管理"到"流动人口融合治理":治理逻辑的确立

党的十八大以来,党中央深入研究社会建设面临的新形势新任务新特点,明确提出了"社会治理"这一重大命题。党的十八届三中全会提出要创新社会治理体制,党的十九大提出打造共建共治共享的社会治理格局,党的十九届四中全会提出要完善党委领导、政府负责、民主协商、社会协同、公众参与、法治保障、科技支撑的社会治理体系,党的二十大提出要健全共建共治共享的社会治理制度,提升社会治理效能。可见,建立健全社会治理体系和建设社会治理共同体已经成为党和国家在新时代下的重点工作之一。在这一背景下,新时代"枫桥经验"的时代内涵和实践要义得到了进一步的创新发展,被喻为构建基层社会治理共同体的中国方案。

相应地,新时代流动人口服务管理工作开创了"融合治理"新局面,呈现出前所未有的体系化新态势。这既是新的历史条件对于流动人口服务管理工作提出的崭新要求,也是流动人口服务管理工作持续深化发展的必然趋势。正因如此,通过对模式转换背后流动人口服务管理实践变化的逻辑解构,可以发现新时代流动人口服务管理工作呈现出全新的治理逻辑。

事实上,相比于过去的逻辑而言,新时代流动人口服务管理的治理逻辑是一种集教育逻辑、管理逻辑、服务逻辑、制度逻辑和技术逻辑等多元逻辑为一体的复合逻辑。可以说,治理逻辑形成的过程就是多元走向复合的过程,是一种多方因素共同促成的结果。首先,治理逻辑源自党中央对于新的历史方位的准确把握和流动人口管理的决策部署。新的时代条件下,党中央重新定位流动人口管理工作,将它纳入中国式治理现代化的框架中来。因此,这种"共同体式"的建设目标决定了新时代流动人口服务管理工作必然要走"融合式"发展道路。其次,治理逻辑的确立拥有充足的经验基础和现实条件。不同阶段的流动人口管理工作积累了丰富的正反两方面经验。过去,单一的管理思维容易造成流动人口管理的片面性,存在"头痛医头,脚痛医脚"的局限性,而复合化的治理逻辑能够从更全面的视角回应管理需求,推动流动人口管理效能的整体提升。最后,社会主要矛盾的变化决定了治理逻辑走向复合的必然。党的十九大报告指出"我国社会主要矛盾已经转化为人民日益增长的美好生活需要和不平衡不充分的发展之间的矛盾",这种不平衡不充分的发展之间的矛盾对流动人口管理的全面性和协调性提出了更高要求,新时代流动人口管理工作正是在解决了这一中心矛盾的过程中迈向了系统化、融合化的更高水平。

总之,从"服务管理模式"向"融合治理模式"的发展过程不仅是治理逻辑的确立过程,更是多元逻辑走向复合的演变历程。这种逻辑的转化是党中央基于时代脉搏的把握和主要矛盾变化的回应,符合新时代流动人口服务管理的发展规律,是新时代"枫桥经验"内涵得到深化的重要体现之一,具有时代的必然性。

0.3 "枫桥经验"与流动人口服务管理创新的经验启示

20世纪60年代,为应对"流窜犯"严重危害社会治安的问题,枫桥干部群众将"枫桥经验"运用于"流窜犯"的改造,即对他们进行耐心细致的帮助教育,依靠群众严格监督、及时反馈,晓之以理、动之以情,促使"流窜犯"改邪归正。"枫桥经验"探索总结出"管头、管脚、管肚皮"和"三清一落实"的成功经验,为全国各地就地改造一般"流窜犯"打造经验样本,提供良好范例。上述经验表明该时期流动人口管理已具有"人性化"色彩。

改革开放初期,在相对放任型流动人口管理政策和商品经济快速发展促使人口流动规模大、速度快、复杂程度高等多种因素的共同作用下,全国刑事案件发生率居高不下,整体治安形势异常严峻。在此背景下,诸暨和枫桥干部群众把"枫桥经验"的重点转向针对流动人口中的违法犯罪分子的帮教改造工作,枫桥区坚持两手抓,即一手抓"严打",一手抓帮教改造。正是基于该做法,1985年诸暨县刑事大案大幅减少,治安形势有所好转。此次转型在为当地经济发展提供和谐稳定的社会环境的同时,也为全国各地提供了帮教改造工作的借鉴和遵循。

20世纪90年代中期以来,诸暨和枫桥干部群众运用"枫桥经验"创新流动人口综合治理经验,探索形成"政府牵头、公安为主、多方参与、综合治理"的流动人口管理做法,成为全国综合治理流动人口范式。具体表现为不再由单个部门应对人口流动带来的问题和矛盾,而是转为在党委、政府统一领导下,公安、劳动、计生、财政、教育等多个部门协调管理。这些经验的创新使诸暨和枫桥在该阶段的流动人口违法犯罪率明显低于全国平均水平。

21世纪初以来,针对流动人口占比高、注重自身权益、对社会歧视较敏感的情况,诸暨和枫桥干部再次推动"枫桥经验"转型,变"管理"为"服务"、变"对抗"为"和谐"、变"歧视"为"亲情",在全国开创"老乡管老乡"的亲情式流动人口管理先河。在此基础上,又采取"三外"管理模式、推广"一证通"流动人口爱心服务、实施"外来人口本地化"战略等,助推流动人口服务管理体系更加完善,服务水平和服务能力显著提升。

进入新时代,过去的流动人口管理模式已无法适应高质量发展要求,诸暨和枫桥干部群众在习近平新时代中国特色社会主义思想指导下,不断深化、创新"枫桥经验",在"管理式""服务式"等前期经验的基础上开创了流动人口"融合式"服务管理新局面。通过进一步加强顶层牵引、党建引领、数据赋能和制度创新,持续推进新时代流动人口服务管理系统化、融合化、智能化和长效化。

0.3.1 坚持党的领导:确立流动人口服务管理的根本保证

习近平总书记在党的二十大报告中指出:"推进以党建引领基层治理。"新时代"枫桥经验"是中国式基层社会治理现代化的重大经验,坚持和发展新时代"枫桥经验"的根本保证是党的领导。流动人口服务管理是基层治理的重要一环,只靠公安"单打独斗"无法治本,必须在党委、政府的统一领导下综合施策,要把基层党建和基层治理衔接融合起来,把党组织建设延伸到流动人口服务管理过程中,这有助于牢牢把握方向,统筹各方资源,逐步补齐短板,理顺流动人口与政策措施、公共服务、产业结构等之间的关系,发挥基层党组织和党员干部的战斗堡垒作用和先锋模范作用。

以党建引领确保流动人口服务管理有序化,让党组织服务管理触角延伸到各个领域各个环节,整合"市、县、镇(街道)、村(社区)"四个不同层级的不同资源,明确职责定位、打通运作壁垒,切实把基层党组织的领导力、组织力和执行力转化为流动人口服务管理强大效能。以党建引领确保流动人口服务管理规范化,细化流动人口管理规章条例、操作步骤、考核办法等,依规采集、录入、维护、更新及注销流动人口信息,用标准化流程赢得群众对流动人口服务管理工作的信任和支持,从而进一步强化对基层党组织的政治认同。

0.3.2 贯彻群众路线:凝聚流动人口服务管理的重要力量

人民群众是历史的创造者,在社会历史发展过程中起着决定性作用。从

"全心全意为人民服务"到"以人民为中心"再到"人民至上"的发展思想,历史和实践都充分证明,只有尊重群众、依靠群众,才能保证党和国家事业兴旺发达的源泉不断流、不枯竭。

"为了人民"是坚持和发展新时代"枫桥经验"的出发点和落脚点。流动人口服务管理工作关涉广大外来务工人员的权益,具有鲜明的人性化色彩。以"枫桥经验"指导流动人口服务管理工作有着相当的必要性和现实性。流动人口服务管理工作需秉持以人为本的初心和理念,尊重民意、倾听民声。通过及时回应群众合法合理诉求、切实调解处理矛盾纠纷、妥善协调各方利益关系等方式,使群众尤其是流动人口感受到关心与爱护,在提高其获得感、幸福感、安全感的同时,有助于赢得群众的理解、信任与支持,最终使流动人口管理工作的开展更加顺畅。

"依靠人民"是坚持和发展新时代"枫桥经验"的基础和保障。要充分相信群众、坚决依靠群众、密切联系群众,利用群众的智慧与力量,解决群众身边的问题。以群众广泛参与提高管理队伍对现实工作的适应能力,全面提升流动人口服务管理水平;以群众监督反馈确保工作扎实推进,促进流动人口服务管理效能优化。

0.3.3 聚焦基层组织:夯实流动人口服务管理的坚实根基

党的二十大报告指出"在社会基层坚持和发展新时代'枫桥经验'","及时把矛盾纠纷化解在基层、化解在萌芽状态"。要维持社会和谐稳定,就要把基层这个化解矛盾纠纷的前沿防线夯实好。

流动人口服务管理离不开上下互通互联,县一级做好决策,镇(街道)、村(社区)等基层组织做好执行,定期举办联席会议,以"一根针"串起"千条线"。其中关键是要落实到基层:各镇(街道)建立流动人口服务管理领导小组,加快凝聚流动人口服务管理工作合力,更好适应新形势;各村(社区)搞好衔接,明确负责人和联络人、发动村(社区)干部、志愿者、网格员等,织密织牢"纵向到底、横向到边"的基层组织网络,确保流动人口服务管理全覆盖无死角。

此外,要鼓励基层充分结合实际,调动其积极性和创造性,探索出有特色的流动人口服务管理新路子和新模式。一方面,要充分发挥基层组织在流动人口管理中的组织化功能,推动新时代流动人口的再组织化进程,走出一条共建共治共享的新时代流动人口服务管理之路。另一方面,要将流动人口的服务管理工作纳入基层社会治理的总体格局,以强化基层组织建设为抓手,努力将其建设成为提供个性服务、协助政府管理的重要治理载体,从而不断夯实流动人口在基层治理中的实践根基。

0.3.4　预防化解矛盾:着眼流动人口服务管理的突出问题

新时代"枫桥经验"的核心是预防化解矛盾。当前不少矛盾纠纷与流动人口有关。因此,开展流动人口服务管理首先应从源头着手,增强忧患意识,搭建好矛盾纠纷预防机制。一方面完善流动人口政策措施,如优化人员结构、落实经费保障、明确责任追究等,破除制度性掣肘,从根本上减少矛盾。另一方面,在社会保障、计卫服务、就业就学、技能培训、文化娱乐等方面为流动人口提供更加优质的公共服务,从源头上减少矛盾纠纷。

同时,注重矛盾纠纷的化解,避免激化升级。在流动人口数量多、流动速度快、情况复杂等区域,要通过实地调查走访,深入了解起因、现状及需求,以"主动回应、及时处理、就地解决"为原则,协调各职能部门做好疏导工作,做到"件件有着落、事事有回应"。

通过事前预防和事后化解,提高流动人口服务管理的机动性、适应性、准确性和有效性,实现节约司法资源和维持社会稳定双重目标,彰显"枫桥经验"低成本、高效率的优势。

第一章
"枫桥经验"与流动人口教育改造(1963—1978年)

新中国成立的头十年,由于流动人口的基数有限且资源需求尚未超出城市容量,城乡间人口流动所带来的影响始终处于社会可接纳范围之内,因此,这一时期我国的流动人口管理一直处于相对放任阶段。然而,这一阶段并未长期持续。随着流动人口规模的持续扩增,城市粮食供应不足、违法犯罪案件骤增,这使得政府不得不重新审视和考量对于城市流动人口的管理。1958年出台的《中华人民共和国户口登记条例》,标志着我国户籍制度的诞生。这一制度对于限制农民流动尤其是限制农民进城起到了重要作用。此后,1961年,中共中央又批转了公安部《关于制止人口自由流动的报告》,决定在大中城市设立"收容遣送站",建立收容制度,并规定由民政部门负责把城市中的"盲流"遣返原籍。1975年,新修订的《宪法》干脆取消了"公民自由迁徙权利"。在政府严控政策影响下,从1958年到1963年,我国人口总迁移率从9.65%下降到3.98%,1964年到1977年则始终保持在3%—4%。[1] 这些制度性变化客观地呈现出当时政府对待城乡人口流动的态度与导向,具有鲜明的"严管型"色彩。

事实上,从1963年至1978年,政府对于人口流动所采取的控制导向不仅与当时国内城乡经济发展水平相适应,与当时的城乡资源结构相匹配,同时还能

---

[1] 阎蓓:《新时期中国人口迁移》,湖南教育出版社1999年版,第85页。

与城市的治安需求相契合。在这一时期,社会治安的突出问题大部分都归结于"流窜犯"。一方面,"流窜犯"的流动性和随机性极大地增加了公安机关侦查破案的难度,导致公安机关无法在短时间内锁定和抓捕嫌疑人。另一方面,"流窜犯"思想顽固,时常将"遣送"视为"免费旅行""免费客饭",导致过去的改造方式效果不明显,无法彻底解决城市中的流窜犯罪问题。

在这一背景下,枫桥人民率先将"枫桥经验"运用于"流窜犯"管理,以群众力量组织教育,成功实现对"流窜犯"的就地改造。枫桥人民探索总结出"管头""管脚""管肚皮"和"三清一落实"的帮教改造经验,创造了"就地改造'流窜犯'、矛盾不上交"的成功做法,并在公安战线作为典型经验推广,这也成为新中国建立以来"人性化"管理流动人口经验的雏形。[1]

本章收录的是1963—1978年的史料,分为调研报告、工作总结、典型案例三种类型,共5份。

一是调研报告。公安部、浙江省公安局、绍兴地区公安局、诸暨县公安局联合调研组对枫桥区依靠群众,就地改造违法犯罪分子(含"流窜犯")的做法进行调研,并形成调研报告一份,题名为《枫桥经验在前进》。

二是工作总结。浙江省公安局调查组对枫桥区教育改造"流窜犯"工作较为系统地总结,形成工作总结,题名为《对一般流窜犯就地改造比矛盾上交好》。

三是典型案例。在"枫桥经验"就地改造"流窜犯"的过程中涌现出了一大批典型的成功案例。事实上,这些曾经令政府束手无策的流窜犯,经过政府的逮捕、劳教、拘留和遣送后依然无法被彻底改造。但是,"枫桥经验"为何能够成功改造这些流窜分子?"流窜犯"就地改造的成功案例无疑为我们解答上述问题提供了重要的实践视角。这些成功案例能够最大限度地帮助我们还原当时的社会背景,深入了解改造过程,为我们理解和把握"枫桥经验"与"流窜犯"改

---

[1] 卢芳霞:《"枫桥经验"与流动人口再组织化建设》,《中共杭州市委党校学报》2014年第2期。

造间的内在耦合性提供了可靠的现实支撑。本节收录了3则典型案例,分别为《诸暨县枫桥区落实就地改造的经验——介绍枫桥区改造流窜犯的材料》《"破缸而逃"变成了先进生产者》《葛某某终于拉过来了》[1]。

1.1 流动人口教育改造的调研报告

1.1.1 枫桥经验在前进[2]

提要:自1963年以来,枫桥干部群众遵照毛泽东的指示,自觉坚持和发展"枫桥经验"。在"文革"期间,"枫桥经验"受到冲击。1971年2月26日,中共中央批转了《全国第十五次公安工作会议纪要》,给全国公安机关和"枫桥经验"平了反。1973年,诸暨县委、绍兴地委召开纪念毛主席批示"枫桥经验"10周年现场会,会议结束后,公安机关加大了宣传和推广"枫桥经验"的力度。1973年底,公安部派公安部治安局办公室副主任束怀德等4人赴枫桥蹲点调研。公安部、浙江省公安局、绍兴地区公安局和诸暨县公安局组成四级联合调查组,恢复推广"枫桥经验"。这次联合调研持续了将近一年时间,总结了枫桥依靠群众、就地改造违法犯罪分子的典型经验,再一次为坚持和推广"枫桥经验"提高了政治站位。1975年,公安部、浙江省公安局、绍兴地区公安局、诸暨县公安局联合调研组发布《枫桥经验在前进》调研报告,就过去12年的实际成效归纳总结。一方面依靠群众、发动群众,在实践中探索出"坚持斗争,严格监督""立足于拉,不怕反复""适应需要,大胆实践"等经验;另一方面发挥党委统揽全局的核心作用,始终坚

---

[1] 在这份史料中,葛某某是有真实姓名的,考虑到隐私,本书作了匿名处理。下文有许多类似情况,均作匿名处理。

[2] 公安部、浙江省公安局、绍兴地区公安局、诸暨县公安局联合调查组:《枫桥经验在前进》,载政协诸暨市文史资料委员会、诸暨市公安局编:《枫桥经验实录》,中共党史出版社2000年版,第21—26页。

持在党的领导下学习、推广"枫桥经验",取得显著成效,有效维护了治安秩序稳定。

12年来,毛主席、党中央的重要指示给了枫桥人民以巨大的鼓舞和力量,其重大意义也越来越为枫桥的广大干部、群众所理解。他们认识到"枫桥经验"是人民民主专政工作的路线、方针、政策的生动体现,是对敌斗争以及处理治安问题的一个好办法。这里的干部、群众自觉地坚持和发展了"枫桥经验",取得了显著成效。全区原有四类分子3 400多名,历年来改造好、摘了帽子的800多名,占23%。现有的1 100多名四类分子,在群众的监督下,改造表现好的和比较好的占75%。社教运动中矛盾不上交的45名四类分子,改造表现好的和比较好的占80%,有的已摘了帽子。就地安置改造的36名流窜作案的违法犯罪分子,已有24人弃邪归正,不再作案。近年来刑事案件减少(1972年88起,1973年62起,1974年60起),治安秩序比较安定。1971年以来,有6个公社对9名可以捕办的犯罪分子,没有捕办,发动群众,就地落实了改造。基本上做到了治安好、捕人少。

专政是群众的专政

在过去的12年中,枫桥区是怎样遵照毛主席的指示,把"枫桥经验"推广到依靠群众专政,组织群众做一般性公安工作的?他们在斗争中创造了哪些新的经验?下面就是枫桥区的干部、群众用自己的实践作出的回答。

一、坚持斗争,严格监督,执行政策,因人施教,落实对"四类分子"的改造

枫桥区的干部、群众,根据毛主席关于"几个好人中夹一个坏人,这就专了政"的指示,采取各种形式把"四类分子"包夹在广大群众之中进行改造,普遍建立了监改小组和一套可行的汇报、请假、学习、评审等监改制度。有些大队即使在两派斗争激烈的时候,也坚持每年搞评审,没有放松对"四类分子"的监督改造。广大群众的对敌斗争的积极性和警惕性很高,出现了"夏夜乘凉讲专政,香榧树下斗敌人"的群众专政局面。泗村大队九队有个反革命分子,讲黄色反动故事,污蔑知识青年上山下乡、偷粪上自留地,等等。他一有破坏活动就被群众发现了,这个队的7个回乡知识青年便同贫下中农一起,在田头、晒场就地狠狠批斗他,还出了革命大批判专栏,批得敌人张口结舌,低头认罪。钟瑛大队有个人在两派斗争激烈时,叫一个反革命分子上饭馆喝酒,还说:"管你的干部都走了,怕什么!"这个反革命回答:"干部是走了,还有群众的几百双眼睛盯着我,不能去。"这充分说明枫桥区依靠群众专政威力大,使有些敌人不敢轻举妄动。

枫桥区的干部、群众还牢记毛主席关于"人是可以改造的,就是政策和方法要正确才行"的教导,认真执行党的政策,在改造"四类分子"的反动思想上狠下功夫。他们做到:

思想改造,针锋相对,击中要害。不少大队对"四类分子"的反动经历和罪恶,对我们的策略和思想动向,逐个分析,根据不同对象,采取有针对性的改造措施。对那些坚持反动立场或有破坏活动的,及时发动群众揭发罪行,开展说理斗争,迫其认罪伏法;对那些"干部身上下功夫,群众面前来应付"的两面派,剥开"笑面老虎"画皮,打消投机取巧心理,促使他们老实接受改造;对表现一般或消极悲观的,通过政策兑现、前途教育,调动改造积极性,促其向好的方面转化;对遵纪守法,表现较好的,多做思想教育,给以适当鼓励,使其加速改造步伐。这样做,对症下药,防止一般化。钟瑛大队反革命分子骆某某,长期消极对抗,经过群众的批判教育,深挖了反动的思想根源,得到了群众的肯定。干部、群众根据他的表现,把他由监督劳动上升为候补社员,增强了他的改造信心。

区别对待,有摘有戴,指明出路。各大队每年坚持搞评审,评审中有摘有戴,有升有降。对摘帽戴帽的严格区分,对候补社员、监督劳动、依法管制的也区别对待。他们认为,区别对待应当体现在政治上。群众把摘掉帽子的称为"回到了人民一边",政治上给予社员同等待遇;候补社员没有政治权利,但可以参加生产队里讨论生产的会议,有发言权;监督劳动的不参加生产队社员会议,但准其对生产和经营管理提合理化建议;管制分子除剥夺其政治权利外,不准参加生产队的一切会议和活动。他们还运用摘戴帽子,开展政治攻势,做到摘戴一个,分化一批。栎江公社党委利用对一名反革命分子摘帽的事例对其他"四类分子"进行了一次前途教育,指明了出路,震动很大,促使不少"四类分子"向好的方面转化。

监督劳动,量力安排,同工同酬。他们把监督"四类分子"参加劳动作为改造他们反动思想的主要手段,并根据"四类分子"的年龄、体力,适当地安排农活。坚持按劳计酬,不予克扣。他们体会到,这样做,对教育改造"四类分子",争取他们的家属子女,十分必要。

争取家属,教育子女,促进改造。他们把争取教育"可教子女"看作是同阶级敌人争夺下一代的大问题,一方面教育这些人认清"四类分子"的罪恶,帮助他们同反动家庭划清界限;一方面广泛宣传"出身不由己,道路可选择"的道理,鼓励他们同贫下中农站在一起,监督改造"四类分子"。对表现好的,予以信任,有的吸收参加民兵或监改小组,有的发展入团。

二、立足于拉,落实管教,不怕反复,教育改造违法犯罪分子

枫桥区在四清后期就针对一批到外流窜、经常偷盗、扰乱社会治安的违法犯罪分子,把"枫桥经验"运用到对这种人的改造过程中,总结了一些好经验。他们从实践中认识到,这种人与"四类分子"不同,没有"帽子",多数出身较好,由于资产阶级思想的腐蚀或者受了坏人勾引,"一懒、二馋、三流、四偷",逐步走上犯罪道路;有的被拘留、劳教过,恶习深,反复性大,介乎两类矛盾之间,一推一拉,关系重大。他们对这种人不是"养肥"了矛盾上交,也不要求扩大劳教、强劳和收容,而是立足于拉,尽力挽救,做艰苦细致的教育改造工作。做到:发动群众管和落实专人帮相结合;着重抓阶级教育和社会主义道德品质教育,帮助总结变坏的教训,启发改造自觉性;不厌恶,不歧视,既严肃批判其过错,又热情鼓励其进步;劳动上严加督促,生活上既教以自食其力,又适当照顾;消除走老路条件,严防坏人勾引;有了进步,工作不放松,出现反复,思想不动摇,坚持数年见成效。

三、适应斗争需要,大胆实践,治保会自己动手查破一般案件

农村中盗窃等一般案件时有发生,危害治安。枫桥区的广大治保人员,为了及时查破这些案件,保卫集体财产和群众利益,他们在公社、大队党组织的领导和公安机关的指导下,自己动手查破案件。他们破案,不是靠自己高明,而是靠支部领导,靠发动群众,靠调查研究。在勘查现场、分析案情、发掘线索、内查外调、获取罪证等破案的各个环节上都坚持这三条。他们严格执行党的政策,遵守工作纪律,不取得证据不定案,不经批准不正面审查人。有些治保人员从实践中积累了不少经验。有的大队遇到疑难案件,还邀请兄弟大队有经验的治保人员前来"会诊",攻克难点,效果很好。不少大队在破案后,还由治保人员带领作案人主动去外队上门退赃,既有利于增强队与队之间的团结,又能使作案人更多地受到群众的教育。

根本在路线　关键在领导

12年来,枫桥区的干部、群众不信邪,坚持"枫桥经验"不动摇。他们说:"'枫桥经验'是社教的成果,是毛主席肯定的,错不了,照着办,不会走岔道。"枫溪大队原支书、治保主任陈友堂在"四类分子"向他挑衅时,他坚定地回答:"有毛主席给我们撑腰,天塌不下来,你不要太高兴了!"广大干部和贫下中农不仅对"四类分子"的监改工作没有放松,而且坚持改造了其他违法犯罪分子,开展了群众性的破案和防范工作。因此,学习、宣传"枫桥经验"的积极性

越发高涨,落实"枫桥经验"的劲头更足了,老典型进一步巩固,新典型不断出现。

"枫桥经验"之所以能够坚持下来,有所发展,关键在于党委,在于不断提高全党办专政的自觉性。几年来,诸暨县委、枫桥区委和各公社党委反复认真学习毛主席关于依靠群众专政和推广"枫桥经验"的指示,把推广"枫桥经验"作为坚持党的基本路线、加强基层专政的一件大事来抓。县、区党委还针对某些干部"讲讲明白,做做糊涂"的状况,亲自抓典型、树标兵,及时总结交流新经验,做到"点上下功夫,面上出成果"。1973年11月是毛主席发出推广"枫桥经验"指示10周年,诸暨县委和绍兴地委相继在枫桥召开纪念会,传播了枫桥10年坚持依靠群众专政的经验,省里还组织报告团到全省各地巡回介绍,掀起了一个学习、宣传、推广"枫桥经验"的热潮。各级党委还抓了基层治保队伍的建设,全区185个大队的治保委员会都较健全,不少大队的治保会在党支部的领导下,已经锻炼成一支有觉悟、守纪律、讲政策、联系群众、战斗力强的队伍。

要认真推广"枫桥经验",落实毛主席"经过试点,推广去做"的指示,不是一件轻而易举的事,必须下决心,花气力,用功夫。在各级党委领导下,组织广大公安干警和治保人员认真学习毛主席有关肯定"枫桥经验"的指示,进一步贯彻毛主席依靠群众专政的路线和政策,使公安工作做得更加主动,基础更加坚实。

公安部
浙江省公安局
绍兴地区公安局　联合调查组
诸暨县公安局
1975年10月25日

1.2 流动人口教育改造的工作总结

1.2.1 对一般流窜犯就地改造比矛盾上交好[1]

提要：诸暨县枫桥区自1965年开始就创造出的就地改造"流窜犯"的成功做法为全国提供了"枫桥样板"。浙江省公安局调查组在1975年形成《对一般流窜犯就地改造比矛盾上交好》一文，较为系统地总结了教育改造经验，即"学习'枫桥经验'，统一思想认识""充分发动群众，注重思想教育""专人管理教育，帮助安排生活"和"出现反复情况，总结经验教训"。上述经验有助于充分发挥群众的智慧和力量，激励"流窜犯"转变为先进生产者，破除以严惩为主的改造传统，探索出教育帮扶的新模式。

诸暨县枫桥区在1963年"四清"运动中，创造了少捕、矛盾不上交、发动和依靠群众、开展说理斗争、就地制服敌人的经验。不仅有效地维护了社会治安，而且挽救了一些人。10年多来，除对9名重大"流窜犯"及时给以打击、捕办外，在就地陆续安置改造的36名中，有七八年以上不再作案、已经改造过来的9名；已稳定三五年、改造表现较好的15名；已稳定一二年、开始接受改造的7名。在教育改造"流窜犯"工作中，积累了一些经验。

一、学习"枫桥经验"，统一思想认识，解决是"拉"还是"推"的问题

这些就地改造的流窜犯罪分子，偷扒拐骗都能干，但还不是非捕不可的，而有些干部群众激于义愤，要求矛盾上交。因此，开始安置改造时，往往引起激烈的争论。在这种情况下，广大干部、群众反复学习"枫桥经验"，深刻领会毛主席

---

[1] 浙江省公安局调查组：《对一般流窜犯就地改造比矛盾上交好》，载政协诸暨市文史资料委员会、诸暨市公安局编：《枫桥经验实录》，中共党史出版社2000年版，第27—30页。

关于"人是可以改造的,就是政策和方法要正确才行"的指示,对这些"流窜犯"进行具体分析,统一思想认识。认识到这种人与四类分子不同,还没有戴上帽子,而且绝大多数出身好,由于资产阶级思想的腐蚀或者是受了坏人的勾引,逐步走上犯罪道路,有的被拘留、劳教甚至劳改过,介乎两类矛盾之间,一推一拉,关系重大。有的说"对四类分子要把他们改造成为新人,对这些人我们更有责任把他们改造过来"。因此,他们怀着深厚的阶级感情,立足于拉,尽力挽救,不往敌人那边推。柳坞大队贫农社员葛某某,长工出身,因受旧社会的影响,加之从小缺乏家庭管教,不会安排生活,有多少吃多少,吃完了就偷。1958年因多次偷窃集体财物,被判刑劳改5年。1963年释放回村后继续偷窃,还流窜到绍兴作案,有时外流一二个月,以偷窃过日子。有些人反映:"这种人不送去劳改,监狱不用造了。"党支部把就地改造葛某某的意图告诉群众,让群众讨论,很快得到了群众的支持。3年多来,他再未偷窃、外流,而且积极劳动,勤俭节约,还造了1间新房,社员反映:"现在葛某某像个做人的样子了。"

二、充分发动群众,注重思想教育,造成一个良好的改造环境

在改造"流窜犯"的过程中,社、队干部认真做群众工作,广泛深入地动员群众,组织群众,对这些人不是厌恶、歧视,而是关心、教育,帮助总结变坏的教训,指明发展下去的危险,启发其改造的自觉性。同时,叫他和社员一起劳动,一起学习,一起开会,多接触群众,多接受群众的教育。这样的改造环境,是使流窜犯罪分子能够稳下来,接受改造的关键。钟瑛大队贫农子弟骆某某,今年29岁,从小偷窃,越偷越凶,干部没有办法,曾把他覆盖在一只大水缸里,半夜他砸破水缸,流窜到杭州、广州、上海、江西等扒窃作案,多次拘留,屡遭屡逃。后来干部给他吃饱穿暖,还是往外跑。1965年遣送回来后,大队党支部总结了过去改造工作中的经验教训,主要是片面强调生活照顾,忽略思想教育,特别是只靠少数几个干部管,依靠群众不够。以后,专门召开生产队社员大会,发动大家齐心协力做教育改造工作。同时根据他的体力,适当安排劳动,开始只管公猪,以后拾猪粪、拔青草,直至参加田间劳动,逐步培养劳动习惯。这一切,使他感到集体的温暖,看到大家都在挽救他,用他自己的话说就是"要我好"。因此,他安下心来积极改造。在群众的帮助教育下,这个曾经"破缸而逃"的流窜扒窃犯,不仅10年来未再作案,而且已成为一个爱集体、爱劳动、勤俭持家的好青年。

三、专人管理教育,帮助安排生活,把改造工作进一步做落实

流窜犯罪分子多是单身汉,过惯浪荡生活,好逸恶劳,受不劳而获的剥削阶级思想影响很深,有的不仅不会劳动,连生活也不会安排。因此,要把这种人改造过来,除发动广大群众外,还必须有专人管教。要挑选觉悟高、作风好的干部和老贫农担任专管员,具体抓思想,带劳动,管生活,做深入细致的工作,发现问题及时解决。紫薇大队青年社员陈某某,父母早亡,缺乏管教,从懒到偷,偷窃成性,流窜作案大小百余次。1965年对他落实改造后,没有外流作案,几年来表现很好。他所以能够改造得这样,其中一个很重要的原因,就是专人帮教。党支部先后确定支部委员、林场负责人潘鑫忠等四位同志担任专管员,天天把他带在身边,当他有了一点进步时,就适当鼓励;当他流露出怕苦怕累的情绪时,就耐心教育。陈某某不断向好的方面发展,终于改造了过来。

四、出现反复情况,总结经验教训,坚持改造不动摇

改造"流窜犯",是一项长期、艰苦的斗争任务。在改造过程中,都或多或少出现过反复,有的甚至改造数年还有反复。枫桥区广大干部群众不怕反复,而是从反复中找原因,工作上找漏洞,总结经验教训,及时采取措施。有的几次反复,就几次落实做工作,持之以恒,坚持改造。泰山大队宣某某,是个贫农出身的孤儿,今年29岁,从小偷小摸,逐步发展到撬门、破锁、打洞,流窜绍兴、嵊县等地,以偷窃为生,大小作案300余次。公安机关多次教育无效,他还说什么"派出所是我的外婆家"。"四清"后,大队对他帮教改造,稳定了一段时间。但由于没有充分发动群众,宣某某"旧病复发",继续偷窃流窜。大队党支部总结过去的经验,放手发动群众,加强管教。在半年多的时间里,表现较好,还吸收他参

加了大队文宣队活动。由于只看到了他一点进步，放松了对他的管教和警惕，结果又出现了反复，偷了集体稻谷 100 多斤。党支部坚持用"枫桥经验"教育群众，强调不能因为有反复就失去对他改造的信心。同时，对宣某某进行严肃批判耐心教育，让他在群众大会上检查交代错误、表示痛改前非。经过这次反复，使干部群众树立了对他长期改造的思想，做到有了反复不动摇，有了进步不放松，对他的管教始终抓得很紧。经过 4 年来的教育改造，宣某某没有再作案，积极参加集体劳动，且为集体做了许多好事。

浙江省公安局调查组

1975 年 10 月 25 日

1.3 流动人口教育改造的典型案例

1.3.1 诸暨县枫桥区落实就地改造的经验——介绍枫桥区改造流窜犯的材料[1]

提要：在流窜犯罪活动高发而逮捕、劳教、拘留、遣送等办法无法从根本上解决问题的背景下，枫桥区采用"枫桥经验"的帮教方法对其进行就地教育改造。该则材料指出枫桥区通过给犯罪分子安排依靠群众改造的环境、摸清其走上违法犯罪道路的原因并因人施教、安置落实后常访问等做法教育改造"流窜犯"，取得显著成绩。檀溪公社利用干警、群众力量帮助"流窜犯"何某某逐步改造的实践充分证明群众工作、预防犯罪、教育改造能有效解决"流窜犯"问题，进一步安定社会秩序。

---

1 《诸暨县枫桥区落实就地改造的经验——介绍枫桥区改造流窜犯的材料》，载浙江省诸暨市公安局编：《枫桥经验三十年》，内部资料，1993 年印发，第 71—76 页。

浙江省公安厅按：

目前，社会治安中比较突出的一个问题是流窜犯罪活动。诸暨县今年以来发生的刑事案件中，有百分之八十是"流窜犯"作的，各地拘留的也大部分是这些人。从枫桥调查的材料看，这些人绝大多数是由于好吃懒做、家庭虐待、缺乏教育而外流的，在外流中由小偷小摸、抓吃抓喝，逐步发展为偷扒拐骗的"流窜犯"。

我们对于这种人，过去主要是靠逮捕、劳教、拘留、收容、遣送等办法解决问题。这些办法，对于少数"流窜犯"来说是必要的，问题是依靠群众加强专政的思想不明确，没有把群众工作、预防犯罪、教育改造放在第一位。尽管这方面的斗争一直没有放松，但是并没有从根本上解决问题。有些流窜犯罪分子把拘留、遣送，当作是"吃遣送客饭""免费旅行"，有的甚至在拘留、遣送中乘机结帮成伙，交流"经验"，传授"技术"，说什么"流荡三年，皇帝不换"。现在，"流窜犯"问题，已成为治安工作上亟待解决的一个"老大难"问题了。

枫桥派出所今年第二季度以来，根据区委和县局的指示，用心地做了依靠群众教育改造"流窜犯"的工作，取得了显著的成绩，摸到了一些经验。枫桥区十六个在外流窜作案的惯犯，已经找回来十个，除了一个安置还没完全落实外，九个已经安置好了，正在进行教育改造工作；在外流窜下落不明的六人，他们准备请各地帮助查找回来，交给群众就地改造。枫桥派出所教育改造"流窜犯"的基本做法：一是给犯罪分子安排好一个依靠群众改造的环境。针对当地基层干部、群众和犯罪分子家属的活思想，宣传毛主席的矛盾不要上交的指示，以及改造成功的事例，耐心地进行说服，使他们真心诚意地愿意接受下来，安置好，以便在劳动中逐步予以改造。二是摸清犯罪分子走上违法犯罪道路的具体原因，对症下药，因人施教。为了有利于争取改造这些人，既要严肃对待，又要灵活掌握，只要本人表示认罪，愿意改造，群众又不坚持非开大会不可，就不一定开大会坦白交代或者斗争批判。安置时，有些应戴帽子的，征得群众同意后，一般的可采取"把帽子挂在墙上"的办法，以观后效。三是安置落实以后，还要经常去访问、考察。如果逃跑了，就帮助社、队总结经验教训，找回来重新加强监督和教育。

枫桥区安置改造"流窜犯"的事实说明，只要根据毛主席关于依靠群众加强专政的指示，认真地从根本上去做工作，这个问题是可以解决的。而解决了"流窜犯"问题，案件就会进一步减少，治安秩序就会进一步安定，拘留、劳教等也就会自然地随之减少。今后，对于偷扒拐骗的"流窜犯"，一定要下功夫把改造工作做好。各地公安机关，要像枫桥一样，注意总结和推广这方面的经验，把押送回来不需上交的流窜犯罪分子接收下来，或者寻找回来，发动干部、群众，做艰苦、细致的安置工作和教育改造工作。领导同志要亲自抓一个比较难办的"尖子"，做出样板，教育全体干警，下决心把依靠群众改造流窜犯的路子走通，用釜底抽薪的办法解决治安工作上的这个"老大难"问题。

"贼骨头"群众也能管教他

檀溪公社夏湖大队何某某，今年二十一岁，成分贫农，爸爸在外当教员，后娘管家务。他从一九五九年与家庭闹僵后就到处流窜，从本县到外县，从本省到外省，在浙赣、沪杭、萧甬铁路沿线来来往往，偷、扒、拐、骗，无所不为。先后作案百余次。因为他曾在上海百货公司偷过外国人的二百元人民币，群众就说他是"国际水平"的偷窃犯。上海市公安局、杭州市公安局、诸暨县公安局先后拘留、遣送、押回原籍好几次，每次都住不久又跑出去作案。熟悉何某某的人都说，这个人是不可改造了。

今年五月，县局来了电话要把拘留的何某某放回来就地改造，派出所所长指定民警汪和超同志去当地做安置工作。过去汪和超同志对改造"流窜犯"是没有信心的，他认为枫桥的对敌斗争经验、矛盾不上交的方针对"流窜犯"不适用。派出所为了解决干警对这个问题的认识，重新组织全所同志学习依靠群众专政、少捕、矛盾不上交的方针和《为人民服务》《关心群众生活，注意工作方法》

等文章,认识到这个方针同样适用于"流窜犯",认识到做好对"流窜犯"的安置、改造工作,是关系到减少犯罪因素,维护大中城市治安秩序的大问题。汪和超同志在学习以后说:"我们身在枫桥,应该心怀北京。"于是增强了信心,接受了这个任务,决心认真做好。

查清犯罪原因,做好说服工作

汪和超同志首先向大队支部书记、治保主任和贫下中农,宣传了毛主席关于矛盾不上交的指示;同他们研究,何某某为什么外流?为什么成了"流窜犯"?他们都说,这个人出身蛮好年纪又轻,本来不是坏人。主要是后娘同他吵架,逼出去的,政府送回来后娘又骂出去,后来在外边偷偷摸摸,政府送他去劳动教养,回来社员也骂他"劳改坯""贼骨头",他更不肯回来了。就这样慢慢变成了一个"流窜犯"。支部书记、大队长都表示要按照毛主席的指示,就地把他改造好。晚上大队干部召开社员大会,宣传毛主席的指示,说明何某某回来改造的好处,征求社员意见,社员都表示"欢迎他回来改造"。并且提议,回来后老老少少都要注意教育他,不要再刺激他。

又找何某某的后娘谈话。这个人真是"三斧头劈不进",讲了多少话,她就是一句"不要回来"。他爸爸说:"我儿子要是能回来改好,要谢谢政府。"但他后娘还是不干。以后又和支部书记一起去说服,给她算了一笔家庭账,说她家七口人,只有丈夫每月收入三十多块钱,很难过生活,何某某回来是好劳动力,把他改造好了,生活就好过了。他后娘勉强同意他回来。

布置好改造环境,稳定住犯罪分子

按何某某的犯罪情况,戴个坏分子帽子是完全够资格的。但是为了有利于稳定下来改造他,为了教育其他不良分子,根据县公安局的指示,派出所决定把"帽子挂在墙上"。

怎么对他进行监督改造还是个大问题,大队支部研究,除了社员管以外,还要有个"专管员"(使改造责任落实到人)。专管员的任务有四条:一是安排和带领他劳动,进行教育,并且在劳动技术方面给他做些指导;二是遇到有人说讽刺话时要做工作;三是帮助搞好家庭团结;四是注意他思想上、生活上的问题,随时向大队反映。谁当专管员好呢?选来选去选了两个人,一个是生产队长,着重管安排劳动和思想教育;一个是何某某的邻居、治保委员徐仁传,着重反映情况和带他一起劳动。大家认为,这样安排何某某一定会满意了,谁知道拿四条任务和专管人的名字与何某某一见面,他却不同意,说:"仁传同我在一起,仁传娘一定要骂我,两隔壁骂起来难受。"老汪就去找仁传娘谈心,她说:"何某某能改造过来对大家都有好处,我怎么会骂他呢?"老汪又把这二位妈妈找到一起谈,谈得蛮好,顾虑都解除了。这样才算初步落实,第三天就出工劳动了。

治保员认真负责,何某某开始转变为劳动者

经过说服教育工作,总算初步落实了。为了防止反复,(大队支部书记)还经常去考察,同时帮助队干部解决一些管教工作上的困难。大队支部书记经常找何某某谈话教育,鼓励他前进,解决他生活上的困难。治保主任还到何某某家里,同他后娘随便谈谈自己关心儿子和儿子尊敬他的一些事例。在群众舆论的推动下,母子关系也有点好转。工作最认真的要算"专管员"徐仁传了。徐仁传每天带着何某某一起出工,一起休息,帮助他,鼓励他。最近久旱不雨,他们两人包了五亩水稻田,日夜车水抗旱,何某某脚底生了一个大疮,走路很困难,仍然坚持抗旱。治保主任和贫协主任也经常对他进行阶级教育,启发他回忆幼年的苦难生活,教育他现在翻了身,应该很好参加集体劳动,做个好青年。有些时候,劳动较累,又有人骂他"贼骨头",思想有点波动。支部书记及时找他谈话,肯定了他的劳动成绩,指出他的缺点,鼓励他坚持下去,好好改造。几个月来,何某某除了生病外,天天出勤,群众说:"何某某这回大有希望。"何某某对干部说:"我过去在外面也是饱一顿饿一顿,作了案担心总有一天要进公安局,现在干部社员对我这样好,今后再也不出去了。"

但是,群众对何某某也还是保持警惕的。八月间上海来了一个"流窜犯",带着一百五十多块钱,想勾引他去西安,徐仁传发觉后,就及时报告了大队、公社,由公安局押送回上海处理了。

九月间,为了一点生活小事,何某某和他的后娘又吵了一架,后娘要赶他出去。何某某跑到派出所找汪和超解决。老汪带了他回到生产队,顺便解决了安置、改造中的问题。干部和群众都说,他的后娘太凶,住在一起还是弄勿好的。老汪就同生产队做了研究,由生产队找了一间小屋子,给他解决了一些生产、生活用具,同他的后娘分居。公社又救济了二十元,社员互相凑了二十四尺布票,给他添置了过冬的棉被、棉衣。何某某对此十分感动,劳动也更积极了,到现在已做了八百多工分,预计可以分配到四百多斤粮食。同时他还经常到俱乐部学习《中国青年》上有关向雷锋同志学习的文章。他表示一定要改正错误,好好做人。

诸暨县公安局
一九六六年一月

1.3.2 "破缸而逃"变成了先进生产者[1]

提要:"流窜犯"就地改造的成功案例能帮助我们对"枫桥经验"在"流窜犯"改造过程中所发挥的作用有更深刻的理解和把握。枫桥公社钟瑛大队按照毛主席批示肯定的"枫桥经验"精神,对偷扒成瘾甚至"破缸而逃"的

---

[1] 枫桥公社钟瑛大队:《"破缸而逃"变成了先进生产者》,载浙江省公安局编:《高举枫桥红旗,依靠群众加强专政》,内部资料,1978年印发,第53—58页。

流窜犯骆某某坚持就地教育改造,矛盾不上交;不怕反复,坚持教育挽救;割断坏人勾引,促使改邪归正。在党支部、治保干部、专管员、社员等多方持续努力之下,成功将其教育改造为先进生产者。该案例充分彰显了"枫桥经验"在改造"流窜犯"时的可行性,进一步凸显了"枫桥经验"在当时时代背景下的价值所在。

我们大队社员骆某某,今年三十一岁,是贫民骆成某的独生子。他从小因母亲改嫁,缺乏管教,七八岁就开始偷偷摸摸。一次偷卖家里东西,被父亲打得遍体乌青,在地上乱爬。刚上学那一年,偷了同学的铅笔,老师把他叫进办公室教育,他却乘机把老师的一支金星钢笔偷走了。后来他被学校开除,偷得更凶了。鱼、肉、盆、碗样样都偷,社员很恼火,他父亲也气煞。生产队干部没办法,就用一只大水缸把他罩在里面,缸下垫了块石头通气,到时候从这儿往缸里敲破,逃走了。这样,骆某某就被人叫做"破缸而逃"。外逃后,他在上海、杭州、金华、江西、广州一带流窜偷扒,成了看守所、遣送站的"老客人"。骆某某先后进少年管教所两年,拘留、遣送十多次。

就地教育改造,矛盾不上交

1965年,骆某某又被公安机关遣送回来了。枫桥派出所民警把他带到大队,要我们按照毛主席批示肯定的枫桥经验精神,把他安置下来,就地教育改造。当时有的社员想不通,说:"这个人偷窃成性,再没有办法了。"有的说:"过去我们把他生活安排好,有吃、有穿,可是他仍旧要偷,还是把他送上面去处理好了。"但是大多数社员认为:"骆某某不是不能改造,主要是他爸爸打得太凶,又没有专人去管他。如果让他偷窃流浪下去,不但断送了骆某某自己,也影响社会治安,对社会主义建设不利。他年纪小,出身好,犯了错误,我们有责任教育挽救他。"于是大队党支部决定把骆某某安排到大队猪场里劳动,由猪场负责人、大队贫协委员、长工出身的老贫民尉钦差负责管教。并且专门召开了生产队社员会,提出不要把他过去的问题当话柄、作笑料,讽刺打击,大家要齐心协力教育帮助,使他变好。

不怕反复,坚持教育挽救

骆某某跑遍了三江六码头,过惯偷扒流浪生活,在猪场劳动了一段时间,老毛病又发作,偷偷溜走了。专管员尉钦差发觉后,立即报告大队干部和派出所,大家马上分头去追,好容易才把他追了回来。这时,有的治保干部很生气,说:"我们把他安排在猪场劳动,苦口婆心地教育他,要他好好改造,可是,没有几天就旧病复发,真想打他一顿出出气。"但是,大家认为,把一个人教育好不是十天半月能解决问题的,"破缸而逃"已是老见识了,打他骂他出出气,是不中用的。于是,我们坚持耐心地对他做思想教育工作。

有一天,专管员尉钦差向他讲了自己在旧社会背井离乡,到钟瑛村给地主牧牛、受冻挨饿的悲惨情景,讲了新社会靠毛主席、共产党翻身后所过的幸福生活,然后语重心长地说:"骆某某啊!在旧社会里贫下中农是被地主、资本家踏在脚底下的。现在毛主席、共产党把我们贫下中农当宝贝,领导我们走社会主义道路,生活越来越好。你要好好想一想。"骆某某听了,低头不语,思想好像有点触动。在旁的干部就紧接着问他:"大队党支部、治保会、广大贫下中农政治上教育你,生活上挂心照顾你,为什么?"他轻轻地说:"要我好。"这时,大家严肃地向他指出,你多次流窜偷窃,严重扰乱社会治安,是犯罪行为,现在我们挽救你,应当痛改前非,用实际行动来改正错误。他点点头,表示要听大家的话。从此他安下心在猪场劳动。

干部、贫下中农对骆某某都很关心,有的教他学劳动技术、种自留地;有的给他送点心吃;有的女社员给他缝补衣服;有的把大队俱乐部里的《雷锋日记》《刘胡兰》《红军史册》等连环画给他阅读。这一切使他感到集体的温暖。

割断坏人勾引,促使改邪归正

苍蝇总是叮腥臭,贼朋友还是要来缠住骆某某。一次,一个上身穿黑色灯芯绒的青年,跑到猪场来找骆某某。这个人自称"王某某",说想买小猪。专管员尉钦差见了,心里产生了疑问:为什么来买小猪不带家伙,行动鬼鬼祟祟？他当即找骆某某个别谈话。经过教育,骆某某说:"这个人不叫王某某,叫冯某某。他说昨天在街上弄到十五元钱和一些粮票,约我出去,并送给我一元钱和二斤粮票。我不想要他偷来的钞票和粮票,也不愿跟他出去。"他一边说一边交出钱和粮票。接着又说:"我怕他。"专管员把这个情况报告了治保会,治保干部立即找了骆某某给予表扬,鼓励他,教育他就应该这样同坏人划清界限,不能藕断丝连。此后,每当坏人来勾引他时,他都主动向大队报告。

一九六七年春,骆某某自己要求参加田间劳动,学习做农活。大队党支部也考虑,如他长期待在猪场里,将来长大成人后,不懂农事,不会种田不好。就让骆某某到生产队参加田间劳动。不久,队里一个思想品质不好的人,以关心生活为名去接近他,慢慢两人结成了朋友。后来骆某某索性与这个人搬在一起居住了。他跟着这个人,晚上经常出去偷猫、打狗,糟蹋农作物。党支部发现后,立即找骆某某个别谈话,进行批评教育,叫他不要再住在那个人的家里。同时批评了那个思想品质不好的人。许多贫下中农社员也帮助教育骆某某。他很受感动,悔悟地说:"我与他住在一起,不但经济上吃亏,这样下去又要犯错误了。"于是,搬回到自己家里,砌了新锅灶,还在灶头旁边装上了一只广播喇叭,说:"这样可以学习政治、时事,又可以听戏。"邻居贫农老大娘沈阿香高兴地逢人便说:"骆某某真当改好了,连根稻草也不拿了,天天出工劳动,用粮也蛮有计划。"

变成了先进生产者

这些年来,由于骆某某热爱集体,积极劳动,勤俭持家,在队办企业白泥厂担任了操作组长、民兵副班长。一九七五年和一九七七年、两次被评为先进生产者。

白泥厂实行三班制,他几年来日夜超班,是出勤率最高的。一九七七年,厂里满勤是二百一十七个班,骆某某却做了三百一十一个班,超出九十四班;一九七八年一至八月,满勤是一百四十九个班,他却出勤二百七十五个班,超过一百二十六个班。白泥厂负责人说:"骆某某这个人啊,现在不怕别的,最怕是没得劳动。"在干活中,他认真负责,埋头苦干,爱护机器,从不出事故。去年七月二十一日,他做完夜班到天亮,听出鼓风机声音不对,轴壳出毛病。这时他已很疲劳,别人都下班了,但为了避免机器故障停产,他坚持拆开鼓风机,直到修好机器才回家。厂里社员对他这种负责的精神,写了墙报给予表扬。

一九七六年,大队党支部帮助介绍,骆某某同一个姑娘结了婚。党支部的同志非常高兴,像亲人一样帮他办喜事。他的一个房间隔成厨房、客堂、卧室三个小间,刷得粉白。从前见儿子就打的爸爸,也把自己长年积蓄下来的一百块钱,给儿子成亲。现在他已有个九个月的娃娃了。走进他家,床铺、木箱、被柜、写字台、饭桌、座椅、躺椅,样样都是崭新的。最引人注目的是他挂的毛主席、华主席的相框,这使人想起毛主席的一句话,"人是可以改造的,就是政策和方法要正确才行"。

1.3.3 葛某某终于拉过来了[1]

提要: 东山公社柳坞大队受第十五次公安会议精神"重新学习'枫桥经验'"及钟瑛大队改造骆某某成功案例的启发和鼓舞,坚决贯彻毛主席批示

---

[1] 东山公社柳坞大队:《葛某某终于拉过来了》,载浙江省公安局编:《高举枫桥红旗,依靠群众加强专政》,内部资料,1978年印发,第59—65页。

的"枫桥经验",也成功教育改造了本大队的葛某某。该大队通过实施党支部总体研究、发动群众进行思想教育、加强生活关心和保障、时刻监督并反馈、针对反复情况坚持教育等措施,成功促使"流窜犯"葛某某改头换面、重新做人。这种精神和做法在后续也得到了进一步总结提炼,成为丰富和发展"枫桥经验"的重要实践来源。

我们大队社员葛某某,今年四十八岁,解放前,给地主放牛做长工。解放后,他翻身忘了本,受到资产阶级思想的侵蚀,好吃懒做,加上生活不会安排,有多少吃多少,吃完了就偷。一九五八年,他偷了生产队的稻谷种和竹笋,严重破坏集体经济,被逮捕判刑五年。一九六三年五月他刑满释放回村后,头四年劳动守法,表现还好。一九六八年,林彪、"四人帮"叫嚣"砸烂公检法",攻击枫桥经验,搞垮了治保组织,对葛某某的教育改造也放松了。因此他的老毛病又发了。开始,有得吃就吃,没得吃了再去偷。到了一九七一年,他胆子越来越大,偷了本村的,又偷外村的,还流窜到绍兴、萧山县去偷。有些人气煞了,说:"这个劳改坯不给他一点苦头吃,贼性不会改。"就对葛某某捆绑、吊打、游街、罚款。结果,葛某某赖倒做。他说:"我劳改队住过,游街游过,大会斗过,你们这样弄弄勿要紧,我脚背上搭锅灶,到处有得吃。"干部上半夜柯,他下半夜偷,横竖横。有的干部和社员说:"这种人不送去劳改,监狱不用造了。"大队就整理了材料,上报公安机关要求再把他逮捕判刑。

一九七二年六月,枫桥区开会组织干部重新学习枫桥经验。会上枫桥公社钟瑛大队介绍了他们把"破缸而逃"的流窜犯骆某某改造好的经验。我们大队的干部受到了教育和启发。大家想,毛主席批示的枫桥经验出在枫桥,我们枫桥人不学习枫桥经验,真是对不起毛主席,对不起党。有的干部说:"葛某某四月份从外边回来,我们没有打他骂他,对他进行了一些教育,生活上做了一点安排,几个月没有出去偷,六月份劳动二十七天。看来只要方法对头,做好工作,还是可以把他教育过来的。"开会回来后,大队组织社员群众重新学习枫桥经验。有的社员说:"毛主席指示要少捕、矛盾不上交,我们贫下中农要听毛主席的话,坚决照着办。"有的说:"人家钟瑛大队能把'破缸而逃'教育过来,我们也一定要把葛某某变新人。"有的说:"葛某某在生产上倒是一把好手,真改好了,是个好劳力,还是留在队里改造好。"干部、群众思想统一后,大队就派人到公安机关去拿回报捕材料。当时县人保组已经同意对葛某某逮捕,我们说:"矛盾不上交了,要下决心把葛某某教育好。"

怎么进行教育改造呢?党支部召集治保会做了研究。首先从发动群众对他进行思想教育入手。群众发动起来后,有的社员就对葛某某说:"你出身苦,但翻身忘了本,再不改造,对不起共产党,对不起毛主席。"有的说:"你犯了罪,大家还把你当人看,再不改造,怎么对得起贫下中农?!"八十二岁贫农老大娘王杏春还帮他回忆痛苦的家史,说:"你娘解放前给地主做佣人,死在外地;你自己也给地主放过牛,扛过活,过去的苦怎么忘啦!你还年轻,现在走正道不晚,要对得起你死去的亲娘啊!"治保主任提醒他:"你如不好好改造,第二次劳改,给你戴上帽子,这样下去就没前途。"枫桥派出所、公社党委也派了两个同志,对葛某某进行政策、前途教育,向他指出:"只要你接受教育,好好劳动,弃邪归正,可以得到从宽处理。"葛某某本来打算去坐牢,要干部把他自留地上的麦子收起来,说自己吃不到了。现在,他见到大队里的干部、群众和政府都在挽救他,很受感动。他说:"我罪行重,在旧社会,十个葛某某也被人打死了;我再不接受改造,对不起贫下中农,对不起政府,我决心改。"

葛某某表示了改正的决心,群众还不放心,说:"葛某某肯干,是个好劳力,就怕没长心,一天不干两天懒,二天不干三天馋,三天不干就去偷。"党支部和治保会就决定在劳动上对他严加督促,把他安排在干部力量比较强的第二生产队。一九七二年"双夏"期间,治保主任特地同他睡在一起,经常和他谈心,教育他,又督促他劳动。葛某某在干部、群众的督促下,出勤率高了,脏活、重活也乐意干了。"双夏"当中,分配他拉重车,冬天分配他去修公路,他都完成了任务。

为了促使葛某某接受教育,党支部认为,帮助他安排生活,也是一个重要问题;如果不帮助他安排生活,他有了粮食和钱,吃光、用光,就又会走老路。一九七二年早稻预支,他分到十元钱,生产队督促他买了一顶蚊帐;晚稻预支六十几元钱,又督促他买了一条棉絮、一床被单、一套衣服;口粮分给他以后,对他进行节约用粮的教育。往年开春,葛某某粮食早就吃光了。一九七三年基本上吃到早稻熟,还缺一点,生产队借支十五元,叫他买了三十斤米。早稻预支以后,社员又教育他省吃省用,不要像过去那样吃大前门香烟。他预分到的钱不再浪吃浪用了。党支部看到他房子快要倒塌了,一九七四年初发动了二十名社员帮他修理好房子。

在大队党支部的领导下,社员对葛某某都很关心,平时注意他的一举一动。有时发现葛某某吸好香烟,田畈不见他出工,半路上看到葛某某外出,或晚上没有睡在自己家里,都向大队党支部、治保会反映。我们根据群众反映,及时上门进行了解,同他谈心,进行思想教育。不见他田畈劳动,我们就问他为什么不出工?哪里去了?干什么事?一九七四年青黄不接时,一天有个社员反映葛某某从外边拿了几斤米回来。当晚治保会就询问米的来源。他说米是买来的,买米钱是向邻居社员借的。经核对他说的是实话,才放了心。

经过这样教育改造工作,葛某某开始有了转变,再没有发现偷窃。一九七二年劳动了三千五百个工分,一九七三年劳动了四千二百多工分。往年,他种的番薯掘起卖给人家,这两年连小番薯也自己吃。他说:"这样可以节约粮食。"往年,他自留地上草比人高,一九七三年种上了蔬菜。社员反映:"葛某某像个做人的样子了","队里的东西也勿大少哉"。

一九七四年诸暨县资产阶级帮派体系在我们大队"试点",成立了凌驾于党支部之上的"批林批孔小组",还学习"上海民兵新经验",推广"三位一体",在我们大队成立什么"民兵小分队"。这个"民兵小分队"名义上维护社会治安,实际上破坏社会治安。一些平时不愿劳动、搞资本主义活动的,甚至扬言对干部"杀两个,赚一个"的人,都说成"路线觉悟高",选来当"民兵小分队"的骨干。一时间,我们大队资本主义活动猖獗,上山偷窃竹木情况严重。有个社员写了一首诗揭露这个"民兵小分队":"批林批孔为由头,拖鞋穿穿到田头,夜里烤吃,白天抱枕头,偷窃失少勿查究,集体山上光榔头。"这时候,治保会的活动受到干扰,对葛某某的管教松了。葛某某看到现在不大有人管了,可以"自由"些,老思想又还潮了。经常同一些表现不好的人凑队,下象棋,打扑克,吃吃喝喝,互相借钱,把家里拆下来的旧木料也背出去卖了。"民兵小分队"里有的人,还煽动葛某某外流赚现钱。当时治保主任教育他,他犟头犟脑地说:"我哪一天不去做活?你们可以查。"一九七四年三月葛某某又连续十三天外出流窜,晚上潜回村里,偷了社员和集体的毛竹十根、木头四根、蓑衣一件。

葛某某出现了反复,怎么办?党支部和治保会的同志牢记毛主席教导,按照枫桥经验精神,坚持帮助改造。但是"小分队"的某些人,却别有用心地说:"党支部、治保会太右倾了,葛某某这样的人早就该劳改了,是干部包庇贼骨头。"有的社员也说:"改造葛某某花去的工分,够一个人吃饭,横竖不相干。"面对这种情况,党支部、治保会一面对群众做思想工作,一面对"小分队"某些人说:"帮改葛某某是落实毛主席肯定枫桥经验,如果你们认为这样做是包庇贼骨头,可以去上告。"同时,对葛某某进行严肃批评,要他合理退赔,并由治保主任带着到被偷的社员家,检讨说:"我重犯错误,错误严重,罪上加罪。我偷你家的东西,等我预支发来就退赔,请原谅我。"失主听了后都说:"你只要讲出来,肯改就好。"大队还叫葛某某写出保证书。这次处理,对葛某某教育很深。从此以后,他在干部和群众的帮改下又变好了。一九七五年春天,有个社员在割草时偷割了集体田里的草籽。葛某某看见,对他批评制止,并报告了队长、治保会。这个社员大骂葛某某,说:"你这个贼骨头,我勿要你管!你自己坐牢忘记哉。"葛某某回答说:"我不怕人家骂我贼骨头,只怕别人做贼骨头。"我们鼓励葛某某这样做是对的,同时,对犯错误的社员进行了批评教育。

华主席、党中央一举粉碎"四人帮"以后,在党支部、治保会的教育下,葛某某也一天天变得更好。一九七七年七月,大队派葛某某参加县里修建陈蔡水库劳动,他不怕苦,积极肯干,超额完成任务。在八十五天劳动中,实做定额工一百零六个工,是大队派去十二个人当中做得最多的一个。他在水库工地劳动时,三十八斤粮票被窃了,没有影响劳动情绪,还是坚持出工。大队党支部知道后,补助他一些粮食,借机对他进行教育,问他:"你少了粮票,心疼勿心疼它?"他说:"我少了粮票当然很心疼。"又问他:"那你过去偷了别人的东西呢?"他痛悔地说:"别人当然也一样心疼。"

今年青黄不接时,党支部考虑到他是单身汉,吃粮多,补助他四十斤粮票。现在,对葛某某已撤销了帮改,吸收他参加了对一个地主分子的监改小组。谈起他的转变,他口口声声说:"没有毛主席、共产党,我葛某某哪会有今天,感谢毛主席,感谢华主席。"

第二章
"枫桥经验"与流动人口综合管理(1979—2002年)

　　党的十一届三中全会的召开,标志着我们党和国家的工作重心,从"以阶级斗争为纲"向"以经济建设为中心"的转变。为促进经济快速发展,我国在改革开放初期对流动人口采用相对放任型政策。1984年,国务院发布《关于农民进入集镇落户问题的通知》,从制度上保障了农村人口向城镇(集镇)流动及落户的权利。1985年,公安部颁布了《关于城镇暂住人口管理的暂行规定》,开启了"暂住证"时代。这一制度的实行,催生了全国范围内的"民工潮"。为控制农民大规模向城市流动,1989年国家又对前期政策进行局部调整,加强了对人口盲目流动的管控。但是,城乡的巨大差距,吸引着大批农民工继续向城市流动。到1990年,全国流动人口数量达到2 135万人。1992年10月12日,党的十四大确定建立社会主义市场经济体制,这种开放性经济加速了人口的流动性。1993年10月,我国又确定以小城镇建设为重点的村镇建设方针,提出了到20世纪末小城镇建设发展目标。随之,在20世纪90年代中后期到21世纪初期,我国乡镇企业、民营企业先后蓬勃发展,吸引了大量农民进城镇务工。这些外来务工人员的素质普遍较低,再加上当时社会治安防控手段比较落后,导致城镇中的盗窃、"两抢"等违法犯罪行为明显增多,成为各地社会治安的突出问题。

"枫桥经验"紧跟时代步伐,完成了由阶级斗争向社会治安的重大转型,创造了农村社会治安综合治理的全国样板和新时期维护社会稳定的重大法宝。在改革开放后到20世纪90年代初期,"枫桥经验"主要致力于帮教流窜犯、一般违法犯罪特别是青少年违法犯罪人员。在20世纪90年代中后期到21世纪初期,"枫桥经验"主要致力于对流动人口(当时称为暂住人口)的管理,依靠群防群治力量摸清流动人口的底数,建立健全管理制度,预防其违法犯罪。然而,在我国整体对社会加强管控的大背景下,"枫桥经验"开创了人本化对待流动人口的经验。1998年,诸暨市店口镇率先建立集"教育、维权、服务、管理"四大功能的外来建设者管理服务中心,大大提高了服务管理效率。这种流动人口服务管理模式已经超越了管控思维,率先融入了服务理念,更有利于从源头上预防和减少违法犯罪,维护社会稳定。这一经验做法在诸暨全市、浙江全省逐步推广,引领着全国流动人口综合管理模式的新走向。

本章收录的是1979—2002年的史料,分为政策文件、调研报告、工作总结、典型案例、其他史料五种类型,共26份。

一是政策文件。收录了《绍兴市公安局关于暂住人口集中整治行动的实施意见》《绍兴市人民政府关于成立绍兴市暂住人口管理工作领导小组的通知》《诸暨市关于成立暂住人口管理稽查队的通知》《绍兴市公安局关于全市开展暂住人口IC卡管理工作的实施意见》《绍兴市公安局关于进一步加强对出租房屋暂住人口管理工作的通知》《绍兴市暂住人口管理办法》《诸暨市公安局关于进一步强化暂住人口管理工作的意见》《诸暨市公安局关于进一步完善外来流动人口综合管理工作的几点建议》《诸暨市公安局关于印发加强外来人口日常管理八项措施的通知》《诸暨市枫桥镇暂住人口管理若干规定》《诸暨市草塔镇关于开展清理整顿出租房屋规范流动人口管理专项活动的实施方案》,共11份。

二是调研报告。收录了《绍兴市城镇社区外来人口的犯罪控制》《诸暨市公安局加大力度、强化管理 建筑工地暂住人口管理初见成效》《绍兴市公安局关于加强流动人口管理的情况报告》《教育管理维权服务相结合,探索建立外来流动人口综合管理新机制》《诸暨市完善提高和推广落实店口镇外来流动人口综合管理经验》,共5份。

三是工作总结。收录了《诸暨市公安局城东派出所强化暂住人口管理服务现实斗争》、诸暨市公安局大唐派出所的《九四年暂住人口管理工作总结》、《诸暨市枫桥镇加强外来人员管理 为促进本地经济服务》、《诸暨市服务外来建设者十项举措(试行)》,共4份。

四是典型案例。收录了《"轻纺王国"——大唐镇治安管理初探》《枫桥镇"海魄"公司人品产品双重奏》《诸暨市店口镇积极探索流动人口综合管理新模式》《总结推广"店口经验"》《诸暨市店口镇加强流动人口综合管理 推动经济社会全面发展》,共5份。

五是其他史料。收录了诸暨市公安局对"关于加强外来流动人口综合管理"的提案的回复,题名为《诸暨市公安局关于政协诸暨市十届五次会议第121号提案的回复》,共1份。

2.1 流动人口综合管理的政策文件[1]

2.1.1 绍兴市公安局关于暂住人口集中整治行动的实施意见[2]

提要: 为解决该阶段外来流动人口违法犯罪突出的问题,绍兴市公安局制定关于暂住人口集中整治行动的实施意见。意见指出,坚持"谁用工,谁负责"和打防结合、标本兼治的原则,集中力量,大力整顿,理清底数,打

---

[1] 有关流动人口综合管理的政策文件比较多,本章仅收录一部分典型的政策文件,其他列为参考文献。其他三章亦同。

[2] 绍兴市公安局:《关于暂住人口集中整治行动的实施意见》,1995年5月19日印发,绍市公户政〔1995〕14号。

击犯罪、完善网络、强化管理,有效地防范和打击外来人口违法犯罪。该意见是绍兴地区较早出台的暂住人口集中整治行动意见,反映了自20世纪90年代中期开始绍兴加大对流动人口的综合管理与整治力度。

根据全省公安局、处长会议的部署和省公安厅浙公治〔1995〕35号印发的《关于暂住人口集中整治方案》的通知精神,为解决当前我市外来流动人口违法犯罪突出的问题,市局决定于今年5月至7月,在全市范围内开展暂住人口集中整治行动,为保证行动的顺利开展,特制定如下实施意见:

一、指导思想

根据"一管两打建机制"的总体要求,以省人大颁布的《浙江省暂住人口管理条例》为依据,坚持"谁用工,谁负责"和打防结合、标本兼治的原则,集中力量,大力整顿,理清底数,打击犯罪,完善网络,强化管理,有效地防范和打击外来人口违法犯罪,以促进我市社会治安稳定,保障改革开放和经济建设的顺利进行。

二、基本目标

(一)辖区内暂住人口底数清、情况明、档案资料完整,暂住人口登记率和发证率均为90%以上,房屋出租及建筑工地治安许可证发证和验审率均为95%以上,用工单位录用无证人员的情况基本消除。广大群众对申报暂住登记、申领暂住证、治安许可证的自觉性明显增强,法制观念和参与意识普遍提高。

(二)发现一批违法犯罪线索,查处一批治安、刑事案件,打击暂住人口中的违法犯罪分子,同时,在外来人口中积极物建一批有一定数量和质量的刑事特情,以外制外,以动制动,努力提高破案率。

(三)暂住人口管理机制更加严密有效,管理工作领导小组及其办公室、专(兼)管队伍得到进一步加强,暂住人口管理基本实行制度化、规范化、网络化。

三、实施步骤

大致分为五个阶段。

第一阶段:组织准备阶段(5月上中旬)。各地要成立行动领导小组,结合实际,制定工作方案,充分做好各项准备工作,加强对整治斗争的领导和协调。

第二阶段:宣传发动部署阶段(5月中下旬)。各地要集中时间,运用各种宣传形式开展集中系列宣传活动,大造声势,充分发动社会各界和群众参与斗争,形成暂住人口集中整治的强大合力。

第三阶段:摸排整治阶段(6月至7月上旬)。这是整个斗争的关键阶段,各地由政府牵头,公安为主,有关部门参加,集中力量开展大面积的排查摸底和冲击整顿,做到底数清、情况明,并从中发现、打击一批违法犯罪分子,确保整治工作取得预期效果。

第四阶段:落实措施,健全制度阶段(7月中旬)。针对外来人口管理中的漏洞和薄弱环节,积极探索建立和完善暂住人口管理网络,使之更好适应动态治安需要。

第五阶段:检查验收,总结表彰阶段(7月下旬)。市局将对各县(市)公安局暂住人口整治工作进行检查,查漏补缺,并做好总结表彰工作。

四、具体要求

(一)加强领导,健全网络。各县(市)公安机关要把开展这次集中整治的情况及时报告党委、政府,成立由当地党委、政府牵头,政府首长挂帅,公安为主,劳动、计划生育、城建、工商、财税、交通、卫生、民政等有关部门负责人参加的集中整治领导小组,在公安机关设立相应的办公室,加强组织领导和协调工作,解决暂住人口管理工作中的重大问题,制定暂住人口集中整治实施方案,抽调工作人员,落实专项经费,并按照省厅规定暂住人口500人配备一名专职管理人员的要求,建立暂住人口专职协管员队伍;居(村)和暂住人口较多的企事业单位要建立管理小组或设立登记站,确定人员协助管理,推进暂住人口管理网络建设,做到组织、人员、经费三落实。各级管理机构都要明确各自的职责,加强协作配合,形成整体合力。公安派出所要与暂住人口比较多的建筑施工单位、企事业单位及出租房户主签订治安责任书,督促他们申领治安许可证,并落实好管理措施。同时要加强基础业务建设,尤其是函调制度的建立,切实提高协查率和回头率,市局要求暂住人口中的重点人口列管率不低于5‰,同时要注意在暂住人口中物建隐蔽力量,更好地为现实斗争服务。

(二)广泛宣传发动,大造声势。县(市)、乡镇街道和暂住人口集中的单位、行业要层层部署、层层宣传发动,统一思想,形成共识,全力投入整治行动。各县(市)公安机关要与有关部门密切配合,抓住《浙江省暂住人口管理条例》颁布实施的有利时机,采取发表电视讲话、召开新闻发布会、悬挂横幅、张贴标语等形式,大张旗鼓宣传《条例》,并结合《条例》的宣传,大力宣传这次暂住人口集中整治斗争的目的、意义,使之家喻户晓,人人明白,发动广大群众积极参与,获得群众的配合、理解和支持。同时可适时召开公开打击处理大会,打击处理一批外来违法犯罪分子以壮大声势,震慑犯罪,教育群众,优化整治的社会效果。

(三)突出重点,强化管理。斗争中,要以派出所为单位,对辖区暂住人口的分布、底数、现状进行一次全面细致的分析,制订具体的整治方案和管理措施,将任务落实到每个干警。凡流动暂住人口比较集中的旅馆、车站、码头、建筑工地、出租私房及企事业单位都要列为重点检查对象,逐一进行清查,不留死角,对外来人口要逐个见面,进行法制宣传教育,及时做好登记、发证,建立档案。必要时,要派驻工作组,指导督促有关单位执行《条例》,落实管理人员和管理措施。有条件的地方应逐步建立暂住人口信息微机管理系统。要严格执法,对查到的违反暂住人口管理规定的单位和个人,要限期整改,到期不改的,要依照《条例》严肃查处。对三无人员(无居民身份证、无固定工作、无固定住所)及其他盲流人员,要严格审查,从中发现、打击一批违法犯罪分子,并配合有关部门做好收容遣送工作。

(四)及时检查督促、总结表彰。斗争期间,市局成立专门督查小组,由局领导带队,深入各县和整治第一线了解进度,对发现工作拖拉、措施不力、进展迟缓等问题将及时予以通报。从5月份起,各县(市)公安局务必于每月14日和29日将本地的工作部署、进展情况及存在问题书面上报市局户政科。斗争结束后,各县(市)公安局对本单位的工作情况要认真予以总结,市局将对各地整治工作进行全面检查评估,以适当形式进行反馈。对斗争中作出显著成绩,创造先进经验和涌现出来的先进单位和个人,要按照规定给予表彰和奖励,以调动广大干警的工作积极性。

2.1.2 绍兴市人民政府关于成立绍兴市暂住人口管理工作领导小组的通知[1]

提要:1995年,绍兴市人民政府发布《关于成立绍兴市暂住人口管理工作领导小组的通知》。通知决定首次成立暂住人口管理工作领导小组,明确了该小组的负责人,而具体成员则由来自宣传、劳动、计生、工商、建筑、卫生、交通、民政等不同部门构成。该小组的成立意味着绍兴市不断加大对暂住人口的管理力度,发挥不同部门在暂住人口管理工作中的协同作用,具有标志性意义。

各县(市)人民政府,市政府各部门:

为加强对我市暂住人口管理工作的领导,经研究,决定成立绍兴市暂住人口管理工作领导小组,组成人员如下:

---

1 绍兴市人民政府:《关于成立绍兴市暂住人口管理工作领导小组的通知》,1995年5月30日印发,绍市府发〔1995〕47号。

组　　长：袁长寿

副组长：夏国瑞　　市综治委

　　　　陈　播　　市公安局

成　员：黄文泽　　市委宣传部

　　　　蒋其华　　市劳动局

　　　　陈坤木　　市计生委

　　　　邵兴邦　　市工商局

　　　　宋长法　　市建筑业管理局

　　　　潘旺明　　市财税局

　　　　滕建华　　市卫生局

　　　　陈凯雄　　市交通局

　　　　周龙根　　市民政局

领导小组下设办公室，办公室设在市公安局户政科内。钟张水任办公室主任。

绍兴市人民政府
1995 年 5 月 30 日

2.1.3　诸暨市关于成立暂住人口管理稽查队的通知[1]

提要：在上级加大对暂住人口集中整治力度的背景下，诸暨市于1996年发出通知，决定成立暂住人口管理稽查队，目的是切实加强暂住人口管理，特别是加强对建筑工地、出租房屋、农村建材厂等重点场所内部的外来人口管理，加大执法力度。该通知明确暂住人口管理稽查队设立在户政科，

---

[1] 诸暨市公安局：《关于成立暂住人口管理稽查队的通知》，1996 年 2 月 28 日印发，诸公户〔96〕第 02 号。

稽查队的主要任务是五项工作,稽查队的工作关系要理清,即稽查队按照市局领导的总意图,在户政科的直接领导下、有关派出所的配合下开展工作。

各派出所、局机关有关科、队:

为了切实加强我市暂住人口管理,特别是加强对建筑工地、出租房屋、农村建材厂等重点场所内部的外来人口管理,加大执法力度,经局研究成立暂住人口管理稽查队。现将有关事项通知如下:

一、暂住人口管理稽查队设立在户政科,并由户政科民警周军航负责牵头,稽查人员从城区三所、大唐、店口、牌头等派出所各抽一名专管员组成,队员工资待遇仍由抽调单位负责

二、稽查队的主要任务

稽查队主要负责对城区、大唐、店口、牌头等较大集镇的外来人口管理的督查工作,主要任务是:

1. 检查、督促基层派出所的暂住人口管理工作,及时向局领导汇报派出所抓暂住人口管理的有关情况,为局领导决策提供依据。

2. 检查雇用暂住人口的单位和个人执行《条例》情况,督促他们落实整改措施,严格按《条例》履行管理职责。

3. 对检查发现的违反《条例》规定的用工单位和个人以及暂住人口本人依法处罚。

4. 核查暂住人口的身份证、暂住证、计生证,发现违法犯罪人员及时带至当地派出所审查。发现违法犯罪线索及时向当地派出所报告。

5. 对用工单位或暂住人口进行安全防范和有关法制宣传教育。

三、稽查队的工作关系

稽查队按照市局领导的总意图,在户政科的直接领导下、有关派出所的配合下开展工作。检查中发现的情况和存在的问题应及时向户政科领导和当地派出所领导汇报,并定期向局领导报告。

在检查中发现违反《条例》的行为,以所在地派出所的名义向违反规定的单位和个人发出整改通知书,不及时整改需要按《条例》处罚的,由稽查队提出处罚意见,当地派出所作出裁决,罚款均归当地派出所,每月执罚情况由稽查队统一汇总上报局领导。

四、几点要求

1. 稽查队于三月一日正式开始工作,检查重点先确定为城区、大唐等地的建筑施工工地,以后逐步再延伸到其他的场所和部位。

2. 户政科要加强对稽查人员的业务指导,提高他们的业务素质和执法水平。要加强教育,增强工作责任心,严格执法、文明执法。工作期间必须统一着装,统一佩戴标志,做到警容严整。

3. 各派出所必须全力支持,配合稽查队的工作,凡稽查队检查发现并指出的问题,有关派出所应当予以整改,提出的处罚意见只要正确的,当地派出所应予维护和支持。

诸暨市公安局
1996年2月28日

2.1.4 绍兴市公安局关于全市开展暂住人口 IC 卡管理工作的实施意见[1]

提要: 出于适应市场经济的快速发展、全面提高暂住人口管理水平、切实保障外来人口合法权益的实际需要,绍兴市公安局制定关于全市开展暂住人口 IC 卡管理工作的实施意见。意见指出了开展该项工作所围绕的指

---

[1] 节选自绍兴市公安局:《关于全市开展暂住人口 IC 卡管理工作的实施意见》,1999年4月20日印发,绍市公户〔1999〕16号。

导思想、计划实现的工作目标、详细的发证范围和对象、具体管理方法和步骤以及若干条工作要求,如提高认识、精心部署、加大力度、严格执法、统筹兼顾、科学安排。该意见的实施有效促使管理模式由单一、静态的管理方式向跟踪、动态管理模式转变,从而实现对暂住人口进行科学、有效、规范管理的目的,为经济发展和社会治安稳定服务。

为适应新形势下市场经济发展的需要,全面提高暂住人口管理水平,切实保障外来人口的合法权益,确保社会治安秩序稳定,根据省厅要求,结合我市实际,现就全市开展暂住人口IC卡管理工作提出以下实施意见:

一、指导思想

暂住人口管理是公安机关加强人口管理工作的一项重要内容。对暂住人口实施IC卡管理能提高暂住人口管理水平,控制暂住人口违法犯罪,有效促使管理模式从单一、静态的管理方式向跟踪、动态管理模式转变,从而达到对暂住人口实施科学、有效、规范管理的目的,为经济发展和社会治安稳定服务。

二、工作目标

暂住人口IC卡管理工作总体按照"统一规划、分步实施"的方针,规范、有序地开展。并要求多方努力达到以下工作目标:

1. 在完善暂住人口登记管理的基础上,县(市)局建立三级网络系统,越城区建立二级网络系统,分局作为特殊用户,通过网络对派出所实施管理。市局建立中心数据库,数据库设在户政管理处。

2. 统一规划,分步实施。对已完成暂住人口信息联网工作的绍兴县、上虞市在8月30日前完成暂住人口IC卡管理工作的试点,其余县(市、区)局(分局)在12月底前完成暂住人口IC卡管理推广工作。2000年1月1日起,全市暂住人口IC卡全面启用。

三、发证范围和对象

1. 凡是离开常住户口所在地,到其他市区、乡镇(越城区乡镇除外)区域范围暂住,在暂住地拟居住30天以上,年满16周岁以上的人员均须申领IC卡暂住证。

2. 探亲、访友、旅游、就医、就学等暂住人员,可以不申领IC卡暂住证。

四、方法和步骤

暂住人口IC卡管理工作要求通过组织发动、调查摸底、严格执法、落实制度的方法进行。具体分为以下几个工作步骤:

第一,加强领导、建立班子。暂住人口IC卡管理工作是一项量大面广的系统工程,在工作中会碰到许多困难与问题,因此需要加强领导,周密部署。为切实搞好暂住人口IC卡管理工作,市局决定成立以施久海副局长任组长,户政处、治安支队、经文保处、后勤装备处、计算机监察处、宣教处的主要负责人为成员的工作领导小组,下设办公室,由户政处副处长娄叶根任主任。办公室主要负责牵头和业务技术指导工作。各县(市、区)局(分局)也要成立相应的领导小组,落实好具体的工作人员,筹集好工作经费,认真部署落实工作。

第二,宣传发动,大造声势。宣传发动是实行暂住人口IC卡工作的首要环节,必须投入一定的人力,财力和物力,要充分利用各种宣传手段,积极发挥新闻媒介的作用,大造宣传声势,做到家喻户晓,人人皆知,以提高广大人民群众对启用暂住人口IC卡重要性的认识。具体要抓好以下几个环节。

1. 要有针对性地开展宣传、张贴、分发市公安局《关于启用IC卡暂住证的通告》以及县(市、区)局(分局)《申领IC卡暂住证须知》。

2. 要利用有线广播、电视、报纸、标语、横幅和出动公安宣传车等广泛宣传《浙江省暂住人口管理条例》《通告》和《领卡须知》。

3. 要开好三个会议:(1)各派出所全体工作人员会议;(2)乡(镇、街道),居(村)委会干部,及各级群防群治组织人员的动员会议;(3)所有用工单位负责人(业主)、房屋出租人、承租人、建筑工地负责人及部分暂住人员动员大会。

第三,调查登记、清理整顿。登记、清理、收费是实施IC卡工作的关键。因此首先要全面清理整顿外来人口,摸清暂住人口底数。在工作中做到深入细致,查漏补缺,查一块、清一块。其次特别要对用工单位、出租房屋、建筑工地、专业市场的暂住人口进行全面核对登记,不漏一厂、一店、一户、一人。另外对居民家中的暂住人口(包括农村婚嫁落户城镇的)要有一登一。对一切可能使暂住人口落脚的区域、部位要认真检查、登记。各派出所要在调查登记的基础上,对离开本地的暂住人口一律注销;对新登记的暂住人口,属于IC卡发证对象的,在登记的同时,收取IC卡工本费,并及时把暂住人口信息录入微机,图像扫描,然后传递信息进行制卡。农村婚嫁落户城镇的人员,今后要求申请办理农转非的,必须有暂住人口IC卡的证件。

第四,发卡签收、建立制度。启用IC卡暂住证,必须停止发放合页式《暂住证》。IC卡发卡签收是"IC卡工程"的最后一环,须建立IC卡收发登记制度。市局制卡中心每天24小时接收各地送至的发卡信息,每周2次送卡到各县(市、区)公安局办证中心,各所领回证件后一周内应采取各种方法将IC卡暂住证发放到暂住人口手中,并做好收发签名记录,便于存查。

五、工作要求

1. 提高认识、精心部署。暂住人口IC卡管理工作是新形势下公安机关加强人口管理工作的需要,是科技强警、实现暂住人口动态管理的需要,因此要求各级领导统一思想,提高认识,精心部署。要制定方案计划,落实工作人员,抽调技术力量,筹措所需经费,搞好业务培训,以确保此项工作顺利开展。

2. 加大力度、严格执法。发放IC卡暂住证一定会遇到许多新情况、新问题,因此要在对群众进行法制教育、宣传的同时加大管理工作力度,提高稽查频率,减少盲区。要善于运用法律手段,对该领未领的发证对象要严格按照《浙江省暂住人口管理条例》的有关规定实施处罚。通过暂住人口IC卡的有效发放管理,促使暂住人口信息的全市共享,推动和促进公安工作的各项业务的更好开展。

3. 统筹兼顾、科学安排。暂住人口IC卡的实施工作量大,情况复杂,因而要求具体操作的民警要树立吃苦耐劳的精神,在工作中注意有机结合,统筹兼顾,方法上力求认真仔细,保质保量,切忌大呼隆、马虎行事。全市全面启用IC卡暂住证后,各地对暂住人口的治安管理费一次限收一个季度,不得超期收费。IC卡暂住证由市公安局统一盖章制作,签发后在全市范围内通用。

2.1.5 绍兴市公安局关于进一步加强对出租房屋暂住人口管理工作的通知[1]

提要: 绍兴市公安局依据上级暂住人口与租赁房屋治安管理规定、条例及办法,于2000年发布《关于进一步加强对出租房屋暂住人口管理工作的通知》。通知明确指出各地要继续加强对出租房屋的登记、发证工作;突出重点,规范管理;明确责任,落实措施。该通知是基于当前社会治安形势和公安管理工作实际的细化深化,能有效提高各管理主体对于出租房屋和暂住人口的管理能力与管理水平,预防和减少违法犯罪行为及治安灾害事故,提供相应保障,以更好地维护社会秩序。

各县(市)公安局、越城区公安分局:

公安部颁布的《租赁房屋治安管理规定》(以下简称"规定")和省人大省政

---

[1] 绍兴市公安局:《关于进一步加强对出租房屋暂住人口管理工作的通知》,2000年11月8日印发,绍市公户〔2000〕23号。

府批准颁布的《浙江省暂住人口管理条例》(以下简称"条例")《浙江省城镇租赁房屋治安管理办法》(以下简称"办法")及市政府批准实施的审批制度改革方案,对加强暂住人口与租赁房屋的治安管理,预防和减少违法犯罪行为及治安灾害事故的发生,保障暂住人口、租赁房屋双方当事人的合法权益和生命财产安全,维护社会秩序,提供了可靠的法律保障。根据社会治安形势和公安管理工作的实际,为进一步加强对出租房屋、暂住人口的管理,要求各地认真做好以下工作:

一、要继续加强对出租房屋的登记、发证工作

搞好出租房屋登记、发证工作是公安机关落实对外来暂住人口管理工作的一项重要内容和举措。目前,市政府在审批制度改革中,取消了出租房屋治安许可证的审批,但不等于取消治安管理许可证制度,更不是放任自流,放弃管理。根据市政府审批制度改革办公室关于对取消审批的项目要落实监管措施的要求,市局重申:(一)暂住人口的登记、发证查验工作从管理的实际需要出发,仍归口到各基层派出所。(二)在全市范围内的出租房屋,各地要加强登记发证工作,并加强日常管理。对违反租赁房屋治安管理"规定"和"办法"的行为要严格按"规定"和"办法"进行处理。各地在办理出租房屋许可证手续时,只要符合(具备)下列条件(材料)应当场给予办理:

1. 有效的房屋产权证明。

2. 本人的居民身份证。

3. 出租房用于储存易燃、易爆、剧毒危险物品的,需治安、消防部门的证明。

4. 产权所有人不是出租人的,还需产权所有人的委托出租证明。

二、突出重点、规范管理

对出租房屋、暂住人口的管理,全市各级公安机关一定要坚持"管好、管活、长效"的原则,积极探索建立一套行之有效的管理办法。出租房屋的管理要继续执行钉牌、与房东签订治安管理责任书及许可证、责任书上墙的制度。加大检查、稽查力度。在工作中要注意抓重点和难点。要把外来人口集聚的集镇、厂矿、企业,以及出租房众多、违法犯罪突出、日常管理容易失控的部位作为工作重点,主攻目标,加以突破。要实事求是,因地制宜,多策并举,切实把出租房屋、暂住人口管好。

三、明确责任,落实措施

各地要克服就管理而管理的单一思维定式,要增强服务意识,把管理寓于服务之中。认真解决底数不清、漏管失控、制度不完善、措施不得力、管理不到位的问题。特别要明确管理职责,公安派出所要通过责任区的划分,开展好防范管理工作,把出租房屋、暂住人口管理责任落到每个责任区民警的身上,把工作实绩纳入考核内容,实行责任追究制度。责任区民警和协管人员要增强服务意识,注意工作方法,变被动管理为主动服务。要坚持"谁出租、谁负责"的原则,把"管好房东"摆上重要位置,经常对他们进行教育、督促、检查、规范,不断提高他们遵纪守法的自觉性,促使他们主动承担起协助公安机关的管理责任。要树立管房、管人着眼于为现实斗争服务的思想。坚持把管好出租房屋、暂住人口与加强阵地控制相结合、与排查化解不安定因素相结合、与教育服务相结合、与打击违法犯罪相结合。从而,推进我市出租房屋、暂住人口管理朝着动态化、制度化、法制化轨道发展。

2.1.6 绍兴市暂住人口管理办法[1]

提要:绍兴市在全国范围内较早制定了《暂住人口管理办法》。该办法涉及暂住人口管理的各个环节,分为"总则""管理措施""管理职责""奖励与处罚"和"附则"五部分,每个部分包含若干条相关管理条例以供实际工

---

[1] 绍兴市人民政府:《绍兴市暂住人口管理办法》,2002年10月22日公布,政府令第55号。

作参考和遵循。该办法的出台进一步加强了暂住人口管理,保障了公民合法权益,有利于维护社会治安稳定、促进当地经济稳步发展。

第一章　总则

第一条　为加强暂住人口管理,保障公民合法权益,维护社会治安稳定,促进绍兴市经济发展,根据全国人大常委会《关于加强社会治安综合治理的决定》《浙江省暂住人口管理条例》和有关法律、法规等规定,结合本市实际,制定本办法。

第二条　本办法所称的暂住人口是指离开常住户口所在地,到本市市区、乡镇暂时居住的人员。

第三条　暂住人口管理按照政府牵头、公安为主、多方参与、综合治理的指导方针,坚持属地管理的原则和"谁主管、谁负责,谁用工、谁负责,谁留宿、谁负责"的原则,落实管理责任制,达到管理得当,疏导有方,促进发展,稳定一方的要求。

第四条　市、县(市、区)人民政府应当建立由公安、劳动保障、计划生育、建设、工商、卫生、教育、交通、民政等部门参加的暂住人口管理领导(协调)机构,负责协调、解决暂住人口管理工作中的重大问题,并配备专职工作人员。

第五条　公安机关是暂住人口管理的主管机关。劳动保障、计划生育、建设、工商、卫生、教育、交通、民政等有关部门,应当按照各自的职责,共同做好暂住人口管理工作。

第六条　各镇(乡)人民政府、街道办事处根据本辖区暂住人口管理的实际状况建立暂住人口登记管理服务机构,并建立健全暂住人口协管员队伍及其管理组织网络,协助公安机关做好暂住人口管理工作。

接纳暂住人口住宿或雇用暂住人口的单位应建立暂住人口治安管理制度,按规定比例配备协管人员,落实管理责任。

第七条　各级人民政府应当把暂住人口管理工作专项经费列入财政预算，切实保障暂住人口管理工作中组织建设、教育培训、管控措施等具体工作任务的落实。

第八条　暂住人员的合法权益受法律保护，任何单位和个人不得侵犯。有条件的地区和单位，应当建立暂住人口服务机构，为暂住人员提供教育培训、就业指导、政策咨询等服务。

暂住人员应当遵纪守法，依法履行义务。

第二章　管理措施

第九条　暂住人口管理实行登记发证制度。在暂住地拟居住3天以上的人员，除本条第二款规定外，应当在到达暂住地3天内申报暂住登记。年满16周岁、拟在暂住地居住30天以上的人员，应当在到达暂住地10天内申领《暂住证》。

探亲、访友、旅游、就医、就学等人员，可以不申领《暂住证》。暂住在旅馆或医院就医的，按照旅馆业、医院的有关规定登记管理，不适用前款规定。

第十条　用人单位招聘外来劳动力时，应当依法核查其居民身份证和婚育查验证明，协助办理暂住登记和申领《暂住证》《就业证》，并与外来劳动力签订劳动合同。

外来劳动力较为集中的地方可由公安机关会同劳动保障、计划生育等部门联合办公，提供"统一人员组织、统一领导管理、统一登记发证、统一收费查验、统一教育培训"的"一站式"管理服务。

第十一条　私有房屋出租人向暂住人口出租房屋的，应当与所在地公安派出所签订私房出租治安责任书，并协助办理《暂住证》。

拆迁房、危房以及违章建筑等依法禁止出租的房屋不得出租。

第十二条　暂住人口较多的地方应积极发展集中规模住宿，建造暂住人员公寓。对没有条件发展暂住人口集中居住的地方,要根据出租私房分布情况,实行统一编组或委托居(村)委会进行管理。

第十三条 规范房屋中介和职业中介行为,房屋中介机构不得将无治安责任书的出租私房和本办法第十一条第二款规定的房屋和建(构)筑物介绍给暂住人口居住,并应将有关暂住人口的房屋租赁情况及时报告所在地公安派出所;职业中介机构不得向无《暂住证》和《就业证》的暂住人口进行职业介绍活动。

第十四条 建立暂住人口动态信息网络,及时进行信息维护,实现信息共享,提高管理效能。

第十五条 建立定期查验、集中清查等制度,加强对暂住人口的管理,对无合法证件、无固定住所和无正当职业或者经济收入、流浪或露宿街头进行乞讨的人员应依法及时进行收容和遣送。

第三章 管理职责

第十六条 公安部门应负责做好对暂住人口的登记、发证、管理、查验,及时查处涉及暂住人口的刑事、治安案件,调处治安纠纷和其他治安问题;控制暂住人口中有违法犯罪活动的嫌疑人员,落实暂住人口落脚点、活动场所的治安管理与整治;实行暂住人口分层次管理,重点加强暂住人口中高危群体的管理;建立暂住人口管理的考核奖惩机制,把暂住人口管理纳入派出所责任区民警岗位目标责任制的考核范围;建立健全各级公安机关暂住人口稽查队伍,检查督促和指导有关部门、单位、管理组织和责任人落实治安管理责任和措施。

第十七条 劳动保障部门负责为暂住人口提供就业信息、职业技能培训,对单位招用暂住人口就业进行调控和管理;办理暂住人口《就业证》;对用人单位和职业中介机构遵守有关法规情况进行劳动监察,维护人力资源市场秩序;依法调处用人单位与外来务工经商人员有关的劳动争议,维护双方的合法权益。

第十八条 计划生育部门负责暂住人口计划生育证明的发放和查验工作,开展计划生育宣传教育,为暂住人口提供有关服务。

第十九条 建筑管理部门应督促建筑施工单位严格按有关规定使用外来务工人员,与当地公安机关签订治安责任书,会同公安机关和劳动保障部门检查建筑施工单位治安情况和暂住人口的《暂住证》《就业证》。

第二十条 建设部门负责暂住人口集中住宿公寓的规划、建设管理工作;会同公安部门加强对房屋中介机构的管理,并督促私房出租户与公安部门签订私房出租治安责任书。

第二十一条 工商行政管理部门在向从事个体经营活动的暂住人口核发营业执照时,应核查其《暂住证》《就业证》,并督促无《暂住证》《就业证》的人员及时补办两证。对外来个体从业人员应进行职业道德和遵纪守法等教育,并加强对集贸市场外来务工经商人员的教育管理。

第二十二条 卫生部门负责对暂住人口进行卫生监督管理和疾病预防控制,做好暂住人口的健康检查、卫生知识培训、健康证明发放等工作。

第二十三条 交通部门负责与有关部门一起疏导"民工潮";配合打击车站、码头以及汽车、轮船上外来人员的违法犯罪活动。

第二十四条 民政部门应依法办理外来人员婚姻登记,做好接收遣送"三无"人员和流浪儿童保护教育管理遣送工作。

第二十五条 教育部门应按有关规定解决暂住人口子女的义务教育段的就学问题。

第二十六条 司法行政部门负责对暂住人口的法制宣传教育和提供法律援助。

第二十七条 有关部门及用工单位应当加强对暂住人口进行法制教育,制定各项制度,落实管理责任,及时调处纠纷,防范和制止违法犯罪行为。

各级治安保卫组织和基层群防群治队伍,应当协助公安机关做好对分散居住的暂住人口的治安管理工作。

有关部门应当发挥暂住人口在生产、生活、治安等方面自我管理、自我约束、自我教育服务的作用。

第四章 奖励与处罚

第二十八条 各级人民政府应把暂住人口管理纳入社会治安综合治理考评工作的主要内容之一。

因暂住人口管理责任不落实、问题突出,并造成严重后果或影响的,市、县(市、区)社会治安综合治理委员会有权对有关单位和责任人实行"一票否决"。

第二十九条 有关单位和个人在暂住人口管理中,有下列情形之一的,由所在地人民政府或公安机关给予表彰、奖励:

(1)严格执行暂住人口登记、发证、管理制度,成绩突出的;

(2)制度规范健全,落实长效管理措施,成绩显著的;

(3)经常进行宣传教育,使暂住人口法制观念有明显提高的;

(4)及时发现、制止暂住人口违法犯罪行为,协助公安机关破获案件或者抓获罪犯的。

第三十条 用工单位因暂住人口管理责任不落实、治安秩序混乱,发生案件与事故的,由公安机关根据《中华人民共和国治安管理处罚条例》《浙江省暂住人口管理条例》的规定予以处罚。

第三十一条 私房出租户、房屋中介机构、职业中介机构违反房屋出租和房屋、职业中介规定,非法向暂住人口出租房屋或非法进行职业中介活动,或者对违法犯罪行为知情不报的,由有关主管部门依法予以处罚。

第三十二条　为暂住人员提供暂住场所的单位和个人不按规定为暂住人员申报暂住登记,或者雇用无《暂住证》的暂住人员,经教育不改的,由公安机关按《浙江省暂住人口管理条例》的规定实施处罚。

第三十三条　暂住人口不申报暂住登记、该办《暂住证》而不办或者假冒、涂改、伪造《暂住证》,经教育不改的,由公安机关按《浙江省暂住人口管理条例》的规定实施处罚。

第三十四条　用工单位、个体工商业主和外来务工、经商的暂住人口违反外来劳动力就业管理法规、流动人口计划生育工作管理办法和卫生防疫管理等有关规定,经教育不改的,由有关主管部门依法予以处罚。

第五章　附则

第三十五条　本办法由市公安局负责解释。

第三十六条　本办法自2002年12月1日起施行。

2.1.7　诸暨市公安局关于进一步强化暂住人口管理工作的意见[1]

提要: 1997年,诸暨市公安局出台了关于进一步强化暂住人口管理工作的意见。意见指出针对当前暂住人口管理存在的典型性问题,要健全管理队伍,充分发挥群众的积极作用;抓住管理重点,集中力量进行突破;改进工作方法,管住管细管活暂住人口;提高执法力度和执法水平;强化资料意识,做好登记工作。该意见较好地回应了暂住人口带来的新情况和新问题,有助于实现流动人口"有序流动"的目标、形成规范化的暂住人口管理体系。

---

[1] 诸暨市公安局:《关于进一步强化暂住人口管理工作的意见》,1997年3月10日公布,诸公户〔1997〕3号。

各派出所：

市局在一九九七年公安工作要点中提出了要建设好五大机制的目标,其中要建立和完善人口管理机制,特别是暂住人口管理机制的任务十分繁重。在社会主义市场经济条件下,人、财、物大流动,其中人的大流动,给我们公安机关在管理上提出了许多新情况、新问题。尽管我们在实践中找到了一些办法,采取了一些措施,1995年5月《浙江省暂住人口管理条例》又颁布实施,但真正要做到暂住人口"人来登记、人走注销"的要求,达到流动人口"有序流动"的目标,形成暂住人口管理体系,我们的工作还有很大的距离。九六年,全市共登记暂住人42 179人,其中应发证36 660人,实发证34 974人,发证率95.4%。从目前我市暂住人口管理的总体来看,是典型比较突出,基础比较好、管理的骨干比较强,但是,全市工作极不平衡,死角比较大,突出反映在个别所领导对暂住人口管理的重要性缺乏必要的认识、怕难怕烦;管理人员不足;管理手段单调;资料信息意识淡薄。

九七年,为完成市局提出的目标,对强化暂住人口管理提出以下工作意见。

一、健全管理队伍。省厅多次发文要求,暂住人口与专管员的比例应达到城市500∶1,农村300∶1,这个要求是符合实际的,去年店口的经验也证明了这一点,关键是领导要重视。市局再次强调,暂住人口专管员一律按500∶1配足配强,在三月底前造好名册报户政科。户政科将适时对专管员进行业务培训。在抓好专管员队伍的同时,各派出所要努力抓好协管员队伍的建设、使之真正形成网络。专管员的重要任务之一,就是调动、发挥协管员的作用,把我们的工作建立在广大群众积极参与的基础上。

二、抓住管理重点。暂住人口管理是一个整体,涉及的方面很多、在兼顾各方需要的基础上,要突出重点,在重点上花大力气、下大力量,以重点带一般。首先是管理部位的重点。几年来的实践证明,把建筑工地、出租房、砖瓦厂作为暂住人口管理的重点是对的。前两年,我们狠抓了建筑工地,使之面貌有了根本性的转变。在继续抓好这个重点的同时,九七年要着重做好出租房的管理:一是区出租房在100户以上的派出所,在暂住人口管理办公室要专门建立出租房管理小组;100户以下的要指定专人专管。二是出租房必须设立一家一档、档案内治安许可证审批表、治安、计生承包责任书、暂住人口登记名册,每月一次检查记录齐全。三是负责出租房的专管员对出租房分放心户、一般户、重点户几个层次,有针对性地分别采取管理措施、对出租房的房东、承租户、执行承包合同情况的知情率达到100%。四是责任区民警要基本熟悉出租房户主、承租人及建筑工地包工头等基本情况。五是出租房内不发生重特大刑事案件和重大治安灾害事故。其次是管理对象的重点。暂住人口中无合法证件、无正当职业、无固定住所的"三无"人员是管理的重点。对"三无"人员要认真审查,分别不同情况作出不同处理。对身份不明、形迹可疑的人员,要及时向流出地公安机关发函调查、千方百计提高发函率和回函率。要十分注意拓宽视野,发现暂住人口中的重点人口;积极地物建、培养暂住人口中的特情耳目,强化情报信息意识,提高发现和控制犯罪的能力。

三、改进工作方法。按照省厅领导的要求,暂住人口管理要做到每年一次大整治、每季一次大检查、每月一次小总结。因此,我们必须认真分析本辖区的实际,想方设法把暂住人口管住、管细、管活。一是发挥派出所整体力量的威力,在第一季度集中一段时间,针对暂住人口大量回归的情况、进行统一整治、全面摸排,力争把暂住人口的底数搞清、情况搞明、为全年工作打下基础。在集中整治中,要利用多种形式进行宣传、广泛发动群众,造成舆论声势。二是强化经常性的管理工作。我们以往的工作,总有些虎头蛇尾,没有形成连续作战、层层深入推进的气势,在新的一年中,一定要保证足够的人员、足够的时间开展经常性管理,坚持日常管理,首先是专管员必须是"专职",不能随意把专管员挪作他用。其次是要建立一套完整的日常管理制度,明确日常管理的主要任务是整理归纳集中整治得来的资料;掌握暂住人口流动变化情况;督促、指导基层协管员开展工作;检查雇佣单位和个人执行《浙江省暂住人口管理条例》的情况;积累、完善档案资料等。另外是要与其他工作有机结合,暂住人口是一个社会现象,许多工作都能涉及他的存在,我们不能把暂住人口管理工作同其他工作割裂开来,而是要同侦查破案、安全防范、治安管理工作密切结合起来,各警种、各部门之间互通信息,形成合力,整体推进。

四、提高执法力度。几年来,我们在暂住人口管理上取得了一些经验,但也存在着不少薄弱环节,尤其是执法的水平、执法的力度有待进一步提高。一是主管部门的职责不能忘,不能随意把暂住证交给其他部门去签发。法律规定公安机关是暂住人口管理的主管部门,在签发暂住证过程中,渗透着许多其他公安业务的要求,是整个公安业务的一部分,因此,各派出所在要求基层单位协管时,必须把握住"度",不能搞全权代理。二是要加大检查的频率,专管员对雇佣暂住人口的单位和个人,每月至少一次去检查核对暂住人口的变化情况,及时登记或及时注销,不能毕其功于一役,自以为已经整治过了,或者今年已经去过一次了而全年对其放任自流。因此,各派出所必须落实专管员责任制,落实考勤考核制度,切实改变过去那种情况若明若暗、底数不清的被动局面。三是强化稽查,体现法律的严肃性。对那些能躲则躲、能拖则拖的雇佣暂住人口的单位或个人,该处罚的一定要处罚,不能讨价还价。对那些虽能愿意如实申报、但要求少缴管理费的单位或个人,一定要认真分析,集体讨论决定,不能擅自开不交或少交的口子,要把明文规定的费用收起来。四是要重视暂住证的法律作用,一定要按暂住证规定的要求逐项填写,杜绝过去那种随意填写、很不严肃的做法。暂住证有效期一年,到期还须暂住。应重新签发新证(有效期一年,包括一次签发、数次签发,只要一年期满就失效)。

五、强化资料意识。公安机关管理暂住人口的最终目的是为现实斗争服务,因此,必须把平时的管理转化为文字的信息资料,一是簿、表、卡齐全。即暂住人口登记表(公安部制发,今年1月1日起启用)、暂住人口登记簿(市局制、1996年1月1日启用)、暂住人口登记检索卡(省厅制,1996年1月1日起启用),已经实现微机化管理常住人口的派出所,暂住人口信息也要进入微机。二是对形迹可疑、身份不明的对象,发函率达到95%以上。三是列管的重口、物建的耳目,档案齐全。四是签发的暂住证规范、准确率达100%。五是大力配合计划生育部门把好暂住人口计生证明查验关,查验率达到95%以上、查验的情况要在暂住人口登记簿上记录记载清楚。

诸暨市公安局
1997年3月10日

2.1.8 诸暨市公安局关于进一步完善外来流动人口综合管理工作的几点建议[1]

提要: 为进一步完善流动人口综合管理工作,诸暨市公安局于2001年向市政府提出了《关于进一步完善外来流动人口综合管理工作的几点建议》。"建议"指出为更好适应当前外来流动人口管理现状,应调整管理模式和管理原则、调整证件名称、调整管理费的收缴标准和范围、完善外来流动人口信息计算机管理系统。这些建议充分体现了当地公安机关对流动人口管理工作的重视,并善于调研思考,提出带有前瞻性的工作思路。这在当时来看,是走在全国前列的。

市人民政府:

在市委市政府的高度重视下,我市推广落实外来流动人口综合管理的工

---

1 诸暨市公安局:《关于进一步完善外来流动人口综合管理工作的几点建议》,2001年9月17日公布,诸公清〔2001〕8号。

作,由于镇乡思想统一、步调一致,措施有力,进展较快。目前大多数镇乡综合管理工作已投入正常运行,全市统一的证件和表册陆续启用,预计到9月底,全市34个镇乡的推广落实工作将全部到位。我市外来流动人口实行综合管理的基本做法,已经得到省委主要领导的充分肯定。但是,从省流动人口管理办公室和省公安厅业务部门的领导对店口进行实地考察了解的情况来看,我市在推行综合管理工作的个别环节上,还不同程度地存在一些与现行法规、政策、管理原则相冲突的地方。根据市委领导的有关批示精神,为进一步完善、提高我市外来流动人口综合管理工作,充分体现依法行政、依法管理的原则,努力提高综合管理工作的推广价值,现提出完善、提高的有关建议如下:

一、调整管理模式和管理原则

外来流动人口综合管理要坚持政府领导、公安为主、职能综合、协调配合、综合管理的原则;以简化手续、减少收费、资源共享、方便群众、确保稳定为工作目标;建立由当地政府领导,公安为主,劳动、计生等部门配合,实行一套班子、合署办公、一站式服务的工作机制;在具体的操作上,实行统一稽查、统一收费、统一登记发证、统分结合实施管理分头执法执罚的综合管理工作模式。为了便于各镇乡操作,建议市政府尽快拟发《关于全市外来流动人口实行综合管理的实施意见》。

二、调整证件名称

为使外来流动人口的证件与省人大颁布的《浙江省暂住人口管理条例》精神相一致,建议对符合发证条件的外来流动人口,统一使用《条例》规定的《暂住证》。在《暂住证》中充实和增加计生、劳动管理的部分内容,以体现"三证"内容合一。

三、调整管理费的收缴标准和范围

为了做到规范收费,建议对目前确定的外来流动人口的管理费的收费标准进行必要调整:

1. 对市劳动局规定收取的劳管费每人每年55元的收费标准进行重新核定，并迅速报请省财政部门批准，领取收费许可证。

2. 对外来流动人口综合管理费的收缴标准和收缴范围作如下调整：

（1）非务工经商的外来人口只向其收取《暂住证》工本费6元。

（2）非企业单位务工经商的外来流动人口向其个人收取综合管理费男性为60元、女性为72元，其中治安管理费48元。计生管理费为男性为12元、女性为24元。

（3）在企业单位务工经商的外来流动人口向其个人收取综合管理费男性为60元、女性为72元，再向用工单位收取批准的劳管费。

（4）收取外来流动人口综合管理费应统一使用省财政厅规定的专用发票，实行收支两条线管理。

（5）综合管理费原则上按外来人口实际居住时间收取，每月收费标准：治安管理费每月4元，计生管理费每月男性为1元、女性为2元，劳管费待核准后确定月收费标准。

四、完善外来流动人口信息计算机管理系统

推行外来流动人口综合管理之前，全市公安机关已经建立了全省统一的外来人口信息计算机管理系统。店口镇在综合管理试点时，开发应用由公安、劳动、计生三个部门合一的外来流动人口信息系统，由于该系统不能在全省统一联网，因此，建议以公安应用系统为主，做好系统的日常维护工作。今后再对综合系统进行完善，在实现与全省统一联网的前提下，统一使用综合管理系统。

以上建议请酌定。

诸暨市公安局

2001年9月17日

2.1.9 诸暨市公安局关于印发加强外来人口日常管理八项措施的通知[1]

提要：2002年，诸暨市公安局印发《关于印发加强外来人口日常管理八项措施的通知》。在外来人口管理问题日益严峻的新形势下，公安机关要采取更加有效的管理措施：强化对外来流动人口的落脚地管理；外来人口、出租房屋实行分层管理；加强基层协管队伍建设，保证日常管理到位；严格"实名制"登记，提高外来人口管理实效；加大执法力度，变被动管理为主动管理；注重隐蔽力量建设，提高控制能力；建立奖惩机制，充分调动管理人员的工作积极性；加强档案资料管理，努力提高利用价值。这八项措施全面具体，较系统地构建起了符合当地实际的外来流动人口管理工作新机制。

各科所队室：

为进一步深化我市外来流动人口综合管理工作，增强防范、控制、打击力度，市局研究制定了《加强外来人口日常管理八项措施》。各科所队室要组织民警认真学习，领会精神实质，并结合实际，把各项管理措施落到实处。

2002年5月10日

加强外来人口日常管理八项措施

我市外来流动人口管理工作在各级党委政府的重视和有关部门的配合下，积极探索并建立了以"管理、教育、维权、服务"为主要内容，以居住地管理为突破口，以公安、劳动、计生三个部门有关人员"合署办公、单证合一、三表合一"为

---

1 节选自诸暨市公安局：《关于印发加强外来人口日常管理八项措施的通知》，2002年5月10日印发，诸公户〔2002〕4号。

主要表现形式的综合管理新模式。从宏观上确立了既适应当前社会形势发展需要,又符合我市实际的外来流动人口管理工作新机制。在新形势下,全市公安机关要坚持从微观着手,采取有效措施,重点抓好以下八项管理措施。

一、强化对外来流动人口的落脚地管理

外来流动人口面广、量大、流动性强。要采取有效措施,强化落脚地管理,努力提高控制能力。

(一)建造工人新村(外居楼)。外来流动人口比较集中,有条件的行政村、居委会,要争取当地党委、政府的重视和支持,积极鼓励建造"工人新村",对外来流动人口实行集中租住,公寓化管理。

(二)建立企业职工之家。外来流动人口在50名以上的各类企事业单位,均要建立职工之家,对外来人口实行在厂区宿舍或厂外统一租房集中居住,并落实内、外专门人员进行管理。

(三)落实业主(房东)管理职责。对确需居住在个私家庭企业内部的外来人员,应当按出租房屋要求,落实业主(房东)的管理责任,每月向当地综合管理办上报一次居住人员的变动情况,发现可疑人员及时报告派出所。

(四)加强建筑工地(居住)管理。对居住在建筑施工工地内部的外来流动人口,工地应当落实专门协管人员,建立严格的登记制度,每半月向当地综合管理办报告一次人员的变动情况,对发现的可疑人员,及时报告派出所。

(五)严格出租房屋管理。对出租私房都要实行有"一份治安许可证、一块出租房牌子、一份治安责任书、一张辖区出租房平面图、一份管理档案、一套管理制度"的管理模式。

1.对有条件建造"工人新村"的地方,出租房屋要逐步实行限量扩容,减少出租房总量,扩大居住规模;或者将分散的出租房先由行政村、居委统一承租,再由行政村、居委会统一出租给外来人员使用,并落实人员进行日常管理。

2. 没有条件建造"工人新村"的地方,出租房要逐步实行编组或委托管理。即:出租房较集中的地方,以楼群为单位,将全部出租房编为一个组,由楼群组长担任协管员,及时掌握该楼群出租房居住人员的变动情况。对出租房的房东经常外出,或者房东住所远离出租房,确实无法履行日常管理责任的,房东应将出租房委托当地居委会、行政村管理,并交纳一定的委托管理费。

3. 楼群中的架空层、地下室、车库、工棚、简易房子一律不准出租给外来人员居住。

二、外来人口、出租房屋实行分层管理

针对我市外来流动人口逐年增加的发展趋势,要实行外来人口层次化、出租房屋层次化的管理体制。

(一)外来人口层次划分

1. 第一层次(重点管理控制人员)。主要包括:(1)在诸暨有违法记录或通过函调发现原籍有犯罪前科的人员;(2)无身份证件或通过函调仍查无此人的人员;(3)无正当职业,无正当收入的人员;(4)经常三五成群,出没于公共复杂场所的人员;(5)行动诡秘,逃避暂住登记的人员;(6)从事特殊职业的人员;(7)其他符合重口列管条件的人员。对第一层次的外来人员,由责任区民警为主负责管理与控制工作,并做到"三熟悉",即:熟悉居住地房东(业主)姓名、熟悉暂住地址、熟悉该人员的基本情况。同时,民警每个月应不少于2次对其居住地进行上门检查、了解,掌握动态,发现线索。此外,要通过发函、查控、布建隐蔽力量等手段,及时发现可疑线索和情况。对符合重点人口列管条件的人员必须及时列管,并建立一人一档。对发现的"三无"人员应按规定集中遣送。

2. 第二层次(一般管理控制人员)。主要包括:(1)在企事业单位集中住宿的外来务工人员;(2)在工人新村(外居楼)居住、有正当职业的外来务工人员;居住在出租房有稳定的工作,居住人员关系清晰的外来务工人员;(3)其他需要关注的外来人员。对第二层次的外来人员,由责任区民警落实相关管理措施,

纳入工作视线,积极依靠基层协管组织加强日常管理工作。责任区民警要重点抓好三个环节:一是抓好基层协管组织建设,落实管理人员,建立管理制度;二是抓好对协管人员的业务培训和指导,每半月应到各基层组织实地了解一次情况,督促基层协管人员坚持对外来人员的登记发证工作;三是对重点部位、重点人员要定期组织检查和突击清查,及时发现一些线索,发现一批重点对象。基层协管人员主要掌握外来人员变动情况,定期向综合管理办或责任区民警上报变动人员名册,并督促外来人员申领暂住证。发现可疑人员及时向派出所报告。

3. 第三层次(放心人员)。主要包括:(1)有一定规模投资经商办企业的外来人员;(2)在企事业单位从事科技、管理工作的外来人员;(3)在城镇和农村居民家庭中的外来投靠居住人员。对第三层次人员,每年原则上只进行一次登记发证,搞清底数,并按常住人口要求纳入当地村、居管理。

(二)出租房屋层次划分

1. 重点户。主要指:(1)地下室、车库、架空层出租给外来人员居住的;(2)较偏僻地方的空闲房、冷屋出租给外来人员居住的;(3)年轻妇女单独居住的出租房;(4)其他第一层次人员租住的出租房。

对重点管理的出租房,由责任区民警为主进行管理和控制,每半月上门进行一次检查,了解居住人员的变动情况和房东履行管理责任情况,采取各种措施,掌握租住人员的动态,及时发现可疑线索。

2. 一般户。主要指:(1)居住人员有稳定的职业和经济来源;(2)居住人员为同一家庭,人员关系明确;(3)在同一出租房已经连续居住多年,没有发现可疑情况的。(4)由企事业单位统一租用给外来职工居住的出租房。

对一般管理的出租房户,由派出所责任区民警负责督促检查和业务指导,落实房东管理责任,积极依靠基层协管人员进行日常管理,定期对出租房进行检查,定期将居住人员情况报告综合管理办和派出所责任区民警。

3. 放心户。主要指:(1)以经营为主的各种店面;(2)主要用于办公、仓储、生产加工等性质的出租房;(3)企事业单位或机关聘用的科技、管理人员居住的出租房;(4)当地常住人口因住房紧缺租房居住的出租房;(5)在居住地有固定的职业、有稳定的经济收入,现实表现较好的人员居住的出租房;(6)其他认为可以放心的出租房。

对"放心户"的管理主要是做好登记、发证工作,日常管理由房东负责房东应及时向综合管理办或当地居、村委会报告居住人员变动情况。

三、加强基层协管队伍建设,保证日常管理到位

由于外来流动人口管理面广、量大、任务繁重,必须有一支分布广、稳定可靠的基层协管队伍来协助开展工作。为此,应重点抓好以下几点:

(一)严格选聘条件,配强配齐协管人员。基层协管队伍是外来流动人口日常管理的一支重要力量,协管人员的素质直接影响管理工作的好坏。因此,要把身体素质好、有一定文化基础、热心社会治安的人员充实到协管队伍中来。原则上村、居协管员按外来人口 300∶1 的比例配备落实。外来人口较多的村、居、企事业单位可直接派驻保安员,专门负责管理工作。

(二)坚持上岗培训,加强业务指导。对聘用的协管人员都要进行上岗培训,培训合格者发给《暂住人口协管员证》。同时,要定期组织协管人员例会,传达贯彻上级的工作精神与要求,通报管理工作情况。

(三)加强检查指导,明确工作职责。派出所责任区民警应坚持定期、不定期地对协管员工作进行实地检查指导,督促他们做好日常管理工作。要求协管员必须建立外来人口和出租房的实时登记簿册,做到人来登记,人走注销,对外来人口和出租房的变动情况,要坚持每 10 天向综合管理办或派出所报告一次,发现可疑人员及时报告。

(四)落实工作报酬,加大奖惩力度。要积极依靠当地党委政府,通过各种渠道筹集管理经费。协管人员的工作报酬应根据当地实际情况确定发放标准,

一般采取按月发固定工资、年终一次性补贴、工本费返还等形式解决。在妥善解决好协管人员工作报酬的同时,要建立考核机制,加大奖惩力度,调动协管人员的工作积极性。

四、严格"实名制"登记,提高外来人口管理实效

根据《浙江省暂住人口管理条例》规定,暂住人口办理暂住登记、发证时,必须提供本人合法有效的身份证件。但是,目前有相当部分外来人员在登记发证时,都没有提供合法有效的身份证件。其原因:一是个别外出人员确实没有携带身份证件;二是个别外来人员故意隐瞒身份,不肯出示身份证件;三是本地有关单位和个人随意扣押外来人员的身份证、暂住证,使外来人员不敢出示自己的身份证件。外来人员在登记发证中没有身份证件,给公安机关管理、控制工作带来较大难度。因此,必须对外来流动人口严格实行"实名制"登记制度,努力提高管理效率。

(一)坚持凭合法有效的身份证件办理登记发证的原则。外来人口办理暂住登记、发证时,必须查验合法有效的身份证件。原则上,无合法有效身份证件的人员,不得办理暂住登记和发证手续,对提供的身份证件发现伪造、涂改或冒用的,都要按有关规定进行查处;对部分利用户籍证明代替身份证件的人员,必须查验户籍证明上是否贴有照片、是否在照片上加盖户口专用章,没有粘贴照片和没有加盖户口专用章的,一律作无效证件处理。

(二)建立业主担保限期提供的管理机制。对个别已经在我市工作多年,并且有固定职业和住所,现实表现较好的外来人员,如确有实际困难暂时不能提供身份证件的,可以采取业主担保,管理部门先行收取其照片、暂住证工本费,提取笔迹、指纹等,限期提供身份证件。在规定时限内仍不能提供身份证件的,一律按无证人员处理。

(三)实施定期检查,依法查处的规范化管理。确保"实名制"登记工作落到实处,派出所和外来人口综合管理办公室要加强日常的检(稽)查力度,发现应登记发证而没有登记发证,以及随意扣押身份证、暂住证等人员要及时进行查处。全市"三无"人员管理中心(道送站)建成后,凡发现无证人员特别是身份不明人员,都要统一移送中心处理。

(四)开展多种形式的外来流动人口管理宣传教育。各派出所和镇乡外来流动人口综合管理办公室,要加强对"实名制"登记工作的宣传教育,采取张贴通告、致居民群众的公开信、宣传车上街宣传等形式,宣传外来人员实名制登记的重要性和必要性,增强群众的查证、用证意识。要积极引导雇用外来人员的单位和个人,实行凭身份证、暂住证领发工资,并把这项规定作为一种制度抓好落实。

五、加大执法力度,变被动管理为主动管理

为了切实提高外来人口的登记发证率,落实"谁雇用、谁负责","谁出租、谁负责"的管理责任制,实现被动管理向主动管理转变。今后在外来人口管理执法上,应重点抓好以下几个方面:

(一)加强宣传教育,增强管理与责任意识,要重点抓好。《浙江省暂住人口管理条例》(以下简称《条例》)的宣传工作,采取发通告、公开信、通知书和广播、电视、宣传车等形式大力宣传《条例》精神,使广大干部群众真正认识到外来人口管理工作的重要性和紧迫性。同时,也要使广大群众了解违反管理规定的具体行为和处罚的规定、处罚的依据。增强群众的管理意识和法律意识,为顺利开展执法、处罚打好基础。

(二)加强学习培训,提高执法人员的业务素质。要进一步加大对外来人口、出租房等管理对象的执法力度,执法人员必须深刻领会《条例》和有关法规精神,掌握执法程序与要求。要通过各种形式,加强有关法律法规的学习与培训,使执法人员熟悉法规、正确运用法规,从而保证执法工作的顺利开展。

(三)加强日常检查,严格按照有关法规开展执法。各派出所和镇乡综合管理办公室,要坚持突击清查与日常稽查相结合,加大对外来人口、出租房、建筑施工工地的实地检查、清查力度。原则上,集中性的突击清查每月不少于一次;对列为第一层次的外来人员和出租房屋,责任区民警要严格按照既定要求,定时、定期进行上门检查;市局稽查队和各镇乡外来流动人口综合管理办公室设立的稽查队(组),每周应不少于4天时间进行实地稽查。对发现违反管理规定的行为,执法民警可参照2001年市局编发的关于《违反暂住人口、出租私房、建筑施工工地管理行为处罚依据、程序与要求》精神进行处罚。

六、注重隐蔽力量建设,提高控制能力

针对外来人员的籍贯地有所不同,各个季节犯罪的特点有所不同的实际,对外来流动人口要有效地实施管理和控制,必须十分注重隐蔽力量建设,充分利用隐蔽力量的优势,加强对外来人口中重点人员的控制工作,为现实斗争提供更多更好的服务。

七、建立奖惩机制,充分调动管理人员的工作积极性

为落实外来流动人口的管理责任,充分调动各职管理人员的工作积极性。要制订公平合理、操作简便的考核办法和标准。首先,对协管人员(包括镇乡综合管理办人员)每月登记、发证、检查和发现犯罪线索、执行工作制度等工作实绩要进行一次考察,做到工作实绩与工作报酬挂钩。同时,建议当地党委政府每年底召开一次表彰大会,对外来流动人口管理工作成效明显的单位和个人要进行集中奖励。其次,对民警工作要严格考评,具体奖惩内容统一按照市局正在制订的《派出所民警基础工作奖惩办法》执行。

八、加强档案资料管理,努力提高利用价值

按照"齐全、规范、及时、利用"的要求,建立暂住人口各类档案资料。

(一)档案资料种类齐全。派出所(镇乡综合办)应建立的台账包括:暂住人口登记表(一户一表);出租房屋登记表(一户一表);建筑施工工地登记表(一家一表);房屋、职业中介机构登记表(一家一表);暂住人口发函、回函登记簿;

暂住人口、出租房等违规人员处罚登记簿;"三无"人员遣送情况登记表。同时，还应建立暂住人口、出租房屋、建筑施工工地、中介机构、专业协管人员配备情况等总的登记簿册。派出所民警应建立责任区外来人口登记簿册(以村居为单位);责任区出租房屋登记簿册和出租房一户一档(以村居为单位);责任区建筑施工工地登记总表和一家一档;责任区中介机构登记总表和一家一档;责任区暂住人口中列管重口名册和一人一档;责任区专协管人员名册等。村、居、单位协管员应建立"暂住人口、出租房屋"实时登记簿册。

(二)档案资料规范。一是要求档案资料项目内容完整。暂住人口姓名、出生日期、常住户口所在地的地址、身份证号码及本人照片等主要登记项目与收集内容必须齐全，被列为重点人口管理的人员还应收集其指纹、笔迹。出租房屋、建筑工地、中介机构一定要把房东和责任人的姓名、住址、电话号码、坐落位置等主要项目登记完整，并把签订的治安责任书、审批登记表、日常检查记录等资料收集齐全。二是登记字迹清楚,各种登记表册不仅内容要齐全,而且字迹要清楚,特别是姓名、地址、身份号码等主要项目都必须按照身份证进行认真登记。三是存放有序,各类登记簿表册都应分门别类装订归档,编好索引,便于查阅。

(三)及时建立档案资料。外来人口、出租房屋、建筑工地、中介机构等都要坚持边登记、边收集、边建档,坚决防止将登记起来的资料搁置一边,不及时建档、不充分利用资料的不良问题。

(四)充分利用档案资料。外来人口登记后,要及时将每个人的基本信息录入微机管理系统,有关部门要开通24小时网上比对系统,对录入微机的外来人口及时进行网上比对,对重点人员收集的笔迹、指纹要按规定及时上报有关部门储存或比对。

诸暨市公安局

2002年5月10日

2.1.10　诸暨市枫桥镇暂住人口管理若干规定[1]

提要:诸暨市枫桥镇出台了《枫桥镇暂住人口管理若干规定》。"规定"涉及暂住人员的法制教育和思想教育、各项合法权益保障、随迁子女的教育问题、计划生育问题、企业单位管理问题等几个方面。该"规定"详细具体,有助于加大管理力度、不断提高暂住人口管理能力,切实维护社会稳定。

1. 派出所加强对用工单位负责人和协管员的管理培训,开展有关法律知识宣传,每年至少二次进行业务培训。

2. 各村、企事业单位,要关心帮助外来暂住人员,实行情感式管理。外来人员集中的企业单位,应建立外来人口学校等,加强对外来人员的思想教育、法制教育和业务培训,组织一些健康有益的活动,充实外来人员的业余生活,全面提高外来人员的素质。

3. 切实保护外来人员的合法权益。对侵犯外来人员合法权益的,有关职能部门要严肃处理。用工单位应按规定及时支付外来人员的工资等,防止劳务纠纷的发生。对发生的劳资纠纷,劳动部门要及时受理解决,依法公正处理。

4. 学校要为外来人员的子女入学提供方便,除规定的费用外,不得征收其他费用。

5. 用工单位要切实加强外来人员的计划生育工作,派出所及暂住人口协管员要积极协助计生部门做好工作,发现外来人员违反计划生育规定的,要及时通知镇计生办处理。

6. 年终各用人单位一般应统一放假时间,外来人员集中的企业单位,放假时要把外来人员护送上车,确保安全返乡,对留在本地过节的,妥善安排好生活。

---

[1] 中共枫桥镇委员会:《枫桥镇暂住人口管理若干规定》,1995年,枫桥镇档案室藏。

7. 派出所应切实加强外来人员的信息工作,建立信息网络,提高防范能力。

8. 加大管理力度,对违反《浙江省暂住人口管理条例》的单位和人员,以及其他违法犯罪的外来暂住人员,派出所要严肃查处,切实维护社会稳定。

2.1.11 诸暨市草塔镇关于开展清理整顿出租房屋规范流动人口管理专项活动的实施方案[1]

提要:草塔镇毗邻大唐镇,轻纺针织经济也比较发达,流动人口数量也比较多。早在20世纪80年代初,草塔镇与全国各地一样,实行改革开放,经过十多年的艰苦努力,渐渐形成了"建筑行业、机械弹簧、轻纺针织"三大支柱产业。其中"轻纺针织"以家庭个体经营为主,是劳动密集型产业。它主要从事轻纺原料加工和织袜、织布。这就需要大量的劳动力,由此大量的外来务工者来到草塔务工,这些人主要来自江西、安徽、河南、湖南、贵州、云南等经济欠发达地区。最多时曾达到3万余人。这些外来劳动力,在挣得工资的同时也为草塔经济的发展做出了巨大贡献。但随着外地人口的大量涌入,也发生了一些劳动纠纷和治安管理方面的问题。因此,政府一方面出台一些维护外来务工者权益的相关政策规定,同时加大管理力度。2001年,草塔镇制定关于开展清理整顿出租房屋规范流动人口管理专项活动的实施方案。该方案详细阐明本次活动所依据的指导思想、进行整治的重点部位、预期实现的工作目标、具体工作步骤和措施以及若干条工作要求,有助于较大限度地遏制和减少外来范围对草塔镇社会治安的危害,为维持社会秩序、维护治安稳定注入强劲动力。

---

[1] 草塔镇人民政府:《关于开展清理整顿出租房屋规范流动人口管理专项活动的实施方案》,2001年8月1日公布,草政字〔2001〕39号。

为切实加强流动人口管理基础建设,着力解决当前我镇外来流动人口漏管、失控的突出问题,最大限度地遏制和减少外来犯罪对我镇社会治安的危害,维护治安稳定,根据市综治委流动人口管理工作领导小组的统一部署和当前严打斗争的要求,结合我镇实际,镇政府决定从现在开始至今年9月底,在全镇范围内集中开展一次清理整顿出租房屋、规范流动人口管理专项行动,现提出如下实施方案:

一、指导思想

以全国、全省、绍兴市和全市社会治安工作会议以及绍兴市流动人口管理工作会议精神为指针,以有关法律法规为依据,本着保护合法、取缔非法、打击犯罪的原则,各村、单位密切配合严打整治斗争,清理整顿流动人口落脚点,加强出租房屋管理,建立健全实有人口管理机制,严厉打击外来人口违法犯罪活动,为社会治安取得新的明显进步和经济、社会持续发展创造条件。

二、整治重点和工作目标

这次专项整治的重点地区:杨家楼、五大房附近所在村、单位、杭金公路沿线村、单位等外来人口较多的地区。整治的重点部位:一是出租给外来人口居住的公房和私房,包括居住与劳作为一体的出租房和出租给外来人口居住的各类架空层、车库、地下室等;二是建筑工地和集贸等各类市场;三是休闲娱乐中心、美容美发厅、歌舞厅、录像厅等公共娱乐服务场所;四是各类中低档小旅馆、企业内部供外来人口集中居住的职工宿舍等场所;五是"三无"人员聚集地。通过集中整治,要达到以下工作目标:

1. 摸清上述各类出租房屋、中介机构、建筑工地、旅馆、娱乐场所等外来人口落脚点及其内部居住的外来人口底数。房屋出租房审核登记率、发证率、信息采集率均达到95%以上,治安责任书签订率达到100%;外来人口登记率达到90%以上。

2. 依法取缔一批非法出租户,整治一批问题突出的建筑施工工地和藏污纳垢的场所,查处一批使用童工的企业和个体私营业主,处罚一批管理责任、管理制度不落实的用人单位、出租户主和个体私营业主,扭转当前我镇一些出租房屋、场所和外来人口底数不清、情况不明、治安失控及一些企业用工混乱的状况。

3. 清理遣返一批"三无"盲流人员,发现打击一批隐藏其中的流窜犯,摧毁一批外来流氓恶势力犯罪团伙,抓获一批犯罪嫌疑人,有效配合当前的严打整治斗争,促进社会治安秩序的明显好转。

4. 严密以出租房屋、旅馆、公共复杂场所为重点的流动人口落脚点和活动场所的治安控制,进一步规范管理制度,落实管理措施,有针对性地建立健全外来流动人口长效管理机制。

三、工作步骤和措施

动员部署阶段(7月26日—8月5日)。主要完成以下工作:一是建立领导机构和工作班子,制定专项整治方案,作出工作部署。二是做好宣传发动工作。召开会议,传达贯彻上级会议精神,统一思想认识,搞好宣传发动。三是抓好业务培训,做好排查准备。公安派出所在清理整顿前,采取以会代训等形式,开展对参与排查、整治人员特别是基层流动人口协管人员的业务培训,使其掌握工作方法与要求,增强工作责任心,提高工作能力。精心设计制作好有关表格、簿册,做好信息采集、录入等准备工作。派出所责任区民警要积极会同村(居)委会、房管部门对本辖区外来人员、出租房屋情况进行排查,以增强清理工作的针对性和实效性。

全面清理阶段(8月6日—8月31日)。这一阶段的主要任务是全面排查以出租房屋为重点的流动人口落脚点,切实查清各类落脚点和外来人口的底数。排查工作由公安机关和镇政府牵头,房管、劳动和民政、建管、工商、计生等部门派人参加,在有关行政村、居委会和企业单位的配合下,采取逐户上门核对清理的方式,全面摸清出租房屋(包括公房和私房)、其他落脚场所和外来居住人员的底数以及登记发证的情况。为了落实工作责任,提高工作效率,排查对象是:1.各类出租公房(包括有关集体公房)。2.各居委会、行政村范围内的各类出租私房。3.建筑施工工地。4.各类职业、房屋中介机构、劳务市场、集贸市场、旅社、公共复杂场所等。通过查验有关治安许可证、外来人口的居民身份证、暂住证、婚育证明和劳务证等,对未按规定办理有关证件的,责令限期补办。5."三无"人员由公安机关和民政、城管等部门负责清查、收容、遣送。使用童工由劳动部门负责清查。发现违法犯罪或形迹可疑人员要及时报告当地公安派出所。

整改规范阶段(9月1日—9月30日)。这一阶段主要是针对清理整顿中暴露出来的出租房屋、流动人口管理工作中存在的漏洞和问题,研究落实各项整改措施,建立健全工作责任机制,进一步规范管理,巩固清理整顿的成果。

1.建立和健全管理网络。充实和调整市外来流动人口管理办公室力量,成立以公安为主的专职外来流动人口稽查队伍,并按规定建立健全各行政村、居委会、企业单位外来人口登记站,落实专兼职管理人员和工作责任制。

2.依法查处违规违法行为。在全面清理、摸排登记中,对不符合出租条件或管理责任不落实、曾经发生过租住人员违法犯罪的出租房屋要责令房主停止出租,对未按有关规定办理登记备案手续的出租房屋,要责令其限期补办,对不按有关规定履行治安责任甚至包庇容留违法犯罪分子或参与犯罪的出租房主、业主,要依法予以处罚直至追究其法律责任。同时,对使用童工的企业和个私业主要依法处罚;对违反暂住人口管理和特业管理规定的有关场所、单位、个人,经教育和提出整改仍不改正的,也要依法实施处罚。对非法开设的职业、出租房屋中介机构和非法劳务市场要及时取缔。对未按有关规定办理就业证、营业执照等证照的从业人员,要责令其限期补办。

3.落实管理责任,建立长效机制。要按照"谁出租谁负责""谁雇佣谁负责"的原则,认真落实出租房屋外来人口的管理责任。一是公房出租由有关公房产权单位负责日常的管理工作。要在摸清房屋出租基本情况的基础上,建立健全房屋出租登记备案制度,每月向当地公安派出所通报一次出租房和租住人员的变动情况。二是各类出租私房由房主依法承担管理责任。房屋出租前必须申领《出租私房治安许可证》,居住人员入住后或人员变动必须将名单及时报当地基层管理组织或公安派出所。公安派出所无论公房还是私房都要与房主、业主签订治安责任书。三是企业、建筑工地、各类场所、旅馆、招待所等雇用和留宿外来人口的单位和个人,都要按规定定期向当地派出所上报外来人口变动情况。四是公安机关要加强对基层管理组织的指导监督,加强对外来人口的经常性检查和登记发证工作,搞好协管人员的业务培训。

4. 建立和完善计算机管理信息系统,进一步提高管理效能。公安机关在加强暂住人口登记发证工作的同时,要及时做好外来人口信息收集和录入工作,做好暂住人口信息的增、删、改,加快暂住人口信息计算机管理系统的联网进程,对犯罪嫌疑的"三无"人员,要实行留指纹、留照片、留笔迹、建档案的制度。要加强应用和完善外来人口治安信息管理系统,经常与上级公安机关下发的在逃人员信息光盘进行比对,从中发现和抓获潜伏其中的在逃人员,积极为现实斗争服务。

四、工作要求

1. 统一思想认识,加强组织领导。各村、单位要从实践"三个代表"重要思想的高度,从维护社会治安稳定,确保人民群众安居乐业的高度,充分认识开展这项工作的重要意义。统一思想认识,把这次专项整治纳入当前严打整治斗争的重要内容;切实加强组织领导,周密部署,精心实施,狠抓落实。工作中要加强分类指导和检查督促,及时掌握工作进度,总结经验和推广好的做法,及时上报工作情况,高标准严要求搞好考核验收,确保清理整顿工作取得实效。

2. 推进综合治理,发挥整体优势。各级流动人口管理机构要充分发挥职能作用,调动各有关部门的积极性,切实做好组织、协调、检查、督促工作,推进综合治理。各有关部门要结合实际,抓紧研究制定本系统外来人口管理工作意见。各部门要密切配合,相互协作,发挥整体优势。公安机关要充分发挥主力军作用,把这项工作作为前期实有人口大排查工作的继续和深化,纳入严打整治斗争的方案,抓紧、抓细、抓实,巩固和扩大严打整治斗争成果。

3. 严格依法行政,保护合法权益。各村、单位在这次清理整顿专项行动中,要严格按有关法律法规和政策办事,严格依法行政,在坚决打击犯罪、取缔非法的同时,要依法保护出租房主、业主及外来人口的合法权益,严禁发生违法、违纪事件。对主动配合清理整顿专项行动的有功人员,要给予表彰奖励。清理整顿专项行动期间,各村、单位要在每月的 5 日、20 日分别将工作情况以书面形式上报镇综治办和专项整治工作领导小组办公室。

2.2　流动人口综合管理的调研报告

2.2.1　绍兴市城镇社区外来人口的犯罪控制[1]

提要：外来流动人口的涌入为绍兴市经济建设注入活力的同时,也对其社会治安产生较大冲击。绍兴市社会治安综合治理委员会办公室针对外来人口违法犯罪日益突出、严重危害当地社会治安的情况,深入调研造成该情况的多种因素,即外来流动人口管理工作未在全社会形成共识、缺乏健全的规章制度、防范机制薄弱和打击力度欠缺等。调研报告提出控制外来人口犯罪的若干设想,具体为:增强合力,齐抓共管;完善法规,严格管理;健全网络,强化基础;及时查处,严厉打击。可见,犯罪控制是基于当时社会实际的积极回应,能有效化解不稳定因素,促进社会和经济持续发展。

---

[1] 朱渭钦:《绍兴市城镇社区外来人口的犯罪控制》,载应勇、周长康主编:《当代中国小城镇社区犯罪控制》,中国发展出版社 1995 年版,第 85—95 页。

近几年来,随着改革的不断深化和市场经济的迅速发展,大量外来人口离开乡土,流入城镇,给绍兴市的经济建设注入了活力。然而,也给绍兴市的社会治安带来了较大的冲击。加强外来人口管理,控制其违法犯罪已迫在眉睫。

外来人口违法犯罪日益突出

外来人口的大量流入,加上管理工作没有及时跟上,一些混迹其间的不法分子乘机进行违法犯罪活动,严重危害当地社会治安。1992年,被绍兴市越城区公安、司法机关逮捕判刑和劳动教养的外来人口就有86名,占全区捕办、劳教总数的45%;受治安处罚的外来人口105名,占处罚总数的23%。1993年1—9月,该区公安机关抓获的981名违法犯罪人员中,外来人口547名,占总数的55.7%。从案件性质分析:

一是抢劫杀人。1993年1—9月,绍兴市抓获的256名抢劫作案成员中,外来人口73名,占总数的28.5%(越城区高达70%),一些重特大抢劫案件,大多是外地流窜犯所为。这些亡命之徒心狠手辣,不计后果,不仅暴力抢劫,甚至行凶杀人。

二是盗窃、诈骗。外来人口进行盗窃、诈骗等犯罪活动的为数不少。仅越城区,分别占这两类案件作案人员总数的65.7%和76%。越城区塔山派出所查获一个号称"多国部队"的盗窃团伙,6名作案成员中,有江西、贵州籍2名,广西壮族自治区1名。其中5名曾被判刑、劳教过。他们先后流窜了5省11个市、县,盗窃作案120多起(其中绍兴城区40多起),价值7万多元。

三是打架斗殴。外来人口,尤其是外地建筑工人和个体经营户,经常为区区小事,拉帮结伙,持械舞棍,大打出手。1992年1月至1993年7月,仅公园派出所在城区外来建筑队中直接查处打架斗殴等治安案件就有38起,有的外来人员还因口角相争而行凶杀人。

四是卖淫嫖娼。绍兴市马鞍镇越红村妇女马某从1991年以来,经常逗留城区卖淫或介绍妇女卖淫,经她介绍的妇女多达26人。暂住人口李某,不仅利用承租的私房勾搭娼妓嫖宿,还先后介绍40多名嫖客和卖淫妇女到旅馆、招待所和出租私房内嫖宿。

外来人口违法犯罪失控的根源

一是外来人口管理工作没有形成全社会的共识。改革开放,发展经济,需要人员的大流动。外来人口流入城镇务工,弥补了当地企业劳动力的不足,是经济建设不可缺少的一支重要力量;他们参与城镇的经商活动,串街走巷,办第三产业,既活跃市场,又方便群众,为社会主义市场经济的发展立下了汗马功劳。但是,由于部分地区和单位的领导对外来人口管理的重要性认识不足,只顾抓生产,对外来人口管理工作重视不够、管理不严,客观上为犯罪活动开了方便之门,提供了有利条件。有些地方政府为吸引外来人口,发展本地经济,过分强调要"简化手续"、减轻负担,放松了对外来人口的管理;有的甚至无理指责公安、计划生育等部门依法加强管理是制约经济发展的"条条框框";有的企业为了招用外来劳工,对外来人口百般迁就,甚至不敢查验证件,仅凭"一张条子、一个面子、一些票子"就擅自录用;也有一些企业因怕麻烦,不愿花钱,放松了对外来人口的管理,某招待所原填报该所招用30多名外来人口,但当听说要按规定申领《暂住证》并交纳管理费等,竟将上报的名单当场划掉。更多的人则认为,外来人口管理是公安部门的事,与己无关,抱着不过问、不支持、不配合的"三不"态度,导致外来人口在这些地区和单位来去自由,无拘无束。

二是外来人口管理缺乏健全的规章制度。外来人口的主要立足点在出租私房、建筑工地和企业内部集体宿舍。1993年1—8月,越城区抓获的547名外来人口违法犯罪人员中,住在建筑工地的72名、单位集体宿舍的113名、租赁私房的76名,占总数的47.7%。这些部位治安管理漏洞很多,例如:建筑工地的治安管理职责不清、关系不顺、规章不全。不少建筑工程层层转包,出了事无人负责;多数建筑包工只顾施工,不抓思想,有的百般庇护。企事业单位,特别是乡镇企业缺乏严格的招工制度,厂长说用就用,工人想走就走,随意性很大,对外来务工人员在户籍所在地的表现不了解、不掌握。进厂后又很少教育,一些劣迹不改的人"旧病复发",不仅在厂内偷摸钱物、男女鬼混、打架斗殴,有的还窜到社会上作案。出租私房的管理更是严重失控。一些房主认钱不认人,只要租金高,不分人和"妖"。犯罪分子利用出租房搞犯罪勾当,把它当作窝赃、销赃的"中转站",逃避打击的"避风港"和卖淫、嫖宿的"情人岛"。

　　三是防范机制薄弱,犯罪分子有机可乘,作案频频得逞。外来犯罪人员对当地的情况不甚了解,作案大多没有固定目标,通常是哪里有缝,就往哪里钻。他们或混迹在商店、市场、车站、码头等地的川流不息的人群中,进行扒窃、拎包等犯罪活动;或选择一些财物比较集中的部位和交通方便的公、铁路沿线、城乡结合部的企业单位盗窃物资;或抢劫深夜停在公路旁检查、维修的车辆和休息的汽车驾驶员的财物。由于一些企业单位的财务管理混乱,在保险箱内超量、超期存放大量现金,因此,撬盗保险箱已经成为当前流窜犯罪分子作案的主要目标。1993年1—9月,绍兴市共发生保险箱撬盗案件46起,经济损失近百万元。

　　四是对外来人口的违法犯罪活动打击不够有力。近几年来,各级公安机关为加强外来人口管理已经做了大量工作,取得了一些成绩,但总不尽如人意。外来人口违法犯罪情况仍然十分严重,并呈上升势头。一方面,基层警力严重不足。外来人口的急剧增加,使公安机关本来就十分紧张的一线警力更显得捉襟见肘。城镇派出所户籍民警的"缺口"更大。"上面千根线,下面一根针",侦查破案、治安管理、调处纠纷、办理户口等事事要管,公安机关是名副其实的基层"总管"。加之近年来专项斗争、专项治理一个接着一个,案件、纠纷接连发生,靠加班加点、靠总体作战。在这种情况下,户籍民警只得改"姓"换"行",离开管辖区域,到处"冲冲杀杀",放松了人口,尤其是外来人口的管理工作。另一方面,犯罪分子确实比较难对付。多数外来人口,特别是一些流窜犯,作案时不留痕迹、作案后"远走高飞",案件侦破难;或甲地作案、乙地销赃,或盗窃现金、首饰,控制发现难;一些累犯、惯犯几经"考验",经验丰富,有一套对付公安机关的手段;团伙成员外逃,案件一时无法查清,结案处理难等,影响了对犯罪分子的及时处理。

外来人口犯罪控制的设想

一要增强合力,齐抓共管。公安、工商、城建、劳动、计生委等部门是外来人口管理的主力军,要充分发挥职能作用,各司其职、互相配合;乡镇(街道)政府要按照"属地管理"和"从严管理、方便群众、打击犯罪、服务经济"的原则,把外来人口的登记、发证、教育、管理列入社会治安综合治理年终考核的主要内容,并从实际出发,研究制定既有利于劳动力的合理流动,又有利于打击违法犯罪活动,保障经济发展的工作措施。公路沿线乡镇,要严密社会面控制,加强夜间治安巡逻,提高发现、控制和抓获违法犯罪分子的能力;企事业单位要按照"谁主管、谁负责"的原则,严格招工制度,并加强思想教育,把外来人口管理列入企业保卫工作岗位目标责任制。同时,要认真落实企业内部的安全防范措施,"管好自己的人,看好自己的门,办好自己的事"。

二要完善法规,严格管理。严格执行暂住人口登记管理和租赁房屋治安管理等有关法规,制定一些便于当地操作的实施意见。对建筑工地,可制定《建筑工地治安管理办法》,确定管理范围、管理目标,明确管理主体、管理职责及建筑包工头、工人的义务、权利等。建筑工地的治安管理应由所在地派出所负责实施,改变在外来人口管理工作中长期存在的"思想认识不一致,执行法规不坚决,工作协调不密切"的状况。城建部门要配合公安机关,以出租私房清理登记为突破口,抓好对暂住人口的清理整顿和日常管理工作,把治安责任制落实到出租房主身上,督促其服从管理,及时反映外来人员的可疑情况。党、政、军、群等机关团体,要以身作则地支持有关部门的工作,经常督促检查,使外来人口管理纳入法制化、规范化、制度化的轨道。

三要健全网络,强化基础。搞好外来人口的日常管理,需要有一个"精干、高效"的工作班子。乡镇、街道要建立外来(暂住)人口管理办公室;村、居、企事业单位、建筑队要设立户口专(兼)职管理员,在公安派出所指导下,配合公安机关和有关部门做好外来人口的登记、发证和教育、管理工作。外来人口比较集中的乡镇、街道和企事业单位,还可因地制宜,建立一些外来人口的自治组织,指定外来人口中表现较好又有一定威望的人员负责,依靠他们自身的力量,落实管理措施。公安派出所要转变观念,唱好"主角"。在管好常住人口中的重点对象的同时,切实加强以现住地为重点的外来人口管理工作,从搞清底数入手,了解掌握外来人口的现实表现,定期查验证件,并做好对有违法犯罪行为人员的管理控制工作。

四要及时查处,严厉打击。针对目前外来人口违法犯罪活动难发现、难查证、难结案、难处理的"四难"现状,首先,要加强地区、部门之间的协作。户口所在地公安机关对外出重点人口和犯罪嫌疑分子,要及时了解去向,并通报流入地公安机关;对流入地或案件承办单位发出的调查信件、电报,户籍所在地要认真核查,及时回复。其次,各级公安机关、治安联防队当场查获的外来违法犯罪人员和犯罪嫌疑分子,一定要认真审查,挤清"油水",对其中来历不明、身份不清而又不讲真实姓名的要依法收审,决不能一放了之。最后,检察、法院对事实基本清楚、证据基本确凿的犯罪分子,要及时批捕、起诉,依法予以判决,判决后发现隐瞒余罪,可以依法追究的要从重惩罚。团伙或共同犯罪成员中有人外逃,只要不影响定性和对案犯量刑的,要抓紧处理,不要久拖不决。

2.2.2 诸暨市公安局加大力度、强化管理 建筑工地暂住人口管理初见成效[1]

提要:随着改革开放的深入推进和经济建设的快速发展,大量建筑工地外来人口涌入诸暨市。这在缓解当地劳动力匮乏这一矛盾的同时,也产生以社会治安为主的其他矛盾纠纷。对此,诸暨市公安局自1995年初开始就在"标本兼治"和"重在治本"原则的指导之下对外来人口强化管理,具体做法有:争取政府重视,实施依法管理;建立管理组织,加强管理力量;强化管理措施,增强管理力度;派驻专管人员,实施"面对面"管理。上述措施使该市刑事案件发生率明显下降,建筑工地暂住人口管理趋于规范化,工作取得显著成效。

近几年来,随着改革开放的不断深入,经济建设的迅猛发展,我市建设"中等城市"的步伐逐年加快,全市集镇各项基础建设全面展开,基建工地急剧增加。据九五年统计,全市共有一定规模的建筑施工工地396家,分别比九二年和九三年增加56%和48%。建筑工地的大量增多,出现了本地劳动力严重缺乏的矛盾,为缓解这一矛盾,承建单位便大量地廉价雇用外来民工。九五年全市建筑工地共登记暂住人口16 234人,其中来自江西、安徽、湖南、四川、贵州、山西等18个省(市)县的外来人口就有9 000余人,约占建筑工地民工总数的55.4%。城关镇作为"中等城市"建设的主方向,1995年共有较大的建筑工地215家,占全市建筑工地总数的54.2%,其中暂住人口6 000余人,占全市建筑工地内部暂住人口总数的55.5%。建筑工地外来人口大量涌入导

---

[1] 诸暨市公安局:《加大力度、强化管理 我市建筑工地暂住人口管理初见成效》,载绍兴市公安局编:《绍兴市第八次公安基层基础工作会议交流材料》,内部资料,1996年印发,第14—22页。

致了许多治安问题,引起了广大干部群众的高度关注。首先是刑事案件大幅度增加,主要是盗窃案件。既有盗窃工地内部建材物资的,又有盗窃外部单位或居民家中财物的。特别是遇到下雨天,因工地停工,外来民工挣不到钱,为了生计,他们手提编织袋,三五成群在居民住宅区捡破烂,一些不法分子也混迹其中,以捡破烂为掩护,乘居民上班家中无人之际,进行白闯作案,搞得居民人心惶惶。为了防盗,许多居民家中还养起狼狗来守门。其次是工地上打架、斗殴等治安案件经常发生,有省与省之间的帮派打架、斗殴的,也有外来人口与工地承包人员或与附近村民打架、闹事的。他们身强力壮,不计后果,一旦发生冲突,多数都是动刀,动枪(土枪),两败俱伤。另外各种纠纷亦大量增加,有的是施工单位与左邻右舍为打桩或为堆积杂物、影响道路交通引起纠纷;有的是施工单位的包头与外来民工发生的劳务纠纷;有的因外来民工不讲卫生,随处大小便,乱倒污物、垃圾与附近居民发生纠纷等等。上述大量出现的治安问题和纠纷矛盾,使公安机关疲于应付,成了"救火兵",工作处于十分被动的局面。为了扭转这一局面,维护全市社会治安的稳定,我局从九五年初开始,根据建筑工地的实际情况,按照"标本兼治""重在治本"的原则,花大力气,下真功夫,积极采取一系列措施,多管齐下,强化管理,收到了明显效果。主要表现在两个方面:一是建筑工地违法犯罪得到有效控制,刑事、治安案件发生率明显下降,各种纠纷减少。九四年全市建筑工地共发生刑事案件93起,其中大案66起,治安案件发生174起。九五年共发刑事案件59起,治安案件71起,分别比九四年下降36.5%和55.2%。今年一月至四月全市建筑工地无刑事案件,治安案件发生6起,比上年同期大幅度下降。二是建筑工地暂住人口管理的意识增强,工地负责人或外来民工自动到辖区派出所办理暂住人口登记、发证的情况日趋增多,工作中的抵触情况亦明显减少。工地内部暂住人口底数清,情况比过去明显。管理工作已逐步走上规范化、正规化的轨道,从而使我们掌握了主动权。我们的主要做法是:

一、争取政府重视,实施依法管理

面对建筑施工工地逐年增多,外来人口急剧增加,治安形势日趋严峻的现实情况,局党委从九四年底开始,多次召集户政、治安和城区三所领导开会,对建筑工地治安管理的被动局面进行认真分析,研究对策。大家认为,虽然对建筑工地暂住人口管理已经实行了治安承包责任制,落实了治安风险押金等做法,但收效甚微。其主要原因是基建工地点多、面广,外来民工流动性大、人员情况复杂,基层派出所警力有限,管理力量薄弱,缺乏管理的力度;加上部分承建单位或工程包头自认为与有关部门、上层领导关系密切,无视管理工作,给暂住人口管理更增加了工作难度。大家共同感到出现在建筑工地的大量治安问题,已大大超出了建筑工地本身的范围,成为影响全市治安稳定的一个重要因素。要从根本上解决工地暂住人口管理的问题,必须采取制约性手段来强化管理。为此,我们于九五年初,专门向市政府写了《关于要求将建筑施工工地统一列入公共场所管理的报告》。市政府对此十分重视,专门召开市长办公会议进行研究,并及时批转了我们的报告。从九五年三月一日起,全市建筑施工工地依照《浙江省公共场所治安管理办法》的规定,统一实行治安许可证制度。为了切实抓好列管工作,我们着重做了三件事:一是在全市广泛开展了宣传教育。一方面利用报纸、广播、电视等宣传工具,大力宣传市政府的决定和列管建筑工地的意义。另一方面以派出所为单位,及时召开了在建工地负责人会议,传达贯彻市政府的决定,组织学习《办法》和《浙江省暂住人口管理条例》,明确提出了建筑工地有关治安管理、暂住人口管理的具体规定和要求。二是及时会同市城建委联合拟发了《建筑施工工地治安管理规定》,要求各建筑施工工地在申领治安许可证的同时,必须落实好暂住人口协管员,明确工地治安责任人,签订治安责任书,附送暂住人口花名册。同时要求户政科在审批、签发治安许可证时,必须严格把关,履行职责。三是集中力量对在建工地进行全面调查登记,摸清工地底数,补发治安许可证。到九五年六月底,先后对365家工地进行了登记发证,同时对工地内部的 5 371 名暂住人口发了暂住证。建筑工地实行依法管理一年多时间来,共依法处罚违反《办法》规定的承建单位 23 家(次),依法传唤工程责任人 18 人次,责令停工整顿 6 家(次),整个工作呈现主动局面,例如九五年七月中旬,城中所辖区 3 家建筑工地,多次通知其补办治安许可证,上报暂住人口名册,但工地负责人自认为有经济实力,有一定的"靠山",对派出所的通知无动于衷。城中派出所经研究后,依据《办法》规定,对三个工地负责人发了传唤证,第三天三名负责人均按时到派出所报到(其中二人分别从上海、宁波专程赶回来),并按要求补领了治安许可证,上报了暂住人口名册,缴纳了暂住人口治安管理费。目前,基层派出所普遍感到:"建筑工地的包头比过去听话了,暂住人口管理工作比过去好开展多了。"

二、建立管理组织,加强管理力量

建筑施工工地列入公共场所管理以后,虽然我们的工作由被动变为主动,但如果缺乏管理力量,要管理好基建工地内部流动十分频繁的暂住人口,提高控制能力实际上等于一句空话。为此,我们十分注重抓管理队伍建设。第一,在市府建立的暂住人口管理领导小组内部,设立了由公安户政科和市城建委建管办组成的建筑施工工地治安管理协调小组。做到互通情况信息,互相配合协作,定期分析工地治安管理现状,共同研究解决工地内部存在的有关问题。工作中,凡公安机关对违反规定需要停工整顿的工地,均由户政科先与建管办取得联系后,在城建部门协助下采取统一行动。同时,城建部门发现未领"施工许可证"违章施工的工地,也及时与公安机关联系,在公安机关协助下查处违章施工情况。一年来,这个协调组织先后协助基层对 8 家工地进行了停工整顿,并查处了 13 家违章施工单位。同时,还共同制定了《建筑工地治安管理若干规定》《建筑工地治安承包责任书》《建筑工地外来民工用工申请制度》等一系列规章制度。第二,为增强对建筑工地暂住人口管理的执法力度,加强督查工作,我们于今年初在户政科内组建了一支城区建筑工地暂住人口管理联合稽查队,由户政科青年干警周军航负责,并从城区三所和市计生委各抽调一名专管员,购买了一辆专用车,专职对城区的建筑工地暂住人口进行实地执法检查。每月执法检查情况,均写出书面报告,上报局领导并抄送有关派出所。第三,各派出所在已建立的暂住人口管理办公室内部,专门增设了由1—2名(城区三所2—3名)专管员组成的建筑工地暂住人口管理小组,协助辖区责任民警专职对工地进行督查、管理,并对每个工地建立了暂住人口登记簿册和有关档案。第四,在每个建筑工地落实了一名暂住人口协管员,建立了暂住人口登记簿册。为切实抓好工地协管员队伍建设,我们要求每个工地在施工前申领治安许可证时,必须确定好协管人员。施工期间协管员调整,必须事先报告派出所。对确定的协管员坚持上岗培训,使他们掌握暂住人口管理的有关规定,要求他们严格做到外来民工人来登记,人走注销,并在三日内到派出所办理登记、发证、注销手续。1995年以来,市局集中组织建筑工地暂住人口协管员业务培训二次,参训631人次。各派出所共组织协管员培训27次(期),参训1 358人次。他们在日常管理中发挥了较好的作用。

三、强化管理措施,增强管理力度

去年以来,我们在全市建筑工地层层建立管理组织、加强管理力量的基础上,不断摸索和深化对工地内部的暂住人口管理办法、措施,努力为现实斗争提供服务。

1. 集中精力,深入调查,摸清底数

我们从九三年开始,每年坚持对建筑工地暂住人口组织两次全面清查,以查清底数、掌握情况、积累资料,为日常管理打基础。如今年三、四月份,各派出所结合基础大排查,利用20天左右时间,集中主要警力,采取分片包干、分工到人的办法,逐家工地进行调查登记,同时查验治安许可证、外来民工身份证、暂住证。城区三所和大唐、店口、牌头、安华、应店街等20个派出所,为解决工地外来民工拍照困难问题,专门购置了一次成像照相机(城区三所共购置7部),现场为外来民工拍照,既方便了群众,又提高了发证率。截至5月底,全市已登记建筑工地237家,其中查验治安许可证119家,新发治安许可证168家;共登记暂住人口6 280名,发新式暂住证6 018份(人)。通过全面清查,共发现身份不明人员392名,其中审查281名,发函调查306名同时发现违法犯罪线索49条,破获各类刑事案件34起,其中大案27起,查获违法犯罪人员27名,其中捕办7名,收审11名;为工地调处各类纠纷81起;在暂住人口中还列管重口66名,物建特情、耳目73名。

2. 适时组织突击检查

从九五年初开始,市局明确规定,各派出所每月必须有5个晚上的时间,组织全体干警和联防队员,对辖区建筑工地进行突击清查,主要查验暂住人口的身份证、暂住证,检查是否有深夜未归的人员,检查施工单位落实夜间值班和对暂住人口的管理情况,并对每家工地做好检查登记,对检查中发现的问题,责令施工单位整改,情况严重的给予必要的处罚。在检查中发现的身份不明、形迹可疑的人员一律传唤审查。如城东派出所今年一月至五月,在突击检查中共传唤审查可疑人员53名,破获刑事案件12起,其中捕办3人,治安处罚21人。

3. 发挥专业稽查队伍作用

今年初,城区建筑工地暂住人口管理联合稽查队成立以后,5名队员每天深入工地实施检查。主要检查工地内部履行管理职责情况,同时,严格查验暂住人口的身份证、暂住证、计生证。凡发现施工单位留用无暂住证的外来人口,或发现工地未申领治安许可证已施工的,均由工地所在派出所抽调的稽查队员,以该派出所的名义当场发出整改通知,对原已发整改通知,但发现仍未整改的单位和个人,稽查队及时做好简要笔录,并按《条例》《办法》规定,责令该单位或个人到所在地派出所接受处罚。对检查中发现身份不明或有嫌疑的人员,一律带到工地所在派出所进行审查。对发现应持计生证而没有计生证的外来人口,统一交有关计生部门处理。稽查队组建近5个月以来,在管理上发挥了重要作用,得到了基层派出所和有关部门的高度评价。先后协助城区三所对违反《条例》《办法》规定的33家工地作了罚款处理,共收罚金120 846元,发现并带到派出所审查的可疑人员29人,破获外来人口在工地以外作案的刑事案件4起,捕办2人,治安处罚18人,协助计生部门查处违反计生管理规定12人次。由于这支队伍工作认真,执法严格,树立了较高的威信。例如,四月十八日下午他们按计划到城西一家工地检查,当他们的车辆停下,在工地上做工的40多名外地人便丢下工具,四处逃跑,稽查队当即抓回12人。在讯问为何逃跑时,这些外地人说:"因为还没有领到暂住证,怕被公安机关抓去。"稽查队根据《条例》规定,对这家工地作了罚款2 000元的处罚,第二天工地负责人给符合规定的43名外地民工办理了登记、发证手续。

4. 派驻专管人员,实施"面对面"管理

为了严格控制流动频繁的外来人口,我们在建筑工地较为集中的地段,暂住人口较多的地方,由派出所派驻专管人员,公开挂牌,进行面对面的管理。例如诸暨热电厂是一个投资1.5亿元的市重点工程,一度集中了13个建筑单位昼夜施工,这些施工单位来自杭州、舟山、无锡等地,外来民工最多时达1 500人左右。施工单位之间,单位与附近村民之间矛盾、纠纷时有发生。外来民工深夜偷窃周围村民的鸡鸭和蔬菜、盗窃工地内部建材物资和电厂设备零部件等情况不断发生,治安秩序较混乱。对此,城东所与热电厂研究后,在该厂设立暂住人口管理办公室,由派出所派驻2名专管员,会同电厂保卫科、施工单位协管员一起,实行24小时昼夜值班,对每个工地的外来人员逐一登记建档,早晚登记核对,晚上巡逻检查,有效地掌握了暂住人口的底数和活动规律,维护了正常的生产秩序和治安秩序,受到了厂方、施工单位和暂住人口三方的好评。

虽然,我市建筑施工工地由于实行依法管理,暂住人口管理工作取得了一定的成效,但根据市委、市政府提出的建设现代化的中等城市的总体规划,今后几年,以城区为重点的基建规模还将扩大,外来人口管理任务将会更加繁重,我们决心继续加大管理力度,不断完善和深化管理,为维护我市社会治安稳定,保证各项经济建设的顺利发展作出应有的贡献。

2.2.3 绍兴市公安局关于加强流动人口管理的情况报告[1]

提要: 大量流动人口的涌入给社会治安管理工作带来巨大压力。绍兴市公安局发布《关于加强流动人口管理的情况报告》,该报告描述了近年来流动人口的现状,归纳其特征并罗列了系列已采取的措施,较全面地指出当前流动人口管理存在的问题并深入剖析原因,结合管理实际提出数条加强流动人口管理的基本对策与建议。

市政府:

随着我市各项建设事业的迅猛发展,大量的流动人口不断涌入我市。流动人口的迅速增多,是建立社会主义市场经济体制过程中的必然现象,一定程度上对经济和社会发展起着积极的推动作用,但也给社会管理工作特别是治安管理工作带来了巨大压力,外来人员违法犯罪已成为影响社会治安稳定的一大隐患,引起了各级党委、政府的高度重视。如何采取行之有效的措施,切实做好外来流动人口管理工作,积极教育和引导他们参与当地经济建设是当前我们面临的一大课题。

一、我市流动人口现状及管理措施

近年来我市流动人口基本上呈逐年增多的趋势,至 2001 年底,全市登记暂住人口达 42 万(市区 6 万、绍兴县 13 万、诸暨市 11 万、嵊州市 4 万、上虞市 5 万、新昌县 3 万),比上年同期增长 59.33%,比 1987 年的 65 639 人增长了 5 倍

---

1 节选自绍兴市公安局:《关于加强流动人口管理的情况报告》,2002 年 6 月 8 日印发,绍市公办〔2002〕35 号。

多。从全省范围来看,我市登记在册的外来暂住人口数居中间水平,列温州、宁波、杭州、台州、金华之后。主要呈现以下几个特点:

一是流动人口的来源相对集中。主要是从经济相对落后地区向经济发达地区流动(主要有四川、湖北、江西、安徽、贵州等省)。

二是流动人口呈逐年增多的趋势。改革开放以来外来流动人口呈逐年增多的趋势,每年都创下历年最高纪录。如去年与上年同比增加了59.33%。

三是流动人口中男女比例基本持平。中青年偏多,文化程度不高,基本素质较低。

四是流动人口中务工者居多。据统计,截至去年6月底,全市外来务工人员约23万,占全市暂住人口总数的63.14%,列前三位的分别是绍兴县、诸暨市和越城区。

五是流动人口离开户籍地时间越来越长。有的外来流动人口已在本地居住多年,这为外来人口本地化管理创造了有利条件。

六是流动人口中的违法犯罪居高不下,很大程度上左右着一个地方的治安形势。其中,犯罪空间以城关为主,外来人口在市区和县(市)城镇作案占了80%以上。

针对我市流动人口大量增多和管理难度不断加大的现状,近几年来,各级党委、政府和有关部门十分重视流动人口管理工作,全市公安机关充分履行职责,把外来人口管理工作作为一项重要的基础性工作来抓,采取了一系列行之有效的措施:

1. 1993年经报请市政府同意,以市政府名义出台了《绍兴市建筑施工工地治安管理暂行办法》和《绍兴市城镇私房租赁治安管理暂行规定》,从而进一步加强和规范了建筑施工工地的流动人口和出租房屋的管理。

2. 1995年《浙江省暂住人口管理条例》颁布实施之际,全市各地开展了《条例》颁布实施的宣传月和开展大规模的外来人口清理整顿活动,进一步摸清了底数,建立健全了管理制度。

3. 建立了流动人口的"四统一"管理模式。会同市劳动局、市计生委联合在市区开展了"统一领导、统一管理、统一发证和统一收费"的"四统一""一站式"管理模式的试点工作,并在全市逐步推广,目前各地普遍采用"一站式"管理模式。

4. 加强了对流动人口的教育服务。为使外来人员更好地了解绍兴、热爱绍兴、服务绍兴,市公安局会同市委宣传部门联合编印了《绍兴市外来人员手册》,人手一册。

5. 开展了对流动人口和出租房屋的清理整顿工作。1995年以来,全市每年都要集中一段时间对流动人员开展一次清理整顿,进一步摸清底数。1998年开展了规模较大的首次实有人口大排查;1999年开展了出租房屋的集中清理整顿,市政府还专门转发了市公安局的《绍兴市出租房屋集中整治方案》;2000年在第五次全国人口普查户口整顿期间,对外来人口进行了一次集中登记;去年1月至3月份开展了流动人口的集中整治,6月至9月又开展了清理整顿出租房屋、规范流动人口管理的专项行动。

6. 积极探索外来人口管理新办法,形成了一套具有绍兴特色的管理经验和做法。总结推广了"三三制"的管理经验,分层次的管理经验,公寓式、旅店式的管理经验,"一站式"的综合管理模式等。此外,还狠抓外来人员管理责任制的落实,实行奖惩挂钩,效果较为明显。

通过采取以上一系列措施和办法,我市的流动人口管理不断得到加强,确保了人口的合理有序流动,有效维护了我市社会的稳定,为我市经济和社会的持续、快速、健康发展发挥了积极的作用。

二、当前流动人口管理存在问题及原因

尽管近几年来全市公安机关和有关部门在流动人口管理方面做了大量工作,促进了人口的合理有序流动和经济的发展,但从总体上看,我市的流动人口管理模式还不能适应发展社会主义市场经济新形势的需要,还不能适应维护社会治安稳定,保障人民群众安居乐业的新要求。主要表现在:

一是群体性械斗事件时有发生。一些地痞、恶棍和带有黑社会性质的组织,为控制地盘、争夺货源,有意拉拢外来人员,有的还依地域势力结帮成派,甚至公开组织有计划、有组织的流氓斗殴活动,严重影响了局部地区的社会治安稳定。

二是杀人、抢劫、绑架等恶性暴力案件有增无减。经济收入差别的悬殊,使一些人产生不平衡心理,为达到迅速致富的目的,不惜铤而走险,以身试法,甚至采用暴力的手段,进行杀人、抢劫、绑架等犯罪活动,使人民的生命、财产遭受重大损失。

三是涉毒违法犯罪趋于严重化。四川筠连等地一些外来人员在高额利润的驱动下,冒天下之大不韪,从事毒品贩卖活动。去年市区共抓获吸毒人员294人,其中外地人208人,占了总数的70.74%。

四是盗窃犯罪经常化。部分外来人员由于盲目流动,在工作生活遇到困难的情况下,不择手段盗窃作案,攫取国家、集体和公民财产。有的结成团伙,内部分工明确,大肆作案;有的白天踩点,晚上行窃;有的利用出租房窝藏赃物,伺机脱手。在岁末年初,外来人员盗窃作案尤为猖獗。

五是赌博、卖淫嫖娼、贩卖淫秽物品等社会丑恶现象屡禁不止。部分外来人员在美容美发店、宾馆和出租房屋等场所,从事卖淫嫖娼等活动,严重毒化了社会风气,影响了治安稳定。

通过对以上治安问题的分析研究,我们认为除外来人口的素质、心理等因素是引发外来人员违法犯罪的根本诱因以外,在日常管理中还存在不少漏洞:

1. 外来流动人口的登记发证率偏低。漏管失控现象较为普遍,暂住证使用不够广泛,作用得不到很好发挥。

2. "谁主管、谁负责,谁留宿、谁负责,谁用工、谁负责"的责任制尚未真正落到实处,部门之间未能真正形成合力,公安仍在唱"独角戏"。

3. 管理力量不足。现有的管理队伍人员不足、队伍不稳、力量不到位,只停留在登记发证上,没有深入下去抓日常的检查、督促等管理工作。大部分地方没有专门的管理办公室和专职稽查队,协管员力量不足,一些地方管理人员的报酬得不到保障。

4. 管理手段单一。由于力量少,经费缺,工作量大,管理难度大,无法适应频繁流动、成分复杂的流动人口动态管理。虽然已建立了暂住人口信息管理系统,但还没有实现联网,信息变更维护也不够及时,难以发挥应有作用,管理效率低下。

5. 居住地管理缺乏力度。对出租房屋没有按市场化的管理要求落实管理体制、管理责任,管理流于形式;房屋租赁中介机构呈现"多、小、乱"的现象,往往只顾赚钱,没有落实治安管理责任;集中式住宿发展不够,大多外来人员居住分散;旅馆业一人登记多人住宿和不凭居民身份证登记住宿现象仍较为普遍。

6. 管理设施和措施没有及时跟上。对"三无"人员的遣送不力,抓了又放、放了又抓,流于形式,遣送站职能没有切实落到实处;对外来人员教育、服务、维权工作跟不上,致使引发许多诸如劳资纠纷等方面的问题。

三、加强流动人口管理基本对策

随着我市工业化、城市化、现代化、信息化发展进程的加快,特别是我国加入 WTO 以后,人口流动将更趋活跃,我市的外来暂住人口将大幅度增加,外来人口违法犯罪问题也将会更加突出,社会管理和稳定工作方面的压力将越来越大,为此根据中央和省有关流动人口管理的规定,结合我市实际,就进一步加强流动人口管理提出以下对策:

1. 认真贯彻"政府牵头,公安为主,部门配合,综合治理"的方针,按照《绍兴市流动人口管理办法》(已在报批)的规定,明确落实有关部门的职责,真正形成各司其职、齐抓共管的良好局面。要明确市综治委流动人口治安管理办公室

(设在市公安局)的职责,落实专职人员切实发挥其作用。

2. 加强流动人口管理组织和队伍建设。各县(市、区)公安局要建立一支10人左右的流动人口专职稽查队,以城区和经济发达、外来人口较多的集镇为重点,开展经常性的执法稽查。派出所要建立流动人口综合登记管理站,外来人员较多的集镇(街道)派出所也要成立相应的稽查队。要加强隐蔽力量的建设,在外来人口中物建一定数量的隐蔽力量。

3. 进一步明确和落实流动人口管理的责任。要按照属地管理的原则,明确基层公安派出所及其社区民警是流动人口管理的责任单位和责任人,将流动人口管理纳入派出所和民警考核的重要内容。对辖区旅馆、用工单位、建筑工地、集贸市场、文化娱乐场所、房屋中介机构,按照"谁留宿、谁负责,谁用工、谁负责"的原则,切实落实治安管理责任制。要建立和落实流动人口管理责任倒查制度,对工作责任不落实而出现问题的,严肃追究有关单位、负责人及经营者的责任。

4. 全面推行流动人口分层次管理工作,将流动人口分三个层次进行管理。第一层次(重点层):要在登记发证基础上,列入重点人口管理,按要求查控。第二层次(关注层):要在登记发证基础上列入工作视线,定时了解掌握。第三层次(稳定层):在登记发证的基础上,按常住人口的要求进行一般性的管理。

5. 严格执行公安部《关于流动人口协查通报的规定》,建立健全协查通报的登记、发函、复函、建档等管理制度。对重点人口,查获的现行犯或者重大嫌疑人,查获的负案在逃、批捕在逃的犯罪嫌疑人,在流入地受过治安拘留处罚、劳动教养或者刑事处罚的人及其他需要进行通报协查的人,应及时通报协查。

6. 加强对流动人口住宿地的管理。有条件的用工单位和建筑工地及文化娱乐场所要建立职工集中住宿的集体宿舍,落实管理组织人员。要采取市场化运作方式,建立流动人口公寓,将散居在出租私房中的流动人口吸引到公寓中集中住宿。市区要结合"城中村"改造,建设一批外来人员公寓,以村(居)为单位,统一出租给外来流动人员居住。对出租房屋要实行登记备案制度,派出所要与房主签订治安责任书。对出租人与承租人分离的出租屋,要以村(居)为单位成立出租房屋服务管理站,替代房东承担服务及部分管理的职能。旅馆业要严格落实凭居民身份证登记住宿制度,实行"谁登记谁住宿,登记多少住宿多少"的原则。

7. 开展房屋租赁中介机构的清理整顿,实行公共场所管理。针对目前众多的房屋中介机构,建议由市建设局牵头组织开展一次清理整顿,取缔非法无证中介机构。公安派出所要按场所管理要求落实管理措施和管理责任。对申请要求出租的房东,房屋中介机构要验明其身份证件、场所的房产证明或者房屋租赁合同等材料。房屋中介机构不得将出租私房介绍给无暂住证的外来流动人口居住。

8. 实行凭暂住证用工、领工资的办法。要加强对各用工单位暂住证申办工作的监督检查,对发现应办证而不办证的流动人员要加强调查和审查,对应登记办证而未登记办证的用工单位,严格按有关规定处罚。

9. 加强对流动人口的清查和检查的力度。各县(市、区)公安机关要定期不定期地组织开展治安清查,通过对旅馆、建筑工地、用工单位、文化娱乐场所、出租房屋的清查和检查,及时发现可疑人员,发现应登记办证而未登记办证的人员。

10. 加强对流动人口教育,努力做好服务工作。各级公安机关要会同有关部门,组织流动人口开展岗前培训、法制教育,要继续会同宣传、劳动、建管、计生、卫生等部门,编印《绍兴市外来人员手册》,加强日常教育,提高流动人口遵纪守法的自觉性和文化业务素质。同时,要进一步放开户口迁移政策,对符合条件要求落户的流动人口要帮助其办理落户手续。要会同保险部门为流动人口办理人身意外保险等险种的保险保障服务,切实解除有关单位和流动人口的后顾之忧。

11. 加强流动人口的信息、档案建设。要建立市局、县局、派出所三级流动人员信息系统，及时将流动人口、出租房屋和在册逃犯的有关情况录入计算机，加强日常比对、查证等工作，为侦查破案服务。要按照流动人口的不同层次，不同类型，流动人口分布的不同情况，以及出租房屋、房屋租赁中介机构，分门别类地建立管理档案，做到底数清、情况明、管理严。

12. 切实解决流动人口管理所需的工作经费。各级公安机关要在报告党委、政府的基础上，采取政府拨一点，用工单位收一点，有关部门助一点，公安机关凑一点等多种办法，全力解决流动人口管理和建设的工作经费，确保管理工作的顺利开展。

13. 建立健全流动人口管理工作的奖惩机制。市、县两级公安机关要制定《流动人口管理工作责任倒查规定》，明确倒查的项目、内容和责任认定方式，并将倒查结果与派出所及民警的评先、奖惩挂钩，对工作失职的视情况予以不同程度处理，对工作中认真负责，成绩突出的，给予表彰和奖励。

四、几点意见和建议

流动人口管理作为一项系统工程，涉及政府的方方面面，必须坚持"政府牵头、公安为主、部门配合、综合治理"方针，在党委、政府的统一领导下，各部门齐抓共管，真正形成管理合力。为此建议：

1. 以市政府市长令的形式出台《绍兴市流动人口管理办法》，进一步规范各部门的管理职责和管理手段，以适应不断发展变化的新形势的需要。

2. 建议由市建设局牵头会同公安部门联合起草《绍兴市房屋租赁中介机构管理办法》。

3. 各县(市、区)要以城区为中心建立"三无人员"教育服务中心，具体负责对"三无人员"的教育、服务、劳动就业和短期的收治等工作。建议民政部门的遣送站增加"三无人员"的遣送职能,或将遣送站移交公安管理,主要承担"三无人员"的遣送任务。

4. 建立健全流动人口治安管理办公室。在原市、县两级综治委下设的流动人口治安管理办公室中充实管理力量,在劳动、建管、计生等部门中抽调人员,专门成立一个常设专职机构,办公室可继续设在公安机关。

5. 各县(市、区)要建立一支外来人员的协管员队伍,聘请专职人员,归口公安管理。各乡、镇、街道要建立流动人口管理办公室,村、居、单位成立流动人口登记站。

6. 要解决有关管理经费的落实。鉴于暂住人口管理费取消的实际,一方面要想方设法收取一定的治安经费,另一方面要纳入政府财政预算,保证每年在财政中拨出一定数量的经费,专款专用,确保我市流动人口管理工作的顺利开展。

2.2.4 教育管理维权服务相结合,探索建立外来流动人口综合管理新机制[1]

提要:诸暨市为应对外来流动人员剧增造成的治安问题,探索建立了"教育、管理、维权、服务"的外来流动人员管理新模式。具体做法为:运用"枫桥经验"基本精神,创建党政齐抓的工作机制;发挥公安机关的职能作用,夯实社会治安综合治理根基;创新综合管理服务形式;不断巩固综合管理工作所取得的成果。该市的创造性举措基本实现了"管得顺、管得住、管得好"的目标,也为其他地区破除外来流动人口管理瓶颈提供了工作思路和工作方法。

---

1 诸暨市公安局:《教育管理维权服务相结合,探索建立外来流动人口综合管理新机制》,2002年,诸暨市公安局档案室藏,档案号 w53-10-2。

诸暨市位于浙江省中部,地域面积2 317.94平方公里,人口107万。改革开放以来,诸暨的块状经济和市场经济发展迅猛,外来流动人口逐年递增。2001年,全市外来人员总量突破10万大关,已占全市劳动用工总量的近30%。外来流动人员的剧增,在促进区域经济发展的同时,也加大了当地社会治安压力,特别是外来人员集中的区域治安日趋复杂,如城关、大唐、店口等经济发达集镇,外来流动人员作案均占刑事发案总数的70%以上。此外,由外来流动人员引发的治安问题也逐渐成为影响社会稳定的重要因素。针对这一严峻形势,为有效解决外来流动人口管理工作中管理体制不顺、职能界限不清、公安机关管理力量不足、信息资料难以共享、劳动用工不规范、外来流动人员合法权益得不到保障、登记发证率偏低等一系列问题。去年,我市公安机关积极争取党委、政府的重视和社会各界的配合支持,探索建立了以"教育、管理、维权、服务"为主要内容,以居住地管理为突破口的外来流动人员管理新模式,基本实现了"管得顺、管得住、管得好"的外来流动人员综合管理目标。

一、运用"枫桥经验"基本精神,建立党政齐抓的工作机制

"枫桥经验"是诸暨人民半个世纪来在维护社会稳定工作中的成功创造,"党政动手"是"枫桥经验"的基本精神。我市积极运用这一基本精神,指导实践外来流动人员综合管理工作。一是转变观念。市委把管好外来流动人员作为一件政治大事来抓,提出了"经济发展,外来人员功不可没"和"社会稳定,外来人员系于一半"的观点,要求全市上下按照"政府领导、公安为主、部门参与、协调配合、齐抓共管"的工作方针,推行"以乡镇为基本管理单位,公安、劳动、计生三个窗口合署办公,实行统一收费、发证、稽查的一站式服务和统分结合实施管理、分头执法、依法执罚的综合管理模式。二是加强领导。市政府专门成立外来流动人员管理领导小组,下设管理办公室,由公安局领导任办公室主任,镇(乡)同时建立相配套的工作机构。为依法加强对流动人员的管理,市政府出台了《外来流动人员综合管理实施意见》,明确外来流动人员管理对象,统一办证,统一"三费"收取标准,建立财务制度,实行专款专用。三是完善网络。根据各镇(乡)外来流动人员的不同总量,由公安、劳动、计生部门各抽调1名至3名工作人员,再聘请若干专职人员到镇(乡)外来流动人员综合管理办公室集中办公;村、居按300∶1或500∶1比例配备协管员;市外管办成立流动人员综合管理稽查队,对镇(乡)外管工作开展定期考核稽查和依法执罚。全市上下形成了"政府负责、组织配套、职能清晰、制度完善"的外来流动人员综合管理工作机制。

二、充分发挥公安机关职能作用,积极推进社会治安综合治理基层基础工作

为抓好外来人员管理工作,全市公安机关积极发挥职能作用,认真落实社会治安综合治理各项措施,在基础工作、综合管理、动态控制三个环节上做好文章。一是基础摸排,搞清底数。去年3月份,我局结合基层"三个代表"教育,组织300名民警开展为期两个月以实有人口大排查为主题的"百警下村住农户"活动。由驻村民警跑企业、访农户、下田头,逐村逐户排查登记市外来人员,摘清身份,实名登记,摸清底数。根据排查情况,以村(居)、厂为单位,建立好基础台账,并统一汇总到市局建立的外来人口信息库内。二是抓好试点,推广经验。去年5月份,由市局派出工作组,在店口镇探索出了"集中居住、统一管理、综合执法、优化服务"的新路子。

外来人员量大且居住分散的难题,我们采取分层次集中居住管理模式,要求外来流动人员在50名以上的企业建立职工集中居住点,实行公寓式管理。在经济条件较好的行政村建造"工人新村",供分散在个私企业的外来流动人员租住。对集镇出租房屋按照"限量、扩容"原则,定量发证租住,取缔无证出租房、为解决"多头管理"和"警力不足"的难题,各镇乡建立由综治部门组成的外来流动人员综合管理委员会,设立由公安、劳动、计生等部门参与的流动人口综合管理办公室,综合行使管理、执法职能,对村(居)、企业、单位、房东全面落实"谁主管、谁负责,谁用人、谁负责,谁租房、谁负责"的责任制,增强管理合力,坚决杜绝管而不力,只用不管的现象。为解决漏管、失控的难题,在镇乡外来流动人员综合管理办公室组建执法稽查队,定期对各用人单位和出租房进行实地稽查,发现未登记发证或无证经营等违法违规问题,及时发出整改通知,限期整改,在规定时限内仍不改正的提请有关职能部门依法予以处罚。为解决办证难、发证率低的问题,我们将公安、计生、劳动三个窗口合为一体,开展集中登记发证,做好优质服务、对于外来流动人员相对集中和有中高级科技管理人员的企业单位,定时上门集中办证。三是动态控制,强化管理。我们在抓好基础管理和集聚管理的基础上,把外来流动人员的居住地管理作为重点,将建筑工地、职业中介和房屋租赁中介机构全部列为公复场所,由派出所落实责任进行控制,定期检查或突击清查;以城区和重点集镇的劳务市场、中低档旅社和商贸区域作为重要部位,组建"治安志愿者"协会,开展长期的夜间治安巡逻和"三无"人员清查遣送行动,提高社会面控制能力。同时,针对部分地区综合管理力度不大,业主依法管理意识淡薄的实际,按照有关法律法规,集中时间开展依法执罚行动,推动综合管理的开展。

三、创新综合管理服务形式,培育素质良好的外来人员

我市各级党委政府积极引导群众转变观念,把外来流动人员与本地人融为一体,树立"一视同仁"思想,融管理于服务之中,重点加强五方面服务。一是政治服务。在有条件的企业、村和"工人新村"建立流动人员党、团小组,归口镇(乡)外管办党支部,开展正常的组织生活,充分发挥流动人员中党、团员的先锋模范作用,加强思想政治工作,凝聚人心。目前,市委已对10余家规模私营企业派驻了党委(总支)书记,开展党群组织工作。二是维权服务。着力解决外来流动人员权益受侵害问题,依法保障外来流动人员的合法权益;外管办一方面规范企业管理行为,凡企业招用外来流动人员需查验用工证件,签订劳动合同,明确工资标准,按月足额发放,一旦发现违规行为,依法作出处罚。另一方面,对外来流动人员反映的劳动争议、纠纷及时受理、妥善调解,涉及外来流动人员的治安纠纷,按照公平、公正、公开的原则依法处理。三是教育服务。由外管办牵头,在外来流动人员总量较多、相对集中的镇(乡)筹建教育培训基地,对流动人员进行法制、技术、文化培训和劳动安全教育;在规模较大的企业组建图书室,创办厂报厂刊;在重大节日举办"欢聚在第二故乡"文娱活动和体育比赛,丰富他们的业余生活,提高流动人员素质。四是信息服务。镇乡综合管理办及时为外来人员提供劳动力供求信息,介绍劳动就业。五是计生服务。每季度开展一次计生稽查,每年两次外来流动人员免费查孕查环查病服务。

通过实施外来流动人员综合管理,我市的经济社会发展环境得到了优化,社会治安环境明显改善,主要表现为:基础管理能力提高。去年,全市共发放"三证"外来流动人员 100 378 人、出租房 8 804 户,分别比上一年净增 52 875 人和 3 120 户,增幅为 89.6% 和 63%,社会治安出现好转。去年,全市外来流动人员刑事发案绝对数下降 5% 左右,外来人员比较集中的店口、城关、大唐等集镇的刑事发案开始全面回落,推动了重点地区的治安整治,社会不稳定因素减少。去年,全市稽查清退外来童工 134 名,清查遣送"三无"人员 2 736 名,调解劳动争议 8 679 起,解决治安纠纷 5 362 起,查获违反计生管理的外来流动人员 174 名。实践证明,实施外来流动人口综合管理,做好"教育、管理、维权、服务"工作,对促进社会稳定和经济发展意义十分重大。

四、巩固综合管理工作成果,做好提高、完善、深化的文章

我市的外来流动人员综合管理工作要在巩固现有工作成果的基础上,着力做好提高、完善、深化的新文章。一是将外来流动人口工作列入政府工作规划。借今年镇(乡)政府召开人代会之机,建议政府将流动人员综合管理列入政府工作,提交人民代表大会讨论,形成决议,以争取镇乡人大的支持。二是巩固完善配套建设。要在已经完成土地征用、预算报告基础上,继续争取市政府支持。上半年要建成每年可循环收容 1 000 人左右,集教育、管理、介绍就业、遣送功能于一体的"诸暨市外来'三无'人员服务中心",为镇(乡)实施综合管理提供配套服务。三是切实解决经费难题。针对治安管理费被取消的实际问题,要根据市政府关于"思想不松、机构不散、队伍不减、管理机制不变、经费来源得到长远保障,综合管理不断完善、提高"的工作思路,参照《中共中央国务院关于进一步加强社会治安综合治理的意见》(中发〔2001〕14号)中提出的"注意从实际出发,多渠道地筹集群防群治队伍建设所需的经费,除政府财政适当补贴以外,应根据"谁受益,谁出资""取之于民,用之于民"的原则,由受益单位和个人适当投入一定的人力、物力、财力,建立适应社会主义市场经济需求的群防群治经费保障机制,按照政府财政拨一点、企业单位负担一点、集中居住低偿服务返贴一点的思路筹措经费。目前,我市已在店口镇进行试点,并经镇人大通过决议,决定每年由镇财政按外来人员总量每人拨款15元至20元,用人单位按外来人员数每人出资20元至30元,行政村负担协管员工资,再从"工人新村"的租房费中补贴一部分的办法,解决好外来流动人员管理的必需经费,争取在全市统一标准,全面推开。

2.2.5 诸暨市完善提高和推广落实店口镇外来流动人口综合管理经验[1]

提要:外来人口已经融入当地生产生活的方方面面,加强对外来人口综合管理,必须积极根据形势的发展,不断探索新的工作思路和管理方式,不断调整和改革外来人口管理体制和工作机制。诸暨市认真贯彻落实省委领导关于"店口经验"批示精神,及时组织公安、劳动、计生等有关部门认真探索解决流动人口管理中的新情况、新问题,积极完善以"管理、教育、维权、服务"为主要内容的外来人口综合管理经验。流动人口综合管理工作

---

[1] 绍兴市社会治安综合治理委员会办公室:《诸暨市完善提高和推广落实店口镇外来流动人口综合管理经验》,载《社会治安综合治理动态(8)》,内部资料,2002年印发。

又有了新的提高,"店口经验"又有了新的发展,诸暨市的做法值得各地学习借鉴。

不断完善"店口经验",提高综合管理的规范化水平

目前,店口镇外来流动人口综合管理各项工作日趋完善、规范,管理的成效与作用已越来越明显,主要有以下几个特点:一是充分体现了"党政领导、公安为主、职能综合、分级负责、协调配合"的工作方针,是新形势下社会治安综合治理工作的方针与原则在流动人口管理工作中的具体运用。二是实行公安、计生、劳动三部门有关人员合署办公,实现了"三证合一""三表合一",较好解决了外来人口多头管理、交叉管理、重复使用基层管理队伍、管理信息资源不能共享等问题,提高了管理效能。三是实行综合管理办公室统一登记稽查指导、集中实施管理与有关部门分头管理,提高了管理与控制能力;四是坚持把教育、维权寓于外来流动人口的管理之中,大大地提高了管理工作的针对性和有效性。

去年8月,省委书记对"店口经验"批示后,省公安厅、绍兴市公安局曾多次深入店口指导,在充分肯定"店口经验"的同时,提出了尚待完善解决的几个问题:一是三证合并为《流动人口服务管理证》缺乏法规依据;二是收费不规范,公安、劳动、计生三个部门管理、收费对象不同,标准不同,所有外来人员采取同一收费标准,既不符合现行法规,也不符合省物价、财政部门的规定;三是执法、执罚不规范、不合法。镇政府综合管理办公室不能作为执法执罚的主体,对违反外来人口管理法规的行为管理办公室直接处罚缺乏法律依据。根据上级公安机关的意见,诸暨市综治委、市公安局多次深入店口镇调查研究,会同店口镇政府反复论证和完善。

1.规范"证件"名称。将外来流动人口必须持有的暂住证、计生证、就业证的名称进行规范。以公安的暂住证为基本证件,充实劳动部门的务工许可证、计生的流动人口婚育证明的相关内容后,实行"三证合一"。

2. 明确管理职能,规范执法、执罚。为了体现依法行政、规范管理,我们提出了镇乡外来流动人口综合管理实行"政府领导、综治牵头、公安为主",劳动、计生等部门共同参与,三个窗口的有关人员合署办公,统一登记发证、统一稽查指导,"一站式服务"的管理模式;"统分结合实施管理,分头执法、执罚"的综合管理工作原则。这样既明确了综合管理办公室与有关职能部门的管理职责,又较好地解决了执法主体不符的问题。

3. 针对新情况,建立新的经费保障机制。从去年下半年开始,针对外来人口治安管理费已取消后管理工作又出现新问题的实际情况,再次会同店口镇政府认真研究落实管理经费的筹集办法,建立了"政府拨一点、企事业单位助一点、部门出一点、有条件的行政村筹一点"的新形势下群防群治经费保障机制,既解决了收费不规范问题,又为妥善解决外来人口管理经费创出了一条新路子。

全面推广落实"店口经验",不断强化管理工作

3月15日,市委、市政府召开了流动人口综合管理新机制推广会议。按照会议要求,全市以江总书记"三个代表"重要思想为指导,深入贯彻落实中央、省《关于加强流动人口管理工作的意见》,坚持教育、服务、维权、管理四结合原则,实施"1、2、3、4"工程。

确立一个理念,即通过教育讨论,使广大干部群众认清外来人口在发展诸暨经济、促进诸暨稳定中的重要作用和作出的贡献,建立"诸暨的稳定与发展离不开外来人口""本地人外来人都是诸暨人"的理念,形成本地人外地人和睦相处、平等竞争、共同创业的氛围。

加强两个保障,即切实加强流动人口综合管理工作的组织保障和经费保障。在组织保障上,市成立外来流动人口综合管理工作领导小组,下设日常工

作办公室和稽查队,稽查队设在公安局户政科内,办公室、稽查队负责对全市外来人口综合管理工作的指导、监督和稽查。各镇乡一是按照"党政领导、综治牵头、公安为主、职能综合、分级负责、协调配合"的方针,建立健全流动人口综合管理委员会,履行行政决策、指挥、协调职能;健全流动人口综合管理办公室,下设基础工作组、稽查指导组、维权组、教育组,负责日常管理工作。在人员配备上,原则上外来人口量大面广的镇乡、街道综合办公室为10—12人;外来人口在3 000人以上、1万人以下的为6—8人;外来人口在1 000人以上、3 000人以下的为4—6人;其他镇乡按实际需要配备。二是建立健全基层协管员组织,按照300∶1到500∶1的比例配备村、居和企事业单位流动人口协管员,负责本地区和本单位流动人口登记、办证、统计和计划生育、就业等日常管理工作,并落实职责和报备。在经费保障上,根据中发〔2001〕14号文件精神,按照镇乡、街道财政拨一点、企业筹一点、村里出一点、部门贴一点的原则,积极筹集社会资金,建立适应社会主义市场经济需求的群防群治经费保障机制,确保流动人口综合管理工作的顺利进行。

实现三项目标,即通过流动人口综合管理,实现网络全,形成横向到边,纵向到底的管理网络,做到一级抓一级,层层抓落实;做到辖区内流动人口和出租房底数清,情况明、台账齐、信息灵、反应快、效果好,做到三个提高、三个降低,即办事效率有新提高,服务水平有新提高,文明程度有新提高,降低刑事发案率、计划外生育率、劳动争议率。

加大四个力度,即:一要加大安居乐业力度,加快行政村工人新村、企业职工集中居住点建设,改善外来人口居住条件;优化信息服务,积极为外来人口提供劳动力供求信息,根据自愿原则介绍劳动力就业,尽最大努力解决外来人口就业问题;继续贯彻执行城镇户籍改革政策,帮助有条件的流动人口办理户口迁移手续,吸引流动人口把精力集中到干工作创业绩上。二要加大教育培训力度。建立流动人口党团组织,开展正常的组织生活,加大组织教育力度,并在工人新村建立教育培训中心,开展日常的法制、技术、文化、道德和安全教育,提高流动人口素质。三要加大维护权益力度。严格规范企业用工,按月足额发放工资,积极调解劳动争议,公正查处治安案件,切实保护流动人口合法权益。四要加大日常管理力度。实行流动人口集中住宿、公寓化管理,按照"限量、扩容"原则,压缩出租私房总量,落实房东责任。公安、劳动、计生等有关部门定期不定期地对流动人口和出租私房进行联合检查,对发现的违法、违规行为依法进行查处,对发生的劳资纠纷、治安纠纷及时予以调处。通过加强日常管理,实现八个突破:在分层管理上有新突破;在落脚地管理上有新突破;在日常稽查上有新突破;在执罚上有新突破;在奖惩上有新突破;在隐蔽力量建设上有新突破;在解决实名制上有新突破;在收容遣送上有新突破。

2.3 流动人口综合管理的工作总结

2.3.1 诸暨市公安局城东派出所强化暂住人口管理服务现实斗争[1]

提要: 城东派出所位于诸暨新开发区,是管辖外来人口最多的派出所之一。为了有效地抑制外来人口中的不利因素,保证辖区社会治安稳定和各项经济建设的健康发展,城东派出所花大量精力对外来人口开展调查、摸底、登记发证工作和强化日常管理,主要目的就是为现实斗争服务。在此过程中,城东派出所层层建立管理组织,不断完善管理网络,全面落实管理人员,切实加大宣传力度,有的放矢地实施管理。

---

[1] 诸暨市公安局城东派出所:《强化暂住人口管理服务现实斗争》,1994年12月1日,诸暨市公安局档案室藏,档案号 w1994-45-25-6。

我们诸暨市公安局城东派出所所辖共56个村、6个居委会、72家内部单位,常住人口17 351户、52 345人。自去年初,市委、市政府作出"关于加快经济建设步伐,利用三至五年时间,再建一个暨阳新城"的重要决策以后,城东辖区成了诸暨的"浦东"开发区。目前一条长2公里、宽50米,设施、功能齐全的"香港街"和现代化的体育馆、图书馆、儿童公园正在兴建之中,同时,经国务院批准,三十六洞防汛滞洪闸正在实施移位工程,并在浦阳江沿线正在进行较大规模的旧城拆迁、改造。由于经济的迅速发展,规模空前地开发建设,从而吸引了大批外来务工、经商人员。据1993年底统计,辖区登记在册的外来暂住人口达4 200余人,他们来自全国8个省、14个县(市),近邻城区的城郊、下方门两个村外来暂住人口总数已超过其常住人口。外来人口的大量增加,对辖区经济的发展起了积极作用,但同时也给社会治安带来不少问题,尤其是外来人员违法犯罪活动急剧增多。1993年辖区所发生的刑事案件中,外来人作案占65%以上,捕办46人中,有外来人口32人,占总捕办人数的69%,治安处罚人员中外来人口占79%。如1993年2月,我所破获的一个盗窃团伙,涉及成员多达33人,均系外地暂住人口,他们以经商为掩护,在城关镇居民群楼宿舍"白闯"盗窃作案达60多起,盗窃价位63 000余元,主犯蒋某某被依法判处极刑。为了有效地抑制外来人口中的不利因素,保证辖区社会治安稳定和各项经济建设的健康发展,近年来,我们在镇委、镇政府和市局党委的领导下,针对辖区实际,从强化管理、为现实斗争服务着手,不断摸索和深化对外来暂住人口管理的新方法、新途径。在层层建立管理组织,落实管理人员、研究制定管理制度和措施的基础上,为有的放矢地实施管理,首先注重抓好对外来暂住人口的排查工作。从1992年开始,坚持每年年初和年终两次像摸排"重点人口"一样,组织力量对辖区外来暂住人口进行认真、细致调查登记,及时掌握外来人口底数或外来人员的增、减变动情况发现违法犯罪线索,落实日常管理措施。如今年2月底至3月23日,我们又集中25天时间,全力以赴会同辖区153名户口协管员和近邻的13名居

（村）干部，分成六个小组，在派出所民警带领下，对外来暂住人口和出租私房进行全面调查、登记和发证、验证工作。先后共调查走访98栋居民群楼宿舍、2300多户居民住宅、72家内部单位。通过调查，共验审暂住证3500人，新发暂住证2760人，出租私房治安许可证596份（户），发现违法犯罪线索21条，破获刑事案件82起，350名重点外来人口捺取了指纹，并列管调整了一批重口、物建了一批耳目、特情，派出所重新绘制群楼宿舍分户平面图27份（栋）、民警工作手册中共补充调整外来暂住人口473人。对外来暂住人口基本做到底数清、情况明。在对外来暂住人口的日常管理中，我们突出重点，实行分类管理、指导。

对暂住人口中的"常住人口"，统一纳入辖区常住人口的管理范围。主要两类人员：一类是已在辖区购买商品房，或已在开发区投资建房，虽户口不在本镇，但已长期居住的外来人口；另一类是长期投靠居住在本辖区的外来人口，以及在厂矿工作有固定住所的外乡、镇人口。对这两类暂住人口中的常住人口，我们从1992年底开始，经与有关单位研究后，统一列入居住地的居委会、集体户，按常住人口管理的要求，统一建立了《常住人口表》，发放了有效期为5年的暂住证，并将他们统一输入派出所常住人口微机管理系统。在每年两次上门调查、走访时，对他们所持的暂住证进行核对、验审或办理登记、补证手续。

对租赁房屋中的外来暂住人口，从强化出租私房管理下手，严格进行管理。实践证明，出租私房是外来人口中的不法分子，进行盗窃、赌博、卖淫嫖娼等违法犯罪的重要据点之一。为加强对出租私房管理，深化外来人口的管理工作，我们于1993年7月中旬开始，利用15天时间，集中力量，在所领导的带领下，率先在下方门村进行出租私房管理试点工作，经过宣传发动、调查摸底后，对该村81户出租房核发了《许可证》，635名外来人口发了暂住证，并分别落实了管理措施，收到了明显效果。八月份市局还专门发简报，在全市推广。十月下旬以后,我们在研究总结下方门村试点工作经验的同时,集中一个月时间,抽调辖区153名户口协管员,以分片切块形式,在派出所民警带领下,像"人口普查"一样,连村逐户开展对出租私房的调查摸底和登记、发证工作,为抓深抓透这项工作,采取了三条措施:一是编印"加强城镇租赁房屋治安管理通告""房东须知"等宣传资料,进行广泛宣传发动。二是对符合治安管理条件的出租户,派出所分别与房东签订了治安责任书,同时每户均收取治安押金100元,明确规定年内房东不违反管理规定,押金如数退还,如检查发现房东对外来人口增、减情况不及时到所申报,或出租房内的外来人口违法犯罪,除没收押金外,再按《浙江省房屋租赁治安管理办法》进行处罚。三是根据部分房东的住所远离自己的出租房,对居住在出租房中的外来人口有关活动、表现情况无法掌握等实际,采取在出租房中选择一名负责人,派出所与该负责人签订治安责任书,落实管理责任。目前辖区共596户出租房都核发了治安许可证,出租房屋居住的2 760名外来人口均发了暂住证,61名外来人口担任了管理组长,他们在日常管理中发挥了较好作用,1993年以来,共为派出所提供各种线索47条,破获刑事案件73起,其中大案33起。如:今年3月20日下午,市电动工具厂暂住人口章才超来所反映:"暂住在该厂出租房中的陈某某(男,27岁)不务正业,发现有一辆来历不明的南方125摩托车,感到形迹可疑。"接报后,我们将陈传唤到所审查,经审查,该陈系本市陈蔡镇蔡义古村人,去年12月结识另外三名外地人,以进城做工为名,通过熟人在市电动工具厂租用一间小房子,今年2月份以来,他们四人合伙,先后在城关、绍兴等地盗窃作案15起,窃得摩托车1辆、高档自行车10辆,价值达12 000余元,四名案犯均依法捕办。

对开发区内建筑施工单位中的外来人口,主要采取三条管理措施:一是会同暨阳新城开发办成立了开发区治安管理委员会,由市开发办一名副主任负责,派出所、城建委、土管局各抽调一名同志任委员,在开发办挂牌开展工作,统一领导、协调各部门、各单位开展以外来暂住人口为中心的治安管理工作。同时,在开发区内61家建筑施工单位中,均落实了一名外来人口管理责任人,并分别与开发区治安管理委员会和派出所签订了治安责任书。今年初,我们经与开发区治管会研究后,在各建筑施工单位抽调一名同志,组建了一支治安联防队伍,每天抽调5名至6名联防队员,在开发区范围进行全天候值班、巡逻。截至3月20日,该联防队共调处纠纷34起、夜间巡逻中抓获违法犯罪人员9人,缴获赃物折价13余万元,受到市开发办的高度评价。二是针对建筑工地晚上留宿在暂住人口中的暂住人口不断增加,个别流窜在社会上的违法犯罪分子,把工地作为存身落脚的地方,公安机关难以控制等实际情况,我们除组织治安联防队加强夜间巡逻、守候外,派出所和开发区治管会采取定期或不定期地突击检查,对身份不明有嫌疑的人员,进行传唤审查。

1993年经16次突击检查,共审查发现违法犯罪人员6名,其中捕办2人、收审3人。三是针对建筑施工单位为少支付暂住人员治安管理费,普遍少报或瞒报本单位的外来人口数,使派出所无法全面掌握外来人口底数问题,我们采取给施工单位统一核定用工人数,按实际需要用工人数的二分之一收取治安管理费。超过核定数的用工人员,都予以免缴纳暂住人口治安管理费,但检查发现漏报、少报一名外来人口,派出所则在该单位缴纳的治安押金中扣除260元。采取这一措施后,解除了施工单位多付钱的顾虑,对外来人口的登记采用两本账的情况和漏登、漏管的现象基本得到解决。

对暂住在厂矿企业的外地临时工、合同工,坚决贯彻"谁用工、谁负责"的原则。派出所与企事业单位主要领导或治安管理责任人签订暂住人口管理责任书,各企事业单位都把暂住人口管理工作落实到保卫科或治保会,指定专人负责登记、申报、发证。用工变动较大的单位坚持每月向派出所联系、核对一次外来人口数,及时反馈情况、办理补证、退证手续。辖区规模较大的13家厂矿单位,还经常组织暂住人口学习厂规厂纪和有关法律法规,确保暂住人口这一块不出问题,有矛盾有纠纷解决在本厂,减轻了派出所压力。此外,派出所坚持每季度带"登记册"到各单位做出经济处罚。1993年3次督查,共发现13个单位有漏登、漏管现象,派出所均做出处理。

联系我所近几年来对外来暂住人口管控工作,我们有以下三点粗浅体会:

1. 确立"三个有利于"观点,正确处理好管理与服务的关系。近年来,我们在暂住人口管理工作中,始终贯彻邓小平同志"三个有利于方针,坚持方便群众,服务经济建设"这一基本原则,在实行多层次、多元化、网络化管理的基础上,对外来人员实行服务管理原则。

一是从实际出发,改进暂住证发放办法,合理收取治安管理费,减轻群众的负担。对长期居住在辖区的暂住人口中的"常住人口",我们将暂住证有效期从一年换证一次改为五年换证一次,并规定只收取2元工本费,不再收治安管理费。对有固定住所,且相对稳定的外来经商人员,暂住证首次签发时,只签发证日期,不写证件有效期,第二年派出所上门登记、核对时仍居住原址的,我们采取验证登记的办法,在该外来人员的"登记表"上注明×年×月×日已验审的字样,原暂住证继续使用,使群众减少了麻烦,但对这类人员,派出所仍按标准收取治安管理费。对部分在建筑工地或在私营企业中做工,且可变性较大的外来人口,我们采取只做暂住人口登记,登记时暂住人口须上缴本人的身份证复印件,除此不再签发暂住证,平时检查,派出所根据"花名册"和身份证复印件为依据,进行逐人核对。对这类外来人员,基本上按每人每年12元标准收取治安管理费。由于我们在暂住人口登记、发证中,坚持从实际出发,创新、务实、简化工作程序,减轻群众负担,从而得到群众的支持和理解,促进了登记、发证工作,1993年暂住人口登记发证率达到94%。出租私房发证率达到100%。

二是对居住在居民家中或出租私房、单位集体宿舍中的外来人员,坚持上门登记、做证、验证,对因工作忙、抽不出时间去拍照的人员,我们携带器材上门为群众拍照,1993年共上门拍照564人(张)。同时,结合上门登记、做证,还主动向外来人员解释有关暂住人口管理的制度和规定,发送有关宣传资料,增强他们的管理意识。

三是对外来人口中发生的纠纷或案件,积极予以调解,及时查处。1991年底以来,共调处涉及外来人口的各类纠纷47起,助破盗窃案件34起、其中大案13起,价值5万余元,协助有关部门共遣送盲流人员182名,从而赢得暂住人口的信任。

2. 加强暂住人口管理,重在抓好管理中的基础工作,建立一支能干善管的管理队伍。随着改革的力度加大,城镇建设步伐加快,经济迅速发展,外来人口逐年增加,辖区社会治安形势必将愈来愈严峻,作为一个担负着保卫和服务于经济建设的公安派出所,必须顺应新形势,采取积极而有效的措施,强化对外来人口的管理,不能用消极的办法,采取赶、卡的办法将外来人员拒之门外。近几年来,我们围绕强化管理,首先注重做好管理中的有关基础工作。

第一,层层建立落实管理组织,形成管理网络。派出所成立了暂住人口和出租私房管理办公室,由一名干警专职负责,并长期聘请三名专职管理人员,在派出所挂牌开展工作。今年初,派出所勤务制度改革后,这一管理办公室归口治安一队领导。近邻市郊的4个行政村、城区5个居委会、98幢群楼宿舍、72个企事业单位学校均成立了暂住人口管理小组,"香港街"开发区成立了以外来人口管理为重点的治安管理委员会,辖区共落实协管员153人,并在外来人口中落实管理组长61人。为充分发挥他们的作用,九二年十一月和九三年五月先后分两次组织辖区暂住人口协管员进行业务考试,结合暂住人口全面排查,对基层协管员进行了考核通报,共更换14人,新充实16人。第二,制定暂住人口和私房出租登记、发证、查验、汇报、档案等管理制度,采取管理层的岗位责任制,做到工作有目标、奖罚有依据。第三,加大宣传,提升各方对暂住人口管理的意识。针对群众对暂住人口和出租私房管理工作缺乏理解、支持,管理工作难以深化这一实际,注重抓好宣传发动工作。去年以来,派出所共印发近万份

《浙江省暂住人口登记管理办法》和《浙江省出租私房治安管理暂行办法》，同时自编广播稿，在辖区张贴通知，对全社会进行广泛宣传。还有镇政府牵头，三次召开村长、厂长、经理、治保主任、保卫科长会议，专题研究、布置暂住人口管理工作，并在全镇召开的各种会议上，镇领导都反复强调。今年初，我们又印发2 000多份《绍兴市建筑工地和出租房屋治安管理暂行办法》，始终把暂住人口管理工作放在主要议事日程上，积极采取措施，努力形成齐抓共管的局面。

3. 外来暂住人口管理要始终立足为现实斗争服务。公安机关花大量精力，对外来人口开展调查、摸底、登记发证和强化日常管理，主要目的就是为现实斗争服务。几年来，围绕这一目的，在管理上采取了一些措施：一是严格查验外来人口的居民身份证，掌握他们的身份和现实表现情况，该列重口的及时予以列管，并根据局提出的要求，分别捺取指纹，建立档案。目前在辖区外来人口中共列管重口33人，在对外来人口的调查登记工作中，对部分没有携带身份证的外来人口，我们规定凡有随同人员证明其身份情况的，则限期提交身份证件，但必须捺取换纹。对既无身份证件，又无随同人员担保作证的外来人口，以及调查中发现现实表现较差、有违法犯罪嫌疑的人员，除提取指纹外，采取内查外调的方法，一方面限期提交身份证件，在同业人员中了解其现实表现情况，另一方面及时向户口所在地公安机关发函调查，进行跟踪掌握。1993年共发函调查278人（份），收到回函185人（份）。通过调查发现有前科的外来人口9人，其中经商2人、建筑工地做工7人，均列入重口管理。二是在外来人口中物建隐蔽力量。我所自1992年以来，先后在外来暂住人口中物建特情、耳目26名，其中出租房中3名、建筑工地6名、厂矿企业中5名、公共复杂场所5名、特殊行业中7名。1993年这支队伍提供各类犯罪线索41条，破获各类刑事案件27起，缴获赃款赃物12余万元，如去年2月，我所破获以蒋某某为首、涉及成员63人的盗窃团伙，就是通过外来人口中的一名特情提供的重要线索破获的。

2.3.2　大唐派出所九四年暂住人口管理工作总结[1]

提要：近几年来到大唐经商办企业、帮工打工的外来人员大量增加。外来人口的大量增加，致使大唐派出所辖区刑事案件大幅度上升，尤其重大暴力型犯罪突出。为此，大唐派出所从四方面加强暂住人口管理工作：一是认清形势，把抓好暂住人口管理工作放到重要议事日程；二是依靠群众，形成了上下齐抓共管的暂住人口治安管理新局面；三是依法保护暂住人口的合法权益；四是搞好档案建设，使暂住人口管理为现实斗争服务。

1994年，我们大唐派出所的暂住人口管理工作，在上级领导的重视和上级业务部门的指导下取得了新的成绩，外来人口的暂住登记、做证、发证率提高，情况信息的反馈、外来重口列管以及档案建设都有了新的加强。目前，管理工作已深入到全镇的每一个村，每一个企业，在全镇范围内初步形成了暂住人口治安管理网络。现将我所九四年的暂住人口管理工作做如下总结：

一、认清形势，把抓好暂住人口管理工作放到重要议事日程

近几年来大唐经商办企业，帮工、打工的外来人员大量增加，外来暂住人口既是大唐经济建设的一支生力军，但同时也给社会的治安管理带来了副作用。外来人口的大量增加，致使我所辖区刑事案件大幅度上升，重大暴力型犯罪突出，因劳务纠纷矛盾激化，引起铤而走险案件增多。据不完全统计1991年我所辖区暂住人口，外来人口的发案率仅占全年发案率数的20%，1992年暂住人口为3 000多人，发案数增加一倍，达到40%。1993年暂住人口达到6 000多人，发案数上升到60%以上，而九四年我镇现有暂住人口为10 594人，发案数已猛

1　节选自诸暨市公安局大唐派出所：《九四年暂住人口管理工作总结》，1994年12月8日，诸暨市公安局大唐派出所档案室藏。

增到76.5%，今年我所辖区共收审、刑拘各类人犯81名，其中外来流动、暂住人口就占62名，犯罪性质以抢劫、强奸、重大盗窃、重大伤害案件居多。江苏省金湖县张某某，前两年曾在何村一个体企业家中打工，对该家的情况十分熟悉，但一直没有下手的机会，去年回家过春节，经与同伙纪某某等四人密谋，身带凶器，专门从江苏窜来大唐，意欲对何村的原雇主家动手，后因该家防范工作比以前有了加强，未能得逞。在路过钟娄桥时发现一对正恋爱的青年男女，当即实施了抢劫，后被抓获。今年五月我们侦破了1992年9月16日深夜发生在钟娄桥头的钟某某铃木王摩托车和现金被抢的重大案件，王某虎、王某峰二名案犯系安徽省芜湖县人，前几年均在大唐镇箭路村打工，熟悉周围环境，他们以打工为掩护，流窜到此，伺机作案。严酷的治安现实，使我们清醒地认识到，抓大唐的社会治安，首先必须从抓暂住人口管理着手，只有抓好暂住人口的管理方，才有可能遏制刑事案件的上升势头，才能维护大唐社会治安的稳定，否则，公安工作要围绕以保卫经济建设为中心，保卫群众生命财产安全，就将是一句空话。据悉，今年初，我所在全年工作思路中，就把抓暂住人口管理放到了重要议事日程，明确提出暂住人口管理工作要成为1994年我所工作中的"拳头产品"。为了抓好这项工作，所里专门成立了由所长分管，指导员主管，民警、联防队员参加的暂住人口管理班子，使这项工作做到日常管理经常抓，旺季时节突击抓，碰到难题重点抓，真正把这项工作贯穿于全年工作的始终。

二、依靠群众，形成了上下齐抓共管的暂住人口治安管理新局面

我镇由于外来暂住人口多，管理工作面广量大，涉及村内户口和单位企业，加上经商打工的工作不固定，要做到人来登记、人走注销，难度很大，因此，要做好这项工作，仅靠我所的力量是远远不够的。为此我所广泛地发动社会的力量，紧紧依靠基层组织，做到主管部门为主抓，基层组织协助抓，上下一致齐抓共管，收到了良好的效果。我们的主要做法是：

1. 加强宣传发动，造成强大的暂住人口管理工作声势

暂住人口管理是近几年来的一个新课题，暂住人口管理工作难，难点主要是在农村。前几年由于我们对抓暂住人口管理工作重视不够，准备不足，一些外来暂住人员对接受正常的管理不理解，当地村干部及群众对这项工作也不很支持，给登记做证造成很大难度，工作十分被动，究其原因，主要是由于宣传发动工作不够，因此今年我们重点先抓宣传发动，所里专门发了《加强暂住人口管理，维护我镇治安稳定》的通知，由镇政府用文件形式加按语下发到各村及有关重点企业单位，为了使暂住人口管理能够做到经常化、规范化，我们认为首先应该取得所在村、企业的支持和配合，为此，经所里研究决定，把各村的书记或村长、村会计，以及有关企业的负责人、保安人员聘用为暂住人口协管员，来共同参与管理工作。

协管员建立后，首要的问题是统一思想，形成共识，我们在镇政府的重视下，将全镇106名协管员分三期进行业务培训。培训会上由所领导结合实际案例，向协管员通报，近年来我镇由于外来暂住人口大量涌入，导致我镇刑事案件大幅度上升，暴力型犯罪突出和因劳务纠纷激化引起铤而走险案件增多的治安现状。以此来提高他们对加强暂住人口管理工作的重要性和必要性的认识，使他们看到大唐经济要发展，暂住人口管理一定要抓好，使他们认识到自己既是一名暂住人口的协管员，但也是加强社会治安的宣传员。这次会议既是一次业务培训会，同时又是一次搞好暂住人口管理的宣传动员会。此外我们还编写了暂住人口管理宣传广播稿，利用广播黑板报在全镇范围内开展宣传，这些都为我们搞好暂住人口管理打下坚实的基础。

2. 依靠协管员，做好暂住人口的登记、发证等管理工作

我镇的暂住人口，有相当一部分分布在全镇43个行政村的3 000多家企业中，要做好登记、发证等管理工作，不但工作面广、量大，而且既费时又费力。为了解决这一矛盾，我们把这项工作划分为农村、集镇二大块，把农村的登记发证任务直接交由村协管员负责，派出所主要负责业务上的指导和帮助解决。一些

疑难问题,镇上企业、建筑工地单位、公路沿线的公共复杂场所和特别行业中的暂住人口,由专管员负责。对农村块,我们在培训会期间在统一认识的基础上,直接向协管员布置任务,同时明确工作目的及要求,任务明确后,调动了协管员的工作积极性,他们不分白天晚上走村串户上门,一边宣传解释,一边检查暂住人员的身份证,进行登记发证,向雇主了解暂住人口的现实表现情况。然后,统一上报到派出所颁发暂住证,把现实表现不好的对象列为重点,由协管员加以控制。在这项工作中,大多数协管员他们工作认真负责,方法灵活多样,在很短的时间内就把农村块的暂住人口发证完毕,使工作进度大大加快,办案效率也大有提高,对在工作中表现突出的7个村的15名协管员,所里专门召开了表彰会,在会上予以表扬,并发给一定的奖品,同时也给协管员落实了一定的报酬。

建筑工地是暂住人口的主要聚集地,据统计我镇现有建筑工地30多处。打工者绝大多数是来自安徽、江西的男性民工,以前建筑工地上失窃、打架斗殴事故不断。为了搞好建筑工地暂住人口管理,今年初,我所专门召集城建办及建筑工地负责人会议,层层落实责任。规定凡来大唐承包建筑工地,城建在审批前,工地负责人应该先向派出所上报做工名单,然后才能审批开工,同时把工地负责人立为暂住人口协管员,一旦人员变动,随时向派出所办理登记,注销手续,发现违法人员及时汇报。此外,对市场经商和一些个体企业的雇工中的暂住人口,我们还通过工商部门予以把关,规定企业经营户在审批、审验营业执照时,应先上报暂住人口名单,并登记做证,然后才能申领、申验营业执照。对一些其他的外来暂住人口,我们由专管员直接上门办理,从多层次多方位把住了外来人口的流入渠道。

三、依法保护暂住人口的合法权益

来大唐经商、打工的暂住人口,是大唐经济建设中的一支生力军,他们与大唐人一样工作、一样生活,也应与常住人口一样享有权利,但由于一定的社会原因,他们在生产经营活动中时常会受到当地一些不法分子的滋扰侵害,个别素质低下的个体老板还对他们挖空心思地克扣工资,甚至进行诬陷、刁难、殴打、虐待。对一般的劳务纠纷,村单位企业的协管员解决;对明显构成违法的,相关部门做到发现一起,查处一起。近年来我所已受理查处因劳务纠纷引发的治安案件 170 多起,对侵犯外地打工者合法权益的违法者予以从严惩处。如来自浦江的张某某,在向上香头村朱某某讨要其女儿的工资时被朱打伤。案发后,我所迅速做了查处,除赔偿医药费用外,对朱某某作了治安处罚,张对此深受感动,称我所是外来民工的保护神。只有这样外来人员的人格才会受到尊重,他们才会感到心情舒畅,安居乐业,违法犯罪就会大大减少。

随着我镇经济建设的迅速发展,前来大唐经商务工的外来人口日益增多。他们中绝大多数是为打工赚钱而来,但其中也隐藏着一批违法犯罪人员,有的本身就是流窜犯,他们以某种职业作掩护,流窜到此,伺机作案,严重危害我镇的社会治安。今年以来,我所共破获暂住达三个月以上的外来人员作案的刑事案件 25 起,摧毁外地流入的犯罪团伙 9 个,抓获团伙成员 52 名,其中暂住三个月以上的共收审、捕办 18 人,湖北省蕲春县占某某以打工为掩护,二次盗窃雇主家中的现金,还趁人不备,多次盗窃私人物品,价值达 2 000 余元。江苏金湖区张某某,利用夜间女工上班时单身一人,对女工实施强奸,占、张二人均已被捕办。今年我所共查处外来人口中违法案件 56 起,治安处罚 82 人次。对外来暂住人口中的违法犯罪活动,做到发现就查、露头就打。此外,我所在集镇、公路沿线等外来人口比较密集的地区,进行夜间巡逻,还定期或不定期地对暂住人口实施治安清查,发现可疑,及时带所审查,有力地遏制了外来人口中的违法犯罪活动上升的势头。

四、搞好档案建设,使暂住人口管理为现实斗争服务

积累暂住人口资料,建立暂住人口档案,是管理工作的重要一环,在登记发证工作后,我们十分注重暂住人口档案建设。我们在整理协管员填写的登记表的同时,对男性的暂住人口基本上填发了暂住人口调查表,填发调查表 672 份,发往常住地公安派出所,以了解掌握暂住人口在当地有无犯罪前科及在当地表现情况。同时对每个暂住人口填写一份与常住人口管理常表相同的登记表,分门别类,按村、按单位、企业、工地建立登记册,再按姓氏笔画排列建立索引,便于需要时查阅。到目前我所已登记,制发暂住证10 594人,每人都建有个人档案。

五、存在问题与明年工作打算

今年我所的暂住人口管理工作比以往显然有所加强,但也确实存在着一些问题:一是外来重口列管面过窄,二是获取的情报信息质量不高,三是管理措施还不够配套完善,与管理工作经常化、规范化的要求相比还有一定距离。明年我们将在今年工作基础上,以镇政府名义聘用了三名工作人员,新设大唐劳务介绍所,专门负责劳务登记,介绍和一般劳务纠纷的调处,需要用工的先到介绍所申请登记,外来打工的经登记领取暂住证后介绍到用工单位,同时推广雇工、用工合同,为雇佣双方明确各自的权利义务,避免和减少劳务纠纷的发生,维护我镇社会治安的稳定。

大唐派出所
1994年12月8日

2.3.3 诸暨市枫桥镇加强外来人员管理 为促进本地经济服务[1]

对外来人员,枫桥人不歧视、不排斥,既严格管理,又保护他们的合法权益。派出所加强日常性登记、发证管理,做到来一个发证一个。有外来务工人员的村和企业都建立暂住人口管理队伍,加强对外来人员的教育,尽力帮助解决实际困难,实行情感式管理。逢年过节,外地人回家,用车接送,使来枫桥打工的

---

[1] 节选自浙江省公安厅、中共绍兴市委、诸暨市委联合调查组:《预防化解矛盾 维护农村稳定——"枫桥经验"新发展》,载政协诸暨市文史资料委员会、诸暨市公安局:《枫桥经验实录》,中共党史出版社2000年版,第56页。

外地人没有距离感。一些企业对外来人员实行集中住宿,不仅让他们学技术,而且要他们学文化、学法律,自觉遵纪守法。在枫桥务工经商的2 500余名外来人员中,3年来违法犯罪受处罚的只有7人。

2.3.4 诸暨市服务外来建设者十项举措(试行)[1]

一、暂住一年以上,有固定住处的外来建设者可按照个人意愿在暂住地享有选举权和被选举权;

二、有合法固定住处的外来建设者及其直系亲属可在居住地居委会落户,免收户口迁移中的任何费用;

三、成立外来建设者权益保护委员会,确保外来建设者在就业经商、购房落户、子女入学、车辆上牌、领取驾照等方面享有和市民平等的权利,维护外来建设者的合法权益;

四、开通外来建设者维权服务热线(店口镇:7655652),凡遇有危难情况、需要求助或咨询有关问题时,可以随时拨打热线电话,依法给予协调解决;

五、及时查处欺诈外来建设者、随意克扣外来建设者工资等非法侵权行为,打击处理侵犯外来建设者合法权利的违法犯罪活动;

六、免费提供用工信息、工资指导价、法律法规咨询和劳动合同文本,及时处置外来建设者与企事业单位发生的劳资纠纷,及时查处因劳务纠纷引起的治安、刑事案件;

七、把外来建设者子女入学入托纳入教育发展计划,按"就近入学"原则提供借读服务,对经济确实困难的外来建设者子女酌情减免借读费用,确保外来建设者享受平等的教育权利;

---

[1] 诸暨市流动人口综合管理办公室:《诸暨市服务外来建设者十项举措》,内部资料,2003年8月13日印发。

八、免费提供生殖保健资料、避孕药具和环情孕情检测,确保外来育龄妇女享有和本地妇女同等的计生服务权利;

九、优化服务态度,提高办事效率,暂住证办理实行提前预约,上门服务,符合条件的当场发证;

十、积极鼓励外来建设者见义勇为,弘扬正气,维护社会治安,对见义勇为和在维护社会治安中有贡献的外来建设者给予精神奖励和物质奖励。

诸暨市流动人口综合管理办公室
2003 年 8 月 13 日

2.4　流动人口综合管理的典型案例

2.4.1　"轻纺王国"——大唐镇治安管理初探[1]

提要:随着大唐镇轻纺经济的迅猛发展和集镇的初具规模,社会矛盾和社会治安问题随之增多。大唐镇积极探索新兴工贸集镇治安管理的新路子,他们以集镇为中心,以专业市场和公路沿线为重点,以外来人口管理为基础,建立动态管理目标,形成以动制动、以静制静的治安格局。其中重点建立了四项机制,具体为:改革派出所勤务机制,提高整体战斗力;完善市场治安管理机制,强化集镇治安管理;建立人口管理机制,加强动态环境下的基础工作;增强社会防范机制,提高预防和控制能力。这一探索较好地化解了在改革开放背景下新兴工贸集镇由于外来人口涌入所产生的社会衍生问题,是基层乡镇和派出所顺应时代潮流和改革发展趋势所探索的治安管理措施。

1　《"轻纺王国"——大唐镇治安管理初探》,1995 年,大唐镇档案室藏。

大唐镇的崛起和挑战

大唐镇是一个新兴的工贸集镇。现有常住人口3.24万,集镇区域面积5平方公里。大唐镇建立了以路建镇、以贸兴镇、以贸促工、以工扶农的发展战略,顺应改革开放的潮流,在短短的5年时间里,异军突起,迅猛发展,年工业产值由建镇时的5 000万元,达到1993年的5.5亿元,增长10倍。商业兴旺,全省闻名的大唐轻纺市场,年销售额达10.7亿元。以此为龙头,带动了粮食市场、农贸市场、水果批发市场、机械配件交易市场、藤桌椅交易市场、烟草市场以及房地产市场、运输市场的兴建和发展,形成了比较完整的、相互促进的市场群体。集镇建设发展迅速,高楼林立,街道宽敞,公共设施基本配套。集镇基建竣工面积达7.1万平方米,正在兴建的8万平方米。

大唐镇的发展繁荣,牵动了一系列社会变革,公安工作面临新的挑战。

一是区域经济中心由原来的相对分散到现在的相对集中,由小中心变为大中心。大唐镇周围,建镇前已形成小块经济中心。现在逐步向大唐集中,并正在扩大。因此,原来公安派出所由干警分片管理、单兵作战的静态管理模式已不适应,勤务制度、工作重点有待调整和转移。

二是市场由小变大、由单个向市场群发展。市场群的形成和发育,促进了第三产业的发展,巩固了块状经济,繁荣了集镇。商业、服务行业星罗棋布,以轻纺和弹簧为主体的块状经济实力更雄厚,这是大唐经济发展和市场培育的支柱。因此,治安工作如何以集镇为重点、市场为核心,向农村辐射,需要研究出一套立体型的治安管理措施。

三是人口流动由出变进,外来人员大量增加。过去,大唐人多是外出打工,外地人务工甚少。现在,大唐以独有的经济发展模式,吸引了众多的外来投资和经商务工人员。全镇有外来暂住人口2.2万人,其中镇上暂住人口3 800人,流动人口每天达 4 万左右。与安徽、河北、辽宁等省市的 20 多个地区有长期稳定的商贸往来,每天有大批的商品发往这些地区,仅轻纺市场就有铁路、公路托运处 23 家。外来人口的增多,要求人口管理的重点和措施,随着形势的发展而调整。

四是企业由单一的管理模式向多种管理模式发展。大唐镇现有 25 家镇属企业。其中有合资企业、联合企业、工贸合营企业,企业内部也有自营、合营、租营、承包经营等多种经营方式。经营机制转换后,公安机关要努力适应建立现代企业制度的要求,创出新形势下企业保卫工作的新路子。

大唐镇的经济结构模式、发展速度、市场机制在城镇中具有一定的代表性。基层公安工作的出发点和立足点、工作措施的着力点,急需改革。

大唐镇治安状况和发展趋势

大唐镇经济的发展,市场的培育和兴旺,农民生活水平的提高和生活方式的变化,企业经营机制、分配制度、所有制的改革,交通的日益发达等,都牵动了各自相关的社会关系的变革,这样的变革是社会进步所需,但从中也不可避免地会产生一些新的社会矛盾,社会治安出现了不少新情况、新问题。

(1) 盗窃大案比例增大。1991 年至 1993 年,大唐镇共发生刑事案件 276 起,重大案件 102 起,其中盗窃案件就有 259 起,重大盗窃案件 78 起,分别占 93.8% 和 76.5%,高于全市的平均水平。

(2) 镇上已成为刑事犯罪的高发区。大唐镇共有 43 个村,其中集镇所在地有 7 个村。1991 年至 1993 年,镇上发生的刑事案件占全部刑事案件的 52%,其中重大案件占 81%,治安案件占 54%。3 年中,大唐派出所受理群众报警 199 起,发生在镇上的有 96 起,占 48.2%。农村流氓恶势力也严重危害集镇治安,一个 10 多人的流氓团伙,常在集镇殴打无辜、欺行霸市,扰乱治安。

(3) 车匪路霸案件呈上升势头。萧金线大唐镇地段共 13 公里,1991 年至

1993年,公路上共发生刑事案件41起,占全部刑事案件近20%,重大案件16起,占30%。1991年以来,发生在公路上的报警案件年均上升21.5%,其中抢劫案件上升幅度最猛,1993年比1992年上升53%。

(4)流窜犯罪突出。人财物的大流动是大唐镇兴旺的重要因素之一。但外来人员中夹杂着违法犯罪分子,流窜犯罪日益突出。捕办的案犯中,外来人员占案犯总数50%左右。

(5)市场周边治安问题多于市场内部,大唐镇的各个专业市场,都有一套专门的组织机构和管理人员进行管理,摊主之间互相照应,治安问题相对较少,但市场的周边地区治安控制能力则相对比较薄弱,治安问题较多。

集镇治安管理初探

随着大唐镇经济的迅猛发展和集镇的初具规模,公安工作也随之得到加强,派出所配警16人。他们以集镇为中心,专业市场、公路沿线为重点,外来人口管理为基础,动态管理目标,形成以动制动,以静制静的治安格局。具体完善以下四项机制。

(1)改革派出所勤务机制,提高整体战斗力。大唐派出所将现有16名干警组建成刑侦队、巡警队和治安队,各队实行队长负责制,派出所的警务分解到队,责任到人,在队长带领下全天候开展工作,成为战斗实体。坚持"严打"方针,重在完善打击机制,旨在增强打击力度。建立、健全群众报警网点,及时受理群众报警,快速反应;强化侦查破案措施,把握打击的重点,充分运用法律武器,及时有效地打击严重刑事犯罪。这样的勤务制度比较适用于较大规模的农村集镇派出所。

(2)完善市场治安管理机制,强化集镇治安管理。市场是集镇人财物的集散地。市场治安管理,不能仅局限于市场内部,而应扩展到集镇的公共场所、特种行业、交通运输业及市场周边地区,供市场培育和发展的生产基地、有内在联系的市场群落等相关方面的治安管理;管理力量上,较大的集镇应组建集镇治安管理队伍,白天在街上依法执勤,夜间进行治安巡逻,维护治安秩序;在工作原则和方法上,必须坚持"谁主管,谁负责"的原则,立足于群防群治;有内在联系的市场群,可以统一组建经济民警队或保安队,分设于各个市场,由派出所统一指导,实行联防;公安派出所要积极协助打假治劣工作,努力消除可能引发治安问题的因素;密切与工商、城建等有关部门的协作配合,推进集镇治安的综合治理。

(3)建立人口管理机制,加强动态环境下的基础工作。建立人口管理机制,在指导思想上实现大转变,把着力点放在为现实斗争服务上,确立严格管理,强化服务,系统控制的思路。在管理重点上,由原来的常住人口为主,转移到外来人口和有违法劣迹的人员。在管理方法上,依靠社会力量,坚持"谁主管,谁负责"原则,把握登记、发证、调查、重点控制等各个环节,加强对暂住人口的管理;运用公秘手段,严密阵地控制,加强对流动人口的管理,架起查控流窜犯的网络;运用行政和法律手段,加强对出租私房的管理。

(4)增强社会防范机制,提高预防和控制能力。建立派出所民警为主体,基层干部和群众参加的巡逻体制,完善专业防范体系;严密对特业、公共复杂场所的治安管理,严格枪支弹药、爆炸物品、剧毒物品的管理,完善治安管理体系;建立现代企业制度的内部保卫工作新路子,大力发展保安服务业,充实治安保卫队伍,健全防范制度,加强对工业小区的安全保卫,完善内部单位的防范体系;完善居民住宅区和楼群的防范体系;本着抓小、抓早的原则,正确处理人民内部矛盾,及时处理治安纠纷,力争把不安定因素消除在萌芽状态,完善基层一线防范体系;查禁赌博、卖淫嫖娼和淫秽物品,净化社会环境。

2.4.2 枫桥镇"海魄"公司人品产品双重奏[1]

提要:1998年,海魄公司率先将以人为本理念融入企业流动人口管理,以教育培训保障外来职工的发展权利,这种理念和做法在当时具有的前瞻性和先进性。海魄公司的成功实践证明,对外来职工的柔性管理方式不仅有助于外来职工素质的全面提升,帮助职工更好地适应企业工作环境,还能够间接地促进企业的生产发展,提升企业整体工作效率。这是"枫桥经验"在企业的生动实践,既体现了以人为本的思想,也有利于从源头防范不稳定因素。

在枫桥镇众多的衬衫生产厂家中,有一家名为海魄服饰有限公司的企业特别引人注目。该企业始创于1994年3月,经过短短几年时间,企业从小到大,得到了快速发展,公司由创办初期的30多名职工,一条生产线,年产值仅30多万元,迅速发展到目前拥有700多名职工,8条生产流水线,日产衬衫8 000件,年产值达5 000多万元,形成了一年翻一番的发展势头,成为枫桥镇衬衫行业的佼佼者。企业的拳头产品——"海魄"牌衬衫已成为中国公认名牌,企业并被确定为浙江省服装行业重点企业,列入中国服装行业百强序列。

探究海魄公司在短短几年间迅速崛起的奥秘,我们发现这与他们坚持以人为本、加强职工的基本素质教育、依靠职工办企业的做法有着直接关系。

海魄公司起步较晚,招收的职工大多数以不懂生产技术的本地人和外地人为主,绝大多数职工文化素质在初中以下,员工来源不一、思想不一、技术不一,整体素质相对偏低,企业的产品难以上档次,许多规章制度难以得到有效落实。

---

1 《"海魄"公司人品产品双重奏》,载政协诸暨市文史资料委员会、诸暨市公安局编:《枫桥经验实录》,中共党史出版社2000年版,第202页。

同时,相当一部分外地职工吃住在企业内部,下班后又无事可做,游游荡荡,赌博、纠纷相对较多,给企业的发展和形象的树立带来了诸多消极影响。如何走出一条有海魄特色的发展道路,公司董事长陈茂水联系企业的实际,认为企业要在激烈的市场竞争中立于不败之地,关键在于两点:一是要有自己的人才优势,市场竞争说到底就是人才的竞争,海魄要发展,必须拥有自己的人才,这种人才不仅要具备良好的生产技能,而且要具备良好的思想品德,除了引进外,关键还是要靠自己培养;二是要有一个良好的内外部生产环境,枫桥有着"枫桥经验"的良好传统,应该说外部环境不错,关键在于企业内部要有一个安定团结的生产环境。这就要靠对职工的教育引导,使其能够遵纪守法,和睦相处,具备良好的素质。海魄的领导层把这二点归纳为"人品"二字,提出企业要发展,关键是要有好的人品,海魄的职工不仅要对企业有用,而且要对社会有用,使企业不仅能创造物质财富,同时还能创造精神财富。因此,公司领导层响亮地提出"要有好的产品首先要有好的人品,只有好的人品才能出好的产品,要把企业办成学校,既出好的产品又出好的人品"的口号,走上了一条抓教育塑人品促发展的路子。

好的人品,首先是要有正确的思想观念和良好的精神状态,海魄公司十分注重加强对职工的思想教育,经常对职工进行人生观、价值观、集体观教育。同时,建立了企业党支部、工会、团支部、妇代会等机构,以它们为主,组织开展一系列有益活动,加强对职工的教育和引导,及时发现和疏导化解各种矛盾。企业投资5万余元,在厂内办起了图书室、活动室,建起了墙报、黑板报,引导职工自觉学习科学文化知识,还办起了《海魄报》,发动职工踊跃投稿。1996年底,企业发起了"读好书、干好事、做好人"活动,在职工中掀起了学思想、学文化、学技术的热潮。平时,还经常举行党日、团日活动,组织职工观看电影,在重大节日举办文艺晚会、举行歌咏比赛等,使全体职工在浓厚的文化中受到教育和提高。

职工文化素质的提高始终是海魄公司教育的一个重要内容,他们在加强对职工技术培训的同时,针对大多数职工仅初中就业,文化底子薄的实际,定期对职工进行文化知识补课。1998年9月又报请诸暨市教委同意,创办海魄职业学校,并首批招收52名初中文化程度以下的职工参加,组织他们学习高中的文化课以及服装专业加工技术。同时,还把职业学校办成海魄公司的人才培训基地,规定凡是企业职工,必须经职业学校短期培训合格后才能上岗。

外来职工是一个特殊的群体,外来职工如果管理到位了,不仅对企业的生产、发展有利,而且对整个枫桥的社会治安有益。海魄公司领导有着强烈的社会责任感,他们认为对外地职工不仅要管8小时内,而且更要管到8小时外。他们在管理中有着自己独特的一套做法,首先是从凝聚人心入手,加强了对外地职工的情感教育。企业领导经常下车间、到宿舍,问寒问暖,帮助解决一些实际困难。外地职工初到企业做工,公司为他们解决住宿吃饭,并提供棉被等生活必需品,职工生病了,不管是谁,公司领导都会去探望,并落实专人照顾。今年入夏以来,我国长江流域遭受了特大洪水,企业有好多外地职工来自灾区,情绪一度出现波动,公司领导发现后,马上做针对性思想工作,并及时发动全体职工捐款支援灾区,短时间内共捐得现金1万多元,企业又同时捐赠价值30多万元的物资,给灾区人民送去了温暖,同时又使职工情绪有所平稳。正是通过这种情感式的教育,使全体外地职工都感受到了企业的温暖,从而凝聚了人心,激发了他们以厂为家,乐于为企业作奉献的工作积极性。

在此基础上,企业因地制宜,开展了一系列对外地职工的法制思想道德教育活动。组织他们参加各种学习、文娱活动和技术培训,丰富其精神生活,提高其文化水平。企业与枫桥镇团委合作,先后举办了6期外乡务工青年培训班,邀请市团委、镇团委、派出所、计生办及本企业领导就法制、青年人生观、价值观的树立、计划生育等内容分专题给外地职工上课,增强了他们的法制意识和思想道德素质。这种培训班除本企业外地职工参加外,还吸引了枫桥镇上其他企业的许多外地职工参加,产生了良好的社会效益。对外地职工中的先进青年,注重教育培养和提拔任用,企业有一名江西籍外来职工,平时工作认真负责且好学上进,在企业的重点培养下,很快由一名对服装行业一窍不通的"门外汉"变成了一名通晓衬衫制作全过程、技艺精通的备车师傅,不久前被任命为车间主任,在外来职工中引起了很大反响。

刑满释放人员的帮教转化工作是企业回报社会的一项重要举措,海魄的领导人始终坚信"浪子回头金不换",只要方法得当,顽石也会变黄金。枫桥当地有两名青年,曾因盗窃被判刑释放后找了许多企业都被拒绝,今年上半年找到海魄公司后,企业毫不犹豫地接纳了他们。为防止两人"旧病复发",陈茂水亲自进行帮教,在做好经常性思想教育和严格管理的基础上,根据他们的特长和能力,量才使用,合理安排工作岗位。其中一名青年因工作细致,文化基础好,在厂里担任了统计员,并在职业学校担任了教员。公司的关心和教育,很快使这两名失足青年消除了自卑心理,激发了工作热情,成为企业的生产骨干,避免了重新违法犯罪。

正是由于这几年来坚持以人为本,教育兴厂的路子,使海魄公司不仅成为物质财富的生产地,而且也成为枫桥镇精神文明建设的一个窗口。企业职工的基本文化素质有了较大的提高,企业内部讲学习、求知识氛围浓厚,职工之间关系融洽,生产秩序井然,生产、安全、卫生等一系列制度得到了有效落实,企业的凝聚力、向心力大大提高,以厂为家、厂兴我荣已成为全体职工的自觉行动。职工自发地组织了义务巡逻队,不计报酬,定期在厂区和生活区巡逻,成立了青年突击队,每逢刮风下雨,主动帮企业抢运堆放在露天的物资。企业职工还组织起来,走出厂门,主动参加社会公益活动。海魄公司独特的学校式教育方式,已转化为企业一笔无形资产,成为企业发展壮大的强大动力。

2.4.3 诸暨市店口镇积极探索流动人口综合管理新模式[1]

提要: 新华社于2001年就浙江省诸暨市店口镇积极探索流动人口综合管理新模式进行报道。报道指出,店口镇针对流动人口带来的社会治安、计划生育、市容卫生、城市管理等问题,开创了以"教育、服务、维权、管理"为主要内容的新模式。在实际管理中具体体现为秉持"用人先育人"的理念提高外来人员素质、新推出"流动人员服务管理证"、建立"执法稽查队""工人新村"等。店口镇的流动人口综合管理新模式成效显著,不仅把外来流动人口转变为城镇经济发展的生力军、社会稳定的重要力量,更为全国各地创造性管理流动人口提供生动范本和良好遵循。

为使外来流动人口成为城镇经济发展的生力军、社会稳定的重要力量,浙江省诸暨市店口镇走出一条卓有成效的新路子。

店口镇是诸暨乃至浙江的经济强镇,拥有105.7平方公里土地,人口7.41万余人。经济的繁荣吸引了大量流动人口前来务工经商,常年流动人口在2万人左右,给当地社会治安、计划生育、市容卫生和城市管理等带来许多困难和新问题。

针对这种情况,诸暨市店口镇党委政府把加强流动人口管理作为维护稳定和经济发展的大事来抓。他们开创了以"教育、服务、维权、管理"为主要内容的流动人口综合管理新模式,已初显成效。

店口镇针对外来人员素质偏低的实际,提出了"用人先育人"的新理念,多管齐下,提高外来人员素质。他们在外来人员比较集中的企业、村建立外来人员党团组织,还注意在学习上引导流动人员,建立全镇性的职工培训中心,开展职工轮训。他们还帮助外来人员就业,关心外来人员生活,使外来人员真正融

---

[1] 《店口镇积极探索流动人口综合管理新模式》,2001年12月5日,店口镇档案室藏。

入当地经济和社会发展的建设中。

在店口镇,外来人员的暂住证、计生证和劳动就业证不见了,取而代之的是一本流动人员服务管理证。这里专门成立了流动人员综合管理办公室,合署办公,综合行政。针对外来人员中容易出现的劳资纠纷问题,专门设立了一支以解决劳资纠纷为重点的"稽查执法队",规范企业用工,调解劳动争议。

店口镇采取了外来人口集中居住的管理模式。目前,这个镇15家外来人员超过50人的企业普遍建立了职工集中居住点。对有条件的行政村,政府积极鼓励建设"工人新村",现已有6个村动工兴建。其中新一村投资近100万元的"工人新村"已基本建成。

店口镇的外来人口综合管理模式实施几个月来,全镇已办理流动人员服务管理证1.4万多本;签订劳动合同1.8万多份,杜绝了外来人员的漏管现象。

2.4.4 总结推广"店口经验"[1]

提要:2001年,店口镇打造横向到边、纵向到底的流动人口管理网络;通过表单、证件、窗口整合来集成管理资源,从而提高办事效率;根据实际对流动人口进行分类管理,具有较强的针对性和可操作性;加强对流动人口的关心和爱护,及时调处矛盾纠纷,融洽其与本地居民之间的关系。店口镇的这些做法开辟了新形势下流动人口管理的新路子和新局面,其经验经过总结后被推广到其他地区以供学习。

2001年,诸暨市店口镇以居住地管理为突破口,以"教育、服务、维权、管理"为主要内容,积极探索新形势下流动人口管理路子。按照"党政领导、公安为

---

[1] 节选自绍兴市地方志编纂委员会编:《绍兴年鉴(2002)》,浙江人民出版社2002年版,第160页。

主、职能综合、分工负责、协调配合"的方针,建立流动人口综合管理委员会、综合管理办公室和基层协管组三级组织,形成横向到边,纵向到底的管理网络。并根据需要,对公安、劳动、计生原先使用的表证,实行"三表合一、三证合一和三个窗口合一",以提高办事效率。实行分类管理,根据店口实际,把流动人口分成高级技术人才、镇属规模企业固定职工、带家属户和居无定所的单干户四类。建立工人新村,实行公寓化管理,重点加强对出租房和第四类流动人口的管理。同时,通过建立流动人口学习小组、培训中心、维权服务中心等,关心和保护流动人口,并帮助介绍就业和查孕查环查病服务,在情感上亲近流动人口,变重管理为管理与服务并重。通过一年多的实践、探索,全镇刑事发案率下降,职工30人以上或外来人口8人以上企业劳动合同签订率达100%,各类劳动纠纷得到及时调处,融洽了流动人口与本地居民的关系,得到省委书记张德江的充分肯定。6月9日,市委、市政府在诸暨市召开全市外来人口管理工作经验交流会,推广店口镇外来人口综合管理的做法。

2.4.5 诸暨市店口镇加强流动人口综合管理 推动经济社会全面发展[1]

提要:流动人口是推动集镇经济发展的重要支撑力量,也是社会不稳定因素的主要来源之一。过去,尽管防范型、强制型的管理模式能够在一定程度上降低社会风险,维护社会治安稳定,但这种管理模式已然无法适应逐渐增长的流动人口规模。因此,诸暨市店口镇开始探索集"教育、服务、维权、管理"于一体的综合管理模式,它通过建立综合管理体制、实行综合管理模式和创新综合管理内容,有效维护了流动人口的合法权益,使得

---

[1] 绍兴市委政法委、绍兴市综治委、绍兴市公安局编:《发展中的枫桥经验》,内部资料,2003年印发,第103—108页。

流动人口愿意在打工地安居乐业,从而为经济社会发展提供了充足劳力资源。

店口镇位于诸暨市北部,与绍兴县、杭州萧山区交界,总面积105.7平方公里,常住人口6.1万,流动人口2.1万。2002年,全镇实现GDP 25.5亿元,工业总产值131.6亿元,财政收入1.35亿元,农民人均纯收入11 672元,是浙江省136个中心集镇、诸暨市组群中心镇综合改革试点镇之一,经济综合实力连续位居省十强镇行列。

经济的快速发展,吸引了流动人口的大量涌入,一方面有力地推动了店口经济社会的发展,另一方面也带来了一些负面效应。我们在总结过去近十年管理经验、成果的基础上,于2001年4月开始,探索实施了以综合管理为特征,以居住地管理为突破口,以教育、服务、维权、管理为主要内容的流动人口管理新模式,实现由防范型、强制型管理向亲和型、服务型管理转变,初步探索出了一条新形势下流动人口管理工作的新途径。

一、建立综合管理体制

综合管理体制,最突出一点,就是实现了以条为主向以块为主的转变,增强了地方党委、政府的综合调控能力;最大的优势,就是对部门、社会的管理资源和力量进行了重新整合,实现了资源利用的最大化;最大的成效,就是流动人口管理成为全社会的共同责任,成为社会管理的重要组成部分,实现了把流动人口管理纳入社会管理的路子。

一是建立综合管理机构。按照"党政领导、职能综合、分工负责、协调配合"的方针,建立流动人口综合管理三级组织:镇一级建立流动人口综合管理委员会,由党委、政府牵头,综治、公安、科创、生育、工商、法庭、财税等部门参加,统一行使流动人口管理的指挥、组织、协调职能,加强领导,增强管理力度;中间层以公安为主,建立流动人口综合管理办公室,综合公安、劳动、计划生育等部门的流动人口管理职能,下设教育组、服务组、维权组、基础管理组,具体负责日常管理工作;企业和村一级根据管理半径和流动人口数量多少,按照300∶1的比例,配备协管员。全镇配备8名专管员和100余名协管员,协助综合管理办公室开展相应辖区流动人口的日常管理工作。

二是建立综合工作机制。实行三证合一,把原来的劳动就业证、计划生育流动人口查验证、公安的暂住证合并为一本流动人口服务证;实行一个窗口一次性办理、查验证件,一个窗口接受、处理有关投诉、纠纷、案件;实行资源共享,把原来三个部门的档案合并为一本档案,一台电脑统一管理;确保办公室经费的独立性,建立公正、公平的办公室人员待遇考核机制。

三是建立综合考核制度。把流动人口的管理实绩与专管员、协管员的考核使用挂钩,与行政村和企事业单位的创优评先挂钩,与机关干部的岗位目标责任制挂钩,把管理任务落实到单位、到人,形成全社会齐抓共管的工作局面。

二、实行综合管理模式

坚持"谁用工、谁负责""谁出租、谁负责"的原则,以现居住地管理为突破口,以分类管理为主要方式,实行综合管理模式强化对流动人口管理的治标工作,进一步构筑社会管理新体制。一是实行分类管理。结合店口实际,我们把流动人口分为三大类:第一类,在店口办厂、经商的人员和规模企业中的中高级人才及投靠本镇居民的流动人口;第二类,有固定职业、固定住所、身份明确的流动人口;第三类,有前科、三无人员、流动性较强和需重点监控的人员。对这三类人员,我们区别对待,实行不同的管理方式。对第一类,主要是实行登记制,对外来的中高级人才授予"荣誉镇民"称号,给予当地居民待遇。对第二类,主要采用一般管理的方式。对第三类,主要是通过防、打、控的手段来实现管理目的。防,就是坚持每月一次的大排查,及时摸清底细,杜绝漏管人员;打,就是严厉打击其中的违法犯罪分子;控,就是对重点对象进行监控。

二是实行委托管理。鼓励和引导职工在50人以上的企业,建立企业集中居住点,委托企业负责日常管理。流动人口较多且村集体经济较强的行政村,鼓励、支持建造工人新村,实行集中管理。目前,全镇已建造好新一、四村、三村、牛皋等6个工人新村,入住人员1 000余人。工人新村管理规范,生活、娱乐设施较齐全,租金相对较低,安全有保障,最受流动人口欢迎。同时,按照"限量、扩容"的原则,支持个人建造出租房屋,培育出租房大户,委托房东管理。为保证委托管理的顺利实施,我们制订了严格的管理制度。如每半月向办公室汇报一次,每个委托管理单位(人)都要建立管理台账等。

三是实行重点管理。采用"五个一"模式,重点加强对各村的出租房管理。"五个一"即一册、一牌、一卡、一书、一图。"一册"即以出租房为单位,建立各村流动人口花名册,对流动人口家庭住址、身份证号和务工情况等进行详细登记造册;"一牌"即按村的地域情况对每个出租房进行上牌,并进行编号;"一卡"即对各出租房制订暂住人口房卡,对入租人员务工情况及相互关系进行详细登记并贴上相片;"一书"即按照"谁出租,谁负责"原则,与出租房户签订房屋出租治安、计划生育责任保证书;"一图"即根据各村形状,绘制平面图,并在图上明确标出出租房位置。通过"五个一"管理,使各村的流动人口底数更清,情况更明,管理重点更加突出,也进一步增强了出租房主对流动人口的管理力度,密切了出租房主与协管员的联系,形成了协管员与出租房主齐抓共管的良好局面。

三、创新综合管理内容

在强化管理的基础上,突出了教育、服务、维权,较好地实践了标本兼治的路子。

一是强化教育。流动人口已经融入我们生产生活的方方面面,他们的文明素质,直接影响着店口文明水平的提高。我们从建设现代化小城市和提高精神文明建设水平的要求出发,把加强对流动人口教育作为文明建设的重要内容,列入党委、政府的议事日程。采取建立流动人口学习教育培训点,开设大专班、中专班、学历班,设立工人新村学习娱乐活动室,引导企业建立图书室等方式,积极条件,为流动人口提供学习机会,满足他们的精神文化需求。到目前为止,全镇已开办大专班2个、中专班5个,建立新一、三村等6个工人新村和万安、盾安、海亮等15个流动人口教育培训点。教育内容重点放在法制教育、劳动安全、公民道德基本规范、技术和文化学历的提高上。同时,我们在办理服务证时,赠送店口镇流动人口手册,手册内容包含店口镇基本情况、法制、计划生育、劳动和服务机构、职能、任务等知识和内容。

加强党的先进性教育。将流动人口中党的组织建到企业、建到车间、建到工地、建到工人新村、建到了流动人群中间,奠定了流动人口综合管理必要的政治基础。目前,全镇已建立企业党组织30家,建立流动人口党支部1个,在工人新村中建立党小组1个;同时加强工团妇等群团组织建设,发挥流动人口党员和其他优秀分子的先锋模范作用,引导流动人口积极参与当地建设和管理。在去年的新一届镇人大代表换届选举中,海亮集团来自嘉兴的张云飞当选为镇人大代表。通过开展评选"十佳外来优秀青年"、流动人口卡拉OK比赛等活动,树立先进,弘扬正气,丰富业余文化生活。

实行双向教育。加强对流动人口教育的同时,同样不放松对当地居民的教育,转变当地居民认为流动人口是低素质人群的偏见,树立流动人口也是店口建设功臣的观念。教育对象重点是中小企业、个体工商户和协管员队伍,教育内容重点是企业管理、劳动安全、依法用工等方面知识,增强企业经营者依法经营意识。

二是优化服务。在加强日常办证、信息服务和免费查环查孕服务外,积极开展劳动力就业信息服务,支持有条件的流动人口落户口;努力创造条件,改善流动人口的生活环境;发挥工商、财税职能部门作用,为流动人口办厂经商创造良好的社会环境;严格要求协管员增强服务意识,执行每10天上门一次的规章制度,加强感情联络,努力把流动人口综合管理办公室建设成流动人口的"娘"。

三是深化维权。建立流动人口维权服务中心,吸收规模企业的优秀工会主席和流动人口代表加盟,聘请法律顾问,开通维权热线,及时解决劳资纠纷、治安纠纷,全面建立企业工会组织和工资任协商制度,全方位开展劳动用工合同签订工作,真正体现维护流动人口的根本利益。流动人口综合管理体制实施以来,共解决劳资纠纷、工伤事故408起,涉及资金93万元,劳动合同签订率年达97%以上,建立企业工会76家,建立工资集体协商制度80家。

2.5 流动人口综合管理的其他史料

2.5.1 诸暨市公安局关于政协诸暨市十届五次会议第121号提案的回复[1]

提要:本则材料是诸暨市公安局对于黄允泗委员提出的"关于加强外来流动人口综合管理"的提案的回复。诸暨市公安局指出外来流动人口量大、面广、流动性强,加之警力有限、基层组织作用未完全发挥、用人单位责任意识不强等,使得外来人口管理工作仍存在诸多不足之处。未来将采取分层次管理、加强基层协管队伍建设、加大执法力度、建立奖惩机制、加强档案资料管理等八项举措增强对外来流动人口的管理力度。

黄允泗委员:

你在政协诸暨市第十届五次会议上提出的"关于加强外来流动人口综合管理"的提案〔第121号〕已收悉,现回复如下,对于你的提案我们做了认真分析研究,我们认为,你在提案中对当前外来流动人口管理工作的几点建议是非常正确的,对我们管理部门有一定启发作用。下面我们将有关情况向你作一简要汇报:

---

[1] 诸暨市公安局:《关于政协诸暨市十届五次会议第121号提案的回复》,2002年6月8日印发,诸公群复〔2002〕28号。

随着改革开放的不断深入,我市经济迅猛发展外来人口逐年增加。2001年全市公安机关登记的外来人口突破10万大关,2002年1至5月已登记外来人口7万余人。外来人口的大量增加,说明我市经济在发展,这是一件好事。据初步统计,目前外来务工人员已占全市用工总量的30%左右。应当说外来人口为我市经济发展做出了一定的贡献。但是,外来流动人口在我市违法犯罪的问题确实也相当突出。据统计,全市每年发生的刑事案件中,系外来流动人口作案的约占35%左右,其中城区、大唐、店口等经济发达地区,外来流动人口作案已占案件总量的80%以上。近几年来,公安机关为强化对外来流动人口的管理,除投入大量警力、财力、物力以外,还采取了一系列工作措施。如:专门成立由100人组成的巡防中队,开展巡逻、守护工作;派出所经常开展对外来人口突击清查、定期检查;每年发动基层组织开展对外来人口的集中排查、登记、发证等。由于外来人口量大、面广、流动性强,公安机关警力有限,基层组织作用没有充分发挥,大量的用人单位(个人)管理意识和责任意识不强等原因,使得外来人口管理工作的成效不够明显,外来流动人口违法犯罪问题没有得到有效控制。

为了实现让外来人口"进得来、留得住、管得好、做主人、作贡献、保稳定"的工作目标,去年以来,我们在市委市政府的重视和支持下,积极会同有关部门,在店口镇开展了外来流动人口综合管理试点工作。积极探索并建立了以"管理、教育、维权、服务"为主要内容,以"居住地管理为突破口",以"公安、劳动、计生三个部门有关人员合署办公为主要表现形式"的外来流动人口综合管理新模式,从宏观上确立了既适应当前社会形势发展需要,又符合我市实际的外来流动人口管理工作机制。今年以来,全市公安机关为进一步深化外来流动人口综合管理工作,增强防范、控制、打击力度,对外来人口采取了八项具体管理措施。即:强化对外来流动人口的落脚地管理;对外来流动人口实行分层次管理;加强基层协管队伍建设,充分发挥协管人员的作用;对外来流动人口严格实行"实名制"登记,提高管理工作实效;加大执法执罚力度,对违反外来人口、出租房管理规定的行为坚决依法查处；加强隐蔽力量建设，提高对外来流动人口的控制能力；建立奖惩机制，充分调动各级管理人员的工作积极性；加强前档案资料管理，努力提高利用价值，为公安机关侦察破案服务。外来流动人口管理工作是一项系统工程，我们相信在各级党委政府的领导下，在各级基层组织的大力协助和全社会的共同努力下，管理工作一定能够取得实效。作为外来流动人口管理工作的主管部门，我们恳切希望你对外来人口管理工作能多提宝贵意见，促进我们的管理工作不断完善提高。

诸暨市公安局

2002 年 6 月 8 日

承办人：蒋仲兴

第三章
"枫桥经验"与流动人口服务管理(2003—2012年)

随着流动人口诉求逐渐多元化,过去的管理模式暴露出诸多弊端,尤其是孙志刚事件引起社会各界广泛关注。2003年8月,施行21年的收容遣送制度被废止。同年10月,党的十六届三中全会首次提出科学发展观,以人为本的理念开始形成并运用到流动人口管理中。2007年10月,党的十七大指出:"加强流动人口的服务和管理。"2010年,"十二五"规划明确"大城市要加强和改进人口管理,中小城市和小城市要根据实际放宽外来人口落户条件,注重在制度上做好流动人口权益保护问题。"总之,在这一阶段,党中央从服务角度明确提出流动人口应当与城镇居民享有同等待遇,必须从劳动、教育、就学、卫生和住房等各个方面为流动人口提供合理服务。至此,全国范围内的流动人口的亲情化管理模式进一步向着均等化服务模式发展,对于流动人口服务工作的完善发展具有重要意义。

此阶段,流动人口的管理理念从原来单一注重管理向服务管理并重转变。各级党委政府将流动人口管理服务工作纳入当地国民经济与社会发展的规划中去,在制定公共政策与建设基础设施时,统筹考虑流动人口的公共服务需求。"枫桥经验"发源地干部群众在开展流动人口服务管理工作时,运用"枫桥经验"的基本理念,先后创新出"老乡管老乡"的亲情模式、健全"教育、服务、管理、维权"四位一体的流动人口服务管理工作模式、外来建设者之家等经验,为全国各地提供了服务管理并重的流动人口管理范例。

本章收录的是2003—2012年的史料,分为政策文件、调研报告、工作总结、典型案例、其他史料五种类型,共50份。

一是政策文件。收录了《绍兴市关于全面推行流动人口服务管理协作工作的通知》《绍兴市流动人口居住登记暂行规定》《绍兴市推进流动人口计划生育服务体制机制创新和基本公共服务均等化试点工作实施方案》《绍兴市教育局关于实行市区流动人口子女初中升学"一卡通"制度的通知》《诸暨市公安局强化暂住人口管理工作实施意见》《枫桥镇关于加强流动人口服务管理工作的意见》《诸暨市公安局关于进一步加强流动人口登记管理工作的通知》,共7份史料。

二是调研报告。收录了《枫桥镇加强流动人口综合管理 推动经济社会全面发展》《暨市公安局创新警务模式实现优势互补 积极推进外来流动人口的高效管理》《暨市公安局外来流动人口"双向互动式"管理的有益探索——对"外警协管外口"警务模式的调查和思考》《店口镇流动人口综合新模式调研情况》《造"平安大唐"是繁荣"国际袜都"的重要基础——对大唐镇构建新型治安防控体系的调研与思考》《深入推进绍兴市流动人口服务管理工作的调研与思考》《加快诸北新城人口集聚人气提升的若干思考》,共7份史料。

三是工作总结。收录了《诸暨市从实现"三个突破"入手大力推进流动人口综合管理工作》《绍兴市加强外来流动人口管理与服务》《枫桥镇加强对外来人员的服务、教育和维权工作》《枫桥镇建立外来流动人口综合管理机制》《贵州民警在店口所工作一年成效明显》《诸暨大唐镇外来人口管理取得了突破》《枫桥镇流动人口服务管理工作跃上新台阶》《店口镇推进外来建设者社区化管理 深化互动式管理工作》《店口镇坚持以人为本创新服务模式 提高外来建设者服务管理水平》《绍兴市优化流动人口服务管理》《诸暨市流动人口服务管理走在前列》《枫桥镇和谐管理关爱外来人群》《大唐派出所大力推进外来流动人口精细化管理》,共 13 份史料。

四是典型案例。收录了《枫桥镇步森集团加强外来人口管理 促进企业健康快速发展》《诸暨市引进外地警察管理外来人口》《诸暨店口镇实行外来警察管理外来人口 成效显著》《健全综治运行机制,推进平安步森创建》《城市理念从管理到服务变迁 外来人口创业店口梦》《创新管理平台,推进"五个一"管理模式——大唐镇流动人口管理探索》,共 6 份史料。

五是其他史料。收录了《店口派出所流动人口管理警务协作纪要书》《在浙贵警方警务协作签约仪式上的讲话》《诸暨市加强区域警务协作,共同管好流动人口》《枫桥镇关于要求解决流动人口居住小区用地指标的请示》《关于诸暨市十六届人大一次会议第 150 号建议的答复》《枫桥镇陈家村出租房、外来户消防、安全、卫生责任书》《草塔镇莼塘东村告外来打工租住人员通知书》《诸暨市各乡镇(街道)流动人口服务管理办公室工作职责》《诸暨市各乡镇(街道)流动人口综合服务中心工作职责》《诸暨市流动人口综合管理中心工作职责》《诸暨市各村(社区)流动人口服务管理组工作职责》《诸暨市企业流动人口服务管理组工作职责》《诸暨市企业外来员工教育管理制度》《诸暨市流动人口和出租房网格化管理办法》《诸暨市各乡镇(街道)流动人口专职协管员工作职责》《诸暨市流动人口服务管理工作联席会议制度》《诸暨市流动人口服务管理工作考核办法(试行)》,共 17 份史料。

3.1 流动人口服务管理的政策文件

3.1.1 绍兴市关于全面推行流动人口服务管理协作工作的通知[1]

提要:2008 年,"流动人口服务管理协作工作"试点在绍兴举行。2010

---

[1] 绍兴市人口和计划生育委员会、绍兴市公安局:《关于全面推行流动人口服务管理协作工作的通知》,2010 年 6 月 3 日印发,绍市人口计生(2010)43 号。

年,绍兴市人口和计划生育委员会和绍兴市公安局发布《关于全面推行流动人口服务管理协作工作的通知》,该通知明确指出要发挥人口计生和公安部门的各自优势,整合资源,全面提升流动人口综合服务管理水平。两大部门合作协同的实践证明,公安机关与人口计生之间优势互补,数据共通,一方面,人口计生部门对于流动人口的信息掌握能够方便公安机关维护社会治安,另一方面,公安机关的治安保障和走访调查能够进一步提升人口计生部门的服务质量,实现管理与服务协调推进。

各县(市、区)人口计生(卫)局、各开发区(新区)社会事业局,各县(市、区)公安(分)局:

为贯彻落实《省人口计生委、省公安厅关于开展流动人口服务管理协作工作的通知》(浙人口计生委〔2008〕2号)及《绍兴市委、市人民政府贯彻落实中共中央国务院〈关于全面加强人口和计划生育工作统筹解决人口问题的决定〉的实施意见》(绍市委发〔2008〕16号)、《绍兴市委办公室、绍兴市人民政府办公室关于加强全市流动人口服务管理工作的意见》(绍市委办发〔2007〕87号)等文件精神,我市人口计生、公安两部门在省人口计生委、公安厅的共同指导和推动下,在绍兴县开展了"流动人口服务管理协作工作"试点,两年多的实践工作表明,协作使流动人口服务管理的工作合力得以形成,各自优势得以互补,部门资源得以共享,工作成效得以显现,为此得到省高层领导的肯定,在省内产生较大影响。为推广试点工作经验,进一步提升全市流动人口服务管理工作水平,市人口计生委、市公安局共同研究决定,在全市人口计生和公安系统全面推行流动人口计划生育服务管理协作工作,现将有关工作要求通知如下:

一、统一思想,加强领导

流动人口服务管理工作,是一项社会系统工程,需要相关部门共同参与,齐抓共管,形成合力。计划生育和治安问题,是流动人口管理中十分重要的问题。

人口计生、公安部门分别承担流动人口计划生育、治安服务管理的职能,在流动人口服务管理工作中,充分发挥人口计生、公安部门各自优势,整合资源,实行信息统一采集、证件统一查验、数据统一应用,对于加强流动人口服务管理,保障流动人口合法权益,探索建立流动人口计划生育"一盘棋"服务管理体制,提高流动人口综合服务管理水平,具有十分重要的现实意义。各地人口计生、公安部门要充分认识流动人口服务管理协作工作的重要性、必要性,统一思想,加强领导,密切配合,抓紧落实,务求实效。

二、明确重点,落实职责

各地人口计生、公安部门要按照优势互补、资源共享、职责明确、全面协作、双方共赢的原则,积极推进流动人口服务管理协作工作,协作的主要内容如下:

1.信息统一采集。流动人口协管员按照现行统一的《浙江省居住人员登记表》的项目要求,在采集流动人口治安管理信息的同时,并采集、登记跨县流入育龄妇女的已生育子女数、避孕节育措施、怀孕情况、《流动人口婚育证明》编号、夫妻是否同行等人口计生信息。

2.证件统一查验。流动人口协管员在协助公安部门查验流动人口身份证件、发现违法犯罪线索的同时,协助人口计生部门查验《流动人口婚育证明》等计生证件,及时登记、报告无生育证明怀孕等违反计生管理规定情况,并在(临时)居住证的"计划生育情况"栏上登录计划生育信息。

3.数据统一应用。流动人口协管员采集的《浙江省居住人员登记表》上登记的流动人口治安、人口计生管理相关信息,统一录入公安部门的流动人口居住登记综合信息管理系统。人口计生、公安部门每半月以离线拷贝方式定期交换流动人口计生信息数据,实行信息共享、数据同步。

4.绩效统一考评。各地公安部门应当会同当地人口计生部门,制定流动人口协管员相应的绩效考核办法,实行绩效工资制度,分配、奖惩等应与流动人口计生、治安信息采集录入状况、服务管理实效等绩效直接挂钩。

三、落实保障,确保质量

开展流动人口服务管理协作工作,是一项全新的工作,能否顺利实施并取得实效,落实各项保障是重要条件。各地人口计生、公安部门要加强流动人口协管员队伍的人口计生管理政策法规、业务流程的指导和培训,切实提高做好人口计生服务管理协助工作的本领。要加强对流动人口服务管理协作工作中新情况、新问题的研究。要抓紧在县级人口计生、公安部门各自相关流动人口信息管理系统上安装、调试互通接口等必要软件,尽快实现两部门相关系统的对接,加快推动人口计生、公安部门流动人口信息交换。流动人口计划生育信息共享必需的软硬件投入所需的经费,按照"谁需要、谁投入"的原则,由两部门共同协商解决。要通过党委政府统一拨付、相关部门合理贴付、基层组织共同分担等方式,落实流动人口协管员计生工作相关经费,保障协作工作顺利开展。人口计生、公安部门要定期联合对流动人口协管员承担的人口计生管理、治安等工作任务的完成情况进行考评,并根据考评结果和承担的工作任务给予工作奖励或工作补贴,对工作成绩突出的单位和有关人员,要及时予以表彰奖励。各地要将开展协作工作的进展情况和有关问题,及时报告市人口计生委、市公安局。

绍兴市人口和计划生育委员会　绍兴市公安局
2010 年 6 月 3 日

3.1.2 绍兴市流动人口居住登记暂行规定[1]

提要: 本则材料是绍兴市于 2010 年对全市范围内流动人口进行居住登记所制定的规范性文件。制度详细规定了各部门在流动人口居住登记这

---

1 绍兴市人民政府:《绍兴市流动人口居住登记暂行规定》,2010 年 11 月 14 日印发,市政府令〔2010〕99 号。

一环节中的职责、居住证有效时限、居住证申请条件、办理居住证所需材料以及持居住证可享受的待遇等。绍兴市通过建章立制更进一步规范了流动人口的居住登记工作，既保障了流动人口的合法权益，又能使流动人口服务管理工作标准化规范化，从而进一步促进经济社会快速发展。

第一章　总则

第一条　为规范流动人口居住登记，加强流动人口服务管理，保障流动人口合法权益，促进经济社会协调发展，根据《浙江省流动人口居住登记条例》等有关规定，结合本市实际，制定本暂行规定。

第二条　本市范围内流动人口的居住登记和居住证管理适用本规定。

本规定所称的流动人口是指在本市居住的非本市区、县(市)户籍的人员。

第三条　市、县(市、区)人民政府应当加强对流动人口居住登记和服务管理工作的领导，建立健全流动人口居住登记和服务管理的工作机构及相关制度，保障流动人口居住登记和服务管理工作所需人员及经费。

市、县(市、区)人民政府应当将流动人口居住登记和服务管理工作纳入国民经济和社会发展规划，逐步实现基本公共服务均等化。

乡镇人民政府、街道办事处按照有关规定做好流动人口居住登记和服务管理的相关工作。

第四条　市、县(市、区)公安机关负责本行政区域内流动人口的居住登记和居住证管理。

发改、教育、民政、司法、财政、劳动保障、建设、交通、卫生、人口计生等相关部门，应当按照各自的职责，共同做好流动人口居住登记有关服务管理工作。

社区居民委员会、村民委员会以及其他组织，应当协助做好流动人口居住登记相关的服务管理工作。

第五条　公安机关根据需要可以委托县(市、区)人民政府承担流动人口服务管理工作的机构从事流动人口居住登记、居住证受理和发放等工作。

第六条　流动人口的合法权益受法律保护，任何单位和个人不得侵犯。流动人口应当遵纪守法，依法履行义务。

第二章　居住登记及领证

第七条　居住证分《浙江省临时居住证》(以下简称《临时居住证》)和《浙江省居住证》(以下简称《居住证》)两类，作为持有人的居住证明，在全省范围内有效。

《临时居住证》证件有效期为6个月至3年，具体期限根据流动人口拟居住时间确定。《居住证》证件有效期为9年。

第八条　有关单位或者人员应当按照《浙江省流动人口居住登记条例》的规定，在对流动人口办理住宿登记、招工、房屋租赁等相关手续后的3个工作日内依法将登记情况报送公安机关或社区居(村)委会。

居住在具有本地户籍的亲属家中的流动人口，居住时间在15日以下的，可以不办理居住登记。

第九条　流动人口办理居住登记时，公安机关应当发给《临时居住证》；但具有下列情形之一，当事人不要求领证的，可以不发证：

(一)未满16周岁的；

(二)拟居住30日以下的；

(三)在宾馆、酒店等处住宿，医院住院，学校住宿或培训以及接受民政部门救助的人员。

第十条　流动人口同时符合以下条件的，可以申领《居住证》：

(一)持有《临时居住证》，在绍兴市区、县(市)连续居住满三年(持有暂住证时间可计入在内)；

(二)具有初中以上文化程度;

(三)有固定住所;

(四)有稳定工作;

(五)无刑事犯罪或劳动教养记录;

(六)遵守计划生育法律法规、依法履行计划生育义务;

(七)居住地市、县(市)人民政府规定的其他条件。

流动人口属于居住地市、县(市、区)人民政府规定的投资创业或者引进人才的,可不受第(一)(二)(三)(四)(七)款规定限制。

第十一条 办理《临时居住证》需提交以下材料:

(一)近期正面免冠一寸照片三张;

(二)有效身份证件或身份证明;

(三)《浙江省居住人员登记表》。

第十二条 办理《临时居住证》,由本人或其所在单位持相关资料,向现居住地的公安派出所提出申请,居住地公安派出所接到申请后,对材料齐全、符合申领条件的,应当当场办理发证;对材料不齐全的,应当当场一次性书面告知需提交的材料。

第十三条 办理《居住证》除应符合本规定第十一条规定外,还需提交以下材料:

(一)学历证明(毕业证书原件或复印件或相应证明材料);

(二)《临时居住证》;

(三)《流动人口婚育证明》;

(四)能证明固定住所和稳定工作的相关材料;

(五)居住地市、县(市)人民政府规定的其他需要提交的材料。

第十四条 办理《居住证》,由本人持相关资料,向现居住地的公安派出所提出申请,对申请人提交材料齐全的,应当受理并出具回执;对符合申领条件的应当自受理之日起十五个工作日内核发《居住证》,对不符合条件的应当书面告知申领人,并说明理由。

第十五条 《临时居住证》和《居住证》证件有效期内,证件持有人居住地址、服务处所等登记事项发生变更的,应当自变更之日起10日内到现居住地公安派出所办理变更登记。

第十六条 《临时居住证》《居住证》证件有效期满持有人需要继续居住或因严重损坏不能辨认的,持证人应当到现居住地公安派出所换领新证;领取新证时,应当交回原证。

《临时居住证》《居住证》损毁或遗失的,证件持有人应当及时到现居住地公安派出所补领新证,补领新证所需材料与新办证相同。

第三章 居住证政策待遇

第十七条 绍兴市区持有《临时居住证》的人员可享受以下待遇:

(一)免费享受公共就业服务机构提供的政策咨询、就业信息、职业指导、职业介绍、就业援助等服务;免费享受政府部门组织的就业技能、劳动法律法规、安全生产、维权意识等方面基本常识的培训。

(二)享有与本地居民相同的参加企业社会保险的权利和义务;参加养老保险的,在终止或解除劳动合同后,可根据有关规定和本人意愿,由社会保险经办机构给予保留养老保险关系或随同转移基本养老保险关系、个人账户;非自愿性失业的,失业保险金可一次性支付。

(三)享有与本地居民相同的国家规定基本项目的计划生育免费服务和基本公共卫生服务。免费获得避孕节育、优生优育科普宣传资料、咨询指导和有关计划生育药具;持有《流动人口婚育证明》并在绍兴市区居住一年以上的流动人口与本地居民享有相同的免费新生儿疾病及听力筛查,产前筛查费用可部分减免,持合法生育证件的流动人口困难家庭孕产妇在现居住地生育子女的,可享受住院分娩补助;对患有结核病、艾滋病等重点传染病的流动人口,可根据政策减免相关检查和治疗费用;其子女可享受居住地卫生院计划免疫基础疫苗免费接种。

(四)其子女义务教育阶段在指定学校就读的,在收费、接受教育管理等方面与当地学生享受同等待遇;符合相关报考条件的,可申请报考本市市区范围内的高中段学校。

(五)自愿参加或接续工会组织,符合条件的,享受各项"关爱活动"。

(六)符合相关条件可参加各级各部门组织开展的优秀人才、优秀"外来务工者"、劳模先进等评选,获得荣誉称号的,享受相关待遇。

(七)与本地居民享受电大、夜大等同等教育资源及科技馆、图书馆、博物馆、体育馆、公园等科学、文化、体育、娱乐设施。

(八)符合规定条件的,可申请租住当地建设的流动人口集中居住住房。

(九)经驾考合格,可按规定取得机动车驾驶证、行驶证。

(十)其他符合政策规定可享受的待遇。

第十八条　绍兴市区《居住证》持有人除可享受前条规定的待遇外,还可享受以下待遇:

(一)符合有关规定条件的,可享受政府提供的职业技能培训补助;

(二)享受与本地居民同等的法律援助待遇;

(三)其就读中小学和幼儿园子女可按规定参加本市未成年人医疗保障,并按规定享受未成年人医疗保障待遇;

(四)符合规定条件的,可租住有关低收入困难家庭保障性住房;

(五)持《居住证》连续十年以上,所在家庭符合居住地低保条件的,可享受相应的临时生活援(救)助;因大病造成生活特别困难的,纳入困难群众医疗救助范围;

(六)其他符合政策规定可享受的待遇。

第四章 附则

第十九条 各县(市)人民政府可参照上述规定,结合实际,制定本地区《临时居住证》《居住证》持有人可以享受的社会保障、公共服务等具体待遇及可以办理的个人事务。

第二十条 原依照《绍兴市暂住人口管理办法》(市政府第55号令)领取的暂住证,在其有效期内继续有效。有效期满需要继续居住的,按照本规定换领《临时居住证》或者申领《居住证》。

第二十一条 本规定自发布之日起施行。

3.1.3 绍兴市推进流动人口计划生育服务体制机制创新和基本公共服务均等化试点工作实施方案[1]

提要:为深入贯彻落实国务院《流动人口计划生育工作条例》,全面提升全市流动人口计划生育管理服务水平,绍兴市人民政府办公室印发《绍兴市推动流动人口计划生育服务体制机制创新和基本公共服务均等化试点工作实施方案》。方案明确了这项工作的指导思想、总体目标、主要任务、实施步骤和保障措施,为绍兴市扎实推进流动人口计划生育基本公共服务均等化工作提供了制度保障。

为深入贯彻落实《流动人口计划生育工作条例》,进一步创新流动人口服务管理体制,扎实推进流动人口计划生育基本公共服务均等化,全面提升全市流动人

---

[1] 绍兴市人民政府办公室:《关于印发〈绍兴市推进流动人口计划生育服务体制机制创新和基本公共服务均等化试点工作实施方案〉的通知》,2010年12月9日印发,绍政办发〔2010〕172号。

口计划生育管理服务水平,根据国家人口计生委有关要求和省人口计生委工作指导意见,结合绍兴实际,制定本实施方案。

一、指导思想

以科学发展观为指导,按照"统筹解决人口问题,维护社会公平,构建社会主义和谐社会"的要求,坚持"公平对待、服务至上、合理引导、完善管理"的方针,以创新流动人口服务管理体制为核心,通过统筹规划、分步实施、系统推进,建立健全流动人口计划生育基本公共服务运行机制,切实保障流动人口的基本权利和发展权利,促进流动人口与当地居民和睦相处,促进人口与经济社会的协调和可持续发展。

二、总体目标

进一步建立完善流动人口计划生育公共服务均等化政策体系,基本建立运转高效、保障有力的流动人口计划生育公共服务均等化运行机制和适应城镇化、促进城乡一体化发展的流动人口服务管理新体制。到2012年,计划生育基本公共服务和延伸服务覆盖全员流动人口,在流动人口计划生育服务管理上实现"五同",即同宣传、同管理、同服务、同投入、同救助,使流动人口与户籍人口计划生育服务差距明显缩小,普惠型流动人口计划生育服务体系基本建立。

三、主要任务

(一)全面推进流动人口计划生育公共服务均等化

1.加强宣传教育服务。免费为流动人口提供有关计划生育法律法规政策宣传、咨询服务。利用传统和现代新媒体,通过宣传服务月活动、生育文化建设活动等载体,大力宣传人口和计划生育政策法规以及避孕节育、优生优育优教、生殖健康科普知识,在外来民工子弟学校举办计生国策和青春期性健康宣传教育活动,在企业、流动人口集聚地进行生殖健康知识培训,引导流动人口树立科学、文明、进步的婚育观念,自觉实行计划生育。流动育龄妇女计划生育基础知识知晓率达到90%以上。

2. 做优计生技术服务。根据流动人口需求,以"免费服务券""药具一卡通"等形式,免费为流动人口提供查孕查环、计划生育避孕节育手术等计生技术服务,并将避孕节育检查情况通报户籍地。流动育龄妇女在现居住地免费接受孕环情检查率达到95%以上,流动人口免费药具获得率达到90%以上。

3. 拓展优生优育服务。将流动人口纳入"三优"工程项目之中,使流动人口在流入地能够享有同等的优生优育服务。为在我市登记结婚的流动育龄夫妻免费提供婚前医学检查;流动人口在现居住地居住一年以上、持有《流动人口婚育证明》且符合法定条件生育的,免费提供孕前优生检测。符合条件的流动育龄妇女获得出生缺陷干预等项目服务率达到80%以上。组织开展婴幼儿早期启蒙活动。做好宣传倡导,防止发生非医学需要的胎儿性别鉴定和非医学需要的选择人工终止妊娠行为,保证母婴安全。

4. 提升生殖健康服务。根据流动育龄群众需求,积极开展生殖健康咨询指导,定期为流动育龄人员提供与户籍人口同等的生殖健康检查、随访服务。持有《流动人口婚育证明》的流动已婚育龄妇女,可以免费享受不少于两年1次的生殖健康体检,建立流动育龄妇女生殖健康档案。落实住院分娩、B超检查、计划生育手术等实名登记制度,及时更新相关信息,并实行网络化动态管理。

5. 延伸奖励优待服务。建立流动人口利益导向机制。对在现居住地居住一年以上且在现居住地落实长效避孕节育措施的流动育龄夫妻实行奖励措施。实行晚婚晚育或在现居住地施行计划生育手术的流动人口按照有关规定享受休假。

6. 推行孕产优待服务。流动人口与户籍人口同等享受孕产妇管理和医疗保健服务。参加生育保险的流动人口,按规定享受生育津贴、生育医疗费用报销等待遇。

7. 开展便民维权服务。流动人口计划生育免费服务定点单位统一悬挂标识牌,向社会公布单位地址、联系电话和维权监督电话,公开办事项目和程序,公开免费服务项目,保障流动人口的知情权、监督权,切实保障流动人口实行计划生育的合法权益。

8. 实施帮扶救助服务。动员社会力量,将富有我市特色的计划生育公益金和企业冠名基金的救助面覆盖至流动人口。实行计划生育的流动人口困难家庭,可获孕产妇住院分娩专项补助。

(二)进一步建立完善流动人口计划生育服务管理体制机制

1. 加大政府统筹协调力度。各级政府要将流动人口计划生育工作纳入本地社会管理和公共服务体系中,建立流动人口计划生育工作领导小组,推动形成"政府主导、统筹协调、部门联动、综合治理"的流动人口计划生育工作格局。在编制城市发展规划、制定公共政策、建设公用设施等方面,统筹考虑流动人口对计划生育公共服务的需求,使流动人口在现居住地获得与户籍人口同等的计划生育、生殖健康和奖励优待等公共服务。

2. 加大部门配合协调力度。探索建立"政府统筹、统一登记、计生服务、部门协作"的流动人口计划生育工作模式,形成部门协同推进流动人口公共服务均等化工作合力。人口计生部门要加强流动人口计划生育管理,落实流动人口免费技术服务,推动流动人口计划生育基本公共服务均等化,在流动人口服务管理综合机构中要"三入"(领导进入、职责纳入、考核融入)。协调乡镇(街道)计生部门每月向乡镇(街道)卫生院(社区卫生服务中心)通报辖区内流动人口怀孕、生育及学龄前儿童信息。公安部门要落实流动人口协管员计划生育工作职责,实行综治信息与计划生育基本信息统一采集、证件统一查验、数据统一应用、绩效统一考核。与人口计生部门建立经常性联络机制,定期交换流动人口信息,实现工作优势互补、信息资源共享。流动人口服务管理部门要牵头协调落实流动人口服务管理工作,开展流动人口服务管理考核评比,建立健全政府流动人口综合信息平台,逐步实现资源整合、信息共享。完善居住证制度实施过程中的计划生育审核把关机制。卫生部门要继续做好流动人口孕产妇围产期保健管理、儿童保健管理及流动人口子女预防接种等工作,协调相关医疗机构及时向人口计生部门通报流动人口怀孕、生育和学龄前儿童预防接种信息。

教育部门要加强流动人口子女就学服务,确保符合条件的流动人口子女依法接受义务教育,并享受与当地学生同等的待遇。完善信息共享机制,定期向人口计生部门通报在校流动人口子女的信息。劳动保障部门要积极实施统筹城乡的就业政策,维护流动人口的就业权益,提供均等化的公共就业服务和职业技能培训服务;落实有关社会保障政策,着力扩大流动人口参加基本养老、基本医疗、失业、工伤、生育等社会保险的覆盖面。建设部门要加强常住流动人口住房保障,积极探索社会化、市场化路子,鼓励社会资本进入流动人口公寓建设领域,创造条件规划建造民工公寓,逐步形成多元化的投资机制。财政部门要按照与户籍人口同等投入的标准,将流动人口计划生育工作所需经费纳入财政预算予以保障。

(三)完善流动人口计划生育公共服务网络体系

1. 完善流动人口计划生育管理机构和服务网络,切实增强基层流动人口计划生育服务管理力量。市、县二级人口计生部门内设独立的流动人口服务管理机构,落实必要的工作人员;县、镇二级设置流动人口计划生育服务中心或依托县、镇二级计划生育技术服务机构以及流动人口服务管理站(新居民事务所)等工作平台,设立计生服务窗口,设置孕情、环情检查室,实现流动人口"一条龙"服务、"一站式"管理。每个乡镇(街道)计生办至少要有1名流动人口专管员,流入育龄妇女超过5 000人的应增配1名工作人员,流入育龄妇女每增加5 000人再增配1名工作人员。村(社区)要按实有人口(户籍人口+流入人口)配备计生服务员,加强计生服务员培训。在流动人口集聚的村、社区、企业和集贸市场设立标识明显的计划生育避孕药具和计划生育生殖健康宣传资料免费发放点。强化流动人口专职协管员队伍建设,按照500∶1的要求配备流动人口专职协管员,落实协管员流动人口计划生育服务管理职责。结合计划生育技术服务体系"二次发展",切实加大计划生育技术服务机构建设力度,完善硬件设备,强化业务培训,提升服务能力。

2. 加强流动人口服务管理非政府组织建设,不断创新自治工作机制。积极探索推行以外联外、以外帮外、以外管外模式,在外出人员相对集中的地方依托商会、联谊会等建立外出人员计生协会,开展外出流动人口计划生育自助、自治;在外来流动人口相对集中的社区、企业、集贸市场等场所成立计划生育协会或以工会为依托建立外来流动人口计生协会。发挥基层计划生育协会会员和志愿者的作用,积极开展流动人口计划生育宣传倡导,营造群众参与关爱流动人口的社会氛围,实现外来流动人口计划生育自助、自治,加快流动人口融入城市的进程。

(四)加快推动流动人口计划生育服务管理综合信息系统建设

1. 全面推广应用信息系统,积极实现信息交换共享。全面推广全国人口宏观管理与决策信息系统、浙江省人口计生委开发的全员人口和计划生育服务管理综合平台,做好平台应用开发和硬件配套工作。延伸信息化应用层级,在市、县(市、区)、乡镇(街道)三级应用流动人口信息系统的基础上,创造条件,将信息化网络延伸至村、社区一级,为基层开展流动人口服务管理提供坚强的信息支持。强化信息管理系统动态维护,实现流动人口信息跨部门、跨系统、跨区域共享。充分利用公安、流动人口服务管理(新居民事务)、统计、人口计生、劳动保障、教育、卫生等部门信息资源,建立统一的全员流动人口信息采集、更新和动态管理制度,使信息数据及时、翔实、可信。

2. 充分利用信息数据资源,定期开展人口流动态势分析。定期开展流动人口变动趋势的预警监测和综合分析,全面掌握流动人口生存发展状况,为公共管理、科学决策和流动人口享受基本公共服务提供信息支撑。

四、实施步骤

(一)制定方案,宣传发动。2010年底前,市、县两级制定全市流动人口计划生育公共服务均等化试点工作实施方案,启动流动人口计划生育公共服务均等化试点工作。

(二)组织实施,有序推进。2011年全面推进试点工作,召开试点工作推进会,通过经验交流、现场观摩等,总结试点工作经验和进展情况,推进流动人口计划生育公共服务均等化工作。

(三)总结提高,全面推广。2012年总结试点工作经验,建立流动人口计划生育基本公共服务均等化考核评估体系。表彰先进典型,总结工作经验,做到一级抓一级、层层抓落实,使全市流动人口计划生育工作水平进一步全面提升。

五、保障措施

(一)加强组织领导。要加强对试点工作的组织领导,成立市流动人口计划生育基本公共服务均等化试点工作领导小组,具体承担流动人口计划生育公共服务均等化试点工作,负责试点工作的组织实施、统筹协调和对各地工作的指导、评估,以及试点经验的总结推广。各地根据实际需要,成立相应的组织机构。

(二)强化要素保障。各级政府要按照试点工作要求确保人员配备到位。将流动人口计划生育工作所需经费纳入本地财政预算予以保障。在各级计划生育事业经费中,流动人口计划生育工作经费单列安排,按照与户籍人口同等投入标准落实流动人口经费保障,确保推进流动人口计划生育公共服务均等化所需的经费。加强流动人口计划生育服务管理政策与户籍管理、劳动就业、教育、医疗、社会保障、住房等政策制度的衔接和协调,同时积极鼓励社会、民间资本参与,形成以公共财政为主体、社会各方共同参与的流动人口计划生育公共服务均等化经费投入机制。

(三)深化宣传发动。充分利用计生宣传阵地、电视、报纸、网络等媒体,广泛宣传实行流动人口计划生育公共服务均等化的重要意义,通过计划生育服务机构、流动人口服务管理站(新居民事务所)计生窗口、流动人口培训班、生育文化园、企业生育文化建设等渠道,广泛宣传推进流动人口计划生育公共服务均等化的政策,让广大流动育龄群众及时了解政策内容,增强依法享受免费服务、自觉实行计划生育的意识。

(四)强化考核评估。市人口与计划生育领导小组负责建立流动人口计划生育公共服务均等化试点工作考核评估机制,每年进行考核评估,重点考核人员配备、财政投入、均等化服务落实等机制运行情况。各地也要建立相应的考核评估机制,健全考核评估体系和科学考评方法,细化工作职责、目标和任务,定期对辖区内流动人口计划生育公共服务均等化落实情况进行自查、自评,确保试点工作有序开展、取得实效。

3.1.4 绍兴市教育局关于实行市区流动人口子女初中升学"一卡通"制度的通知[1]

提要: 为了切实提高市区流动人口子女入学工作服务水平和管理水平,绍兴市教育局于2011年发布了关于实行市区流动人口子女初中升学"一卡通"制度的通知。通知明确指出了"一卡通"的办理对象和条件、升学登记时间、具体办法和审批办法等。该通知有助于更好地保障流动人口子女的就学升学问题,实现基本公共服务均等化,解决流动人口所关心的问题,增强流动人口的归属感和稳定性,实现社会公平,维持社会和谐有序。

越城区文教局、市属初中学校:

为进一步提高市区流动人口子女入学工作服务和管理水平,确保符合条件的流动人口子女在流入地依法接受义务教育,方便升学申请,市教育局决定从2012年起,在市区(城区街道和乡镇)实行"流动人口子女初中升学'一卡通'制度"。

---

[1] 绍兴市教育局:《关于实行市区流动人口子女初中升学"一卡通"制度的通知》,2011年11月16日印发,绍市教普〔2011〕126号。

一、"一卡通"的对象和条件

通过办理小学"入学绿卡"入学且具有市区小学学籍,小学毕业后要求继续在市区就读初中的未完成九年义务教育的流动人口子女。但下列两种情况,仍需按规定办理初中"入学绿卡":一是需要在城区与乡镇之间或乡镇与乡镇之间跨区域升学的;二是小学不在市区就读,需要在市区就读初中的。

二、升学登记时间

流动人口子女初中升学的登记时间与当地户籍学生同步,在每学年小学毕业期间登记。

三、具体办法

1. 申请登记。由监护人提出申请,在毕业小学统一登记。符合登记条件的学生,在小学毕业学校填写由市教育局统一印制的"绍兴市区2012年流动人口子女初中升学登记卡"。

2. 登记材料。学生及父母(监护人)家庭户口本及复印件;父母(监护人)或其中一方的《居住证》(《临时居住证》)及复印件;学生当月县级以上医院的体检报告(须有血常规、心电图、X光胸片报告),九年制义务教育登记卡,小学毕业生登记表。

四、审批办法

1. 单位验证。在规定时间内,监护人须持"绍兴市区2012年流动人口子女初中升学登记卡",向本人所在用工单位取得劳动用工情况验证,向居住地乡镇(街道)计划生育管理部门取得流动人口婚育情况验证。

2. 入学审定。教育行政部门综合学生小学就读情况、健康情况以及父母(监护人)依法居住、劳动、婚育等情况,审定升学条件并确定就读初中学校。符合条件的学生与当地户籍学生同时报到注册,同等接受免费的义务教育。

附件:绍兴市区2012年流动人口子女初中升学登记卡

附件

2012

小学毕业学校：　　　　　　　　　　　　绿卡号：

学生姓名		性别		小学毕业班级	六年级（　）班
身份证号码					
监护人姓名		工作单位		手机	
学生户籍地	省（自治区）　　　县　　　乡（镇）　　　村				
监护人户籍地	省（自治区）　　　县　　　乡（镇）　　　村				
监护人居住证登记地	街道（镇）　　　　　　社区居（村）委会				
家庭详细住址				家庭电话	
小学对学生户口、家庭住址与监护人居住状况等初审确认结果					
验证材料	户口簿	居住证	义教卡	体检材料	
学生在本校就读起始年级		学生身体健康状况			
监护人所在劳动用工单位证明意见	经办人签名： 　　　　单位（章）		居住地计划生育管理部门对监护人的婚育证明意见		（章）
小学初审确认意见	该生系我校六年级毕业生，其家庭实际居住地为：				

小学毕业学校核查人员签名：　　　　　　　（小学毕业学校盖章处）

（注：档案编号以班级为单位编制，须与毕业生花名册顺序号一致）

3.1.5 诸暨市公安局强化暂住人口管理工作实施意见[1]

提要:为了持续改善社会治安环境、破除影响社会治安稳定的突出难题,诸暨市出台了关于印发《诸暨市公安局强化暂住人口管理工作实施意见》的通知。该通知提出要以流动人口信息为管理载体促使管理工作取得新突破;要强化组织建设、强化办案职能、强化激励机制、强化多种手段,从而提高流动人口管理工作的管理效率、整体效能、工作积极性、工作实效性;要统一思想、加强协作、强化考核。该通知有益于预防控制和打击流动人口违法犯罪活动,保障经济建设持续健康发展。

为全面加强和改善我市社会治安环境,有效预防控制和打击流动人口违法犯罪活动,解决影响我市社会治安稳定的最突出问题,切实保障我市各项经济建设的快速健康发展。根据省公安厅关于《强化流动人口管理工作方案》(浙公通字〔2006〕10号)的通知精神,现就2006年我市流动人口管理工作,提出如下意见:

一、目标任务

以情报信息为主导,全面推进流动人口治安管理的信息化同专业化、社会化和市场化,争取做到对辖区流动人口底数清、情况明、管控到位、打击精确,促进公安基层基础工作取得新突破。

(一)信息登记率明显提高。出租房屋信息登记率达到95%以上,暂住人口信息登记率达到90%以上,暂住人口信息一致率达到70%以上,旅馆住宿人员

---

[1] 诸暨市公安局:《关于印发〈强化暂住人口管理工作实施意见〉的通知》,2006年4月5日印发,诸公通〔2006〕40号。

信息"四实"登记率达到95%以上,网吧上网人员实名登记率达到95%以上。所有信息全部纳入相关信息系统管理。

(二)高危人员管控、打击效能明显加强。到2006年底,各所打击处理的流动人口在被打击处理前的网上登记率要求达到30%以上,其中有前科劣迹人员在被打击处理前的网上登记率达到30%以上,以后逐年上升,流动人口违法犯罪增幅得到有效控制。

(三)信息系统建设工作明显进步。04版暂住人口信息管理系统在全局各派出所干警的内线计算机上全部下载安装,实时监控、比对、报警系统实质运行,省级前科劣迹人员数据总库在2006年6月底前初步建成,各信息系统实现关联应用。

(四)进一步加大案件查处力度。全面摸清出租房屋和暂住人口底数,做到"户不漏人,人不离户";查处600起违反暂住人出租房屋、旅馆业管理规定的案件,整改一批治安隐患。

(五)保障措施明显改善。建立以党委、政府牵头的流动人口管理组织,领导关系理顺,队伍健全,制度严明,管理经费得到有效落实。流动人口协管员队伍按登记发证暂住人口500∶1的比例逐步配备到位,2006年底前配备比例不低于800∶1。

二、工作措施

(一)强化组织建设,提高管理效率。各所在四月底前要在当地党委政府牵头建立的流动人口管理组织的同时,建立由分管副所长负责,暂口专管员、社区民警、刑侦队民警、协管员组成的流动人口管理小组,重新明确分管副所长,暂口专管员及其相关职责人员,明确各自的管理责任,切实落实民警主管、协管员协管的工作制度,确保有人管有人做,管与做一体化运作。

(二)强化办案职能,促进整体推进。按照谁用人谁负责,谁出租谁负责的原则,落实用人单位和房屋出租人协助公安机关做好各项管理工作的责任。必须要改变派出所目前登记发证工作中的被动状况,加大办案力度,根据《中华人民共和国治安管理处罚法》及《浙江省暂住人口管理条例》的规定,查处一批案件,完成下达的目标任务。

(三)强化激励机制,提高工作积极性。根据市委市政府关于《诸暨市外来流动人口综合管理专项经费使用管理暂行办法》,2005年各所获得市政府管理经费补贴共计180多万元,年底前已按标准划拨各所账户。今年将改变前两年的做法,决定从市政府补贴中提成15%,并根据平时和年终考核的分值奖励给各所(考核标准另发)。

(四)强化多种手段,提高流动人口管理的实效性。

1. 全面登记发证,提高"人户一致"率,大力推广村(居)登记站、企业远程申报点、综治中心办证点、出租房屋管理站以及委托式管理等流动人口社会化登记办证模式和"一站式"办证服务等便民利民措施,方便流动人口登记办证,加大流动人口登记发证工作力度。按照实名、实情、实数、实时的要求,严格旅馆业信息的采集、录入和传输;对难以安装旅馆业信息系统的中小旅馆,采取分点采集、定时报送、集中录入的办法进行信息采集;对通宵营业、可供人住宿的影吧、洗浴场所参照旅馆业进行身份登记和管理。利用互联网等有效载体,提高网吧上网人员身份登记的实时性。建立健全信息采集、录入、变更、传输等工作规范,实现流动人口信息的实时采集、及时录入和变动。

2. 注重高危人员管控,提高管理针对性。按照"抓小放大"、分层次管理的工作思路,在抓好登记发证等面上工作的同时,建立健全高危人员发现、列管、控制、撤管制度和工作机制,实施重点管理。通过日常检查、网上比对、信息研判等方法,确定流动人口中有违法犯罪嫌疑或者可能与违法犯罪活动相关的高危人员。采用各种有效手段,查清高危人员身份、前科劣迹、随身物品和活动轨迹等情况。发现有违法犯罪行为的及时予以打击处理,有违法犯罪倾向的及时予以触动,对暂无新的违法犯罪嫌疑的落实相关管控措施。

3. 严密落脚点控制,提高管理主动性。以贯彻实施《治安管理处罚法》为契机,进一步落实房屋出租人责任,采用委托式管理、行业自主管理、治安承包、协管员排查等行之有效的方法,做好出租房屋日常信息的采集和更新,重点做好对临时或短期留宿人员的登记管理,通过民警上门检查、物建信息员、实施有偿举报等办法,及时掌控高危人员信息。同时,加大对建筑工地、网吧、通宵浴室、通宵录像厅等流动人口容易聚集的部位、场所的日常检查力度和街面巡逻盘查工作力度,切实提高对流动人口的现场管控能力。

4. 健全信息网络化,提高信息利用率。进一步完善 04 版暂住人口管理信息系统升级改造,上半年完成各所暂口管理系统实时比对报警器安装工作。利用今年的基础大排查,完成出租房屋网上信息全部注销全部更新录入工作。开展旅馆业住宿人员信息管理系统的升级改造,配合组建市级数据库;进一步推进网吧信息管理系统建设;根据省厅工作方案,省厅要将全国逃犯库、全省违法犯罪人员库、全省负案嫌疑人员库、全省经济犯罪人员库、全省涉毒人员库以及重点省(市、区)违法犯罪人员库等信息资源,全部整合到打防控信息系统的缉控预警库中,建成可供全省公安机关实时比对和提供信息研判的省级前科劣迹人员数据总库,因此,各所要加强派出所平台、暂住人口、旅馆管理、网吧管理及打防控平台等信息化工作建设,特别是信息的采集和录入、应用工作。

5. 落实综合治理,提高社会化管理水平。以贯彻落实省委、省政府即将下发的有关进一步加强流动人口服务管理的文件和实施城乡统一户籍管理制度改革为契机,积极当好党委、政府参谋,认真落实机构、经费、人员等保障措施。特别是要根据省四厅局下发的《关于进一步加强和改进出租房屋治安管理工作的通知》(浙公能字〔2004〕85号)的规定,配齐配强协管力量,切实做好相关的业务培训和工作考核。会同有关部门积极整合社会资源,不断优化对流动人口的公共服务,维护流动人口的合法正当权益,依法打击侵害流动人口人身、财产安全的违法犯罪活动。

三、工作要求

(一)统一思想,高度重视。流动人口管理是公安基层基础工作的切入点,也是抓好今年基层基础工作的重中之重,必须高度重视强化流动人口治安管理工作,把此项工作摆上重要议事日程,针对本地区实际和存在的突出问题,制定方案,明确措施,切实抓紧抓好。

(二)顾全大局,加强协作。各所要树立全局一盘棋思想,加强情况通报、线索核查和信息共享,切实提高流动人口治安管理的效益。分管领导、专管员、社区民警、刑侦民警、基础民警、内勤、协管员等要通力合作,切实做好本岗位中流动人口管理工作的具体事项,落实各项措施,努力为全市全省公安机关提供实战应用。

(三)强化考核,狠抓落实。工作中,各所要结合本地实际,出实招,求实效,做好各项工作的监督、检查、通报和考核,保证各项工作措施的落实到位。市局将把强化流动人口管理工作作为2006年度打防控考核的重要指标和重要内容,采取实案倒查、网上抽查与实地检查相结合的方式进行检查考核。

3.1.6 枫桥镇关于加强流动人口服务管理工作的意见[1]

提要: 2007年,中共枫桥镇委员会发布《关于加强流动人服务管理工作的意见》,该意见从指导思想、目标任务、组织保障、建立长效管理机制、提高综合服务水平和工作要求六个方面出发具体介绍了创新落实"枫桥经验"以完善流动人口服务管理工作机制的总体思路。其中,该意见专门指出了自我服务管理、政治权益保障、流动人口维权、集中居住服务、子女就学问题、社会保障制度和教育培训工作等七个方面的重点服务措施。可

---

1 中共枫桥镇委员会:《关于加强流动人口服务管理工作的意见》,2007年8月23日印发,枫委〔2007〕86号。

见,流动人口管理的工作重心已经逐步从管理转向服务,以服务促管理成为创新落实"枫桥经验"的典型思路。

为进一步创新落实"枫桥经验",着力完善流动人口服务管理工作机制,全面深入推进"平安枫桥""和谐枫桥"建设,现就进一步加强和改进我镇流动人口服务管理工作提出以下意见:

一、指导思想

坚持以邓小平理论和"三个代表"重要思想为指导,全面贯彻落实科学发展观,按照公平对待、合理引导、完善管理、搞好服务的要求,坚持以人为本,转变工作理念,建立健全服务、管理、教育、维权四位一体的工作模式,切实加强全镇流动人口服务管理工作,促进流动人口与本地居民的共建共享、和谐相处,推动全镇经济、社会、资源、环境的协调发展。

二、目标任务

通过建立完善的流动人口服务管理长效机制,进一步健全体制,夯实基础,优化服务,重点在专门力量配备、组织经费保障、动态信息采集上有新突破,做到流动人口底数清、情况明、信息灵,形成管理有章、教育有方、服务有情、流动有序的良好局面,实现流动人口服务管理工作的制度化、社会化和长效化,为推进全镇经济社会又好又快发展提供良好的社会环境。

三、组织保障

建立"党政领导、公安为主,部门配合、镇村联动,社会服务、专人管理"的流动人口服务管理新格局。

1. 完善组织机构。镇成立流动人口服务管理工作领导小组,镇长任组长,政法副书记、派出所所长任副组长,综治办、派出所、法庭、司法所、劳管站、计生办、经发办、工会、团委、妇联、工商所、医院、教办等单位负责人为成员。领导小组下设办公室(下称流动办),政法副书记任办公室主任,派出所分管副所长、镇综治工作中心专职副主任为副主任,负责对全镇流动人口服务管理工作的组织保障、政策制定和指导协调。办公室实行"一办两中心"运作模式,下设综合服务中心和综合管理中心。综合服务中心办公地点设在镇政府,镇综治工作中心专职副主任为主任,内设基础组、劳动保障组、计生服务组和教育维权组四个窗口,抽调公安派出所、劳动管理站、计生办工作人员,实行合署办公,负责信息交换、计生服务、就业指导、纠纷调处、教育培训等工作;综合管理中心办公地点设在派出所,分管副所长为主任,内设社区警务组、信息管理组和督查考核组,主要负责流动人口的信息采集变更、登记办证、分析比对、督查考核、治安管理和稽查处罚等工作。村(社区)、流动人口50人以上企业建立流动人口服务管理站,与综治工作组合署办公,流动人口专管员为成员,村(社区)治保主任、计生服务人员、护村队长和企业治保干部等按照自身职责协助做好流动人口服务管理工作。

2. 建立专管队伍。制定切实可行的选聘管理办法,按照登记在册流动人口500∶1的比例,原则上在所在村、社区选聘专管员,专管员应符合身体健康、初中以上文化、政治素质较好、工作责任心强、熟悉当地情况、有较好群众基础等基本条件。根据实际工作需要,也可在流动人口中选聘优秀分子为专管员。专管员由镇流动办组织选聘、培训和考核,落实工作职责和管理制度,驻村开展工作,报酬实行固定工资加绩效考核模式,并为其办理人身意外保险,由综合管理中心负责日常管理和业务指导。

3. 落实经费保障。流动人口管理经费按市里规定,由镇财政配套解决,按照每登记在册一名流动人口不低于15元的标准,列入镇财政预算,主要用于专管员的工资报酬和流动办工作经费。镇财政办加强对专项经费使用的审计监督,确保工作经费专款专用、合理使用。

四、建立长效管理机制

1. 落实各方责任。坚持属地管理,进一步明确村(社区)、企业等各级基层组织的管理责任。严格按照"谁主管,谁负责""谁用工,谁负责"和"谁出租,谁负责"的原则,加大日常稽查力度,加强对流动人口的宣传教育,严格落实用人单位、出租房屋户主和流动人口的责任。落实驻村指导员、责任区民警的工作责任,将流动人口服务管理工作实绩列入岗位目标责任制考核范围。

2. 实行动态管理。紧紧抓住出租房屋登记管理这一流动人口管理的源头和重点,把出租房屋分为重点户、不放心户和放心户,制定不同标准,实行分类管理,及时、全面掌握流动人口及出租房屋信息,注重后续动态信息的采集和变更工作,切实做到人来登记、人走注销,确保信息的及时性和准确性。同时,要强化信息的关联比对应用,及时发现和打击混迹于流动人口中的在逃违法犯罪人员,实现流动人口管理由静态型到动态型的转变,为现实斗争服务。

3. 加快信息化建设。重视加强流动人口信息采集应用体系建设,选择一批企业,建立流动人口信息直报点,进行信息直报工作试点,实行信息采集变更即时即报。探索建立流动人口信息系统的技术升级和共享机制,切实提高劳动、计生等部门服务管理工作的信息化水平,实现信息资源共享。

五、提高综合服务水平

在继续认真做好现行流动人口服务工作的基础上,重点落实以下几方面的服务措施:

1. 推广落实"以外管外"做法。推行"外警协管外口"和"老乡干部管老乡""老乡管老乡"等做法,积极与人员数量相对集中、社会治安隐患相对较多的流动人口的来源地政府和公安、劳动、计生等部门开展协作,实行干部交流,引进当地民警和劳动、计生干部来枫桥协助开展流动人口服务管理工作。探索建立流动人口自我服务管理机制,引导流动人口开展自管自教。

2. 加强民主政治权益保障。积极保护流动人口的民主、政治权利,加强流动人口党团组织建设,适时推选流动人口中的优秀分子为党代表、人大代表、政协委员等,提供评先创优的平台。

3. 加强流动人口维权工作。建立完善流动人口维权工作机制,加强涉及流动人口的各类矛盾纠纷的摸排和调处力度。以"三化解二服务"为重点,及时调处流动人口的工伤事故、劳资纠纷、治安纠纷等问题,为其提供法律咨询和法律援助服务,切实解决流动人口在枫桥创业安居的后顾之忧。

4. 推行流动人口集中居住服务管理。流动人口50人以上企业应积极自建职工公寓,落实专人管理。条件暂不允许的,应采取在外统一租用的形式,设立职工集中居住点。镇规划建设流动人口居住小区,提供完善的生活、文化、娱乐设施和物业服务,以市场化服务形式改进流动人口居住条件。

5. 解决流动人口子女就学难问题。研究出台流动人口子女参加城镇九年制义务教育的政策,做好流动人口子女入学的统筹协调工作,提高公办学校吸纳外来流动人口子女入学能力,保障其平等接受义务教育的权利,改善流动人口子女受教育质量,切实解决就学难问题。

6. 逐步落实社会保障制度。认真落实外来务工人员各项社会保险政策,督促用人单位及时办理参保手续。将流动人口纳入帮困扶贫工作范畴,为生活发生困难的流动人口提供适当的救济和补助。提供计划生育服务,在市第二人民医院及其他社区医疗机构开设专门窗口,切实解决流动人口就医难的问题。

7. 加强流动人口教育培训工作。把流动人口纳入农民素质培训工程和再就业培训工程,落实用人单位教育培训任务,加强对流动人口法制、技能、安全等方面的教育培训。推进企业、社区文化建设,改善流动人口文化设施配套,促进流动人口整体素质的提高。

六、工作要求

1. 转变观念,提高认识。各村(社区)、企业要辩证地认识流动人口在促进我镇经济社会又好又快发展中的积极作用,以及在社会管理、治安管理中为我市带来的客观影响,认真了解和分析流动人口在生产生活、教育培训、权益维护等诸多方面面临的困难和需求,从平等共处、共建共享、构建和谐的理念出发,切实增强做好流动人口服务管理工作的紧迫感和责任感,把这项工作作为当前和今后一个时期社会管理的重点,列入议事日程,摆上重要位置,切实抓紧抓好。

2. 加强配合,形成合力。镇流动人口服务管理领导小组及其办公室,要切实加强对成员单位的组织协调,促进各部门的联系协作,努力形成齐抓共管流动人口服务管理工作的氛围。公安派出所在原来基础上继续加强对流动人口和出租房屋的动态管理力度,切实履行具体管理责任;劳动、计生部门积极靠前工作,加强相互协作,其他职能部门切实履行工作职责,发挥职能优势,搞好服务、教育、维权和管理工作,真正形成强大的流动人口综合服务管理合力。

3. 创新方法,改进工作。要始终坚持创新发展"枫桥经验"的旗帜不动摇,积极探索创新各种流动人口管理方法。要根据我镇经济发展、产业结构优化和劳动力资源配置的客观需要,定期分析和公布劳务供求信息,加强与流出地政府和公安、劳动、计生等部门的沟通合作,有计划、有目的地引进外来劳动力和技术人才,减少盲流和违法犯罪人员、三无人员进入我镇,引导企业招工地域分散化,把好来源第一关,实现人口的有序流动。

中共枫桥镇委员会
枫桥镇人民政府
2007 年 8 月 23 日

3.1.7 诸暨市公安局关于进一步加强流动人口登记管理工作的通知[1]

提要: 流动人口的治安管理是流动人口服务管理工作的重要组成部

---

1 诸暨市公安局:《关于进一步加强流动人口登记管理工作的通知》,2012 年 7 月 4 日印发,诸流管领办〔2012〕19 号。

分,也是公安机关扎实基层基础工作的重点内容。2012年,诸暨市公安局发布《关于进一步加强流动人口登记管理工作的通知》,该通知明确提出要建立公安机关与流管系统二级会商研判制度、建立社区民警与流动人口专管员绩效捆绑考核制度、加强流动人口专管员队伍建设和加强流动人口信息登记、注销工作。这些内容不仅包括了对内的队伍建设要求,还包括了公安机关对外与流管系统的会商研判和捆绑考核机制。该通知为加强流动人口登记管理工作的系统性和联动性提供了明确的规范性支撑。

各派出所、流管所:

流动人口治安管理是公安机关的重要职责,是公安基层基础工作的主要内容,为进一步提高流动人口登记管理重要性认识,健全工作机制,切实提升流动人口和出租房屋信息登记精准化水平,要求各派出所、流管所结合各自实际和职责,进一步加强流动人口登记管理工作,具体要求如下:

一、建立公安机关与流管系统二级会商研判制度

(一)在市、乡镇(街道)二级建立公安机关与流管系统定期会商研判制度

其中,市级每月会商研判一次;派出所和流管所每周会商研判一次。主要内容为:交流通报信息采集登记、日常稽查情况;高危人员管控情况;日常工作中存在问题及整改措施;讨论社区民警、专管员履责情况及绩效考核情况等。

(二)建立流动人口管理情况通报问责制度

市公安局、流管局根据各自职能,每月结合日常检查、抽查、倒查等工作,定期将流动人口登记注销、出租房屋信息登记、信息质量、高危预警信息处理情况进行通报,并抄送各镇乡党委政府及相关部门,对工作处于末位且无明显改观的,将对分管领导和有关当事人进行问责。

二、建立社区民警与流动人口专管员绩效捆绑考核制度

明确社区民警是流动人口和出租房屋登记管理工作的第一责任人,负责监督辖区内流动人口专管员做好信息登记管理工作。市局按照社区民警警务工作考核要求,将流动人口和出租房屋登记管理工作纳入每月必考内容。各派出所也要将流动人口治安管理工作纳入社区民警的主要工作任务,把流动人口治安管理特别是信息登记作为衡量其社区警务工作的重要指标,以切实提高社区民警抓好流动人口的治安管理工作的自觉性。对流动人口信息登记管理工作不落实、不到位的,同时追究社区民警和专管员的工作责任。

建立"1+X"工作模式,即一名社区民警带领、指导"X"名专管员,开展流动人口和出租房屋的登记管理工作,并协助配合相关部门做好流动人口的日常服务管理工作。社区民警和专管员要建立每周见面制度,及时了解社区内流动人口基本情况和专管员的工作状态,解决专管员在工作中存在的困难和问题,并对网格责任区专管员的考核奖惩提出意见。对专管员在日常采集登记中遇到的难点问题,经通知仍不配合信息采集工作或采取谩骂、威胁、暴力等方式拒绝、阻碍信息采集登记工作的,社区民警要及时进行处置。流动人口专管员要自觉服从社区民警的监督、指导,并每周向社区民警通报流动人口居住登记相关情况。对工作成效显著的,要以警务室为单位进行奖励。由社区民警负责对专管员进行考核奖励。

三、加强流动人口专管员队伍建设

全面规范流动人口专管员的招录、管理、使用、教育培训工作。按照公开、公平、择优原则统一招录专管员,以不低于上年度登记流动人口数800:1的比例配足配齐流动人口专管员队伍。专管员数量不足的乡镇(街道)要按比例要求进行增配。专管员管理主要原则上应为流管所或公安派出所,同时进一步明确专管员"五大员"工作职责(即协助采集、录入基础信息的"采集员",宣传法规政策的"宣传员",督促相关单位和个人报送信息的"监督员",收集和帮

助解决流动人口相关诉求的"服务员",发现违法违规情况的"情报员"),做到"专职专用"。

落实好流动人口专管员队伍的经费保障,按不低于38元/人的标准,把流动人口工作经费纳入财政预算,做到"专款专用",对克扣、挪用专项经费的,要求按照财政审计制度领导责任。要逐步提高专管员的待遇,切实保障专管员的工资收入不低于当地最低工资标准,并与当地城镇职工工资水平相适应。要施行信息登记管理考评激励机制,在保证专管员基本工资前提下,增加考评的奖金额度,提高专管员的积极性、责任心和队伍稳定性。派出所要做好乡镇街道配套15元/人服务经费的函接工作。

建立流动人口管理奖惩制度,充分调动广大专管员的积极性、主动性和创造性,增强争先创优意识。市公安局与流动人口管理服务局要进一步完善专管员的工作职责、管理制度,及时研究制定考评奖励办法,切实规范专管员队伍的管理。对专管员在发现高危人员、提供违法犯罪线索和服务实战方面,其管理的基础信息起到重要支撑作用,要实行"一案一奖"工作。对基础信息采集登记规范、全面,在省、市检查中受表扬的要进行奖励,对专管员存在以下情况的要进行严肃处理:一是对工作缺乏责任心,放任不管,责任区内流动人口和出租房屋数不清、情况不明;二是因个人利益,人为造成责任区内流动人口底数"虚高"的;三是工作中不讲究方法方式,造成流动人口登记管理工作无法正常开展的。

四、加强流动人口信息登记、注销工作

要进一步加强流动人口信息登记工作,各镇(街)流管所、派出所要按照"房不漏户、户不漏人、人不漏项"的工作要求,做好信息采集登记工作,切实提高信息登记时效性、完整性和准确性。要以镇(街)流管所(未设流管所的以派出所)牵头,每两个月组织一次流动人口政策法规宣传服务活动,提高广大流动人口对相关法律知识和居住证政策的知晓率,提高医院、学校、救助站、用人单位、房

屋出租人、中介机构、物业服务等单位履行流动人口基础信息登记、报送义务的自觉性。对屡教不改、不按规定落实流动人口治安管理责任的责任主体及不办理居住登记的流动人口，公安机关要坚持依据《浙江省流动人口居住登记条例》《浙江省居住房屋出租登记管理办法》等相关法律法规，依法从重从快处理。确保全年流动人口居住登记率、"人户一致率"、居住房屋出租登记率和居住房屋治安责任书签订率分别达到90%、70%、95%以上和100%，信息录入准确率达到90%以上。

各乡镇（街道）要落实流动人口"人来登记、人走注销"的管理目标，切实解决流动人口底数"虚高"问题，提高流动人口总数的准确性。特别是要进一步加强对企业务工流动人口的登记管理工作，对居住在企业内部的离职流动人口，必须督促该企业在3日内申报离职信息，基层派出所或流管所街道收到离职信息后，在7日内没有发现离职流动人口重新务工上传信息的，经电话联系核实等手段确认的，可将该离职流动人口信息予以注销；对居住在出租房屋但在企业务工的离职流动人口信息予以注销；对居住在出租房屋但在企业务工的离职流动人口，在3日内接到该企业申报离职信息后，在7日内要落实专管员或社区民警上门核实，确认该离职流动人口已离开当地的应予以注销。

各乡镇街道要建立和完善流动人口"网格化管理、组团式服务"工作格局，加快推进全市范围内各乡镇（街道）的流管所建设。流动人口超过200人的村居（社区）、超过100人的用人单位要设立服务管理站（室），配备专职人员开展居住登记和服务管理工作。流动人口专管员要明确责任区域，并按照800∶1要求合理控制责任区内的流动人口数量，使专管员有充分精力做好流动人口服务管理工作，提高责任区内流动人口和出租房屋信息登记质量，确保基础数据信息的全面、准确、鲜活。

诸暨市公安局　诸暨市流动人口服务管理局
2012年7月12日

3.2 流动人口服务管理的调研报告

3.2.1 枫桥镇加强流动人口综合管理,推动经济社会全面发展[1]

提要:为纪念毛泽东同志批示"枫桥经验"40周年,诸暨市公安局派工作组(杨志伟等人)对枫桥镇加强流动人口综合管理的做法进行总结和提炼。工作组撰写了调研报告,指出,枫桥镇党委政府和公安派出所充分运用"枫桥经验"的基本精神,整合多方社会力量实施了以综合管理为特征,以居住地管理为突破口,以教育、服务、维权、管理为主要内容的流动人口管理新模式,实现由防范型、强制式管理向亲和型、服务型管理转变,探索出了一条新形势流动人口管理工作的新途径。具体体现为三大途径:建立综合管理体制,真正把外来流动人口管理纳入社会管理的范畴;实行综合管理模式,增强外来流动人口管理工作的针对性和实效性;创新综合管理内容,使外来人口成为促进一方经济发展和社会稳定的有生力量。

随着改革开放的不断深化和社会主义市场经济的快速发展,吸引了流动人口的大量涌入。从20世纪90年代开始,每年来枫桥办厂、经商、务工的流动人口一直在1万左右(2003年外口总登记数1.13万,已制证5 500人),其中以务工人员为主,大量流动人口的涌入,一方面有力地促进了枫桥镇经济社会的发展,另一方面也对驻地的社会治安和经济发展带来了一定的负面影响。如何科学依法地管理好流动人口,成了社会各界共同关注的一个问题。枫桥镇党委政

---

[1] 杨志伟:《加强流动人口综合管理,推动经济社会全面发展》,2003年,诸暨市公安局档案室藏,档案号w54-63-10。

府和公安派出所充分运用"枫桥经验"的基本精神,整合多方社会力量实施了以综合管理为特征,以居住地管理为突破口,以教育、服务、维权、管理为主要内容的流动人口管理新模式,实现由防范型、强制式管理向亲和型、服务型管理转变,探索出了一条新形势流动人口管理工作的新途径。

一、建立综合管理体制,真正把外来流动人口管理纳入社会管理的范畴

建立综合管理工作体制,就是增强地方党委政府的综合调控能力,合理整合部门、社会的管理资源和力量,实现资源利用的最大化,使流动人口管理成为全社会的共同责任,成为社会管理的重要组成部分。

一是建立综合管理机构。为了落实外来流动人口综合管理新模式,枫桥镇政府每年研究制订《关于进一步加强外来流动人口综合管理工作的意见》作为部门、社会开展管理工作的指导性文件。按照"党政领导,职能综合,分工负责,协调配合"的方针,建立流动人口综合管理的三级组织:镇一级建立流动人口综合管理委员会,由党委政府牵头,综治、公安、劳动、计生、工商、法庭、财税等部门参加,统一行使流动人口管理的指挥、组织、协调职能,加强领导,增强管理力度;中间层以公安派出所为主,建立流动人口综合管理办公室,结合公安、劳动、计生等部门的流动人口管理职能,下设教育组、服务组、维权组、基础管理组,具体负责日常管理工作;企业和村一级根据管理条件和流动人口数量多少,按照300∶1的比例,配备协管员。全镇共配备6名专管员和119名协管员,协助综合管理办公室开展相应辖区流动人口的日常管理工作。

二是建立综合工作机制。按照"科学、快速、高效、方便"的原则,对流动人口管理实行"三证合一",把原来的劳动就业证、计划生育流动人口查验证、公安的暂住证合并为一本流动人口服务证;实行一个窗口一次性办理、查验证件,一个窗口接受、处理有关投诉、纠纷案件;实行资源共享,把原来三个部门的档案合并为一本档案,一台电脑统一管理。

三是建立综合考核制度。为了调动负责流动人口管理工作的部门、单位、个人的工作积极性,坚持把流动人口管理实绩与专管员、协管员的考核挂钩,与机关干部的岗位目标责任制挂钩。采取机关干部、派出所民警、专管员连村、企业的方法,严格落实管理责任,每年由镇政府牵头,成立工作组对流动人口管理进行一次考核验收,开展一次评比活动。几年来,有20家企业被评为先进集体,50余人被评为先进个人。

四是建立综合融资办法。管理工作的正常运转需要经费做保障。针对治安、计生、劳动等有关管理费被取消的实际问题,根据中发〔2001〕14号《中共中央国务院关于进一步加强社会治安治理的意见》中指出的"谁受益,谁出资""取之于民,用之于民"的原则,结合枫桥实际,采取"镇政府财政拨一点、驻镇部门出一点、企业单位助一点、有关行政村筹一点"的方式筹集群防群治队伍建设经费,拓宽融资渠道。经费筹集工作由镇政府委托综合管理办公室实施,主要用于专兼职流动人口管理人员的工作报酬,"三无"人员的集中移送,治安、刑事案件的查处和追逃等工作。自融资办法实施以来,共筹资经费20余万元,有力地保证了流动人口综合管理工作的深化。

二、实行综合管理模式,增强外来流动人口管理工作的针对性和实效性

坚持"谁用工、谁负责,谁出租、谁负责"的原则,以现居住地管理为突破口,以分类管理为主要方式,实行综合管理模式。

一是实行分类管理。外来流动人口的一个明显特点就是"杂"。为了确保管理工作的有序开展,综合管理办公室每年年初对外来流动人口进行统计归类,把流动人口分为三大类,并区别对待,实行不同的管理方式。第一类:在枫桥办厂、经商的人员和规模企业中的中高级人才及投靠本镇居民的流动人口,对这类人员主要实行登记制,特别是对其中的外来中高级人才授予"荣誉镇民"的称号,给予当地居民待遇。第二类:有固定职业、固定住所、身份明确的流动人口,对这类人员主要采用委托管理的方式。第三类:有前科、三无人员、流动性过强和需要重点监控的人员,对这类人员主要通过防、打、控的手段实现管理目的。

二是实行委托管理。枫桥镇的大部分外来人口集中在企业和集体经济较强的行政村。针对这一实际,一方面鼓励和引导职工在50人以上的企业建立企业集中居住点,委托企业负责日常管理。浙江步森集团有限公司,拥有七家分公司和二家海外贸易公司,总资产2.93亿元,员工3 500余名,其中外地员工683名,占员工总数的22%,是外来人口管理的重点单位。公司党委坚持以改善工作、生活环境来调动员工工作积极性的宗旨,共投资850万元新建两个外来员工生活区,生活区内生活设施齐全、文化娱乐场所齐全、管理制度齐全,率先创造了"公寓式管理"的新模式。中央政策研究中心一位领导来步森集团考察时,曾作过高度评价:"步森集团的公寓式管理不亚于大学生的宿舍。"为推广步森集团的经验,枫桥镇党委政府专门组织工作组,深入企业调查研究,会同企业共同研究外来人口管理办法。

目前,枫桥镇80%的规模企业都建立外来人口集中居住点,牢牢掌握了外来人口管理的控制权。另一方面,对流动人口较多且集体经济较强的行政村,组织村治调主任、护村队、专职协管员等人,建立流动人口管理站,并委托管理站对辖区内的外来人口进行全程管理、监督、服务。同时,按照"限量、扩容"的原则,支持个人建造出租房屋,培育出租大户,委托房东管理。流动人口和出租户都较多的行政村,按照"就近、方便"的原则,实行"分散出租、集中管理"的模式。一般以相邻5—10户,选择其中空闲时间较多、素质较高、能力较强的房东,作为管理委托人。为保证委托管理的顺利实施,制订了严格的管理制度,坚持每半月向办公室汇报一次,每个委托管理人都要建立管理台账,对达不到要求的,取消出租房资格等等。

三是实行重点管理。把案件多发地处、偏僻地段出租房、建筑工地、独身年轻女子居住地段确定为重点防控地段,对第三类人员确定为重点防控对象。对村、实业中的重点人员落实专人负责管理和帮教,实行重点打击。2001年8月份,枫桥镇勤农村、新农村等地,新来外来人口多,一度发生多起偷盗案件和寻衅滋事案件,当地群众反响很大。枫桥派出所针对这一情况,多次召集周边几个村的干部商量防范对策,仅用一周时间,建立了一支以勤农村为中心,联合周边 6 个村的"陈楼七村巡防队",招收保安 22 名,配备专业服装和装备,开展全天候的巡防巡逻,当月抓获外来犯罪分子 4 名,调解和处理纠纷 5 起,查获来历不明的自行车 10 余辆,极大地打击了犯罪分子的嚣张气势,使陈楼七村的社会治安得到明显好转。实行重点管理以来,极大地降低了外来人员的发案率。近五年来,外来流动人口在枫桥地区因违法犯罪被追究刑事责任的 128 人,受治安处罚的 66 人。

三、创新综合管理内容,使外来人口成为促进一方经济发展和社会稳定的有生力量

针对外来人口数的逐年逐增且成分更加复杂的实际,加上社会法制的不断健全,一些防范型、强制式等传统管理方法已经远远不能适应新形势发展的要求,必须着力在创新综合管理内容上做文章。

一是依靠组织管理人。外来流动人口中有一部分是党、团员,而这些人长期脱离家乡党、团组织的管理,如果不加强管理,党团组织的先进性难以发挥出来。基于这种认识,将流动人口中党、团组织建到企业、建到车间、建到流动人群中间,为流动人口综合管理奠定了必要的政治基础。全镇 100% 的规模企业都建立党、团组织,把流动人口的现有党、团员纳入企业党组织管理之中,吸收外来人口中的优秀分子加入党、团组织,充分发挥流动人口党、团员的先锋模范作用,引导流动人口积极参与当地经济建设和社会管理。步森集团、海魄公司、情森公司等规模企业,坚持以人为本,重用外来人才,挑选懂技术、善管理的外来人员到企业的主要岗位任职。

现任情森公司西裤厂厂长谢某某,杭州市人,党员,具备较强的技术水平和管理能力。2000 年 4 月,公司大胆任用他任西裤厂厂长职务,团结和带领全厂职工年年超额完成公司下达的生产任务,去年还在枫桥购买住房安了家。

许多人问他:"你老家比枫桥富裕,又有技术,到老家发展不是更有前途吗?"他回答:"我是一名党员,在公司最需要我的时候,我不能为谋取个人利益而背弃公司。"

枫桥镇的每个行政村都有外来人口,各村党支部把加强外来人口管理列入支部的主要工作,指定一名支部成员分管外来人口管理工作。岫山村党支部专门设立外来人口协查维权岗,明确工作目标,定期开展教育、登记、检查、服务,由于支部工作到位,近5年来,没有一名外来人员违反村规民约,为依靠党员管理外来人口提供了宝贵经验。新农村党支部书记陈乐琴,致富不忘群众,自1994年开始办的50亩养殖场,迄今为止已发展成为1万余亩的规模较大的珍珠养殖场,拥有员工400余名,不仅解决了本村的剩余劳动力问题,而且每年都要招收100余名外来务工人员,以企业负责人和村党支部书记的双重身份管理外来人口,做到本地人与外地人地位同等,待遇同等。凡是到养殖场打工过的外来人员都有一个共同的感受:"陈书记待人比我们老家的村支书还要好,新农村是我的第二故乡。"

二是强化教育育人。分析枫桥镇外来务工人员的成分,绝大部分都是来自外省(县)贫困地区的农民、下岗职工,其中还有少量失足青年,大中专毕业生所占比例极少。因此,文化程度低下是外来人员中存在的一个普遍现象,如何使这批人以主人翁的姿态积极参与当地经济建设和社会管理,首要的是强化教育,提高素质。为此,枫桥镇党委、政府专门发文,要求劳动用工单位、企业、村把加强外来人口教育作为各级组织的一项重要任务来抓,并制定具体的教育计划和考核验收制度。由镇党委牵头,综合司法、公安、劳动、计生等部门组成教育领导小组,深入企业、村进行巡回讲课,使外来人口受教育的普及率达95%以上。凡是进企业的外来人口第一件事就是学法律和厂纪厂规,凡是进村的外来人口第一件事就是学法律和村规民约,已经成为各企业、村重视外来人口教育的自觉行动。浙江海魄服饰有限公司自1994年创办以来,从一个只有30余员工,年产值不到百万元的小厂,发展成今天员工近千人,年产值超双亿元的中国服装百强企业,一个成功之处在于重视职工的素质教育。公司董事长陈茂水是教师出身,办厂伊始,就牢固确立"一个企业要出产品先出人品""企业既要创品牌,又要有培养人才的社会责任"的理念,为了把企业职工培养成为既是创品牌产品的能手,又是社会有用之才,于1998年8月份在企业内创办了职工素质学校,开设了思想政治课、文化课、业务技术课,共培养职工500余人,使企业成为人们既能赚钱又能读书的好去处,开辟了一条"学校式"管理企业员工的新路子。每年都有许多外地家长送儿女来海魄,并亲手交给陈总:"把孩子交给您,我们一百个放心。"现任《海魄报》编辑的嵊州籍钱某某,进厂前是个好吃懒做,打架斗殴成瘾的"小混混",1999年春节刚过,老父亲带着他从嵊州老家到海魄公司,进厂后,陈总把他列为重点教育的对象,经常耐心细致地做其思想工作,后来让他进入职工素质学校学习,经过半年时间的耐心教育,小钱完全变了样,当年被送到部队服役,在部队表现突出,年年被评为优秀士兵,部队领导多次写信给陈总说:"感谢海魄公司为部队输送人才。"2002年12月,退伍重新回到海魄工作,发挥部队所学特长,走上《海魄报》编辑的重要岗位。只要到了海魄公司,最难管的"小猢狲"也会变成企业骨干。

三是优化服务拴留人。外来流动人口之所以能成为枫桥经济建设的一支主力军,是因为枫桥有个良好的社会环境,而且办事方便,服务到位,没有后顾之忧。在加强日常办证,信息服务和免费查环查孕服务外,积极开展劳动力就业信息服务,支持有条件的流动人口落户枫桥;努力创造条件,改善流动人口的生活环境;发挥工商、财税等职能部门作用,为流动人口办厂经商、务工创造良好的社会环境;严格要求协管员增强服务意识,坚持执行每10天上门服务一次的规章制度,加强感情联络,努力把流动人口综合管理办公室建设成流动人口的"娘家"。各企业、村坚持以理服人、以情感人的原则,千方百计为外来务工人员解决实际困难,为外来人口营造一个拴心留人的环境。浙江情森制衣有限公司积极推行"情感式管理"模式,把外来职工当作企业的主人,始终把了解人、关心人、凝聚人的工作渗透到生产经营和日常管理之中。公司还根据有关政策为连续2年以上的优秀员工办理养老保险金,以解决职工的后顾之忧。企业中80%的外地务工人员不同程度地受到过公司帮助照顾。到公司内只要随便找个外来员工聊聊,他就会对你说:"情森公司如此关心外来职工,我们会掏心窝为公司效力。"正是这种企业员工的凝聚力,使企业走上了一条富有特色的发展之路。2002年实现国内销售额2.5亿元,创利税2 950万元,成为中国500家最大私营企业之一。

四是深化维权取信人。切实维护流动人口的合法权益,营造公平、公正的氛围。建立流动人口维权服务中心,吸收规模企业的优秀工会主席和流动人口代表加盟,开通维权热线,及时解决劳资纠纷、治安纠纷,全面建立企业工会组织和工资集体协商制度,全方位地开展劳动用工合同签订工作,真正维护流动人口的根本利益。坚持做到"六个一",即每年组织一次劳动合同签订,每年组织一次劳动用工情况检查,每年组织一次工资发放情况检查,每年组织一次劳动年鉴,每年组织召开一次座谈会,每年组织一次法律讲授。2003年2月9日,在诸暨市东一制冷设备厂打工的贵州瓮安籍蒙某某,在工作时不慎被车床轧断左手食指的第一节。事故发生后,蒙某某多次要求厂长葛某赔偿损失6 000元,但葛某认为外地人可以应付,只愿拿出1 000元作为赔偿费,双方矛盾迟迟得不到调解。3月15日,蒙某某告状到镇劳动管理站,接案后,劳动管理站工作人员立即展开调查取证,并多次向葛某解释劳动用工法,于3月18日经调解由葛某赔偿5 000元,双方达成协议,仅用3天时间使这一纠纷得到及时解决。事后,蒙某某逢人便说:"枫桥镇的干部办事公正公平,在这里打工可以安全安心。"处理劳资纠纷是这样的,处理治安纠纷也同样如此。2003年2月21日,初次到枫桥镇新农村打工的浙江开化籍张某某,被本地居民陈某某家的狗咬伤,花去医药费1 166元。伤好后,张某某上门催讨医药费,结果不但拿不到钱,而且被陈某某打了一顿,张某某非常气愤,准备伺机报复后一走了之。后来经老乡劝说:"你先报案,枫桥派出所是先进单位,处理事情公正。"但张某某心存疑虑,认为公安机关只会偏袒本地人,不可能会给外地人做主的。第二天张某某抱着试试看的心理,向派出所报了案。派出所民警热情接待了他,当天就调解处理了这起纠纷,让张某某拿到了应得的赔偿款,并对行为人作出了相应的治安处罚。事后他含着感动的泪水对民警说:"枫桥派出所不愧是全国先进派出所。以前只听别人说,今天亲身领教过了,真是名副其实。"第二天一早,张某某在派出所门口燃放鞭炮表示感谢,并特意制作了一面写有"秉公执法,为民做主"的锦旗送到派出所。据统计,自流动人口综合管理体制实施以来,枫桥共解决治安纠纷53起,解决劳资纠纷、工伤事故159起,涉及资金72万元,劳动用工合同签订率年年达98%。

五是树立典型激励人。外来人口数量多、成分复杂、素质参差不齐,要真正把外来人口的思想统一起来,行为规范起来,积极性调动起来,人心凝聚起来,不仅要靠教育、服务、维权和管理,而且要靠典型的示范,引导外来人口学有榜样,干有方向。枫桥镇政府每年组织开展"十佳外来优秀青年"评选活动,各企事业单位从不同层面组织开展形式多样的评先创优活动,在党、团员中设立"党员示范岗""团员示范岗""青年文明参赛岗";在车间开展评比先进车间、先进车间主任活动;在职工中开展"双学双比 争当文明职工"竞赛,对被评为先进的外来人员在精神、物质、待遇、职位上给予优先,为外来人员创造施展才华的机会和发展空间。步森、海魄、情森等龙头企业都创办企业报,开设专版大力宣扬先进事迹,设立奖励基金,对先进给予重奖。据不完全统计,步森、海魄、情森等企业每年评比先进中外来人员均占总数的60%以上,现在企业重要岗位上任职的外来人员都是由群众评选出来的先进人物。

3.2.2 诸暨市公安局创新警务模式实现优势互补 积极推进外来流动人口的高效管理[1]

提要：逐年增长的外来人口规模和违法犯罪案件数量对治安形势提出了严峻考验。但是，许多地方往往警力严重不足，管理机制落后，无法从源头上有效管理外来人口。基于此，诸暨市积极探索"外警协管外来人口"的全新警务机制，从体制建设、工作定位、管理职责、工作运行和后勤保障等方面探索出来较为完善的运行体制，并在试行一年里基本消除了外来人口的群体性事件，有效维护了社会治安稳定。诸暨市公安局总结了创新"外警协管外来人口"的做法，主要从前期调研、实践探索、实践成效和实践启示四方面作了详实介绍。这份史料对各地依靠外来警察协管流动人口具有参考价值。

外来流动人口管理曾经被有关人士称之为"世纪难题"，也是新形势下公安基层基础工作面临的一个新的难点问题，各地党委政府和公安机关一直在不断探索，创造出了不少行之有效的经验和特色。为切实加强新形势下的外来流动人口管理，从2000年开始，我局一直在店口镇开展外来流动人口管理模式的探索工作，经过几年努力，我们初步建立了以"教育、维权、管理、服务"为工作理念和以"外警协管外来人口"为主要模式的流动人口管理警务新机制，取得了较为明显的成效。

一、认真开展调研，形成"外警协管外口"警务协作新思路

店口镇是目前我市的第一经济强镇，近几年来，随着店口以五金加工产业

---

[1] 诸暨市公安局：《创新警务模式实现优势互补 积极推进外来流动人口的高效管理》，2005年，诸暨市公安局档案室藏，档案号 w2005-1-199。

为主体的块状经济的快速发展,外来流动人口逐年增加。2004年底全镇实有登记的外来人员达24 057人、预计总量超过3万人。近几年来,我局多次派出调研组对店口镇的社会治安问题开展综合调研,发现由于大量外来流动人员的涌入,店口镇近五年的刑事发案总量一直处于全市前3位,其中外来流动人口犯罪占店口镇刑事案件总量的79%。而影响店口镇社会治安形势主要是四个方面。一是外来人员结构复杂。以2004年为例,全镇共登记外来流动人口24 057人。其中贵州籍为7 108人,江西籍为4 718人,分别占总数的30%和20%,同时还有湖南、湖北等几个省份的外来人员。二是外来人员引发的群体性事件较多。由于店口镇经济结构大部分以家庭作坊企业为主,存在大量的劳资和工伤等矛盾纠纷,引发外来人员群体性事件不断增多。2003年店口镇曾多次出现了外来人员群体性围攻派出所、打砸雇工单位、公然对抗政府等社会治安事件。三是外来人员违法犯罪势头较猛。由于管理措施不严和对外来人员中的重点对象控制不力,店口镇近年来的外来人员违法犯罪率一直居高不下,2003年,店口派出所共打击处理刑事犯罪人员70人,其中外来人员40人,占全部打击处理人员的67%;2004年共打击处理人员124人,其中外来人员98人,占全部打击处理人员的79%。被打击处理的以贵州和江西籍人员为主,约占50%以上。四是外来人员组成的黑恶势力逐步出现。由于外来流动人员结构复杂,一些外来人员逐步演变成黑恶势力,扰乱店口镇正常的社会生活秩序。2003年以来曾多次出现外来黑恶势力收取"保护费"敲诈外来民工,受雇本地业主实施报复伤害等暴力案件。鉴于上述治安形势,我局在认真开展基础调查后对存在问题的原因进行了认真地分析,认为在当前警力严重不足、管理机制没有完善的情况下,以暂住证为主要形式的登记发证是一种简单形式的管理,不能全面掌握外来流动人员的总体状况;以出租房管理为主要形式的阵地式管理,不能从动态上掌握外来人员的信息;以打击型的管理方式无法从根本上增强外来人员的法制意识和整体素质。这就是外来流动人口管理的真正"难点"所在。经过反复研究和思考,我们按照"流动人口重管源头"的思路,大胆提出了"聘请外警协管外来流动人口"的设想,得到了市委市政府和店口镇党委政府的大力支持。去年下半年,我局多次与在店口外来流动人员比较集中的贵州省遵义县和江西省永丰县公安机关开展警务协作洽谈,达成警务协作的共同意见,先后在8月份从贵州省遵义县引聘了2名民警,又在11月份从江西省永丰县公安局引聘了1名民警到店口派出所工作,三地警方共同管理外来流动人口的警务协作全面启动。

二、积极探索实践,建立"外警协管外口"的警务新模式

从今年年初开始,我们按照边实践、边探索、边完善、边提高的工作方针,结合店口镇外来流动人口的分布现状和社会治安突出特点,组织专门工作组,开展了长达半年的"外警协管外口"的警务机制建设工作,从警务体制建设、警务工作定位、警务管理职责、警务工作运行、警务后勤保障等方面建立了比较完善的工作机制,形成了富有诸暨特色的外来流动管理新模式。

一是科学构建警务体制。为了充分发挥出外来警察和本地警察各自的优势,实现优势互补。我们建立了由店口派出所民警和外警共同组成的外来流动人口管理警务组,其中店口派出所民警2人、贵州籍民警2人、江西籍民警1人、警务组设组长1人,组长由店口派出所分管基础工作的领导兼任,副组长由派出所委任,根据工作需要,在党委政府的统一领导下,按照500∶1的要求,在流动人口比较集中的村和企业建立协管员队伍,作为警务组的基础工作力量,由警务组做好日常业务指导和管理工作。

二是合理界定外警的工作定位。由于外警到店口派出所工作后,受语言、环境和执法主体等因素的影响,对外籍警察不能确定过高的工作目标和要求。为此,我们把外警的工作基本定位在以协助管理外来流动人口为中心,通过基础工作确保不发生由外来人员引发的群体性和突发性事件,重点排查收集外来流动人口中潜在的不稳定因素和矛盾纠纷信息,定期开展对外来流动人口的法制教育,在协助当地派出所开展涉及外来流动人口犯罪的案件侦查上,发挥好协作和协管的作用。

三是明确外警的工作职责。为了使外警做到职责明确,我们按照"教育、维权、管理、服务"的工作要求,确定了外警的四项工作:一是开展对外来人口的排查。要求外籍民警通过基础工作,摸清外来人口底数,着重掌握外来人员中的重点对象,落实外来人口的各项管理措施。二是强化情报信息收集。要求外籍民警结合基础工作物建秘密特情,掌握对外来人员中可能引发群体性事件的信息和苗头以及各类违法犯罪的情报和线索。三是积极开展教育维权活动。要求外籍民警结合基础工作,开展多种形式的法制安全教育和友情对话活动,增强外来人员的安全防范意识;依法开展对流动人口的维权服务,及时疏导和化解外来人员遇到的各类矛盾纠纷。四是积极开展两地警方的警务协作,要求外籍民警在创新开展流动人口管理为主的警务工作基础上,探索建立源头管理、两头并举的警务协作制度。

四是建立警务运行机制。为确保外警协管流动人口警务组规范有序地开展工作,我们建立了流动人口管理警务组五项警务工作机制。一是值班值勤机制。要求警务组民警根据派出所的统一安排,认真参与派出所的值班值勤工作。外籍民警着重做好涉及外来人员的警情处置工作。二是协查案件机制。要求警务组民警根据派出所的安排共同参与涉外案件的侦查和调查工作。外籍原则上以协查为主,不得为主受理查处。三是化解矛盾机制。要求警务组民警在外来人员群体性事件中,外警重点是参与政策宣传和法制教育,掌握组织为首人员的基本情况和各种动态信息。在处置涉外纠纷中,外籍民警配合做好说服教育和就地化解工作。四是专项整治机制。开展专项清查和整治,要求警务组民警定期组织开展治安清查和重点整治,外籍民警为主配合派出所重点清理"三无"人员。五是建立警务管理规范化制度。

为确保外警更好地履行职责,高效有序地开展警务活动,我们建立了九项警务管理规范化制度,第一是定期学习制度。要求警务组按照派出所的有关规定,在参加所里每周一集中学习的同时,在每月20日左右开展一次专题学习活动,重点是学习有关流动人口管理的各类文件。第二是管片联厂制度。要求警务组将流动人口比较集中的企业和村进行合理划分,作为警务组民警的管理工作责任区。第三是信息研判制度。要求警务组在日常管理中抓好各类信息收集工作,并定时进行交流和综合研判,提出相应对策和措施。第四是基础管理制度。要求警务组建立好流动人口和出租房屋为重点的基础工作台账,实行网络化管理。第五是法制教育制度。要求外籍民警在不同的外来群体中定期举办法制教育培训班。每季度组织一次"友情对话"活动,将对话活动中反映出来的主要问题和意见建议及时反馈给党委政府。第六是重点巡控制度。要求警务组适时组织开展对重点村和重点人员的集中清查或集中整治活动。第七是绩效考评制度。要求派出所对警务组民警实施绩效考核,考核中突出流动人口管理工作。第八是情况反馈制度。要求警务组对每个月的工作情况进行书面小结,向派出所领导进行反馈。第九是警务保障制度。要求派出所协助党委政府和市局建立聘用外籍民警的规范化工作制度,及时签订警务协作协议,按照协议规定内容认真加以落实。

三、"外警协管外口"警务模式的实践成效

"外警协管外来人口"的警务新模式试行一年来,不仅对改进店口的社会治安环境产生了明显的效果,也为推进派出所的基层基础工作、提升打防控工作效能发挥了积极的作用。

一是积极发挥外籍民警的身份优势,较好地摸清了外来人员状况。通过外籍民警大量的基层基础工作,使店口派出所进一步搞清了外来流动人员的底数。以贵州警察为例,他们在一个月时间内,先后走访了36个村,26家企业,摸清了贵州籍在店口的外来人员为14 351人,比之前派出所掌握的底数7 108人多了整整1倍。同时,很快地掌握贵州、江西两地外来人员中的重点人员。共排摸出黑恶团伙三个,重点人员12名,彻底摸清以讨工资为名,聚众打砸滋事进行

敲诈勒索的贵州籍组织成员,为派出所打击外来人员涉恶犯罪提供有力的依据。

二是基本消除了外来人口群体性事件,维护了店口的社会治安稳定。过去,一些外来人员因为劳资纠纷或者与本地人发生治安纠纷,往往组织一大批老乡以聚众闹事或群体性上访等方式求得解决。引进外籍警察后,由于外籍民警依靠"老乡警察"的身份,以村为单位主动深入到本籍务工人员当中,客观公正地协调处理其与本地业主之间的矛盾纠纷,想方设法地为其解决些忧事、难事,努力维护其合法权益,在务工人员中形成了有难事、疑事找"老乡警察"的局面,从而消除了店口镇外来人员群体性事件多发现象,有力地维护了店口镇的社会安定。

三是通过深入收集情报信息,提高了刑事案件打击破案能力。外籍民警利用身份和语言优势,积极物建秘密力量,搜集到深层次的情报信息和线索,大大提高了打击效能,有效遏制刑事案件高发势头。以贵州籍民警为例,他们到店口派出所工作一年来,共建立治安信息员18名,刑事特情12名,收集各类信息76条,各种证据材料25份,向派出所递交《关于店口镇贵州籍涉恶势力违法犯罪情况的调查》等研判材料4份,直接协助派出所破获刑事案件47件,打击处理32人,成功摧毁涉恶团伙2个,特别是两名民警经过四个多月的调查走访和搜集证据,协助派出所摧毁了一个以"姚老五"为首的,专门插手民间经济纠纷、收取保护费、受雇于他人进行买凶的恶势力团伙,令辖区群众和贵州籍民工拍手称快。

四是注重双向沟通交流,加强了两地警方的警务协作。引进外籍警察后,外籍民警可充分发挥对人口流出地和流入地情况比较熟悉的优势,积极牵线搭桥,方便两地警方开展警务交流和协作。如2004年11月,在外籍民警的协助下,枫桥派出所成功地在遵义县抓获闵安志等涉嫌抢劫团伙成员2人,贵州籍民警还多次被绍兴市和我市公安机关刑侦部门邀请参与重大案件的技术侦查和情报信息收集工作,拓宽了警务协作的领域。特别是外籍警察到店口工作后,学到了不少公安工作的新理念和新方法,他们在日常工作中也勤于思考,初步探索总结了管理外来流动人口的以"走访了解、调处矛盾、收集信息、协作打击"为主要内容的"外警基础工作法",为丰富完善"外警协管外口"的新型警务模式作出了积极的努力。

四、"外警协管外口"警务实践的启示

随着经济社会的不断发展,人口转移和人口流动已经成为一种自然的社会现象。党的十六大提出要构建和谐社会,首先要做到人与人之间的和谐,外警协管流动人口的警务模式从一定意义上来讲,对于推进和谐社会建设具有积极的作用,这一警务实践对促进公安基层基础工作也有许多启示。

一是部分解决了基层警力不足问题。以往在流动人口管理中,由于警力紧张,只重视对外来人口的登记和办证工作,基本上放弃了对外来流动人口的管理,因此,出现对外来人员中重点人员情况不明,动向不清的困境。引进外警后则有了一支专业管理队伍,既解决了派出所对外来流动人口管理警力紧张的问题,又能够积极会同计生、劳动部门开展联合管理,大大提高了对外来人口的管理效能。

二是延伸了基础情报信息的触角。由于外籍警察能够充分利用"老乡警察"的身份开展各项保障外来流动人口权益的活动,所以普遍能够得到本区外来流动人口的认可,能够得到深层次的情报信息,此举把以往要靠特情获得的基础情报扩展到在一般外来人口中得到,扩大了信息情报的来源,为现实斗争提供了有力的保障。

三是增强了对外来流动人口中的违法犯罪分子的威慑力。外来流动人口中犯罪率较高的一个很重要的原因就是流动性大,一旦违法犯罪行为被发现后就易地逃跑,基础信息和线索很难发现和掌握。实施外警协管流动人口后,加强对本籍人员的管理,强化了对违法犯罪人员的追踪打击能力,打消了部分违法犯罪人员"捞一笔就跑、打一枪就逃"的侥幸心理。

四是提高对外来流动人口的管理能力。一个地区的流出人口,在分布上往往形成一定的规律,由于流动人员外出都是通过亲带亲、邻带邻的形式出现,因此流出地人员一般都以乡镇和村的小群体形式进入流入地,流动人员落脚点也往往较为集中。在店口镇六村居住的外来人员基本上以贵州人为主,其中店口中心村又以贵州遵义人居多,六家园自然村以贵州黄平人为主。因此,引进外籍警察实际上相当于对本应该属于当地公安机关管理的人群进行了易位管理,基层基础工作的区域发生了变化,而管理的对象没有发生变化,而且管理的专业化程度和针对性更强,效果更好,从而增强了公安机关对外来违法犯罪人员威慑力。

3.2.3 诸暨市公安局外来流动人口"双向互动式"管理的有益探索——对"外警协管外口"警务模式的调查和思考[1]

提要: 诸暨市委常委、公安局局长张伟光从"双向互动式"视角对"外警协管外口"的管理模式展开了调查与思考。店口镇外来流动人口存在区域聚集、人文差异和犯罪频繁的问题,其中外来流动人口犯罪占全镇刑事发案总量的近80%。出于政府、社会和公安三方面的动因,诸暨市开始探索"外警协管外口"的警务模式,先后初步建构了联动协作的警务体制,合理界定了外籍民警的工作定位,基本框定了外籍民警的工作职责,探索建立了规范的警务运行机制和日常警务管理制度。透过警务模式的成功实践可以发现,这种双向互动性的警务模式必须得到党委政府的支持,并且以警务协作的方式运行,同时,在开展这种模式的实践时必须因地制宜,时刻考虑特定性和普适性。

---

[1] 张伟光:《外来流动人口"双向互动式"管理的有益探索——对"外警协管外口"警务模式的调查和思考》,2005年2月1日,诸暨市公安局档案室藏,档案号w2005-1-201。

面对外来流动人口管理难度不断增加的实际情况,诸暨市公安局以经济强镇和外来流动人口集聚的店口镇为重点,运用警务协作的形式引聘贵州和江西籍的警察到店口镇协助管理外来流动人口,探索建立了"外警协管外口"的新型警务模式,经过实践后取得了较好的成效,为公安机关加强外来流动人口管理提供了一个可鉴可思的经验。

外来流动人口管理曾经被有关人士称之为"世纪难题",也是新形势下公安基层基础工作面临的一个新难题。多年来,各地党委政府和公安机关都在积极探索,创造出了不少新的特色和有效的经验。从2001年开始,我市一直在店口镇探索外来流动人口管理的新型警务模式,经过努力,目前已初步构建起了以人文关爱为工作理念,以"教育、维权、管理、服务"为工作内容,以"外警协管外来人口"为主要形式,具有内外警方"双向互动"特点的外来流动人口管理警务机制。

一、外来流动人口影响店口社会治安的基本特点

诸暨市店口镇是浙江省经济十强镇(乡)之一,从改革开放初期的五金加工业起步,经过近三十年的发展,已经成为全市的第一大经济强镇和现代化的小城镇。2004年,全镇的工业经济总量达到了300亿元,实现GDP达50亿元。店口镇的外来流动人口随着五金汽配行业的发展而增长,目前总量已经达到4.5万人左右,由于大量外来流动人口的涌入,店口镇近几年的刑事发案总量已处于诸暨市27个镇乡(街道)的前3位,其中外来流动人口犯罪占全镇刑事发案总量的近80%。店口镇外来流动人口的形成方式和现阶段影响店口镇社会治安的问题已经显现出三个特点:

(一)"移民式"的涌入形成了外来流动人口区域集聚的特点

店口镇五金汽配业发展初期,总量较小,规模不大,本地劳动力基本上能满足各类企业的需求。到了90年代初期,店口镇出现了以盾安、枫叶、万安为代表的几个"小型巨人"企业,且随着店口南方五金城的不断繁荣,又出现了近千家五金汽配的中小型企业,劳动力紧张的矛盾日趋凸显,因而外来人员成为店口镇的重要劳动力资源。90年代中期,一批贵州和江西的外来人员捷足先登,到店口镇进厂打工,这批外来打工人员在店口镇立足以后,逐步以亲帮亲、眷带眷的形式,将亲戚老乡介绍到店口镇来务工经商,几年以后逐渐成为店口镇劳动力资源供求的主体。以2004年为例,店口镇共登记外来人口24 057人,其中贵州籍为7 108人,占店口镇外来流动人口总量的30%,而遵义县人员约占贵州籍60%;江西籍为4 718人,占店口镇外来流动人口总量的20%,而永丰县的人员则占江西籍人员的70%左右,同时还有湖南湖北等几个省份的外来人员。这些外来流动人口以区域性和群体化形式进入店口镇,有的进厂打工,有的租房经商,有的操持家务,店口镇的几个镇郊区域逐步出现了"遵义村""永丰村",外来流动人口从一定意义上已经成为店口镇的新一代"移民"。

(二) 人文观念的差异出现了店口人与外来人员的"错时磨合"特点

近几年来,店口镇大量的外来流动人口来自贵州和江西等经济欠发达地区,虽然同处一片热土,但内外两地人员的思想观念却存在着较大的差异,店口镇的经济结构大部分以中小型企业为主,众多的企业对外来流动人口的管理模式各不相同,各类经营业主对外来流动人员的管理理念也各有千秋。外来流动人口远出家门打工谋生,受自身文化和生产技能的制约,本身就有一种原始的自卑心理。内外两地人群思想观念、文化素质、生活方式的差异性,在共同的社会工作环境下逐步出现了一种特定的"错时磨合"现象,在这种"错时磨合"期经常会发生劳资纠纷、工作矛盾、生活摩擦等诸多问题,并逐步由分歧到对峙、进而发展到对抗或冲突,因而由外来人员引发的突发性和群体性事件逐渐增多。2003年,店口镇一业主因克扣一民工200元工资,贵州籍人员便纠集200多人到业主家里,采取暴力胁迫手段敲诈现金2 000元。贵州籍人员与其他省份的民工发生矛盾冲突后,曾专门召集近百名在慈溪打工的老乡,雇车携械到店口镇准备报复。同时店口镇还多次出现外来人员群体围攻派出所、打砸雇工单位、公然对抗政府等治安事件。

(三)鱼目混珠的特殊群体呈现"生活失衡"的犯罪特点

店口镇的经济发展解决了大量的外来流动人口就业问题,外来流动人口同时也对店口镇的经济社会发展起到了较大的促进作用,但是大量的外来流动人口涌入店口镇后,一方面受就业"容量"的制约,另一方面也受流动人员自身素质的制约,就难免出现一批"鱼目混珠"式特殊人群,这些人群大都有妒富不满和欺强凌弱等"生活失衡"心态。在具备一定的条件以后,他们便利用内外人员之间出现的各种矛盾因素,打着保护老乡利益的旗号,自觉或不自觉地纠合在一起,形成了一些外来人员的地方恶势力和犯罪团伙,专事敲诈勒索或日盗夜抢等违法犯罪活动。2003 年以来,店口镇曾多次出现外来黑恶势力收取"保护费"敲诈外来民工,受雇于本地业主实施报复伤害等暴力案件。2003 年,店口派出所共打击处理刑事犯罪人员 70 人,其中外来人员 40 人,占全部打击处理人员的 67%;2004 年共打击处理人员 124 人,其中外来人员 98 人,占全部打击处理人员的 79%,而被打击处理的以贵州和江西籍人员为主,约占 50%以上。

二、店口"外警协管外口"警务模式探索的动因

店口镇外来流动人口管理经历了一个较长时期的探索和实践。早在 90 年代末期,店口镇党委政府就认识到加强外来流动人口管理对于发展本地经济的重要性,便着手研究探索外来流动人口管理的新机制。2001 年,店口镇在调查研究的基础上启动了以"教育、维权、服务、管理"为基本理念,以"三证合一"(公安暂住证、劳动就业证、计生管理证)和"三个窗口合一"(公安服务窗口、劳动服务窗口、计生服务窗口)为基本形式,以"工人新村"集中居住和出租房屋分层次管理为综合管理模式,这一模式在一定时期起到了亲情对待、靠前服务、综合管理的作用。但经过一段时间实践后,逐渐暴露出治标难治本的现象,并与经济社会统筹发展和和谐发展的要求存在较大的差距。于是,探索实践"外警协管外口"的警务模式出现了三种动因。

(一)政府方面的动因。店口镇党委政府认为,店口的经济社会要发展,必须对自身发展历史有客观全面的认识,对承载现实发展的使命有清醒审视,对未来发展的战略有敏锐判断,从这个角度来讲,店口镇今天的发展离不开外来流动人口,店口镇未来的发展同样离不开外来流动人口。店口镇党委政府还认为,未来店口镇的可持续发展,必须把外来流动人口管理置于经济社会统筹发展与和谐发展的战略高度来把握;诸暨作为"枫桥经验"的发源地,积极探索化解由外来流动人口引发的矛盾纠纷的工作经验,也是店口镇对创新发展"枫桥经验"的一种贡献。基于这样两种思考和认识,店口镇党委政府大胆向社会提出了改"外来流动人口"统一称"外来建设者"的决定,提出了"外来建设者与店口镇经济社会互动式成长"的全新观点,明确了让外来建设者"共同融入当地社会、共同创造美好家园、共同享受文明成果"的全新定位。并投资建立了具有"教育、维权、服务、管理"综合功能的"外来建设者管理中心",配齐配强公安、劳动、计生和基层管理员队伍。在服务理念上,提出了变防范式管理为亲情化服务、变边缘化管理为市民化服务、变刚性化管理为柔性化服务的"三化"服务理念;在服务机制上,建立了党委政府统筹管理、服务中心全面管理、内外警察互动管理、基层组织齐抓共管的"四管"工作机制;在保障机制上,逐步建立完善就业保障、生活保障、权益保障、民主保障"四大"机制。党委政府对外来流动人口管理理念的创新,为探索构建"外警协管外口"的警务模式指明了思路。

(二)社会方面的动因。店口镇经济社会的繁荣发展,说到底是当地群众和外来流动人口共同创造的文明成果。近十年来,店口镇的广大企业经营者一方面充分认识到经济快速发展与生产力要素相互制约的现实问题,另一方面也在"小康与和谐"的生活现实面前感受到社会安定的重要性,他们开始逐步反思如何珍惜劳动力资源和正确善待外来流动人口的问题,因而从内心希望政府和公安机关采取有效的办法,管理好外来流动人口和社会治安。同时,绝大部分外来流动人口在店口镇工作生活多年,不仅在经济上翻了身,而且还学到了不少技术，既改造了自我又适应了社会，普遍感到这种机会的来之不易。但他们看到一些"老乡渣滓"给店口镇的社会治安带来了影响，当地一些业主拒招老乡民工时，也感受到了一种耻辱。因而外来流动人口也同样希望当地的党委政府和公安机关能采取有效措施，打击那些"害群之马"，以保护他们的合法权益，维护家乡的社会声誉。这两种愿望在特定的时期产生了共振和共鸣，为探索构建"外警协管外口"的警务模式创造了条件。

（三）公安方面的动因。在社会结构大调整、生活方式大转变、社会人口大流动的背景下，经济发达地区的公安机关普遍存在着警力严重不足、警务工作繁重、治安管理压力较大等现实难题，而流动人口管理更成为基层公安机关的第一难题。于是，整合社会资源、建立新型警方公共关系等成为新时期公安工作的新话题。在调研思考店口镇外来流动人口管理问题时，我们提出了"外来流动人口到底该谁管"和"由谁来管能管得更好"两个问题。大家认为，按照"属地管理"的原则，外来流动人口的确应该由暂住地公安机关管理，但外来流动人口作为户籍地公安机关的常住人口，他们也应该有协助管理的责任。鉴于这样的思考，我们跳出了"协警协管外口"的新思路。经向贵州和江西两地警方表明意向后，两地警方领导都认为，他们的警力相对比较充裕，把劳务输出人员看成暂居外地的常住人口，派出警察"管好自己的人"，既是一种社会责任，也是一种"跟踪式"的管理；管理好本地的劳务输出人员，既是对本地劳动力资源的保护，还有利于加强两地经济的协作；输出地和流入地警方加强"双向互动"式管理，还可以降低警务成本，提高管理效能，共建和谐社会。这些思想认识上的认同，为构建"外警协管外口"的警务模式奠定了良好的基础。

三、店口"外警协管外口"警务模式的实践形式

较长时期内外来流动人口管理的实践表明，我国公安机关以暂住证为主要形式的登记发证是一种简单形式的管理，不能全面掌控外来流动人员的总体状况；以出租房管理为主要形式的阵地式管理，不能从动态上掌握外来人员的相关信息；以打击型的管理方式无法从根本上增强外来人员的法制意识和整体素质，这是外来流动人口管理的真正"难点"所在。店口派出所的"外警协管外口"的警务模式突出体现了"两头共管"和"双向互动"的特点。去年下半年，我局经过与贵州省遵义县和江西省永丰县公安机关的磋商洽谈，于8月份从贵州省遵义县公安局引聘了2名民警，11月份从江西省永丰县公安局引聘了1名民警到店口派出所工作，三地警方共同管理外来流动人口的警务协作全面启动。并经过一年的探索实践，已经从警务体制、工作定位、管理职责、警务运行、后勤保障等方面建立了比较完善的工作机制。

(一)初步构建了联动协作的警务体制

内外两地警察"双向互动"管理外来流动人口，最大的问题是思想观念、语言沟通、工作方式上存在的差异。但在管理外来流动人口方面，两地警察又有各自的优势，要搞好"互动式"管理必须实行"双向磨合"。为了充分发挥优势互补作用，店口派出所建立了由本所民警和外籍民警共同组成的外来流动人口管理警务组，其中店口派出所民警2人、贵州籍民警2人、江西籍民警1人。警务组设组长1人，由店口派出所分管基础工作的领导兼任，副组长由派出所委任。根据工作需要，在党委政府的支持下，按照500∶1的要求，在流动人口比较集中的村和企业建立了协管员队伍，作为警务组的基础工作力量。这样的警务体制有利于外籍民警在工作中既有依靠力量又有基础力量，从而消除"孤掌难鸣"的心态。

(二)合理界定了外籍民警的工作定位

外籍民警到外地公安机关工作，人生地不熟，语言沟通难，不仅需要一定的磨合适应期，而且对外地警察不能确定过高的工作目标。为此，店口派出所把外籍民警的工作基本定位在以协助管理外来流动人口为中心，通过基础工作确保不发生由外来人员引发的群体性和突发性事件，重点排查收集外来流动人口中潜在的不稳定因素和矛盾纠纷信息，定期开展对外来流动人口的法制教育，协助当地派出所开展涉及外来流动人口犯罪的案件侦查。这样的工作定位,有利于消除外籍民警"急功近利"心理,解决无序工作的状况。

(三)基本框定了外籍警察的工作职责

"外警协管外口"的警务模式关键词是"协管",外籍民警到岗后必须明确"干什么"的问题。按照外来流动人口"教育、维权、管理、服务"的基本工作要求,店口派出所对外籍民警明确了四项基本职责:一是排查外来流动人口。要求外籍民警通过基础工作,摸清外来人口底数,着重掌握外来人员中的重点对象,落实外来人口的各项管理措施。二是收集基础情报信息。要求外籍民警结合基础工作掌握外来人员可能引发群体性事件的各类信息和苗头,以及各类违法犯罪的情报线索。三是开展教育维权活动。要求外籍民警结合基础工作,开展多种形式的法制安全教育和友情对话活动,提高外来人员的安全防范意识;依法开展对流动人口的维权服务,及时疏导和化解外来人员遇到的各类矛盾纠纷。四是开展双向警务协作。要求外籍民警在创新流动人口管理为主的警务工作基础上探索建立源头管理、两头并举的双向警务协作机制。这样的职责明确,使外籍民警能有的放矢地开展工作。

(四)探索建立了比较规范的警务运行机制

以外籍民警为主要特征的流动人口警务组作为特定的警务组织,是派出所警务组织的有机组成部分,必须使外籍民警的警务活动与派出所的警务要求相互适应,考虑到外籍民警在警务活动中涉及的执法主体问题,也需要明确一个"怎么干"的问题。为此,店口派出所对"外来流动人口管理警务组"建立了四项警务工作机制。一是值班值勤机制。要求警务组民警根据派出所的统一安排,认真参与派出所的值班值勤工作。外籍民警的工作重点是做好涉及外来人员的警情处置工作。二是协查案件机制。要求警务组民警根据派出所的统一安排,共同参与涉外人员案件的侦查工作,外籍民警的工作重点是以协查为主,不为主受理查处。三是化解矛盾机制。要求警务组民警在处置涉外人员的突发性和群体性事件中,外籍民警的工作重点是参与政策宣传和法制教育,掌握组织为首人员的基本情况和各种动态信息;而在处理涉外人员的治安纠纷案件中,外籍民警的工作重点是配合做好说服教育和就地化解工作。四是专项整治机制。要求警务组民警定期组织开展重点区域的治安整治,外籍民警的工作重点是配合派出所排查"三无"人员,这样的警务机制,基本上明确了具体警务活动中"谁主谁次"和"谁先谁后"的关系,确保了警务活动的规范运作。

(五)建立健全了日常警务管理制度

外籍民警到外地公安机关工作,既有协助管理的作用,也有学习交流的作用。外籍民警到岗工作后,当地公安机关既要从工作上和生活上给予关心,但也必须加强管理,以确保对双方公安机关的负责。为此,店口派出所对"外来流动人口管理警务组"建立了九项警务管理规范化制度。一是定期学习制度。要求警务组按照派出所的有关规定,在参加所里每周一次集中学习的同时,每月开展一次专题学习活动,重点是学习有关法律法规和政策性文件。二是管片联厂制度。要求警务组将流动人口比较集中的企业和村进行合理划分,落实警务组民警的警务工作责任区。三是信息研判制度。要求警务组在日常管理中抓好各类情报信息收集工作,定时进行交流和综合研判,落实相应对策和措施。四是基础管理制度。要求警务组建立好以流动人口和出租房屋为重点的基础管理台账,开发外来流动人口基础工作系统,逐步实行网络化管理。五是法制教育制度。要求外籍民警在不同的时期对外来流动人口举办法制教育培训"友情对话"活动,将"友情对话"活动中反映出来的主要问题和意见建议及时反馈给党委政府和有关部门。六是重点巡控制度。要求警务组针对不同时期的治安特点,适时在重点村和重点区域开展治安巡逻活动,防范和控制盗抢等多发案件。七是绩效考评制度。由派出所对警务组民警突出性案件的发生实施量化绩效考核,并按照工作实绩浮动计酬,体现奖惩分明。八是情况反馈制度。要求警务组对每个月的工作情况进行书面小结,向派出所进行反馈,外籍警察每季向本地公安机关汇报工作,一年届满后由局党委作出外籍民警的组织鉴定。九是警务保障制度。由派出所协助党委政府和市公安局建立聘用外籍民警的规范化管理制度,及时签订警务协作协议,切实解决好办公设施、警务装备、经费保障等具体问题。十是店口"外警协管外口"警务模式的实践效果。店口派出所"外警协管外口"的警务模式已经实践一年,不仅为改进店口镇的社会治安环境产生了明显的效果,也为推进派出所的基层基础工作和提升打防控效能显示了积极的作用。

第一,外籍民警具有亲情融合的优势,在基层基础工作中显示出重要作用。外籍民警在警务活动中具有亲情相处和亲情融合的特点,比之本地民警更有利于开展外来流动人口的基层基础工作。以贵州警察为例,他们先后走访了36个村,26家企业,摸清了贵州籍在店口的外来人员为14 351人,是之前派出所掌握的底数7 108人的整整2倍。同时,两省的外籍警察通过基础排查,也很快地掌握了贵州和江西两地外来人员中的重点人员,并排摸出黑恶团伙3个,重点人员12名,并摸索建立一整套外来流动人口管理的基础工作台账,填补了店口派出所基层基础工作中的一块空白。

第二,外籍民警具有亲情调和的优势,在维护外来流动人员合法权益时显示出积极作用。外籍民警在警务活动中具有亲情信任和亲情调和的特点,比之本地民警更有利于化解涉及外来流动人口的各类矛盾纠纷。过去,店口镇的一些外来人员因为劳资纠纷或者与本地人发生治安纠纷,往往组织一大批老乡以聚众闹事或群体性上访等方式求得解决。外籍民警引进后,他们以"老乡警察"的身份主动深入到本籍务工人员之中,客观公正地协调处理其与本地业主之间的矛盾纠纷,想方设法地为其解决一些忧事、难事,努力维护其合法权益,在务工人员中形成了有难事、疑事找"老乡警察"的局面。一年来,贵州籍民警共处理涉及外来人员的各类治安纠纷137件,调解涉及外来人员的民事纠纷45件,快速平息涉及外来人员的群体性治安纠纷事件18起,从而较好地维护了外来流动人口的合法权益。

第三,外籍民警具有信息掌控优势,在增强派出所打防控能力方面显示出特定作用。外籍民警在警务活动中具有亲情了解和亲情贴靠的特点,比之于本地民警更能掌控到深层次的信息和线索,为派出所强化打击管理发挥作用。以贵州籍民警为例,他们到店口派出所工作一年来,共建立基础信息联络员52名,治安信息员18名,其他专门信息员29名,收集各类信息76条,各种证据材料25份,向派出所递交了《关于店口镇贵州籍涉恶势力违法犯罪情况的调查》等警情分析材料4份,直接协助派出所破获刑事案件47件,打击处理32人,成功摧毁涉恶团伙2个。特别是两名民警经过四个多月的调查走访和搜集证据,协助派出所摧毁了一个以"姚老五"为首的,专门插手民间经济纠纷、收取保护费、受雇于他人进行买凶报复的恶势力团伙。店口镇一年来因外来流动人口引发的刑事案件下降了40.43%,杀人等恶性案件明显减少。

第四,外籍警察具有警务联动优势,在双向警务协作中显示出较好的互补作用。外籍民警在警务活动中,具有熟悉人口流出地和流入地情况的特点。他们在警务活动中可以充分发挥"双向互动"优势,为两地警方开展警务协作发挥作用。如2004年11月,在贵州籍民警的协助下,枫桥派出所在遵义县及时抓获了发生在枫桥辖区的抢劫团伙成员2人,贵州籍民警一年来还多次被绍兴市和诸暨市公安机关刑侦部门邀请参与重大案件的专案侦查和情报信息工作,拓宽了警务协作的领域。特别是外籍警察到店口派出所工作后,他们不仅学到了不少公安工作的新理念和新方法,还探索总结了管理外来流动人口的"走访了解、调处矛盾、收集信息、协作打击"为主要内容的"外警基础工作法",为丰富完善"外警协管外口"的新型警务模式作出了积极的努力。

四、对"外警协管外口"警务模式的理性思考

众所周知,随着经济社会的不断发展,人口转移和人口流动已经成为一种自然的社会现象,外来流动人口引发众多的社会治安问题和社会管理问题也在所难免。但正因为出现这些社会现象和社会问题,才需要我们积极创新理念、创新机制、创新方法,努力加以解决。党的十六大提出,构建和谐社会首先要实现人与人之间的和谐。"外警协管外口"的警务模式从一定意义上讲,为构建本地人与外来流动人口之间友好相处的和谐关系创造了条件,对于推进和谐社会建设具有积极的作用。但是,"外警协管外口"新型警务模式刚刚进入尝试阶段,难免还存在许多不够成熟之处,需要我们以辩证的观点来正确地认识和理性地思考。

(一)"外警协管外口"的警务模式具有相应的局限性,必须依靠党委政府的重视和支持

外来流动人口管理是社会管理的重要组成部分,作为一项社会管理的工作,引进外籍民警必须有相应的工作经费、办公条件、警务装备等方面的基本保障,离开了这些基本的保障就很难开展工作,所以必须在党委政府的领导和重视下加以开展。店口派出所的"外警协管外口"警务模式作为党委政府实施外来流动人口综合管理基础上的一种探索性模式,当初面临的最大因素就是人、财、物等综合保障的问题。因此,我们在探索建立这一警务模式时,提出了"党政支持、公安组织、外警协管、双向共赢"的基本思路,"党政支持"就是由党委政府作出决策,解决经费和警务保障问题;"公安组织"就是由公安机关做好警务洽谈和外籍警察日常管理工作;"外警协管"就是利用外籍民警的多种优势,协助派出所管好外来流动人口;"双向共赢"就是通过两地警方"互动式"管理流动人口,达到"管得住、管得好"的目的。所以,只有在具备综合保障的条件下,"外警协管外口"的警务模式才能得到有效实施。

(二)"外警协管外口"警务模式具有双向互动性,必须以警务协作的形式来加以开展

"外警协管外口"警务模式的主体是外籍警察,特征是协助管理,这两个特点决定了这一警务模式具有双向互动性。店口派出所"外警协管外口"的警务模式是在我市与贵州省遵义县、江西永丰县建立了友好关系之下的一种警务友

好协作关系。三地公安机关对这一警务协作既有共同的意愿,也有共同的认识。三地公安机关在警务洽谈时,对这一警务模式的理念、思路、定位、职责、管理等方面都做了充分的探讨和研究,既按照有利于外来流动人口管理,又有利于警务交流协作的原则,充分考虑了外籍民警的基本素质、工作时间、报酬待遇、考察管理、交接轮换等一些具体的问题,为整个警务模式的探索实践打好了基础。如果没有双向公安机关的积极配合,"外警协管外口"的警务模式也很难达到预期的效果。

(三)"外警协管外口"的警务模式具有相对的特定性,必须因地制宜地探索这一模式

正如不同地区的经济社会发展模式有所不同一样,外来流动人口的去向、分布特点也随着经济结构的不同而不同。有的地区以工业制造业为主体,其外来流动人口则以相对集中居住为特点,具有相应的稳定性;有的地区以市场商贸为主体,其外来流动人口则以出租房居住形式为特点,具有相对的扩散性;有的地区则以个私民营经济为主体,其外来流动人口则以分散居住为特点,具有零乱性。店口镇因为工业制造业比较发达,外来流动人口的来源地和就业居住地也相对比较集中,实施"外警协管外口"的警务模式就比较适用。如果其他不同类型的地区要借鉴这一警务模式,应该坚持因地制宜的原则,在充分调查研究和分析治安特点的基础上,积极探索适合本地实际的外来流动人口管理警务模式。

3.2.4 店口镇流动人口综合管理新模式调研情况[1]

提要: 为了深化创新"枫桥经验",促进"平安诸暨"建设,推进社会和谐发展。2005年4月初,诸暨公安局党委决定由市委常委、公安局局长张伟

---

[1] 节选自诸暨市公安局赴店口镇流动人口综合管理服务调研组:《店口镇流动人口综合管理新模式调研情况》,2005年5月24日,店口镇档案室藏。

光牵头,党委副书记、常务副局长阮晓辉负责,派出 6 人调研组到店口派出所开展"外警协管流动人口"警务模式的调查研究工作。在店口镇人民政府的大力配合支持下,通过近两个月的综合调研,形成了 1 篇总调研报告和 5 个具体工作附件。

一、对店口镇流动人口管理基础现状的调研情况

从四月初开始,我们调研组进驻店口派出所,主要是围绕以下几个方面开展调查研究工作:

(一)搞清了店口镇流动人口的基本状况。我们调研组先后召开了外籍民警座谈会和派出所民警座谈会,走访了店口镇"外来建设综合管理服务中心",查阅了派出所、管理服务中心、外籍民警所掌握的大量流动人口管理基础资料,对 2003 年和 2004 年店口镇流动人口的总体状况、外来流动人口的来源结构状况、在店口镇的分布状况等方面进行了综合分析。基本情况为:2003 年全镇登记外来人口 21 846 人,2004 年为 24 057 人。2004 年店口镇的外来人口来源分布状况为贵州籍为 7 108 人,江西籍为 4 718 人,安徽籍为 4 075 人,湖南籍为 2 213 人,河南籍为 932 人,这五个省籍的外来人口占店口外来人口总量的 80%以上,其中贵州籍外来人口占店口镇外来人口总量的 30%以上。在店口镇的 69 个行政村中,58 个行政村有外来流动人口,其中总量在 1 000 人以上的有 4 个行政村,500—1 000 人的有 9 个行政村,100—500 人的有 15 个行政村。店口镇的外来流动人口基本上集中在集镇建成区的 17 个行政村,约有 1 万余人;外来流动人口到店口镇基本上以到各类企业打工为主,在 2 900 家各类企业中,8 家大型规模企业使用外来民工不足 3 000 人,超过 200 人的规模企业也只有 3 家,大量的外来流动人口集中在家庭小型式作坊企业。

(二)分析了流动人口对店口社会治安影响的主要因素。据调研分析,随着店口经济的不断发展,外来流动人口的大量增加,给店口镇的社会治安管理带来一些影响。近年来,店口的外来流动人口刑事犯罪已占刑事犯罪总量的60%以上。2003年,店口派出所共打击处理刑事犯罪人员70人,其中外来人员40人,占全部打击处理人员的67%,分别是贵州籍人员25人,江西籍人员16人,安徽籍人员5人;2004年,店口派出所共打击处理人员124人,其中外来人员98人,占全部打击处理人员的79%,贵州籍人员有50人。从犯罪种类来看,店口的外来人员犯罪主要以抢劫、抢夺、盗窃、寻衅滋事为主,其中盗窃案件占全部案件的60%左右,"两抢"案件主要发生在街面和镇郊结合部,盗窃案件主要以盗窃机动车和企业原材料为主。由于店口镇的外来流动人口总量较大、成员复杂,目前店口镇的外来人口犯罪已由前几年比较单一的盗抢违法犯罪向有组织化的群体性滋事、涉黑涉恶犯罪、内外勾结犯罪等特点转变。自去年以来,店口镇先后出现外来人员群体性围攻派出所、纠集慈溪的外来人员到店口持械报复行凶、组织柯桥外来人员雇车到店口群体性斗殴、建立团伙专门盗销摩托车等一系列的治安问题,而企业与外来人员之间的劳资纠纷、不同地区外来人员之间的利益冲突、外来人员恶势力向一些个体业主强行收取保护费、私下解决矛盾纠纷实施敲诈勒索等问题有节明显增多趋势,不仅给店口镇的社会治安形势带来严峻复杂挑战,而且给人民群众的安全感带来不同程度的影响。

(三)掌握了店口镇近几年来流动人口综合管理的创新发展现状。从2000年开始,市委、市政府对店口镇的外来流动人口管理非常重视,专门组织政法、公安、劳动、计生等部门到店口镇开展调研,探索建立了以"教育、维权、管理、服务"为主要内容的外来流动人口综合管理模式。当时的主要形式是:由店口镇政府组建外来流动人口管理服务中心,将公安、劳动、计生三个部门集中在服务中心办公,对三个部门的管理服务职能进行综合,实行"三证合一、三个窗口合一"的服务体系。店口镇在外来人口相对集中的6个村建立"工人新村",以低廉的价格提供给外来流动人口集中居住,实行集约式管理;对集镇上的出租房屋推行"五个一"管理制度,实行分层次管理;并专门建立外来流动人口管理稽查队和村、企外来流动人口协管员队伍,实行动态化管理。店口镇的这一外来流动人口综合管理服务模式,由于具有职能综合、层次管理、服务配套、规范化和人性化管理互相结合,为切实加强外来流动人口管理发挥了积极的作用,工作经验曾得到了原省委书记的肯定,省公安厅曾专门派出调研组到店口镇开展调研,对店口镇的流动人口综合管理工作予以指导和完善,一些做法先后在全省各地得到推广。从去年开始,店口镇党委政府从打造"平安店口"、构建和谐社会的高度出发,进一步加强和完善外来流动人口的综合管理。在原有管理模式的基础上,专门调剂了一幢办公大楼,建立完善了外来建设者管理服务中心,又提出了"共同融入当地社会、共同创造美好家园、共同享受文明成果"的创新理念,并在贵州、江西等地先后聘用了3名外籍警察、2名劳管干部、1名计生干部到店口"外来建设者管理服务中心"工作,协助政府管理流动人口。当前,店口镇已经形成了"镇外来建设者综合管理委员会指导协调、镇外来建设者综合管理服务中心统筹管理、聘请外籍干(警)部'互动式'管理、基层协管员队伍配合管理"的管理工作新格局。

二、对店口镇聘请外籍干(警)部协助管理流动人口的调研情况

对店口镇聘请外籍干(警)部协助管理流动人口的情况调研情况是我们这次调研工作的重点。从4月中旬开始,我们通过对外籍干(警)部、管理服务中心工作人员、派出所民警、外来流动人员、店口镇的基层干部群众等多层面的座谈走访,基本了解和掌握了这一新的管理模式当前的运行情况、显示的工作优势、存在的一些问题:

(一)外籍干(警)部的日常工作运行基本正常。去年8月贵州遵义籍2名民警到店口派出所上班,11月份江西永丰县1民警、1名劳管干部和1名计生干部到店口"外来建设者管理中心"上班。从管理层面上来看,3名外籍民警主要由派出所管理,1名劳管干部和1名计生干部由"外来建设者管理服务中心"管理为主。从工作内容上来看,主要是配合管理服务中心和派出所调查掌握本地籍流动人口的基本状况、做好登记发证工作、获取有关治安信息、开展对流动人口各类矛盾纠纷的调处、对外来流动人口开展法制宣传教育、配合做一些其他工作。从工作保障上来看,5名外籍干(警)部均集中居住在店口派出所,分别在派出所和管理服务中心设立了办公室,并由镇财政按规定分期拨款到派出所,由派出所按每人每年四万元的工资标准分比例逐月发放给外籍干(警)部。其他工作上的保障视情况由派出所和管理服务中心解决,日常工作运行基本正常。

(二)外籍干(警)部在协助管理流动人口中优势和效果比较明显。店口镇实行聘请外籍干(警)部到店口协助管理流动人口。近一年来,已经显示出比较明显的优势和工作效果。从基础工作来看,外籍干(警)部利用"老乡警察"和"老乡干部"的优势,比较准确地搞清了流动人口的底数,如贵州籍民警调查出来的贵州籍流动人口比管理中心实际登记的流动人口总量多了7 108人,并建立一些基础工作台账。从打击管理的情况来看,通过近一年的工作,外籍干(警)部在本籍流动人员中建立一批治安信息员,收集了一批较有价值的治安信息,先后及时化解了一批因劳资纠纷引起的有可能引发群体性闹事的治安事件,还配合派出所打掉了流动人口涉恶团伙2个,破获刑事案件29件,打击处理违法犯罪流动人员12人。从教育维权的情况来看,外籍干(警)部充分发挥语言和亲情优势,及时为流动人口解决了一大批劳资纠纷和矛盾纠纷,组织开展了多种形式的交流沟通,特别是组织开展流动人口法制宣传教育,得到了流动人口的普遍好评。通过近一年的工作,流动人口对店口社会治安影响产生了三个方面的变化:一是突发性事件和群体性事件基本消除。从去年10月份以来,店口镇没有出现因劳资纠纷或由本地人员和流动人口的矛盾纠纷引发的突发性、群体性闹事事件;二是刑事犯罪总量明显减少。今年一季度店口镇共发刑事案件109起,同比下降了40.3%,共发治安案件49起,同比下降了22.5%,其中一个重要原因是流动人口的违法犯罪比例在减少。三是流动人口的合法权益得到了有效保障。由于有外籍干(警)部在店口工作,加上法制宣传教育和严厉打击的效果体现,流动人口遇事找"老乡干(警)部"的意识加强,流动人口中的恶势力侵权现象也得到有效整治,其他方面的侵权现象也明显减少。江西籍民警对店口社会治安好转的现象用"逃、离、转"三个字来形容比较贴切,他们认为,由于有外籍干(警)部在店口工作,容易掌握情况,使已经暴露出来的流动人口重点对象自动"逃"走了,一些没有暴露但容易被发现的不正常人员自己悄悄"离"开了,而一些法律意识比较淡薄容易被坏人影响的人员被教育"转化"了。5月上旬,省公安厅也专门派出调研组对店口镇的这一流动人口管理新模式作了全面调研,认为是"枫桥经验"在流动人口管理中的创新发展,这种做法在外来流动人口总量较大、来源地相对集中的地方有借鉴和推广价值。5月中旬,中共中央政治局委员、广东省委书记张德江同志在《光明日报》看到店口的做法后专门批示给广东省公安厅,广东省公安厅专门派出了一个考察组前来学习考察,对店口这一做法高度关注。

(三)在日常工作上发现了一些不足和问题。我们通过调研分析认为,虽然这一形式有比较明显的优势和效果,但由于处在探索实践阶段,加上其他一些客观因素,还存在一些不足或需要进一步完善的问题。在组织管理上,至今还没有形成书面的纪要备忘文书,对一些具体的组织管理和保障问题上缺乏明确的依据,导致外籍干(警)部心里产生一些顾虑。在工作方式上,还没有形成完整的工作模式、规范的运行机制、完善的管理制度,缺乏严格的考核奖惩办法,导致总体工作效能不够高,优势得不到充分体现。在工作保障上,外籍干(警)部的工资待遇不能及时发放,一些必要的工作保障没有完善配套,影响到他们的工作积极性。在业务管理上,由于受执法主体的影响,外警民警的执法资格问题缺乏明确的法律依据,对于有效管理带来一定的难度。在感情关系上,本地干(警)部和外籍干(警)部的工作融洽度还不够密切,协作意识不够强,影响到管理效能和工作合力。

三、对店口镇建立完善流动人口综合管理服务新模式所做的工作情况

在开展综合调查研究的基础上,我们调研组以抓好"外警协管流动人口"警务模式为基础,主动当好党委政府的参谋,总体考虑店口镇外来流动人口综合管理服务问题,为探索建立具有店口特色的流动人口综合管理服务新模式进行了一些认真的思考、展开了具体的工作。

(一)研究草拟了《店口镇人民政府关于深化完善外来建设者综合管理工作的意见》。我们针对店口镇外来建设者管理服务的现状,站在党委政府的角度,提出了店口镇外来建设者综合管理工作指导原则、工作目标、组织机构、工作措施、工作要求五个方面的具体意见,提交店口镇党委政府审阅,为推进店口镇有效抓好外来建设者综合管理打好工作基础。(见附件一)

(二)研究草拟了《店口镇外来建设者综合管理服务中心工作规范》。为了切实发挥店口镇外来建设者综合管理服务中心的指导协调和统筹管理功能,按照党委政府对管理服务中心的基本要求,提出了管理服务中心组织领导的建立、职责任务的确定、机构设置的原则、工作原则的定位、工作机制的规范、工作制度的完善六个方面的具体要求,提交店口镇党委政府审阅,力求管理服务中心的工作规范高效运作。(见附件二)

(三)研究草拟了《诸暨市公安局店口派出所聘请外警协管流动人口警务规范》。为了有效探索实践公安机关聘请外警协管流动人口的全新警务模式,我们按照市局党委的思路,提出了构建完善这一警务模式的指导思想、基本原则、管理组织、工作职责、警务机制、管理规范、考核办法七个方面的具体要求,提交局党委审阅,力求成为新时期富有诸暨特色的警务创新工作。(见附件三)

(四)研究草拟了《店口镇外来建设者协管人员工作规范》。为了确保基层外来建设协管员组织和队伍的相对稳定和积极有效的工作,我们对基层外来建设者协管组织和人员提出了职责任务、选聘条件、工作报酬、工作制度四个方面的原则和要求,提交店口镇党委政府审阅,以切实提高基层外来建设者的自我管理能力。(见附件四)

(五)协助起草了《聘请外籍干(警)部协助管理流动人口纪要备忘书》。为做好聘请外籍干(警)部协助管理流动人口工作的规范管理,我们结合调研工作中发现的问题,在征求各种意见的基础上,起草了《聘请外籍干(警)部协助管理流动人口纪要备忘书》对聘用外籍干(警)部协助管理流动人口的聘用时间、聘用条件、工作定位、待遇保障、日常管理、交接形式等内容提出了具体的原则和意见,提交有关部门审阅,使之聘用程序更加明确规范。(见附件五)

(六)配合做好两个考察团的调研考察接待工作。在调研期间,我们配合店口镇党委政府和派出所接待了为期两天的省公安厅调研组到店口派出所考察"聘请外警协管流动人口"的专题调研,配合接待了广东省公安厅学习考察组到店口派出所"外警协管流动人口警务实践"的专题考察工作。

(七)配合做好店口镇外来建设者综合管理服务中心的硬件配套完善工作。5月中下旬,我们根据调研工作的模式和机制建设的思路,提出了店口镇外来建设者综合管理服务中心的机构调整设置方案,提出了内部装饰和制度规范上墙的具体内容,明确了具体的工作要求,为实行规范化管理打好基础。

四、对深化完善店口镇流动人口综合管理服务工作的相关建议

目前,我局对店口镇的流动人口综合管理的面上调研工作已经告一段落,下阶段重点是提请有关部门抓好深化完善的工作,我们为此提出如下一些意见建议:

(一)对市委市政府的工作建议。请市委市政府有关领导近期专门对店口镇流动人口管理工作进行一次检查指导,索取调研工作汇报和有关工作建议;赴贵州遵义、江西永丰(或邀请到我市)落实好外籍干(警)部续聘事宜,并签订好《纪要备忘书》;到店口镇召开一次工作协调会议,将有关工作落实到位;必要时可组织重点乡镇到店口镇召开一个现场会,借鉴推广店口的做法;待各项工作完善到位后,召开一次新闻发布会,向新闻媒体宣传店口管理模式。

(二)对店口镇党委政府的工作建议。请店口镇党委政府专题听取我局调研工作情况汇报;审阅由调研组提交的有关工作意见和管理规范,然后以文件的形式下发;尽快落实外籍干(警)部的经费保障问题和续(扩)聘事宜;理顺管理服务中心的管理体制,明确管理工作职责,调整年龄偏大的工作人员;制作一本《店口镇外来建设者综合管理服务工作手册》，建议在6月中旬召开一次全镇外来建设者工作会议，明确综合管理服务工作的目标、任务和具体要求；评比表彰一批先进集体和个人，掀起新的外来建设者管理服务工作高潮。

（三）对市公安局党委的工作建议。建议市局党委对"外警管理流动人口模式"进行一次专门研究和讨论，并以文件形式下发，供有关科室和派出所参考指导；组织人员对店口派出所流动人口警务组民警开展一次业务培训，提高管理工作水平；协助店口派出所搞好有关工作的落实，完成调研课题。

（四）对店口外来建设者管理服务中心和派出所的工作建议。按照市委市政府、店口镇党委政府、市公安局提出的有关要求，统一管理中心工作人员和民警的思想认识，加强各类业务培训，尽快做好相关工作的落实到位，全面启动新的管理模式，强化规范管理力度，并注意收集和掌握工作经验和特色亮点，为扩大宣传做好准备。

诸暨市公安局赴店口镇流动人口综合管理服务调研组

2005年5月24日

附件：

附件一　店口镇人民政府关于深化完善外来建设者综合管理工作的意见

附件二　店口镇外来建设者综合管理服务中心工作规范

附件三　诸暨市公安局店口派出所聘请外警协管流动人口警务规范

附件四　店口镇外来建设者协管人员工作规范

附件五　聘请贵州籍民警协助管理流动人口工作的备忘纪要书

附件一

店口镇人民政府关于深化完善外来建设者综合管理工作的意见

（送审稿）

为了积极构建外来建设者综合管理新模式，深化完善规范有序的综合管理

新机制,切实保障经济建设的快速健康发展,根据《诸暨市外来流动人口综合管理工作意见》的有关精神,特提出如下意见:

一、指导原则

以"三个代表"重要思想为指导,让外来建设者共同融入当地社会,共同创造美好家园,共同享受文明成果,按照"党政领导、属地管理、条块结合、上下联动、各方参与"的总体要求,继续坚持"教育、服务、维权、管理"并重的工作原则,通过建立健全变单一的部门分散管理为中心综合性管理、变阶段性突击式管理为经常性制度化管理、变登记发证为主的基础式管理为素质提高型的科学性管理的工作机制,为构建"和谐店口"发挥积极的作用。

二、工作目标

按照"组织网络更加健全、管理模式更加科学、工作机制更加顺畅、工作效能更加明显、社会环境更加和谐"的基本要求,建立健全外来建设者管理组织,理顺管理体制,整合管理力量,落实工作责任;做到辖区内外来建设者和出租房屋底数清、情况明、台账齐、信息灵、反应快;力求办事效率有新提高,服务水平有新提高,文明程度有新提高;努力实现刑事发案总量下降,计划外生育率降低,劳动纠纷案件减少,共同创建和谐的社会环境。

三、组织机构

按照党政领导、职能综合、分级负责、协调配合的方针,以建立党政总抓、中心主抓内外协抓、齐抓共管的外来建设者管理服务新模式:

(一)健全外来建设者综合管理委员会。由镇长任镇外来建设者管理委员会主任,综治办、公安派出所、计生办、劳动管理办、工商所、法庭、教办、城管办等单位的有关负责人为成员,统一行使对外来建设者管理服务工作的决策、指挥、协调职能。

(二)成立外来建设者综合管理服务中心。由镇党委副书记兼任主任,公安派出所、劳动管理办、计生办的有关人员合署办公,统一行使对外来建设者的管理服务职能。综合管理服务中心日常工作由派出所一名领导具体负责。工作人员以派出所民警、聘请的外籍民警和当地聘用的协管人员为主,镇计生办、劳动管理办抽调(聘用)的业务骨干和聘请的外籍计生、劳管干部等人员参加。管理服务中心内设警务工作组综合管理指导组、计划生育服务站、劳动仲裁委员会办事处,明确具体的工作职责和工作制度,实施工作实绩考评。公安派出所、劳动管理办、计生办抽调的人员,日常工作和行政管理由综合管理服务中心负责,业务上接受主管部门的指导。公务员工资由原工作单位发放,职工或聘用(请)人员的工资由综合管理服务中心按镇政府规定标准发放。

(三)健全基层协管员队伍。凡有外来建设者的行政村、社区居委会、企业单位都应建立健全外来建设者登记服务站,按照500∶1的比例配备好协管员。协管员原则上在治保会、护村队、内保组织的人员中挑选。基层协管组织主要协助镇管理服务中心做好本辖区内外来建设者的登记、发证、统计、计划生育、劳动合同签订等日常管理和服务工作。组织上接受行政村(居)两委会、企事业单位的统一领导,业务上由镇政府外来建设者综合管理服务中心指导和考评。

四、工作措施

外来建设者管理工作要始终围绕"教育、服务、维权、管理"的主题开展工作,积极探索外来建设者综合管理服务方法,创新管理服务机制:

(一)认真抓好外来建设者的日常基础管理

1.积极聘用外籍干部参与日常管理。根据外来建设者的地域分布情况,向党委政府作出建议,有重点地聘用外来建设者主要来源地的公安、劳动、计生干部到服务中心工作,充分发挥外籍干部在日常管理中的身份优势、语言优势、感情优势,实施"互动式"管理;聘用的外籍干部工作时间原则上每期2年,外籍干部的人员挑选、工作待遇、聘用签约等问题由镇政府组织实施,日常工作和管理由镇外来建设者综合管理服务中心负责。

2.积极推行公寓式集约化住宿管理。凡有50名以上外来建设者的村和企业原则都应建立职工集中居住点,住房可自建或统一租用等办法解决,集中居住点要落实专人管理,制订相关管理制度;积极鼓励有条件的行政村建设工人新村(外居楼)供外来建设者租住,工人新村建设应安排一定面积的教育活动场所。投入使用的工人新村的日常管理受镇外来建设者综合管理服务中心的指导,业务经营与房产管理由出资建造的行政村(单位)负责。

3. 进一步强化出租房屋的分层次管理。镇外来建设者综合管理服务中心对出租私房要按照"五个一"(安装一块出租房牌子、悬挂一张租住人照片,绘制一幅辖区出租房分布图、签订一份出租房治安责任书、落实一名责任区出租房管理专管员)的要求强化日常管理;有条件建造工人新村的地方,对出租房要实行"限量、扩容",压缩出租私房户的总量;对没有条件建造工人新村的行政村,要依照有关法律法规精神,落实房主的管理责任,或者根据出租房分布情况,实行统一编组,委托村(居)委会进行集中管理。

4. 定期组织开展集中排查管理。由镇政府牵头,镇外来建设者综合管理服务中心为主组织,各有关部门和行政村、社区居委会、企事业单位抽调人员参加,在每年的三、四月份组织开展对外来建设者基础排查,摸清人员的底数,逐人进行登记发证;督促用人单位及时与外来建设者签订劳动用工合同,与镇管理服务中心签订外来建设者综合管理责任书。

5. 切实加强日常动态管理。镇外来建设者综合管理服务中心要建立分区包干、定点到人、专职管理的工作机制,按照每个工作人员原则上负责管理1 500名外来建设者、100户重点出租房屋的要求,划分好管理责任区,落实好管理责任制,制订好工作考评标准,做到工作实绩与工资、奖金挂钩;各村(居)单位外来建设者登记服务站的协管人员,应及时了解掌握本辖区内外来建设者的变动情况,原则上每10天将人员变动情况上报镇外来建设者综合管理服务中心,或直接收取外来建设者照片,查验居民身份证、填写外来建设者登记表,当场办理证件发放手续;各用人单位和个人要按照"谁用人,谁负责""谁出租,谁负责"的要求,落实对外来建设者和出租房屋的管理责任。

6. 全面推进部门联动式综合管理。公安、劳动、计生部门要严格按照各自的职能,坚持对辖区外来建设者和出租房的定期检查(每月不少于2次);对检查中发现或由镇外来建设者综合管理服务中心提供的违法、违规单位和个人,应及时依法查处。对发生的劳务、治安纠纷应及时进行调处;其他相关部门要根据自身职能,严格履行管理职责,共同做好对外来建设者的各项日常管理工作。

(二)积极开展多种形式的教育培训活动

1. 及时建立外来建设者党群组织。有条件的行政村、企业单位、工人新村应建立外来建设者党小组和其他群团组织,开展正常的组织生活,外来建设者党小组隶属于镇外来建设者综合管理服务中心党总支部。

2. 积极开展各种教育培训活动。由镇外来建设者综合管理服务中心牵头,教育部门和责任单位配合,建立好外来建设者培训基地,对外来建设者有计划地开展法律法规、劳动技术、文化知识和劳动安全等方面的教育和培训,提高外来建设者的综合素质,丰富业余文化生活。

3. 深化完善"三级沟通对话"制度。建立起上下配套的"三级沟通对话"制度,党委政府每年举行两次与外来建设者代表"沟通对话"活动,镇外来建设者综合管理中心每季度分层次组织开展"沟通对话"活动,有关企业和村可根据实际情况组织"沟通对话"活动。"沟通对话"要精心组织,突出重点,关注热点,注重效果,对外来建设者反映或提出的问题和要求要认真加以研究,在符合政策法规和切实可行的前提下,采取有效措施加以落实,并通过必要的途径予以回复,营造"关爱和尊重外来建设者"的良好氛围。

(三)进一步深化完善各种管理服务制度

1. 不断拓宽服务领域。对外来建设者要根据不同层次需求,坚持市场化服务与社会化服务相结合、个性化服务与共性化服务相结合、生活类服务与就业类服务相结合的原则,不断拓宽服务领域。

2. 改革和简化办证手续。外来建设者必须持有的《暂住证》，可由本人或业主向镇外来建设者综合管理服务中心办理，也可直接在村、居单位设立的管理服务站办理。

3. 加强就业信息服务。坚决撤销各种"门槛"，取消劳动就业证，大力发展职业中介机构，整顿规范劳务市场，及时为外来建设者提供劳动力供求信息，积极引导广大企业、各类市场聘用外来建设者。

4. 加强计生指导服务。外来建设者综合管理服务中心，要在基层协管员的配合下，每季度开展一次对女性外来建设者的计划生育知识宣传和技术指导，每半年为女性外来建设者进行一次上门查孕、查环、查病服务。

(四)切实加强对外来建设者的权益保障

1. 规范企业用工。企业招用外来人员必须查验证件是否齐全，并及时签订劳动合同。

2. 调解劳动争议。外来建设者反映的劳动争议，镇外来建设者综合管理服务中心必须及时受理，并依法妥善调解，切实维护他们的合法权益。

3. 加强保险保障。坚持积极主动、因地制宜、自愿选择的原则，抓好外来建设者的人身意外伤害保险工作，切实保障他们的合法权益和人身安全。

4. 及时查处治安纠纷。对涉及外来建设者的治安纠纷，综合管理服务中心要积极协助有关职能部门依法公正作出处置，做到不推诿、不偏袒。

(五)切实加强经费保障和使用管理

1. 管理经费的筹集。镇外来建设者管理服务中心的管理经费原则上由镇政府负责解决；企业和村协管站的经费根据"谁受益谁出资"的原则，可向受益单位适当筹措一部分，以弥补管理经费不足的部分；筹集的管理经费主要用于专兼职(包括聘用外籍干部)管理队伍的工作报酬、外来建设者的教育培训，以及一些必要的管理工作开支。

2. 专项经费的管理。筹集的管理经费统一使用行政事业性收费专用发票，实行专户管理、单独建账、专业使用,使用情况接受镇财政办的审计和监督。

3.协管人员的报酬。企业单位协管人员的工作报酬由所在企业负责,村(居)协管人员的工作报酬实行"村(居)补贴一点、综合管理服务中心按工作实绩年终奖励一点、从收取的工本费中返回一点"的办法解决。对个别任务重、工作量大,管理工作成效显著的村(居)协管人员,可以按月发放固定工资。

五、工作要求

外来建设者综合管理工作是打造"平安店口"、构建"和谐社会"的重要社会管理工作,各村(居)、企业要按照"有利管理、提高效能、确保稳定"的工作定位,认真做好综合管理工作;公安、劳动、计生部门要充分履行自身职责,严格按照统分结合的原则,认真抓好职能范围内的各项管理工作,保证综合管理服务工作取得实效;镇综合管理服务中心要加强对基层工作的检查、指导和考评工作,不断研究和总结完善综合管理服务工作,使管理工作走上规范化轨道。

店口镇人民政府
2005 年 5 月 30 日

附件二

店口镇外来建设者综合管理服务中心工作规范

(送审稿)

为了认真贯彻落实《店口镇人民政府关于深化完善外来建设者综合管理工作意见》,规范有序地抓好以"教育、服务、维权、管理"为主题的外来建设者综合管理服务工作,特制订店口镇外来建设者综合管理服务中心工作规范。

一、组织领导

外来建设者综合管理服务中心(以下简称"管理服务中心")是店口镇人民政府外来建设者综合管理委员会下设的日常办事机构;工作人员由公安、劳动、计生等部门抽调的有关人员和聘用的外籍公安、劳动、计生干部和本地协管人员组成；管理服务中心主任由镇党委副书记兼任，副主任由店口派出所一名领导担任，并全面负责日常工作。

二、职责任务

外来建设者综合管理服务中心按照党委政府的总体要求，负责抓好以下工作：

1. 负责全镇外来建设者和出租房屋的日常管理、劳动合同的签订、计生证明查验和计生服务工作。

2. 负责实施双向教育，定期组织外来建设者和当地企业主进行法律法规、职业道德、文化科技、计划生育和劳动安全教育活动，努力提高他们的综合素质。

3. 经常深入村（居）企业和出租房屋检查了解外来建设者登记发证、计划生育、企业用工等基础情况，及时搜集掌握可能影响社会稳定的矛盾纠纷、治安（刑事）案件、违反计生管理等信息，并及时报告有关部门。

4. 负责或协助相关职能部门查处（处置）涉及外来建设者的违法违规案件和突发性、群体性事件。

5. 负责调处涉及外来建设者的劳资、治安纠纷，查处治安案件，维护外来建设者的合法权益。

6. 负责检查指导村（居）、企业单位协管组织的日常管理，常定期组织对协管队伍的教育培训，做好总结表彰工作。

7. 负责外来建设者管理信息录入和档案资料的建立、保管、使用、传递等基础工作。

8. 完成镇政府和上级机关下达的其他工作。

三、机构设置

为有效地开展管理和服务工作，在管理服务中心设立警务工作组、管理服务组、计划生育服务站、劳动仲裁委员会办事处、办证窗口。

（一）警务工作组。由派出所民警、外籍民警组成，组长由派出所分管领导兼任,副组长由派出所委任。主要负责收集和掌握情报信息,督促指导登记发证和信息录入比对等基础工作,开展治安安全防范宣传教育,调处涉及外来建设者的治安纠纷,打击违法犯罪活动。

(二)管理服务组。由镇计生办、劳管办、当地聘用的协管员、外籍计生和劳管干部组成。组长、副组长由管理中心委任。主要负责面上外来建设者和出租房屋的登记发证,劳动合同和治安责任书签订,收集掌握劳动用工、计划生育、社会治安等方面的动态信息,及时调处劳资纠纷,具体组织实施和督促指导基层及协管组织抓好对外来建设者的教育、服务、维权、管理工作。

(三)计划生育服务站。由镇政府计生指导站专业人员和各村(居)、企业单位计生专管员组成。组长由镇计生指导站人员担任,主要负责对外来建设者育龄人员的计划生育管理、指导、服务工作。

(四)劳动仲裁委员会办事处。由镇劳管办人员和聘请的法律顾问等人员组成。组长由镇劳管办人员担任,主要负责处理涉及外来建设者的劳资纠纷和违反劳动合同等问题。

(五)办证窗口。由管理中心内勤和微机操作员组成,主要负责办理暂住证和计划生育证制发,资料档案管理,外来建设者信息的录入和传送,来访群众的接待和咨询。

四、工作原则

外来建设者管理服务中心应根据现实工作的需要,按照"管得住、管得顺、管得好"的要求明确管理原则。坚持集中管理服务与职能部门协同管理服务相结合的原则,做到既由管理中心按照一个模式统筹管理,同时又根据部门职能特点互动管理;坚持集中检查指导与职能部门分头执法相结合的原则,做到日常检查指导和教育服务由各部门共同参与,发现违法违规问题按照执法主体和管理职能分别查处;坚持专职管理服务与依靠基层组织管理相结合的原则,做到既落实专职人员分片联厂的工作责任制,又积极依靠村(居)和企业协管组织做好日常管理工作;坚持分层次重点管理与普遍教育、服务、维权相结合的原则,做到既对外来建设者和出租房屋划分好不同层次,切实加强对高危人员和重点部位出租房屋的管理,同时对绝大多数外来建设者切实做好教育、服务和维权工作。

五、工作机制

外来建设管理中心是一个综合管理部门,要按照综合管理工作的原则和要求,建立完善相应的工作运行机制:

(一)日常管理服务机制。管理服务中心工作人员原则上按照每个专管人员负责管理1 500名外来建设者、100户重点出租房要求,划分管理服务责任区,并在责任区内的村、居、企业建立外来建设者登记管理服务站,配备落实协管人员,全天候、全方位地开展对外来建设者和出租房日常变动登记、发证、管理服务工作;每年3—4月份,由镇政府负责牵头,管理服务中心为主组织,各有关部门和行政村、居委会、企业单位抽调人员参加,统一对外来建设者、出租房进行全面排查,摸清底数,逐人逐户登记、发证,督促指导用人单位与外来建设者签订劳动合同,与镇管理服务中心签订治安、计生、劳动管理责任书;在日常管理中,各村(居)和企业协管人员,应及时掌握外来建设者、出租房的日常变动情况,每10天将有关变动情况上报中心专管员,按规定收取照片、查验证件、做好登记后,直接为外来人员发放《暂住证》;外来建设者管理服务中心在外来建设者和出租房日常管理中要突出重点,实行分类指导、分层次管理。对重点、高危人员和不放心的出租房,要落实专职人员管理。对企业正常上班的外来建设者和放心的出租房可委托村、居企业单位管理,外来建设者的《暂住证》也可委托基层组织核发。要充分运用社会化和市场化管理的理念,积极尝试外来建设者、出租房与经济直接挂钩的日常管理工作承包制;公安派出所、劳管办、计生办和镇管理服务中心要调整日常管理重心,按照"谁用工、谁负责,谁出租、谁负责"的管理原则,落实用工单位、房屋出租户管理责任;凡有50名以上的各类企业应建立外来建设者集中住宿点,落实专人管理。条件较好的行政村应根据镇政府的要求,建造工人新村(外居楼)供外来建设者集中租住;派出所和综合管理服务中心对出租私房要继续按照"五个一"(即安装一块出租房牌子,悬挂一张租住人照片,绘制一幅辖区出租房分布图,签订一份出租房治安责任书,落实一名责任区出租房管理专管员)的要求强化日常管理。有条件建造工人新村的地方,对出租房要实行"限量、扩容",压缩出租私房户的总量。对没有条件建造工人新村的行政村,要依照有关法律法规精神,落实房主的管理责任,或者根据出租房分布情况,实行统一编组、委托居(村)委会进行集中管理;外来建设者在暂住地办理登记发证一律实行实名制,对个别曾在店口工作多年,且有固定职业和住所,现实表现较好的外来建设者,如确实困难暂时不能提供身份证件的,可采取企业(业主)担保,先行暂住登记,并收取照片、证件工本费、提取笔迹和指纹,限期提供身份证件,逾期不能提供合法有效身份证件的,按无证人员处理。

(二)案件查处机制。管理服务中心在日常管理中发现的涉及外来建设者的治安(刑事)案件和线索,以及违反暂住人口、出租私房、计划生育、劳动用工等管理行为时,根据统分结合的原则,凡符合执法主体的案件,工作人员应当及时受理、认真查处,并将查处结果报告相关职能部门;不符合执法主体的案件应及时报告、移送有关职能部门查处。

(三)矛盾纠纷化解机制。管理服务中心在日常管理中发现涉及外来建设者的劳务、治安等一般纠纷苗头时,责任区工作人员和基层协管人员应及时到位做好化解工作;已经发生纠纷矛盾时,责任区工作人员应积极依靠基层协管组织,及时组织调处。对确实无法调处的纠纷矛盾责任区工作人员应及时报告中心领导,由有关职能部门进行调处和仲裁;化解矛盾纠纷时要充分发挥外籍公安、劳管、计生干部的优势,凡外来建设者之间发生的矛盾纠纷,原则上由外来聘用干部负责受理调解为主,本地人员与外来建设者发生矛盾纠纷,由本地工作人员调处为主,外籍聘用干部配合做好说服教育工作。

(四)工作保障机制。管理服务中心工作人员原则上不少于20人,其中公安派出所、劳管所、计生办抽调人员均不少于 2 人,聘用外籍公安、劳管、计生干部人数、期限由镇政府决定,当地聘用的专职协管人员由管理服务中心统一负责招收,由管理服务中心对工作人员组织每年不少于两次的综合管理业务培训;管理服务中心工作人员实行集中办公,办公场所和日常工作必需的硬件设施由镇政府负责解决,日常管理工作经费和内外聘用人员工资主要由镇政府负责落实。内外聘用人员的工资镇政府每半年向管理服务中心划拨一次,由管理服务中心按月考评、常务副主任审核签字、报中心主任审批后统一发放。日常经费在 1 000 元以下开支的由中心常务副主任负责审批,1 000 元以上开支由中心主任负责审批。

六、工作制度

为确保管理服务中心更好地履行职责,规范有序地开展对外来建设者的管理服务工作,应建立健全相应的工作学习制度

(一)定期学习会议制度。管理服务中心全体人员每周一晚上组织集中学习,主要学习有关外来人口和出租房管理的各类政策以及相关的法律法规;每月底召开一次工作会议,主要总结和分析当月外来建设者、出租房管理情况,研究落实有关管理工作措施,布置下月的管理工作任务等。

(二)信息收集上报制度。管理服务中心每个专管人员应当在责任区各村、居、企业建立信息员队伍。专管人员在责任区管理服务中要及时收集各类信息,认真做好记录,并及时上报中心领导或有关职能部门。

(三)档案资料管理制度。管理服务中心要按照齐全、规范、及时的要求,建立健全暂住人口(一人一表)、出租房登记册、建筑工地登记册、房屋、职业中介机构登记表(一家一表)、暂住人口发函、回函登记簿、"三无人员"遣送情况登记簿、辖区外来人口协管人员花名册,以及计划生育、劳动用工管理等相关档案资料。责任区专管人员和各村、居、企业协管组织都应建立责任区外来人口、出租房实时变动登记簿册。专、协管人员对外来建设者进行登记发证后,应及时将

登记表交中心电脑管理员录入信息,然后将登记表统一装订成册,落实专门人员集中保管使用。

(四)教育对话制度。管理服务中心要根据外来建设者管理服务工作的实际情况,定期开展有针对性的双向教育培训,原则上每季举办一期外来建设者法制、劳动技能培训班,每半年组织一次外来建设者和当地业主参加的法制、安全生产和治安防范工作的学习教育,每年组织一次有不同层次外来建设者和当地有关部门、企业参加的"沟通对话"活动。

(五)绩效考评制度。管理服务中心每月28日对当月工作实绩进行考评。考评时先由个人对照考评标准进行自考打分,然后由考评小组进行实地抽查,并对每个工作人员当月工作实绩作出量化评估,做到工作实绩与工作报酬直接挂钩。

附件三

诸暨市公安局店口派出所聘请外警协管流动人口警务规范

(送审稿)

为了深化完善"外警协管流动人口"的警务新模式,建立规范有序的警务运行机制,提高综合管理效能和警务效能,特制订本规范。

一、指导思想

在党委政府的统一领导下,运用"枫桥经验"的基本精神按照"教育、服务、维权、管理"的工作理念,通过聘请外籍警察协助管理流动人口,致力打造"平安店口",实现流动人口管理"模式更加科学、机制更加顺畅、力量更加专业、效能更加明显、社会更加和谐"的工作目标。

二、基本原则

外警协管流动人口是由本地民警和聘请的外籍民警一起共同管理流动人口为主的社区警务形式,应坚持"党政支持、公安负责、外警协管、双向共赢"的基本原则:"党政支持"就是在党委政府的统一领导下,通过政策和保障上的有力支持,做好聘请外籍民警协管流动人口工作;"公安负责"就是由公安机关负责做好外籍民警的聘请和日常警务工作,强化互动协作,共同管好流动人口;"外警协管"就是明确工作关系,发挥外籍民警的各种优势,协助当地派出所管好流动人口;"双向共赢"就是通过两地警方共同管理流动人口这一警务形式,达到互相协作、扬长避短、共同提高的目的。

三、管理组织

建立由派出所民警和外籍民警组成的、专门管理流动人口的警务组,本地民警一般不得少于 2 人,外籍民警人数根据工作需要聘请。警务组设组长 1 人,由派出所领导兼任,副组长由外籍民警担任。根据管理需要可以将村(居)和企业协管员作为警务组的基础工作力量,由警务组做好日常业务指导和管理工作。

四、工作职责

外警协管流动人口警务组应按照"教育、维权、管理、服务"的要求,开展外来流动人口综合管理,工作职责为:

1. 摸清底数分层管理。对流动人口宣传各项党的方针政策以及有关法律法规;摸清流动人口底数,掌握分布、结构等情况,落实各项管理措施;摸清外来人口中的五种监管对象,做好帮教、监督、考察和管理工作;加强流动人口中的重点人员和三层次人员的管理,落实重点流动人口的"双列管"制度,建立重点人口和三层次人员的管理档案。

2. 收集信息严密防范。在日常管理中建立好一支覆盖面、能发挥作用的流动人口管理治安信息员队伍,了解掌握流动人员中可能影响社会政治稳定和治安安定的各类信息和违法犯罪线索;通过开展调查物建秘密特情,重点收集各类盗抢团伙和涉黑涉恶团伙的情报信息;对发现和掌握的涉及社会稳定的信息,应及时向所领导汇报,对发现掌握的违法犯罪线索进行初查并及时会同刑侦队开展侦查。

3. 教育引导维权服务。积极探索流动人口治安防范管理新路子,建立与打防控系统相配套的流动人口管理基础台账,配合完善与有关部门联动管理的工作网络;开展多种形式的法制安全教育和友情对话活动,增强外来人员的安全防范意识和自我防范能力;依法开展对流动人口的维权服务,及时疏导和化解外来人员遇到的各类矛盾纠纷;加强与基层组织和单位的工作联系,争取社会各界对流动人口管理工作的配合与支持;以派出所流动人口管理警务室为阵地,定期或不定期地接待外来人员,设立警民联系箱或联系簿,发放警民联系卡,公布联系电话,帮助联系解决外来人员救助的有关事项;组织开展各种健康有益的文化体育联谊活动,增进本地群众与外来人员的情感交流,增强维护社会安定的凝聚力。

4. 警务协作联动打击。建立源头管理、两头并举的警务联动协作制度,充分利用外籍民警的工作优势,及时向派遣地警方了解掌握混迹于流动人员的负案在逃人员、重点人口和有劣迹表现的人员情况,为派出所提供打击处理服务。由派出所及时向外籍民警反馈本地有违法犯罪嫌疑的在逃外来人员情况,争取通过警务协作开展打击处理。根据上级公安机关和派出所工作的需要,外籍民警应参与重大案件的重点调查、技术侦查、缉捕逃犯等特殊警务活动。

五、警务机制

内外警员联动管理流动人口警务组在派出所的统一领导和组织下,按照科学、规范、依法的原则建立完善警务工作机制:

1. 日常勤务机制。警务组应根据派出所的统一安排,认真参与派出所的值班值勤工作,值班值勤期间,本籍民警应按照所里要求做好各类接出警和日常警务工作;外籍民警着重做好涉及外来人员的警情处置工作,并接受外来人员的报案、控告、举报,对群众扭送到派出所的外来违法犯罪嫌疑人或投案自首的人员,及时了解基本情况,做好询问笔录,根据派出所领导意见开展初查,发现有案件线索价值或需要候问深挖违法犯罪情况的,经值班所领导同意后移交给有关民警;遇到涉及外来人员的紧急案(事)件时,应立即采取措施并向所领导报告,根据所领导意见做好相关处置工作。

2. 协查案件机制。由派出所统一受理涉及流动人口的重大刑事案件,警务组民警根据派出所或专案组的安排共同参与相关的侦察和调查工作。如因案件需要,外警民警应参与现场勘查和调查走访工作,并根据所领导或专案组的统一组织,参与相关案情的调查和专案侦破工作。对于涉及流动人口的治安案件,考虑到执法主体等因素,由警务组民警共同参与调查,外警民警原则上以协查为主,不得为主受理查处。

3. 化解矛盾机制。遇到流动人口发生的重大突发性和群体性事件,由派出所统一组织民警开展集中处置,警务组外警民警重点是参与政策宣传和法制教育,掌握组织为首人员的基本情况和各种动态信息,配合做好有效处置工作。流动人口和本地人员之间发生一般的矛盾纠纷,由本地民警受理调解为主,外籍民警配合做好说服教育和就地化解工作,外来人员与外来人员之间发生的一般矛盾纠纷,由外籍民警受理调解为主,本地民警配合做好说服教育和就地化解工作。

4. 重点整治机制。根据辖区不同时期的社会治安特点,由警务组为主对公共娱乐服务场所、旅馆业和出租房开展针对性的治安检查和集中清查,有重点地清理"三无"人员,督促检查未登记办证人员,发现违法犯罪嫌疑人员和逃犯,收缴法律规定的管制刀具和涉枪涉爆物品,消除各类治安隐患。

六、管理规范

为确保内外警员联动管理流动人口警务组更好地履行职责,高效有序地开展警务活动,建立相应的警务管理规范制度:

1. 定期学习制度。警务组要按照派出所的有关规定,在参加所里每周一集中学习的同时,结合工作实际,在每月20日左右开展一次专题学习活动,重点是学习上级党委政府和公安机关有关流动人口管理的各类文件、涉及流动人口管理的相关法律法规,探讨研究流动人口管理的工作经验,努力提高每个警员的政治素质和业务素质。

2. 重点联系制度。警务组要以警务区为基本区域,将流动人口比较集中的企业和村进行合理划分,作为警务组民警的管理工作责任区,按照派出所赋予的职能,明确工作职责,落实工作任务,做好日常管理工作。

3. 信息研判制度。警务组在日常管理中,要高度重视各类信息收集工作,重点收集流动人口中影响当地社会稳定的有关信息、危害当地的带有黑恶势力的团伙和骨干人员的有关信息、各类违法犯罪人员的动态信息。发现有重要价值的信息要及时向派出所领导汇报,需要录入打防控信息应用系统的必须按规定及时录入。对于一段时间内了解掌握的各类信息,要在每月20日左右召开的学习会议上进行交流,开展综合研判,提出加强重点管理的对策和措施。如发现重大信息需要组织专案力量进行打击和处理的,派出所要及时组织力量开展打击和处理。

4. 排查防范制度。加强流动人口的基础管理是警务组民警的主要工作职责,要按照搞清底数、分清层次、掌握信息、有效管理的要求,建立好流动人口和出租房屋为重点的基础工作台账,有条件时可以建立流动人口和出租房屋基础管理网页,实行科技化管理。警务组民警要建立一批有价值、质量高的特情耳目队伍,掌握控制一批有违法犯罪动机和嫌疑的重点人群,确定一批案件多发的重点区域和部位,适时组织开展集中清查或集中整治活动,并在案件高发时期组织开展针对性的巡逻防范工作,以有效遏制刑事案件的发生。

5. 教育对话制度。警务组民警在开展流动人口管理中,要坚持教育、维权、服务的有机结合。要根据流动人口的不同人群和不同层次开展针对性的教育培训,原则上要求每月举办一期法制教育培训班,每年对流动人口普遍进行一次法制教育培训。同时,积极争取党委政府和有关部门的支持与配合,每季度组织一次有不同层次流动人口代表参加的"友情对话"活动,将对话活动中反映出来的主要问题和意见建议及时反馈给党委政府、有关部门或企事业单位,属于公安机关职责范围的问题应该及时采取措施加以解决。

6.绩效考评制度。为加强对警务组民警的有效管理,派出所应对警务组民警实施绩效考核,绩效考核要以派出所考核办法为基础,突出流动人口管理工作,做到量化考核和效果评估相结合,充分体现奖优罚懒的原则。同时,每半年要组织开展一次民主评议活动,对警务组民警进行民主测评,民主测评情况要作为年度评定的重要依据。

7.情况反馈制度。为全面掌握流动人口管理的总体情况和民警的工作情况,警务组要对每个月的工作情况进行书面小结,向派出所领导进行反馈。对于在日常管理中探索总结出来的一些创新方法和工作经验,应及时向派出所和市局有关部门反馈。对外籍民警的平时工作情况和民主评议情况,由派出所每季度向原籍地公安机关予以反馈一次。

8.警务保障制度。派出所应及时建议由市局或镇政府加强与外地公安机关的联系,建立起聘用外籍民警的规范化工作制度,及时签订警务协作协议,明确聘用工作时间、工资福利待遇、交接换聘相关规定,按照协议规定内容认真加以落实。派出所对外来人口管理警务组应设立专门办公室,与镇外来建设者综合管理办公室联动办公,在警务组办公室应配置电话机、计算机及其他必需的办公用品,并对警务组配设警务用车1辆、自行车3辆及其他日常工作需要的警务器械和工作用品。外警民警除享受两地警方明确规定的工资福利待遇外,应享受派出所民警的夜餐费、电话费、餐费等相关待遇。对外籍民警因工作需要的耳目接待费、提供线索奖励费等按照市局的有关规定予以同等执行。外籍民警一年可以享受年休假探亲和春节长假回乡探亲,派出所对外籍民警的两次往返列车费应予以报销。

七、考核办法

第一条 为有效管理、合理评价管理流动人口警务组民警的工作,充分调动警务组民警的工作主动性,使外籍民警的工作真正融入派出所整体工作中,特制订本考核办法。

第二条 本考核办法以派出所考核办法为基础,是派出所考核办法的补充。

第三条 警务组民警个人的考核,纳入派出所民警的考核范围,但警务组的本籍民警除对流动人口管理作为专项考核计分外,还需参加派出所中心工作考核;外籍民警只按本考核办法进行考核,考核奖金发放按本办法进行。

第四条 对警务组民警考核的组织、原则、考核方法、计分办法、奖金发放方法均按派出所民警考核办法执行。但外籍民警的年终考核奖按民警年度考核得分高低,第一名得2 000元、第二名得1 500元、第三名得1 000元。

第五条 外籍民警的奖金来源。外籍民警的奖金在聘用经费中提取,每人每年拿出5 100元,其中3 600元作月考奖(每月300元),1 500元作年考奖。

第六条 本考核办法在公布之月起施行。对考核中的不明事项,由派出所考核小组负责解释。

第七条 内外联动管理流动人口警务组民警月考标准,具体按相关考核办法实施。

附件四

店口镇外来建设者协管人员工作规范

(送审稿)

为充分发挥基层协管队伍在日常管理服务外来建设者中的积极作用,全面推进店口镇外来建设者综合管理服务工作,特制订协管员工作规范如下。

一、职责任务

基层外来建设者协管组织和协管人员在村(居)两委会和企业的领导下,在镇外来建设者综合管理服务中心指导下开展工作,主要工作职责是:

1. 协助镇外来建设者综合管理服务中心做好本辖区内外来建设者、出租房的登记发证工作,及时了解掌握外来建设者和出租房的底数、分布变动情况,并定期向管理服务中心报告。

2.协助镇外来建设者综合管理服务中心做好本辖区内雇用外来建设者的企业(业主)签订劳动用工合同和治安、计生管理责任书。经常对雇用外来建设者的企业(业主)、出租房进行安全检查,发现违法犯罪、违反管理行为和线索后及时报告有关部门。

3.负责调处涉及外来建设者的一般民事纠纷,协助有关部门调处(查处)治安、劳务纠纷案件。

4.协助有关部门定期对本辖区外来建设者、企业(业主)进行法制、安全、技术、计划生育、职业道德宣传教育。

5.协助有关部门对外来建设者、出租房进行集中清查、整顿,督促检查房屋出租户履行管理职责情况。

6.建立本辖区外来建设者、出租房登记、发证的各类簿册,定期向镇综合管理服务中心上报、核对底数,按时完成有关统计工作。

二、选聘条件

外来建设者协管员原则上在本村、居、企业两委会成员中选聘,但选聘确有困难的也可以从适当的优秀外来建设者人员中选聘,基本条件是:

1.年龄原则上在25周岁以上55周岁以下,身体健康,有一定的文化基础,有时间有精力从事外来建设者管理服务工作。

2.政治思想素质较好,能认真贯彻执行党和政府的各项方针政策,善于吃苦耐劳,不计较个人得失。

3.工作责任心强,敢抓敢管,办事公道,群众威信较高,工作能力较强,善于做群众工作。

三、工作报酬

企业单位外来建设者协管员工作报酬由企业负责解决。村(居)协管员工作报酬采取镇政府补一点、村(居)发一点的办法解决。原则上全年人均工作报酬不少于2 000元。个别工作量大、管理任务较重的协管员工作报酬可以适当增加。

四、工作制度

1. 定期培训例会制度。基层协管员应定期参加上级组织的有关外来建设者、出租房管理业务学习培训;定期参加上级组织的有关管理工作例会,汇报辖区管理工作现状,提出加强管理工作的意见。

2. 集中登记发证制度。每年初,基层协管员应全力以赴投入镇政府组织的外来建设者、出租房的集中排查工作。通过集中排查,切实搞清底数,掌握分布情况,建立完善有关登记簿册,配合做好登记、发证工作。

3. 定期组织督查制度。年初组织对外来建设者、出租房集中排查后,基层协管员原则上每半月应对辖区雇用外来建设者的企业(业主)、出租房进行一次核查,掌握外来建设者、出租房的变动情况,督促业主及时为变动的外来建设者办理登记发证手续。

4. 管理信息上报制度。基层协管员每半月应向镇管理服务中心报告本辖区外来建设者、出租房的变动情况。同时,对发现辖区涉及外来建设者的治安、民事纠纷等线索,应及时报告有关部门。

5. 矛盾纠纷调处制度。基层协管员对辖区发生的涉及外来建设者的一般治安、劳资纠纷,应及时会同基层治调组织做好矛盾的化解工作。矛盾纠纷确实无法调处的,应及时移送上级处理。

附件五

聘请贵州籍民警协助管理流动人口工作的备忘纪要书

(参考稿)

为了忠诚实践"三个代表"重要思想,积极运用"教育、服务、维权、管理"的工作理念指导和管理流动人口,努力推进"和谐社会"建设,经浙江省诸暨市人民政府和贵州省遵义县人民政府达成的开展"互动式"管理流动人口的基本原则，由浙江省诸暨市公安局聘请贵州省遵义县公安局民警到诸暨市店口镇协助管理流动人口，现将有关事项纪要备忘如下：

一、浙江省诸暨市公安局聘请贵州省遵义县公安局民警2人到店口派出所工作，时间为二年，自2004年8月起至2006年7月底止。

二、贵州省遵义县公安局根据浙江省诸暨市公安局的要求，推荐政治素质好，敬业精神强，具有一定群众工作能力，年龄在30周岁到45周岁的男性民警到店口派出所工作。如果推荐的民警是现职科所队副职干部的，工作期间由遵义县公安局保留职级，并由诸暨市公安局任命为店口派出所副职。如果推荐的民警不是现职科所队干部，可根据工作需要由诸暨市公安局任命为店口派出所挂职性质的副职。

三、贵州省遵义县民警到店口派出所工作期间，按照派出所的统一要求开展工作。重点是协助店口派出所管理贵州籍流动人口，主要任务是排查登记贵州籍流动人口、掌握影响店口社会治安的各种信息、开展对贵州籍流动人口的法制教育和维权服务、协助店口派出所化解涉及贵州籍流动人口的各类矛盾纠纷、配合打击处理贵州籍的违法犯罪人员、参与公安机关必要或特殊的警务活动、做好派出所部署的相关中心工作，并严格遵守店口派出所的各项纪律制度和警务工作规范。

四、贵州籍民警到店口派出所工作后，党组织关系由诸暨市公安局管理，人事关系由遵义县公安局管理。在遵义县公安局发给民警基本工资的基础上，参照诸暨市公安局民警的年均收入，由店口镇人民政府财政拨款发给遵义县民警每年不低于4万元的工资和奖金，发放形式按照店口派出所的考核办法进行。遵义籍民警同时享受由店口派出所自行解决的相关警务补贴，享受与店口派出所民警同等的评先奖优和其他警务保障等待遇。考虑到遵义籍民警离乡工作的实际情况，由店口派出所每年报销两次回乡探亲的车旅费（限报车票费用）。

五、诸暨市公安局与遵义县公安局对这项工作应加强双向管理,每年开展一次联谊活动,听取民警的思想、工作和生活等方面的情况,研究解决工作和生活中遇到的一些实际困难和问题。店口派出所要切实加强对遵义籍民警的日常管理,将遵义籍民警每季度的思想表现和工作情况以及每年的民主评议或绩效考核情况向店口镇人民政府、诸暨市公安局、遵义县公安局予以反馈。

六、遵义籍民警两年工作期满,由诸暨市店口镇人民政府提出是否续聘民警的建议,如果需要继续聘用,由诸暨市公安局和遵义县公安局商议决定续聘的具体事项,并形成备忘纪要。为确保工作衔接,续聘民警应提前两个月到店口派出所工作,与现聘遵义县民警做好基本情况熟悉和业务工作交接。

七、遇有其他不尽事宜由双方公安局协商解决。

八、此备忘纪要书分呈贵州省遵义县人民政府、浙江省诸暨市人民政府、浙江省诸暨市店口镇人民政府、贵州省遵义县公安局、浙江省诸暨市公安局、浙江省诸暨市公安局店口派出所、遵义籍赴店口派出所民警。

3.2.5 打造"平安大唐"是繁荣"国际袜都"的重要基础——对大唐镇构建新型治安防控体系的调研与思考[1]

提要: 大唐镇是诸暨市流动人口管理的重点镇。诸暨市委常委、公安局局长袁立江对大唐镇进行专项调研,指出大唐镇已经基本形成了以外来流动人口为重点的综合型社会治安新特征,即高位化特征、主体化特征、区域化特征、复合化特征和隐患化特征。因此,大唐镇应尽快建立以"源头梳、阵地控、街面巡、科技防、网格管"为主体的新型治安防控体系,这样才能为打造"平安大唐"、繁荣"国际袜都"打下重要基础。

---

1 袁立江:《打造"平安大唐"是繁荣"国际袜都"的重要基础——对大唐镇构建新型治安防控体系的调研与思考》,《公安机关简报》2007年5月10日,内部资料。

大唐镇是我市的一个工业集镇,1988年建镇以来,历届党委政府凭借发达的交通优势、城郊集镇优势、袜业块状优势和义乌小商品市场的辐射优势,坚持"以工立镇、以贸兴镇"的发展战略,在短短的18年时间里,使这个原来只有近千名人口的小乡村,发展成为如今拥有常住人口7.6万,各类袜业企业1.2万余家,拥有全国最大的袜业市场,被称为"国际袜都"的新兴集镇。据有关资料统计,大唐镇2006年共实现工农业总产值252亿元,其中工业产值250亿元,国内生产总值37亿元,人均GDP达1万多美元,财政收入2.5亿元,农民人均收入19 789元;综合实力已跻身于全国百强、浙江省十强,是国家小城镇建设试点镇、现代示范镇、全国村镇建设先进镇国家卫生镇、中国袜子名镇。本人在前期蹲点调研中深刻地感受到,大唐镇目前经济繁荣、市场发达、商贾遍镇、充满活力,是诸暨改革开放和经济社会快速发展的一个缩影;但大唐镇当前严峻复杂的社会治安局势也已成为制约经济发展和社会管理的主要问题。本文通过对大唐镇治安形势和特点的调研剖析,从创建"平安大唐"的角度出发,对构建大唐镇社会治安防控体系提出一些构想性思考。

一、对大唐镇社会治安现状特征的认识

社会治安问题一定程度上与区域性的经济发展有着密切的联系,大唐镇目前已经基本形成了以外来流动人口为重点的综合型社会治安新特征。

(一)高位化特征

近几年来,大唐镇以袜业经济和市场经济为支撑并快速发展,经济总量已位居我市各乡镇前三位。在经济持续增长的同时,刑事发案和治安案件也处于一种高发态势。从接出警情况来看,2004年至2006年的接出警总量分别为5 118起、6 233起,位居农村派出所第1位;从刑事发案总量来看,2004年至2006年的刑事发案分别为1 077起、1 117起、1 124起,各占全市刑事发案总量的13.9%、12.68%、12.9%,各居农村派出所的第1位;从治安案件的总量来看,2004年至2006年的治安案件分别为894起、710起、1 006起,各占全市治安案件的 11.27%、9.8%、15.4%,位居农村派出所的第 1 位、第 2 位和第 1 位;从打击处理的人员来看,2004 年至 2006 年的打击处理人员总量分别为 189 人、234 人、220 人,各占全市打击处理人员总量的 12.6%、13.1%、11.4%,各居农村派出所的第 1 位。因此,大唐镇已被列为全市三大治安重点复杂区域。

(二)主体化特征

人员和财富的流向一定程度上决定了犯罪的流向。大唐镇是我市继城区以外人、财、物、信息快速高频流动的地区,日均人流量在 2 万人以上,年货运吞吐量达 36 万吨以上,市场和街面商铺有近 3 800 家,还有以家庭袜业为主体的工业企业 1.2 万家,如此繁荣的市场经济和工业经济,必将引来大量的外来务工和经商人员。大唐派出所 2006 年登记发证的外来暂住人口有 4.9 万人,如果计算断续性流动人口的话,预计总量应在 7 万人左右,其中居留在集镇上的有近 3.5 万人左右,已经超过了集镇居住的常住人口,大量的外来流动人口因此成了大唐镇违法犯罪的构成主体。据统计,大唐派出所 2004 年至 2006 年共抓获犯罪嫌疑人 160 名、261 名和 254 名,其中外来人口分别为 411 名、179 名和 182 名,各占抓获人员总量的 69%、68% 和 71%。

(三)区域化特征

由于大唐镇以袜业为主体的经济结构,基本上属于家庭式的劳动密集型经济,科技含量普遍较低,业主对用工人员的技术素质要求也不高,加上有个管理相对不规范的劳动力市场,致使大唐的外来人口总量较大而且流动性很强。据预测性统计,仅大唐劳动力市场平均每天的人员流动量在 1 500 人左右,大唐镇外来人口的年均流动总量预计在 30 万以上。从大唐镇外来人口和暂住人口的登记发证资料上加以分析,外来人口的区域化特征也非常明显以 2006 年为例,在登记发证的 49 911 名外来人口当中,其中男性 27 727 人,女性 22 184 人。主要以安徽、江西、贵州、河南四省为主:其中安徽 10 344 人,占总数的 20%;江西 8 836 人,占总数的 18%;贵州 8 506 人,占总数的 17%;河南为 7 587 人,占总数的15%。四个省份的外来人口占了总量的70%。同时由于袜业经济对劳动力的文化技术素质要求较低,涌入大唐镇的外来人口普遍是经济和文化欠发达地区的剩余劳动力,所以近年来的违法犯罪也呈明显的外来区域化特点,以2006年为例,在派出所抓获的254名犯罪嫌疑人中,安徽籍的为45人,占18%,贵州籍的为61人,占24%,河南籍的为21人,占8%。而且安徽籍人员主要以盗窃织袜原材料为主,贵州籍人员主要以贩毒和入室盗窃为主,云南籍人员主要以盗窃电动车、摩托车为主,河南籍人员以抢劫、抢夺为主。

(四)复合化特征

大唐镇繁荣的经济发展态势和便利的交通区位优势,引来了大量的外来人口,且呈现出总量多、区域广、素质低、流动性强的特点,也给当地的社会治安带来了复杂化。就当前而言,大唐镇动静结合、内外结合、聚散结合、昼夜结合的复合型治安特点比较明显。所谓动静结合,就是一些外来人口流入大唐镇以后,因一时找不到工作而难以为继,便从事盗抢犯罪;有的利用大唐镇的城郊区位优势,专门在大唐和城区之间流窜交叉作案。还有的外来人口游手好闲,有工不做,以出租房和低档旅馆为据点,有选择性地进行盗抢犯罪,因此"两抢一盗"等侵财型案件是大唐镇比例最高的刑事案件。所谓内外结合,就出是一些外来人口与本地人纠集成一种地方黑恶势力,以托运行业、服务行业、娱乐场所为阵地,专门从事寻衅滋事、敲诈勒索和黄赌毒等违法犯罪活动,扰乱大唐镇治安秩序,2005年和2006年因寻衅滋事被大唐派出所处理的外来人员26人和42人,因涉及打他人和故意伤害的分别为43人和48人。所谓聚散结合,就是一些外来人员勾结成犯罪团伙,时分时合,遥相呼应,专门从事盗窃机动车、工业原材料、撬盗单位内部财物等违法犯罪。所谓昼夜结合,就是一些外来人口以收购废旧物品或捡破烂为名,白天走街串巷顺手牵羊,夜间到野外盗割电力通讯电缆或偷盗农用设施。大唐镇各种类型的违法犯罪活动使大唐派出所面临"打不胜打、防不胜防"的被动境地。

(五)隐患化特征

大唐镇处于金杭公路和绍大公路的交汇处,紧挨杭金衢高速公路诸暨出口处和浙赣铁路诸暨火车站,具有良好的交通区位优势。除车流量最大的杭金线和绍大线穿过集镇外,离市区也仅五公里左右,加上发达的袜业经济为支撑,各类机动车保有量和驾驶员的比例在全市乡镇当属首位,线长车多人多的特殊条件,决定了大唐镇也是一个道路交通事故的高发区域。据统计,大唐交警中队管辖区内,2004年至2006年的交通事故分别为273起、195起和184起,分别占全市总量的12.7%、10.1%和11%;交通事故死亡人数分别为14人、17人和19人,分别占全市总量的6.5%、6.9%和10.4%。目前大唐大部分企业都属"作坊式"企业,其中属于"三合一"企业近2 000家,且袜业生产原料主要属于易燃轻纺原料,火险隐患可以说是无处不有、无所不在。2004年至2006年,大唐镇先后发生各类火灾事故7起、2起和7起,分别占全市总量的11.8%、3.9%和17%,并且曾经发生过死人火灾1起,共烧死人员3人。所以,大唐镇也是我市一个公共安全隐患较多的区域。

二、大唐镇治安防控体系建设的总体构想剖析

大唐镇的社会治安现状,既有城区社会治安的一些共同特征,又有区别于其他集镇社会治安的地方特征。因此构建大唐镇的社会治安防控体系,必须全面系统地考虑影响其治安问题的社会要素,探究其特定的治安规律,分析可整合利用的防控资源,研讨可借鉴结合的防控模式,切合实际地构建和完善管用有效的治安防控机制。鉴于这样的思考,大唐镇应尽快建立以"源头梳、阵地控、街面巡、科技防、网格管"为主体的新型治安防控体系。

(一)构建起融会贯通的"梳理式"流动人口管理模式

从影响大唐社会治安的主体特点来看,外来流动人口是违法犯罪的主要因素,一定程度上起着基础和龙头的作用。抓基础必须抓龙头,而抓龙头又应重抓源头。从大唐地区每年外来人口流动量模糊测算近30万人,到排查测算的约

7万人,再到实际登记发证的近4.9万人,可见外来流动人口的基础信息管理很不到位,信息资源也严重流失,而且大唐镇外来人口超百名的企业只有27家企业,大量的外来人口散居在各类家庭企业或其他行业,并且外来人口的流向渠道也主要有三类,其中劳动力市场是外来人口进入用工单位的主要渠道,出租房屋是外来人口的主要落脚地,企业单位是外来人口的主要集聚点。鉴于这样的基础现状和流向特征,必须按照外来流动人口"分类、分级、分层次"管理的基本原则,立足劳动力市场、出租房屋、用工企业、场所特业四大基础层面,构建起"统筹专管、外警协管、延伸控管、动态活管"的"分流梳理式"管理模式。所谓统筹专管,就是由镇政府建立外来流动人口管理机构,加强充实专门力量,统筹和加强外来流动人口管理;所谓外警协管,就是借鉴店口镇外来流动人口管理的成功经验,引聘来源地比较集中、发案对象较多的江西、安徽、贵州、河南籍民警到大唐协助管理外来流动人口,在劳动力市场建立综合警务室,由本地民警和外籍民警实施联动管理,重点是抓好劳动力市场的日常秩序,严密外来人口的信息登记,控制高危人员的流入,为外来流动人口提供合法和必要的服务,切实抓好源头;所谓延伸控管,就是以外来人口流动管理警务组为主体,借鉴枫桥派出所社区警务基础管理的理念,构建起"一片一警,一区一员"的管理模式,即将大唐镇划分成若干管理片,每个管理片细划成若干责任区,每个管理落实一名社区民警,每个责任公区落实一名专职管理员,负责对管理片和责任区内出租房屋、用工单位、场所特业内外来流动人口的基础管理;所谓动态活管,就是在抓好劳动力市场、出租房屋、用工企业三大主体层面管理的基础上,根据管理需要,对分布在其他层面的外来流动人口开展多种形式的动态管理和灵活管理,压缩外来流动人口的盲区和死角,确保基础管理触角到位。

(二)构建起统分结合的"五指式"基础阵地控制模式

目前,大唐集镇上有各类旅馆55家,网吧10家,旧货业26家,从大唐镇刑事发案现状来看,外来流动人口有较大比例的职业犯罪,其中 2005 年涉及旧货业的案件为 178 起,2006 年为 174 起,同比下降 2.25%;2005 年涉及车辆盗窃案件为 235 起,2006 年为 274 起,上升 16.6%;2005 年涉及废旧物品盗窃案件为 16 起,2006 年 21 起,上升 31.3%;还有派出所通过网吧和旅馆业抓获的网上逃犯占整个逃犯总量的近一半,特别是近年由禁毒大队抓获的 80 名涉毒人员中,有近一半居住在大唐。因此加强严密的阵地控制就很大程度上掌握了控制犯罪的主动权。出租房屋、旅馆业、废旧物品业、网吧和娱乐场所、旧货交易店铺是大唐镇最活跃的五大发案阵地,加强对这五大阵地的严密控制,需要建立"伸开五指分头管理,握紧拳头严密控制"的"五指式"基础阵地控制模式。作为阵地控制职能部门的大唐派出所,要全面分析大唐镇行业分布、人群分布、物业分布等实际情况,借鉴枫桥派出所的基础管理模式,加强街面中队建设,配强协警力量,对阵地控制建立好"一片一警、一区一员"的警务结构,将民警和协警渗透到警务区和需要严密控制的行业场所之中,做到日常基础工作分头管理,落实管控责任,发现重要治安问题或犯罪线索进行集中处理,并结合不同时期的治安特点,突出重点行业或场所开展专项整治。同时要认真探索完善废旧物品"三三式"管理、网吧业"自律式"管理、旅馆业"倒查式"管理等新型管理方法,加强对各类阵地控制实行警力整合和管控联动,逐步提升"五指式"基础阵地控制模式的综合效能。

(三)构建起动静结合的"棋盘式"街面巡防模式

大唐镇既是一个城郊型集镇,又是一个块状经济和市场经济交叉复合的区域,外来人口除来源地比较集中外,职业区域化和活动区域化特征也比较明显。以箭路村为例,这个村子现在居住着 800 余名安徽临泉籍为主的外来人口,远远超过本地常住人口;大唐镇的兴隆路上有近 20 家饭店都是以地方命名的;还有个别部位则是溜市冰场、台球场等简易的娱乐场所,这些地方都是大唐镇外来流动人口的聚汇点。特别是大唐镇 16—30 岁年龄段的外来人口有 2.5 万人,约占总数的50%,这批人群一定角度来说也是违法犯罪的高危人群,因而大唐镇的违法犯罪具有明显的部位性、动态性和跳跃性的特点,如街面案件占大唐派出所全辖区的60%左右,寻衅滋事、故意伤害、涉黄涉赌等治安问题也基本集中在外来人口相对集中和娱乐活动相对比较活跃的区域和部位。鉴于这样的外来人口集聚特征和治安特点,在强化基础管理和阵地控制的同时,大唐镇需要建立动静结合的"棋盘式"街面巡防模式。主要是以派出所街面中队为依托,根据不同部位的街面治安特点,因地制宜地划分好动态巡防区域,根据需要配强足够的巡防力量,在重要的治安复杂部位,设立治安岗亭,形成点上控、面上巡、卡口守为主体"棋盘式"巡防格局。所谓点上控,就是在治安复杂部位建立24小时的治安值勤岗,立足治安岗亭对周围区域加强社会治安防控;所谓面上巡,就是组织警员对主要街面开展车巡和步巡等交叉巡逻,实现街面动态治安管控;所谓卡点守,就是在镇郊主要出入口设立固定卡点,加强对夜间可疑人员和可疑车辆物品的盘查,严密对夜间盗抢犯罪的卡点控制。从而形成一张覆盖集镇的严密治安防控网络。

(四)构建起综合反映的"蛛网式"电子防控模式

大唐派出所目前直接服务集镇治安管理的只有8名民警和40名巡防协警,这与大唐镇复杂严峻的社会治安管理显然是不相匹配的,而在当前不可能大幅度增加警力的情况下,增加协警总量虽然有利于加强动态防范,但不能有效解决全天候的治安管控难题。大唐镇有必要基于长效管理的高度认识,切实加强"功能综合、合理布网、小区配套、全天监控"的"蛛网式"电子防控模式。就是通过统一规划,以派出所为依托建立集镇电子监控中心,在盘整原有电子监控网络的基础上,将交通管理监控和治安管理监控实行功能综合,在集镇重点区域和部位布建合理的电子监控网络,并在居民住宅小区和重点企业单位大力推广电子防盗系统,落实专门人员加强全天候的治安监管,建立完善电子监控系统所发现的各类动态警情应急处置方案,加强快速反应,形成与基础管理、阵地控制、街面巡防遥相呼应的以静制动防控体系,提高大唐集镇的治安防控覆盖面,更大限度减少治安管控的盲区和死角。

(五)构建起监控一体的"网格式"消防管理模式

轻纺袜业的块状经济特色决定了大唐镇是一个劳动密集型工业基地,而大量的家庭作坊型"三合一"企业又使大唐镇成为消防安全管理的重点区域。据去年年底排查统计,大唐镇共有"三合一"企业1812家,这些企业普遍存在着不同的消防安全隐患,大唐镇经济的健康发展和公共安全管理都承受着较大的压力。在去年年底为期三个月的全面整治中,大唐镇对1040家"三合一"企业实现了整改,从中关停重点消防隐患企业32家,其中拆除"三合一"企业内部的住人阁楼134处,在388家"三合一"企业中撤离安置从业住宿人员2652人,配置灭火器3562只,整治工作取得实质性进展。今年年初开始,大唐镇会同公安消防部门探索建立了一套"明确职能、网格管理、强化基础、动态整治"的"三合一"企业消防安全管理长效工作机制,也称监控一体的"网格式"消防安全管理模式。所谓明确职能,就是分别明确镇人民政府、消防部门、专职协管员、企业单位四级消防安全管理职责;所谓网格管理,就是由镇政府组织实施,将大唐镇划分成16个消防安全管理网格,每个网格配备一名专职管理员,加强对网格区内各企业单位消防安全的日常检查和监督;所谓强化基础,就是以"网格式"专管员为主体,将网格管理区内的所有企业法人、职工人数、企业产品、消防设施、通讯电话等基本信息进行全面排查登记,形成一个基础信息库;所谓动态整治,就是明确了专管员定期检查、日常监督、信息反馈、集中整治等具体任务和考核要求,形成一套长效性的工作机制。这一管理模式和工作机制建立后,基本上解决了职责不清、信息不明、管理不严、整治不力等各种问题。但从实践的角度来看,尚未与大唐的整体治安防控形成一个完整的体系,建议将这支消防协管员队伍归属于大唐派出所社区中队管理,将治安基础管理职能与消防基础管理职能进行融合,以增强大唐镇治安防控体系的综合功能和整体效能。

三、是对构建大唐镇新型治安防控体系的思考和探讨

大唐镇是我市一方经济发展的热土,也是我市改革开放最有成效的一个典型,更是我市扩大对外影响的一个重要窗口,目前的大唐镇经济发展强劲,治安状态具有区域代表性,而且社会资源丰富,群众平安享福的愿望强烈,可以说是新时期"枫桥经验"在市场发达区域能否得到创新落实的重要"试验田"。鉴于这一理性思考,本人在提出大唐镇治安防控单体模式建设构想的基础上,认为还需配套开展四大警务建设,确保治安防控体系的完善。一是党政重视,切实抓好基础警务建设。在新的历史时期,各级党委政府都肩负着"保一方平安、兴一方经济、富一方百姓"的重任,社会治安管理自然也离不开党委政府的重视和关注。大唐镇的历届党委政府都非常重视当地的社会治安管理工作,在治安管理的基础建设、经费投入等方面的支持力度走在了全市镇乡的前列。但从调研的情况来看,在治安形势的现实需求与基础警务的现状来看,还有一些需要进一步加强的地方,主要是协警总量还明显不足,基础防控设施不够完善,科技防控建设还比较滞后,制约着治安防控体系的建设和完善。因此,建议党委政府要从打造"平安国际袜都"的高度来加以认识,认真学习和借鉴义乌和柯桥等市场发达地区的工作经验,将治安防控体系建设作为一项重要政务来抓,把治安防控体系建设与经济发展及集镇建设予以统筹思考、统一规划、同步实施,努力克服困难,加强对治安防控体系建设的人、财、物的投入,为构建大唐镇新型治安防控体系提供强有力的保障。二是突出主体,切实抓好信息警务建设。大唐派出所始终处于新型治安防控体系建设的主体地位,承担着打造"平安国际袜都"的重要责任。要在积极争取党委政府重视的基础上,以构建微新型治安防控体系为切入点,切实加强信息警务建设,因为一个完整的治安防控体系是以各个单体的治安防控模式为框架、以信息警务为载体来统筹支撑的,这样才能真正建立打防控一体化的警务机制,所以加强信息警务建设是构建大唐新型治安防控体系的重要环节。大唐派出所要在抓好五大治安防控模式的基础上,加强对警力资源的科学盘整,尽快建设好推动新型防控体系的信息警务建设,致力形成信息引导基础管理、信息引导治安防控、信息引导精确打击的警务新格局,提升派出所打防控的综合效能。面向基层,切实抓好群众警务建设,"警力有限、民力无限",这是新时期社会治安管理的创新理念,也是"枫桥经验"几十年来探索实践的基本经验。大唐派出所近几年探索的网吧业主"自律式"管理、废旧物品收购业的"三三式"规范管理等都是指导和组织群众参与社会治安管理的成功特色,起到了"警力投入少,行业治安管理好"的实在效果,但覆盖面比较狭小,还有很多资源可以利用,还有很多潜力可以挖掘。因此在构建大唐镇新型治安防控体系中,必须抢抓机遇,统筹思考,把加强群众警务作为重要内容来抓,要积极主动地给党委政府出谋划策,千方百计地组织和发动群众参与群防群治,为构建新型治安防控体系夯实牢固的群众基础。三是强化协作,切实抓好公共警务建设。大唐镇既是一方经济热土,更是一块开放地带,构建大唐新型的治安防控体系必须转变观念,切忌因循守旧、划地为营,应该大胆探索实践全新的公共警务模式。从当前大唐镇的治安形势和特点来看,可以充分运用"外警协管外口"的警务模式的理念和方法,积极引进外籍警察加强外来流动人口管理和基层基础管理;可以针对大唐镇是城区治安辐射重要区域的实际,切实加强与城区相关派出所的警力;可以根据大唐镇刑事发案与城区警务对接,实现辐射性的联防联控;可以根据城区刑事发案关联度较大的特点,切实加强与市局业务部门的警务联动,整合优势警力,开展阶段性和有重点的专业打击;还可以利用大唐派出所丰富的基础信息资源,加强与其他公安机关的信息交流,开展多种形式的警务协作。通过加强有效的公共警务建设,为新型的治安防控体系借助外力,提升打击和管理的实效。

3.2.6　深入推进绍兴市流动人口服务管理工作的调研与思考[1]

提要： 2007年，中共绍兴市委政法委副书记戴辉对全市流动人口服务管理工作展开深入调研，并撰写本篇调查报告。该报告从绍兴市流动人口服务管理工作现状入手，围绕深入推进流动人口管理工作的重大意义、实践成果、现存问题和思考对策四个方面展开了深入研究。该篇调研报告明确指出了要从理念、格局、机制、手段和平台五个方面持续发力，将"以人为本"的理念融入流动人口管理服务工作，统筹各方因素，以"服务、管理、教育、维权"四位一体的工作模式做好今后的流动人口管理服务工作。

近年来，随着我市改革开放的不断深化、城市品位的不断提升和区域经济的快速发展，古越大地处处焕发出勃勃生机，滋生无限商机，吸引了大量流动人口来绍务工经商、投资创业。据有关部门统计，近年来我市流动人口数量每年都在以20%左右的速度递增，至2007年8月底，登记在册的流动人口已达115万。可以说，流动人口已成为我市经济社会发展中一支不可或缺的重要力量，为我市实现"两个率先"作出了积极贡献。同时，流动人口的大量涌入，也给我市的社会建设和管理带来了巨大的挑战，如何有效地服务和管理这个庞大的群体，已经成为我市各级党委政府面临的一个重大而紧迫的课题。这个课题的破解，对于促进我市经济快速健康发展、维护社会和谐稳定、实现共建共享和谐社会的良好局面关系重大。

一、深入推进流动人口服务管理工作的重要意义

流动人口的大量增加，是经济和社会发展到一定阶段的必然产物，也是加快新型工业化、城市化进程，全面建设小康社会的客观需要。抓好流动人口的

1　戴辉：《深入推进我市流动人口服务管理工作的调研与思考》，载中共绍兴市委办公室、中共绍兴市委政策研究室编：《绍兴市领导干部优秀调研成果文集（2007）》，内部资料，2007年印发，第262—270页。

服务管理,是当前我市一项具有全局性、战略性的重大任务。党的十七大报告把加强流动人口服务和管理工作,提高到"完善社会管理,维护社会安定团结"的层面和高度来谋划、来实施,这对我们调动一切积极因素,最大限度激发包括流动人口在内的所有人民群众的创造活力,构建共建共享和谐社会具有重大理论和实践意义。

1.加强流动人口服务管理,是夯实基础、维护基层稳定的迫切需要。加强流动人口服务管理工作的根本目的,就是通过保护流动人口的合法权益,维护社会和谐稳定,促进人口与经济、社会、资源、环境协调发展。近年来,流动人口的违法犯罪问题,已经成为严重影响我市建设"平安绍兴"、构建和谐社会的一个重要因素。据统计,我市流动人口作案已占全部刑事作案人员的60%以上,有些民营经济发达的镇(街)甚至高达80%以上,可以说,流动人口犯罪已在很大程度上左右着我市的治安形势。而且,因流动人口的各种权利被侵犯而引发的矛盾纠纷、集体上访和群体性事件呈逐年上升趋势,有些甚至还酿成重大群体性事件。严峻的现实表明,做好流动人口服务管理工作,已经成为维护我市社会和谐稳定的一项紧迫任务。流动人口能否在绍兴安居乐业、与绍兴本地居民和睦相处,是我们能否成功打造"平安绍兴"、构建和谐社会的重要基础和前提。

2.加强流动人口服务管理,是创新社会管理方式的迫切需要。构建社会主义和谐社会,必须加快创新社会建设和社会管理方式。其中就包括对原有的流动人口服务管理方式方法的完善和创新。当前,随着我市区域经济的快速发展和城市化进程的不断加快,越来越多的流动人口涌入我市,他们或务工或经商,总数达到115万之多,占全市总人口的1/4。对这个群体数量庞大的流动人口的服务管理成效如何,将直接关系到我市经济建设和社会发展的和谐稳定程度。但目前由于受管理理念、体制机制等因素的影响,对流动人口的服务管理是一个薄弱环节,各地还不同程度地存在着多头管理、管理缺位、重管理轻服务的现象。在此前提下,加强流动人口服务管理工作,建立健全党政领导、综治牵头、部门参与、社会协同、保障有力的流动人口服务管理工作新格局,使服务管理工作步入法制化、规范化、社会化、人本化、信息化的轨道,既能促进流动人口同当地居民和谐相处,保持社会和谐稳定,又能创新社会服务管理模式,提高社会管理的法治化水平。

3.加强流动人口服务管理,是实现共建共享和谐社会的迫切需要。人民群众既是构建社会主义和谐社会的主力军,又是享有社会主义和谐社会建设成果的主体。相对于常住居民,外来流动人口是非典型意义的弱势群体,他们的民主权利、人身权利和经济利益被侵害等问题时常发生。作为经济利益和社会财富的重要创造者,他们却往往享受不到所付出艰辛劳动的等价回报。建设共建共享"和谐绍兴"是一个不可分割的整体,没有广大外来流动人口这部分人的和谐,就不可能有整个绍兴的和谐。115万流动人口和430万绍兴本地居民一样,既是和谐社会的共同建设者,也是和谐社会成果的共同享有者。只有切实把流动人口的利益摆到和本地居民同样重要的位置,优化服务措施和手段,依法维护和保障其合法权益,着力解决流动人口最关心、最直接、最现实的问题,才能真正形成共建共享和谐社会的整体合力。

4.加强流动人口服务管理,是推进社会主义新农村建设的迫切需要。流动人口的主体是农民。大量农村富余劳动力向非农产业转移,有效缓解了农村的人口压力,促进了农业和农村经济结构的调整,加快了贫困地区脱贫致富的步伐。农民进城务工是近年来农民增收最直接、最有效的途径。据统计,目前我国农民的收入有17%来自劳务收入,而农民收入增长的41.8%依靠外出务工。农民工已成为推动农村产业结构调整、繁荣农村经济、提高农村生产力水平的重要力量。大量农村青年进入城市,开阔了眼界,更新了观念,学到了本领,提高了素质,造就了农村新一代的建设者。据国家有关部门估计,目前每100个外出农民工中就有4人走上了回乡创业的道路,他们带回资金、技术、市场经营观念、现代化管理方式以及文明健康的生活方式,在带领家乡人民发家致富的同时,也促进了民风、民俗的转变和进步。

二、近年来我市流动人口服务管理工作探索实践

近年来,我市围绕"服务、管理、教育、维权"四位一体的工作要求,积极探索,大胆实践,在流动人口服务管理方面形成了不少好的做法和经验,涌现出了不少亮点,一些工作甚至走在了全省乃至全国的前列,得到了省委和中央有关领导的充分肯定,一些做法和经验还在全省乃至全国得到推广。

1. 初步建立了流动人口服务管理的工作格局。近年来,我市先后出台了《绍兴市流动人口管理办法(试行)》《关于加强和改进对农村进城务工人员服务与管理的实施意见》《关于解决农民工问题的实施意见》等一系列文件,使流动人口服务管理工作逐步走上了有章可循、依法管理的轨道。各县(市、区)普遍建立了由党政领导牵头、有关部门参加的流动人口管理工作领导小组或协调小组,并设立了日常办事机构。一些重点乡镇(街道)也建立了配套的工作机构,抽调了公安劳动、计生等部门工作人员集中办公。同时,根据《绍兴市创新"枫桥经验"、创建"平安绍兴"五年规划》的要求,配备了相应的流动人口专(兼)职协管员队伍,初步形成了较为完善的流动人口服务管理网络。

2. 积极探索了流动人口服务管理的工作模式。近年来,我市各地积极探索流动人口服务管理工作的新体制、新模式。绍兴县建立了以"全员登记、电脑建档、联户管理"为主要内容的外来人口管理模式,同时积极落实同城待遇,着力在就业、教育、居住、计生等方面为外来人员提供优质服务。诸暨市探索了"外警协管外口""外地干部管理外来人员"的新模式,聘请外来人员户籍所在地的公安、劳动、计生等干部到当地共同参与管理服务,开展岗前培训,实行了亲情化管理。上虞市在市、镇(街道)、村(居、企业)三级建立了外来人口和房屋租赁管理服务网络,创新"以房管人、以房找人"管理模式。通过一系列的探索实践,全市流动人口的服务管理模式基本实现了"三个转型",即由一般的传统管理向规范化、社会化管理转型,由静态型管理向动态型管理转型,由简单的对人管理向与流动人口相关诸要素综合管理转型,拓展了流动人口服务管理工作的深度和广度。

3.着力完善了流动人口公共服务和保障体系。我市采取各种措施,努力在劳动就业、子女入学、居住生活等方面为流动人口提供优质服务,保障其正当权益,促使流动人口进得来、留得下、住得好。如在深化维权行动方面,全面实行和规范劳动合同管理,切实加大了工资清欠力度,开通了用工投诉、工伤认定、工资清欠等绿色通道,打造"零欠薪"城市行动取得较大进展。在解决"民工子女入学难"问题方面,全市大力实施了拆掉门槛、规范收费、敞门接纳入学等一系列举措,努力实现教育资源的共享。在居住服务管理方面,各地积极兴建各类人才公寓、民工小区、"建设者之家"等集中居住设施,以低价廉租等形式提供给外来人员居住,较大地改善了流动人口务工人员的居住条件,取得了较好的社会效益和经济效益。

4.有效促进了流动人口与本地居民的和谐共处。全市各地各部门通过教育、宣传、文化等多种手段,多管齐下、多措并举,努力形成本地人与外地人一视同仁、和谐共处的社会环境。如在教育培训方面,各地通过社区、市民学校、流动人口学校等途径,强化了对外来务工人员的职业技能、安全生产、社会保险等方面的培训。在文化娱乐方面,各地组建了不少外来务工人员业余文体团体,推出了文化绿卡、文化大巴等优惠措施,努力提供丰富的文化产品和服务。同时,广泛开展以"共融、共创、共享"等为主题的系列文化活动和赛事,增强了外来务工人员对绍兴的认同感和归属感。在舆论宣传方面,各地纷纷开展了"最感动您的外来员工""十佳外来创业人员""百名优秀建设者"等评选活动,大力宣传表彰外来务工人员中的优秀分子,使广大外来务工人员学有榜样,干有方向,努力形成"经济繁荣共创、发展空间共存、社会责任共担"的良好氛围。

三、我市流动人口服务管理工作中存在的问题

在现行体制条件下,流动人口在劳动就业、社会保障、子女教育、技能培训等方面还无法享受到与城镇居民同等的国民待遇,有的甚至完全被排斥在外。我市虽然在改善流动人口就业和生活环境方面做了许多努力,但在思想观念、体制机制、权益保障等主客观方面还存在着不少问题和困难,离"共建共享和谐社会"还有较大的差距。主要表现在以下四个方面。

1. 工作理念存在偏差。一些地方对流动人口还没有一个正确的认识,常常以狭隘的地域观念来看待流动人口,缺少一种平等、包容、开放的理念。讲到流动人口,许多人总是强调其负面效应,如流动人口对本地治安带来的危害,对本地人员就业带来的压力,等等,而忽视了其积极作用,没有认识到外来流动人口是我市重要的人力资源,更没有认识到外来人口也是和本地居民一样有利益诉求的人。少数基层干部甚至把流动人口视为社会不安定的制造者,视为社会不和谐的因素。这些认识上的偏差,导致在具体工作中,往往是歧视多于尊重,限制多于保护,管理多于服务,"四位一体"的工作要求难以真正落实到位。

2. 工作体制不够顺畅。流动人口服务管理工作是一项综合性的政府行为,包括劳动就业、教育培训、生活服务、医疗保障、治安管理等各个方面,涉及劳动、计生、教育、建设、卫生、宣传、公安等20多个职能部门,因此必须要有一个强有力的综合机构来统揽协调。目前,我市各级尽管都建立了流动人口服务管理工作领导小组及办公室,但实际作用发挥并不理想。主要表现为:对流动人口服务管理工作重视不够,没有放到应有的位置上;对流动人口服务管理缺乏统筹规划、源头治理;相关职能部门各自为政,单打独斗,相互之间资源无法整合,信息不能共享,工作缺少合力。

3. 工作措施不够到位。一些地方流动人口登记发证率不高,信息更新不够及时,"人户一致"率较低,对流动人口信息无法做到实时、动态、全面的监控。

出租房屋、旅馆业、网吧、建筑工地等流动人口密集场所底数不清、情况不明、漏管失控问题也比较突出,以致相当一部分高危流动人员未能及时纳入工作视线,时常出现"登记的不作案,作案的不登记"问题。

4. 工作保障比较薄弱。人员和经费不足是制约我市流动人口服务管理工作的一个瓶颈。根据《绍兴市创新"枫桥经验"、创建"平安绍兴"五年规划》的要求,我市应按流动人口登记数约400∶1的比例配齐配强协管员队伍(2007年省里规定按500∶1的比例配备专职协管员);财政部门要按登记在册外来人口年人均20至40元的标准核拨专项管理经费。但在实际工作中还远远没有达到这个标准。流动人口管理员报酬偏低的现象普遍存在,以致队伍不稳,责任心不强,使流动人口服务管理工作难以持之以恒,常抓不懈。

四、加强我市流动人口服务管理工作的对策思考

深入推进流动人口服务管理工作,是一项具有全局性、战略性的重大课题和任务,也是我市社会治安综合治理和整个社会管理的重点和难点工作。当前和今后一段时期,我市要努力在流动人口服务管理工作中的一些带有普遍性和根本性的问题、观念理念、体制机制、方式方法等方面争取有新突破、新发展,关键要在以下五个方面下功夫。

(一)转变一种观念,即坚持"以人为本",在全社会树立尊重和善待流动人口的意识

观念影响行为,意识指导行动,不同的思想观念必然会导致不同的行为结果。在对待外来流动人口问题上,首先,要摒弃那种狭隘的地域观念,以更加开放、亲和的心态来认识外来流动人口。认识到人口流动是经济社会发展过程中的必然现象,是无法阻挡的客观趋势。外来流动人口的大量集聚,也是我市经济繁荣、社会开放的重要标志。其次,要摆脱原先的思维定势,以更加全面、客观的眼光来看待外来流动人口。既要看到大量增加的流动人口对社会建设和管理所带来的冲击和压力,更要看到他们对我市经济社会发展作出的重大贡

献;既要看到流动人口中存在着少数高危人员,更要看到他们绝大多数是朝气蓬勃、勤勉工作的,有一些还是具备较高素质的优秀分子。第三,要改变原先居高临下的姿态,以一种人本、平等的理念来对待外来流动人口。充分认识到流动人口既是和谐社会的共同建设者,也是和谐社会成果的共同享有者,坚持以人为本、共建共享,努力为外来流动人口提供市民化待遇、亲情化服务、人性化管理,帮助外来人口更快、更好地融入当地社会。

(二)编织一张网络,即构建"纵向到底、横向到边、覆盖全面"的流动人口服务管理工作新格局

1.建立健全领导机构。根据我市目前的实际情况,成立一个统筹协调流动人口服务管理工作的独立机构(如我省嘉兴市在市、县两级成立新居民事务局,作为政府独立的常设机构,乡镇则成立新居民事务所;台州市玉环县也成立了独立的流动人口服务管理局),一时恐怕难以做到。可以参考北京、深圳、杭州的做法和模式,机构不单设,即流动人口办与同级综治办合署办公,同时充实各级综治办的力量,适当扩大综治办的职能,以加强对流动人口服务管理工作的指导和协调。这既有利于充分发挥各级综治组织在社会建设和管理方面的优势,又符合精简机构、精简编制和人员的原则,也有利于加强协调、督促和指导,整合管理力量,共享管理资源,更加有效地开展流动人口服务管理工作。基于此,我市市、县(市、区)、乡镇(街道)社会治安综合治理委员会为各辖区流动人口服务管理工作的领导机构,各级综治办为流动人口服务管理办公室,负责具体日常工作。流动人口相对比较集中的村(居)、企业要依托综治工作站(室)设立流动人口服务管理站,实行室(站)合一,并有明确的工作人员。

2.完善协作配合机制。流动人口数量庞大,流动性强,群体结构复杂,服务管理工作涉及面广,需要相关职能部门紧密协作配合、齐抓共管,形成管理合

力。各级各部门特别是对流动人口服务管理工作负有职责的单位和部门,要充分认识做好流动人口服务管理工作对维护社会稳定和促进经济发展的重要意义,把这项工作列入重要议事日程,纳入工作计划,精心组织,加强领导,在职责范围内切实把流动人口服务管理工作抓好做实。

3. 充实服务管理队伍。流动人口专职协管员队伍是我们做好流动人口服务管理工作的基础力量,其主要职责是协助有关职能部门做好流动人口务工经商、计划生育、疾病防控、子女就学、劳动保障监察、出租房屋管理、维护社会治安等服务管理工作。我市各地通过多年的探索实践,已经初步建立了一支专门从事流动人口服务管理工作的专职协管员队伍,组织体系比较健全,协管作用得到较好发挥,但也存在着待遇不高、队伍不稳、力量不足等问题。当前,我们一是要严格按照省规定的 500∶1 的比例,配备和充实流动人口专职协管员队伍;二是要加强对流动人口专职协管员的素质培训和业务辅导,使其在流动人口服务管理工作中发挥更大作用;三是要根据各地经济发展情况和平均工资水平,适当改善和提高流动人口专职协管员的待遇,使这支队伍人心稳定得住、作用发挥得好。

4. 拓宽经费保障渠道。一是财政全力保障。各县(市、区)及 3 个开发区要以登记在册流动人口年人均 20 至 30 元的标准核拨专项服务管理经费,纳入同级财政预算;乡镇(街道)按登记在册流动人口年人均 10 至 15 元的标准负担专项服务管理经费。二是代征税款返还。对个人出租房屋的税收征收,由乡镇(街道)政府(办事处)在办理相关手续后代征,代征税款全额上缴国库,地税部门从代征税款中按一定比例返还给流动人口服务管理办公室,用于补偿流动人口服务管理工作经费差额部分。三是积极挖掘社会资源。按照"谁投资谁受益""谁经营谁管理"的原则,鼓励集体和个人投资流动人口集中居住点建设、兴办民工子弟学校等,逐步建立适应社会主义市场经济要求的流动人口服务管理工作经费保障机制。

(三)完善一套机制,即创新发展"服务、管理、教育、维权"四位一体的工作模式

创新发展"服务、管理、教育、维权"四位一体的工作模式,强化对流动人口服务的针对性、管理的有效性、教育的基础性、维权的互动性,努力在教育培训、就业服务、治安管理、社会保障等方面实现资源共享。根据我市实际,应着重健全和完善五方面机制:一是完善流动人口教育培训机制,切实加强对流动人口的法制宣传和思想道德教育,积极开展对外来务工人员的就业技能培训,全面提高流动人口的整体素质。二是建立健全流动人口公共服务机制,逐步把流动人口纳入本地的公共服务体系,努力在劳动就业、子女入学、户口迁移、居住生活、医疗卫生、计划生育、社会保障等方面提供优质服务,不断改善流动人口的生存和发展环境。三是完善流动人口权益保障机制,依法保障流动人口的民主政治权利,积极引导他们参政议政;依法查处侵害流动人口合法权益的各种不法行为,着力解决流动人口中的农民工工资偏低和拖欠问题;依法规范农民工劳动管理,畅通流动人口利益诉求表达渠道,加强对流动人口的法律服务和法律援助,有效预防和化解涉及流动人口的突出问题,防止引发群体性事件。四是健全对流动人口中高危人员的管控机制,推行"以房管人、人房一致"的管理模式,进一步落实旅馆业、出租房等管控措施。认真研究流动人口犯罪的特点和规律,将工作重点指向混迹于流动人口中的职业犯罪、流窜犯罪分子,有效打击和防范流动人口违法犯罪活动。五是探索流动人口自我服务和自我管理机制,继续深化推广"外警协管外口""老乡干部管老乡"等被实践证明了的行之有效的经验做法,通过加强流动人口党团组织建设和在流动人口居住集中的区域建立流动人口自我管理组织等措施,不断提高流动人口自我管理、自我约束、自我服务的能力。

(四)强化一种手段,即着力强化以"房、业、证"为重点的流动人口管理方法

1.强化以房管人。租房居住是绝大多数流动人口最主要的落脚方式。据统

计,我市流动人口中约有 1/2 居住在出租屋。由于房屋租赁情况的底数很难掌握,加大了出租房屋的管理难度。根据一些地方的经验,加强出租房屋管理是对流动人口服务管理工作的重要切入点。要按照"谁出租、谁负责"原则,探索创新出租房屋管理模式,扩大出租房屋管理面,加强对房屋租赁中介服务公司的房屋租赁业务记录情况和物业公司查验,以出租房屋管理为抓手和突破口,"以房管人、以房找人",做好流动人口服务管理工作。

2. 强化以业管人。对用工人数较多,而且符合自主管理条件的厂、企单位,通过签订管理责任书,指导建立流动人口协管组织,落实流动人口登记办证、计划生育、法制教育、技能培训、安全管理等日常工作。要加强检查,督促厂、企单位自觉抵制非法用工,不雇用无有效证明的流动人口。对娱乐服务、"五小单位(中小饭店、小熟食店、小副食[冷饮]店、小[浴池]旅店、小理发[美容]店)"、建筑工地、路边店等流动人口比较集中的场所或部位,要通过签订责任书,确定经营业主的管理义务。定期不定期地开展集中清查,及时发现打击混迹其中的外来违法犯罪分子。对旅店业、留宿浴室,通过安装旅馆信息系统,将全市宾馆饭店、留宿浴室全部纳入系统管理。

3. 强化以证管人。即通过登记办证来强化对流动人口的服务管理。主要针对流动人口中无固定住所、无正当职业、无合法身份的"三无人员",重点强调登记办证率,通过"以证管人",形成无证寸步难行的严管氛围。同时进一步完善现行暂住证的内在功能,改变流动人口频繁变动、重复办证、一人多证的情况,在全市范围内实行暂住证注册制度,保证"一证走遍绍兴"。

(五)建好一个平台,即建立全市流动人口信息数据库和网络系统。

高质量的流动人口登记信息库,是加强服务管理工作的前提和基础,也是开展科学决策、重点管控、定向服务的依据。流动人口服务管理工作的核心在于信息的掌握。流动人口的信息只有录入电脑,实现联网共享才能充分发挥作用。因此,要高度重视流动人口信息综合平台建设,一是要依托公安现有暂住人口信息系统,整合劳动、计生、民政等部门信息资源,建立全市流动人口基础数据库。充分利用公安专网、政务网和互联网多种网络结构,通过公安专网接到基层派出所,通过政务网接到劳动、计生、民政等部门及社区,通过互联网接到社会企业、物业、中介机构,实行流动人口信息的社会化采集,实现流动人口信息跨地区、跨部门、跨系统共享,提高信息综合利用能力。二是要按照"谁用人谁采集谁输入"原则,明确公安、劳动、计生、民政等部门信息采集工作职责,打破原来各搞一套、各自为战的状况,实现真正意义上的互联互通。三是要推广流动人口服务管理中心和服务管理站集中登记模式,做到一次上门,公安、劳动、计生、民政等信息全部采集。根据生产、服务、流通领域用工需要,大力推广企业、物业、中介等社会单位补充登记模式,向政府部门提供流动人口的各种详细信息,便于做好管理服务工作,同时保证厂企单位和社会组织能获取流动人口的真实信息,便于加强用工管理。

3.2.7 加快诸北新城人口集聚人气提升的若干思考[1]

提要:2010 年,中共诸暨市店口镇党委书记张壮雄从店口镇面临的城市化相对滞后、人气相对不足的问题现状入手,对加快店口镇城市建设、集聚人气的工作开展了调研。调研报告从原因分析、发展思路和对策措施对店口镇流动人口的管理服务工作展开了思考与研究。从问题的原因来看,外来人口增速趋缓回落、外来人口难以大量固化、户籍人口不愿进城镇区定居落户和三产服务繁荣程度不高是造成城市化建设受阻

---

[1] 张壮雄:《加快诸北新城人口集聚人气提升的若干思考》,载中共诸暨市委办公室、诸暨市人民政府办公室、中共诸暨市委政策研究室编:《诸暨市党政系统优秀调研成果(2010 年)》,内部资料,2010 年印发,第82—87 页。

的重要原因。对此,店口镇遵循"本地人口市民化,外来人员本地化"的发展思路,从户籍转移、吸引消费、融入工作、优化布局和完善环境五个方面出发提出了具体对策,构建起流动人口服务管理水平升级的系统方案。

店口工业化起步早,制造业比较发达,是全国知名的五金管业生产基地,综合经济实力已连续多年稳居绍兴第一、全国千强镇前二十位。2010年全镇实现生产总值83.14亿元,财政收入10.98亿元,农民人均纯收入27 529元,工业总产值534.6亿元,全社会固定投资49亿元,自营出口5.7亿美元,成为首批省级小城市培育试点镇,还被市委、市政府定位为诸北新城、市域副中心。

与店口发达的工业、富裕的百姓格格不入的是店口城市化的相对滞后。虽然这几年店口掀起的"造城运动"大大加快了店口就地城市化的步伐,新城框架基本显现,新城功能大为增强,新城面貌全面改善,但目前店口城镇化率为62%左右,略高于全省57.9%的城镇化平均水平,本地户籍人口城镇化率更是仅为34.8%,全镇常住人口为95 692人。城市化相对滞后,人气相对不足已成为店口诸北新城建设面临的突出问题之一。

一、原因分析

(一)外来人口增速趋缓回落。主要原因是就业岗位不足。店口产业在转型升级过程中,淘汰或整合了大量低、小、散和劳动密集型企业,在推动铜加工、管业、汽配、制冷等主导产业高端化提升、品牌化驱动、信息化融合的同时,正逐步向高新技术产业、战略性新兴产业发展,对工人的素质要求在提高,就业岗位反而有所减少。同时因为本地生产成本上涨、土地等要素资源制约、市场竞争加剧等原因,产业向外转移现象也比较严重,尤其是管业产业,近两年来就有不少于2 000条管业生产线转移到外省、市,在一定程度上造成了就业岗位的不足。

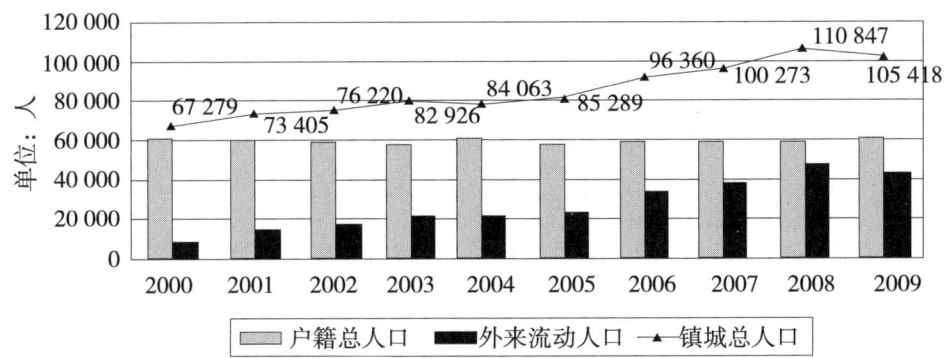

（二）外来人口难以大量固化。原因主要有：一是住房无法实质性解决。绝大多数外来建设者收入水平都远远低于店口的房价和房租水平，据调查，房价太高是外来建设者在店口买不起房的最主要原因，占到80%左右；外来建设者住房状况游离于城镇住房体系之外，不能完全享受同城市居民同等的保障权利；现行用地政策制约了外来建设者宿舍（或集资房）的建设；政府政策探索也有待于进一步完善等等。这些原因导致了外来建设者住房问题无法根本性解决，外来人口也就很难落户生根。二是难以落户定居。城乡二元藩篱还没有根本性破除，它固化了城乡居民的不同身份、权利和各种社会管理体制，成为农民及外来人口进城就业、落户和城镇化推进的严重障碍。三是不能完全享受平等的公共服务。虽然这些年店口深入开展了对外来人口的"融入化服务、留下来举措"，如义务教育实行同等免费待遇、补助外来人口看病分娩、最大范围保障外来建设者劳动合法权益、为优秀外来建设者推出限价房，并实施了"爱心服务一证通"工程，让店口发展成果惠及最广大外来建设者，但是现有的公共服务体系受二元体制的影响，不能全部涵盖到外来人口，使其不能真正享受对等权利。四是民主权利缺失。现行的选举制度与户籍制度相联系，外来人口选举权利被边缘化，被排斥在社区组织、社区活动、社区管理之外，难以融入社区生活，其利益诉求等难以在公共政策的制定中得到充分反映和保障。

（三）户籍人口不愿进镇区定居落户。原因主要有：一是利益关系。随着店口工业化、城镇化进程的加快，农村土地尤其是新划入城区农村的土地越来越寸土寸金，2010年，店口商住用地已经拍到350万/亩，工业用地拍到177万/亩，农村户口可以享受到征地补偿、村集体经济分红、回迁安置等诸多收益，往往可以牵扯到几万甚至几十万的利益，从而导致近年来"非转农"现象的产生并加剧。二是传统观念。农民对宅基地有着特别深厚的感情，造漂亮高大独立的房子居住也一直是农村人的最大追求，绝大部分农民舍不得农村的房子和土地。三是现实生活。如今店口农村水电通讯等设施齐全，商贸服务业也比较繁荣，交通更是四通八达，农民私家车拥有程度很高，出行相当方便，住在农村不比城里差，再加上城市总比农村生活成本高、生存压力大，从而导致很多人对城市失去信心和兴趣。四是政策问题。现阶段店口的城镇户口相比于农村户口并没有多大的吸引力，甚至农村户口要优于城镇户口，比如在农村能够享受到优于城镇的生育政策，这也是"非转农"现象加剧的原因之一。

（四）三产服务业繁荣程度不高。人口规模不足且相对分散，从客观上抑制了第三产业的发展，也限制了城镇化发展和人气的集聚。2010年店口三产业构成为3.21∶74.14∶22.65，三产比重不到二产的三分之一，这充分反映了店口三产服务业发展远远落后于工业经济的发展，要实现人口集聚、人气提升任重而道远。

二、发展思路

以加快推进诸北新城建设为目标，结合产业化、城市化"双向融合"，大力实施"本地人口市民化，外来人员本地化"人口集聚战略，从产业布局调整优化、基础设施投资引导、公共服务供给调配、户籍制度改革创新等多方面入手，努力克服现阶段人口集聚面临的各种制约和困难因素，大力推动"吸纳人口、留住人口、提升人口整体素质、提升店口发展能力和后劲"等工作的开展，加快实现人口集聚、人气提升，把店口建设成为最宜居住、最宜创业、最宜就业的现代化新兴城市。

三、对策措施

(一)积极推动农村户籍人口向镇区、社区集中。一是通过整合分散的家庭小作坊式企业,引导就业人口向园区集中。传统家庭小作坊散、乱、污染大的缺点越发明显,已经不能适应现代产业的要求和经济发展的趋势,而且家庭企业的分散布局一方面不利于规模经济的发挥,另一方面也不利于人口集中。因此,可结合店口省级高新技术产业园区申报和宅基地整村置换试点,加快新农民创业园、新青年创业园、新店口人创业园建设,鼓励和引导家庭小作坊企业向园区集中,督促家庭企业改造升级。二是通过城乡建设用地增减挂钩促进农民向城区集中。店口全镇6.3万左右户籍人口,其中有4万多人分散在各个村庄。然而通过对村庄农村人口就业的调查发现,很大比例的农村人口在中心区的企业上班,下班之后回农村居住,店口农村大多为农民自建房,质量普遍较高,独家独院的院落形式非常普遍,这一方面造成了大量农村耕地的占用,另一方面对在中心城区上班的农民而言又是一种束缚,因此,可以通过城乡建设用地增减挂钩(如成都"土地银行"和重庆"地票"等模式),引导这部分农民迁居中心城区,达到就业和居住一体的目标。三是探索农村土地制度改革,增强农民进城动力与能力。应探索农村土地制度改革,包括长期空置宅基地整理、承包地流转等方面的改革,加大农村土地流转的力度,促成农民在城市一样能享受到承包地的收入,解决农民的后顾之忧,着力消除这些因素对农民迁居城市的影响。

(二)强化公建设施优势,吸引周边乡镇人群来店口消费、定居。一是利用政策优势,吸引周边人群。店口的教育、医疗、文体、餐饮住宿、高端商务、金融等服务业的发展均居于全市前列。从诸暨北部区域的几个镇看,公建设施水平低、公共服务功能弱是一个共性问题。随着人民群众收入水平的逐步提高,这一问题日趋突出,这也是市委、市政府希望店口能够成为区域性服务中心的初衷。可充分利用店口作为省级小城市培育试点镇被赋予的政策和诸暨对店口建设诸北新城、打造市域副中心的定位,积极向上争取更多的土地指标、税收分成和扩权政策等;同时,应高规格地规划、建设各种公建配套和文体服务设施,完善城市服务功能,强化综合承载力,全面提升新城的集聚力和辐射力;此外,可积极研究制定无障碍的周边人口迁移措施,吸引周边乡镇的投资、消费、工作、居住人群。二是加快中心城区楼盘开发建设的速度与力度。发展商业地产一方面可以提升店口新城形象面貌,另一方面也为中心城区集聚人气打好基础。整体上看,店口的商业房地产市场处于发展的初期,但是发展的潜力巨大。据初步统计,2010年周边乡镇群众到店口购置商品房比例首次超过20%,证实店口对周边人群的吸引力。今后应把城区商业地产的发展作为三产发展的重点,通过土地资源供给、项目审批和基础设施建设配套等手段发展不同规格和不同模式的房地产,满足不同层次群体的住房需求,吸引周边资金向店口商业地产发展集中,促进店口房地产市场的健康快速发展,进一步扩大店口影响力和吸引力。

(三)逐步推进外来建设者的融入、固化工作。外来建设者为店口经济社会发展做出了不可磨灭的贡献,同时对店口今后的城市化进程和可持续发展影响深远。把这部分人沉淀下来,逐步成为店口城市化的中坚力量,应是今后的工作重点之一。一是设法解决外来建设者的长期住房问题。外来建设者在店口定居的最大难题之一就是住房,如果能够有效解决他们的住房问题,必然会极大推动外来建设者在店口的固化。可有条件地允许农民闲置房屋或者通过挂钩增加的富裕住房进入出租屋市场,增加廉价房源;可加大公寓房、廉租房、经济适用房的建设力度,将外来建设者纳入住房保障范围,实施外来建设者进城购房补助政策,开展以大型外来建设者公寓项目为重点的"外来建设者标准化宿舍行动";可适时有条件地允许外来建设者缴纳住房公积金,使其通过公积金贷款缓解购房压力;可适当参照数年前机关事业单位集资建房的做法,推动外来建设者住房问题的解决。二是探索解决外来建设者在店口的落户问题。传统户籍管理体制一定程度上为农村人口向城镇逐步集中创造了有利条件,但是对外来人口的限制作用也逐渐显现,应着手研究放开对外来人口户籍限制的各项政策措施,并开展先期试点试验,取得成效后逐步推广。对在店口创业并且规模达到一定程度的外来建设者完全放开限制,让他们安心为店口的发展做贡献;允许携家眷在店口务工超过一定时间段的人口举家搬迁,办理本地城镇户口;对在本地企业有突出贡献的外来建设者,如企业中高层管理人员、技术骨干等,放开他们落户店口的限制。三是重点解决新生代农民工的固化问题。第一代农民工大多数眷恋家乡、眷恋土地,出来务工、进城务工的目的也多为赚钱后回老家盖房及供子女上学。新生代农民工大多为改革开放后的一代,思想观念和意识不同于父辈,他们追求生活品质,向往城市生活,各方面的能力相对强于其父辈,对土地也没有很深的感情。若能把这部分农民工留住,即是对店口今后的发展储备了大量的人力资源。因此,在对待新生代农民工上,可以适当加大放开户籍限制的范围和力度,促进新生代农民工成为新店口市民的主力军。

(四)优化中心城区空间布局,提高中心城区人口密度。店口中心城区总面积超过10平方公里,但是容纳的总人口不足8万人,中心城区人口承载量依然存在很大的提升空间。今后应着重在工业布局优化和加快社区发展两方面提高中心城区人口吸纳能力。一是优化城区工业企业布局,促进人口向核心区集中。店口的大部分企业已经集中分布在工业园区和民营企业园区,但是仍有为数不少的企业尤其是小企业分散在园区网外,应结合省级高新技术产业园区建设,在行政审批、土地供给和政策配套等方面引导和督促这些企业向园区集中,一方面推动产业集聚集群发展,另一方面节约集约利用土地资源。二是推进中心城区旧城改造,扩大社区对人口的吸纳能力和吸引力。中心城区很大一块是老集镇区域,包括原湄池、原店口区域等,这些区域的房屋建筑年限普遍较长,建筑层数不高,其所在的地块是中心城区潜在的土地资源。应以旧城改造为手段,按照"以旧换新,改旧建新"的方式,有重点推进宅基地置换城镇住房工程、农民保障房建设工程和农民、新店口人和高新技术人才进城购房补助工程,并推动城市社区朝现代化方向发展,扩大社区对人口的吸纳能力,加快人口集聚。

(五)完善城市环境,吸引人才集聚、提升人气。首先是城市硬环境建设。城市建设的一切是让人安居乐业的。所以完善城市环境,并非要一味追求大高楼、宽马路、大广场,只要是人住着、走着舒服舒适就行。一是把握三个方面的环境建设重点:优美和谐的自然环境,可以从打造猛虎山和白塔湖山水相宜的城市"绿心"上下功夫;童叟无欺、亲切宜人的购物环境,可大力推广 CBD 项目,完善商业业态,鼓励企业"退二进三",加快现代服务业集聚区建设;便捷顺畅的交通环境,应加大城市路面改造力度,积极推进中心城区与其他各片区及店口与诸暨、杭州、绍兴道路的对接度与融合度,加快中心城区融合发展,凸显其首位度。二是进一步调理旧城,除推进重点路段、沿街立面改造外,在街头巷尾修建一些小广场、小公园、小停车场等。三是修建一些广大居民乐于参与、有能力参与的文化设施和健身设施。四是修建一些具有小资情调的茶座、酒吧、咖啡馆、创意小店。五是发挥民间社团组织、体育组织、文艺团体的作用,经常性地组织居民喜闻乐见的业余文体活动。其次是城市软环境建设。在新城建设中应广泛集聚人才,在集聚人才中改善人口结构。一是鼓励企业通过股份制改造等大胆引进集聚高层次经营、管理和技术人才,尤其是那些在行业内有重要影响力、有一定话语权的优秀人才。二是进一步营造尊师重教、尊重人才的氛围,实施"优才"计划,给在店口创业的外来人才配置土地等资源,推出更多的"人才公寓",加大人才培训力度等。三是依托职业教育产业发展,引进、培养、留住各式人才,优先选择各种店口亟需的技术能手、产业工人。

总之,店口诸北新城建设、就地城镇化发展不能"见物不见人",也不能"见才不见人",要警惕"伪城市化",要始终以人为本,把满足人的需要作为城市发展的首要问题,也只有这样,店口才能真正打造一座形神兼备、名副其实,兼具现代社会特性、现代城市特色、现代公民特征的新兴城市。

3.3 流动人口服务管理的工作总结

3.3.1 诸暨市从实现"三个突破"入手大力推进流动人口综合管理工作[1]

提要：诸暨的块状经济和民营经济得到了长足发展，外来流动人口也呈现出增长快、集聚性强、流动迅速等特点。面对流动人口管理中出现的新情况，诸暨市积极转变管理理念，在实践中探索并完善了以"教育、服务、维权、管理"为主要内容的流动人口综合管理机制，由此在流动人口管理方面取得"三个突破"：统一思想认识，在管理理念上实现突破；创新工作机制，在综合治理上实现突破；改进管理手段，在工作效益上实现突破。

诸暨市现有人口117万，其中常住人口106万，外来流动人口近11万，近年来，诸暨的块状经济和民营经济得到了长足发展，外来流动人口也呈现出增长快、集聚性强、流动迅速等特点。面对流动人口管理中出现的新情况，我们紧紧依靠党委政府，积极转变管理理念，在实践中探索并完善了以"教育、服务、维权、管理"为主要内容的流动人口综合管理机制，取得较为明显的工作成效。我市流动人口登记发证数从2000年的5.98万上升到2002年的11.63万，2002年流动人口犯罪率比2000年下降了近40%，全年全市刑事案件总数比上年下降了6.41%。纵观近几年我市在流动人口管理方面取得的成绩，主要是实现了"三个突破"：

---

1 诸暨市流动人口综合管理办公室：《从实现"三个突破"入手大力推进流动人口综合管理工作》，载《2003年全省流动人口管理工作会议交流材料》，内部资料，2003年印发。

一、统一思想认识，在管理理念上实现突破

流动人口是推动城市建设、经济发展、社会进步的重要力量。近几年来，我市以"枫桥经验"的基本精神为指导，坚持"以民为本"的思想，始终把流动人口管理作为一项事关稳定和发展的基础工作来抓。通过调查研究，结合实际借鉴吸收，我们首先在思想上统一了认识，一是在人性化管理上统一思想。改革开放以来，流动人口犯罪一度成为影响社会安定的一个重要因素。我们通过调查分析后认识到，流动人口犯罪既有个体的素质因素，也有社会的环境因素，要管理好流动人口，既要注重改善本地的社会环境，也要注重优化流动人口的生存环境；要实现流动人口管理和治安管理的"双赢"目标，必须适应社会发展和人性发展的需要，以最大限度地调和社会矛盾、控制刑事发案、营造发展环境，使流动人口管理更好地服务于经济建设这个中心。二是综合性管理上统一思想。流动人口管理是一项复杂的系统工程和社会工程，没有党委政府的强有力领导，没有各部门的齐抓共管，很难奏效。一段时间来，由于受传统思想、管理模式的束缚和利益的驱动，公安、劳动、计生等主要职能部门各自为战，难以形成管理合力。针对流动人口管理中出现的这些突出问题，我们十分注重当好党委政府的参谋，积极为党委政府献计献策，力争使流动人口管理工作由部门管理为主走向社会化综合管理。鉴于流动人口对社会管理的压力源于治安最终又反映到治安领域，我市在流动人口管理中明确了公安机关的主导地位，注重发挥劳动、计生、民政、教育等各有关部门的合力，做到协同配合，齐抓共管，在形式上，我市把流动人口管理所必须具备的暂住证、计生证、就业证实行"三证合一"，做到了资源共享；在内容上，分别落实了公安、劳动、计生各自的职责，由公安牵头进行管理，整合了管理力量。三是在效益型管理上统一思想。我们认为，流动人口管理是由诸多要素组成的。如何科学地运用这些要素是实现管理效益最大化的关键所在。自2001年开始，我市率先提出了"教育、服务、维权、管理"的工作理念，通过提高人的素质，实现人与社会的和谐发展，来进一步增

强流动人口对流入地的归属感和认同感。以"教育、服务、维权、管理"为主要内容的综合管理模式主要是通过建立党团组织、设立培训基地,对流动人口进行法制、技术、文化和劳动安全培训教育;通过简化办证手续、提供就业信息、开展计生服务对流动人口实施全方位服务;通过规范企业用工、调解劳动争议、加强保险保障、公正查处纠纷,特别是每年年初和年底分别组织开展一次全市性的劳动合同签订和劳务工资清欠专项活动,切实维护流动人口合法权益;通过加强企业职工集中居住点、工人新村建设,实施出租房屋"限量扩容"来规范和落实流动人口落脚地管理,这一模式在经济较为发达的店口镇试点后,得到了时任省委书记的张德江同志的充分肯定,批示要在全省推广。我市在近几年深化推广这一管理模式的基础上,又针对流动人口管理中出现的新情况,于今年8月份组织公安、劳动、计生、民政等10余个部门在全市开展"外来建设者对话"活动,通过面对面对话流动人口征求意见建议,有社会保障、医疗、住房、就业、子女上学、车辆管理、职业介绍、劳动保护等方面出台相关政策,让流动人口享受市民待遇,倡导了一种尊重人权、体现平等、加强交流、维护权益的社会氛围,基本实现了流动人口的本地化管理和亲情化服务。

二、创新工作机制,在综合治理上实现突破

2001年以来,我市从改革、发展、稳定的高度出发,把流动人口管理纳入党委、政府的重要议事日程,进行认真研究和探索,在店口集试点的基础上,按照"党政领导、公安为主、部门参与、综合管理"的原则,从以下三个方面不断加以探索和完善:一是健全管理网络,按照"党政领导、职能综合、公安为主、分级负责、协调配合"的方针,我市把健全管理组织,实施长效管理作为流动人口管理的首要工作来抓,做到管理组织、协管人员、工作报酬、工作责任四落实,首先由市政府成立流动人口综合管理工作领导小组,负责对全市流动人口综合管理工作的决策、指导、协调、检查和考核。领导小组由分管政法的市委副书记任组长,抽调综治、公安、劳动、计生、民政、司法、工商、文化等部门领导组成,下设一个办公室和一支稽查队,办公地点设在公安局,办公室主任和稽查队长分别由公安局分管领导和基层基础管理科长兼任。其次是每个镇乡、街道建立流动人口综合管理委员会,由各镇乡长、街道办事处主任和综治办、派出所、计生办、劳动管理办、工商所、法庭、教办等单位的有关人员组成,统一行使决策、指挥、协调职能,下设流动人口统合管理办公室,分别抽调派出所、劳动管理办、计生办人员实行合署办公,行使对流动人口的教育、服务、维权、管理职能,镇乡、街道流动人口综合管理办公室设在派出所内,日常工作由派出所的一名领导负责,下设基础工作组、稽查指导组和劳动争议调解组,实行"一站式"服务,"一体化"管理,统一稽查,分头执罚。再次是按照流动人口总量确定4—12人的专管员,和劳动、计生部门的工作人员实行集中办公,综合管理办公室的日常工作和行政管理由派出所负责,业务上接受对口部门的指导。建立两级管理网络基础上对不同的岗位分别制定了详细的工作制度和工作职责。建立了实绩考评办法和奖惩机制,形成了分工细、效率高、操作性强的新型工作机制,确保了流动人口管理工作长期有人管、有人抓。

二是落实群防群治,近年来,我市始终坚持在实践中深化发展"枫桥经验",在全面开展农村社区警务建设的同时,运用社区管理的机制与手段,充分调动社区群众的积极性,促进社区资源整合,对流动人口逐步实施社区化管理。在每个社区都建立了外来人口综合管理服务站,与派出所社区警务室合署办公,社区民警兼综合管理服务站站长,每个社区警务室配备专职司法干部和保安队员,开展案件受理、纠纷调解、证件办理等业务,实现了管理重心下沉,服务阵地前移,凡有流动人口的行政村、居委会、企事业单位都建立了流动人口登记服务站,并按照500∶1的比例配备流动人口协管员,负责登记、统计、信息收集等工作,业务上接受镇乡、街道的指导和考评。在落实管理措施的基础上,进一步加大社会治安防控体系建设,以行政村、居委会为单位组织"平安志愿者"队伍,在加强治安巡逻的同时,对流动人口实行基础摸排,对不务正业、来历不明的流动人口落实监控措施,通过积极引导社区群众对流动人口进行自主管理,使社区的治安状况得到明显好转。

三是拓宽保障渠道。针对流动人口收费取消的实际,我们积极争取党委政府的支持,分两个阶段彻底解决了管理经费问题。第一个阶段是政府主导下社会化筹集管理经费阶段,自2002年开始我市实行"政府拨一点、乡镇给一点、企业助一点、行政村出一点"四个一点的经费筹集方法,基本保证了流动人口管理网络的正常运转。第二个阶段是政府全额保障阶段,今年年初,我市按照"统筹安排,分级负责"的原则,建立以财政投入为主体的经费保障机制,将流动人口管理经费纳入市财政统一预算,并以市政府的名义下发了《诸暨市外来流动人口综合管理专项经费使用管理暂行办法》,规定市财政和乡镇财政每年对实际登记发证的每个流动人口、每户出租房屋分别补贴10元。流动人口综合管理专项经费每半年核定一次,并通过市公安局下拨给各镇乡流动人口综合管理办公室,流动人口和出租房屋的数量核定以登记上网数字为准,登记不全、信息录入不及时、管理不规范等均不列入经费核发范围,较好地实现了管理经费的使用效率问题,保证了流动人口管理"队伍不散、力度不减、经费到位"。

三、改进管理手段,在工作效益上实现突破

流动人口管理工作最终目的是发挥人力资源的最大效益,实现人与社会的和谐发展。因此,我市始终坚持寓控制于管理之中,努力改进管理手段,提高工作效益。针对流动人口管理现状,我市充分发挥公安机关的职能作用,主要在集中力量、实现提前预警和提供精确打击上下功夫:一是实行分层次管理。从动加强住宿地管理入手,通过走访检查、物建信息员、函电联系、网上比对等工作方法,及时确定流动人口中的高危人群和重点对象,把流动人口分为重点管理人员、一般管理人员和放心人员三个层次进行管理,把有前科劣迹身份不明、无正当职业、交往复杂、逃避登记和从事特殊职业的流动人口视为"高危人群",以派出所社区民警为主进行重点管理,并一律实行发函调查、见面谈话、网上比对和建立档案,对有违法犯罪嫌疑的布建秘密力量进行贴靠,把那些有正当职业、集中居住、表现尚可和无前科劣迹的流动人口视为"控制人群",实行一般管理,由派出所社区民警督促指导基层协管组织落实日常管理。把那些工作稳定、表现良好、暂住期限较长的流动人口视为"一般人群",在摸清底数的基础上委托当地行政村、居委会列入常住人口管理。对出租房屋根据所处的地理位置、结构特点、承租人的情况、管理难度等因素进行分类管理。把较偏僻、居住人员复杂、重点管理对象租住和开设特种行业的出租房屋列为重点户,由派出所社区民警进行重点管理和控制。在开展分层次管理的同时,实行工作责任倒查追究制度,凡在各类刑事案件侦破中发现犯罪嫌疑人系重点管理对象,属于综合管理办公室专管员和派出所社区民警因工作不细导致情况不明、底数不清而漏管失控的,均给予考核扣分,扣发奖金。二是加大科技投入。针对人口流动日益频繁、管理难度越来越高的实际,我市不断改进管理模式,加大科技投入,在加强人口管理的同时十分注重运用科技手段,加大对犯罪时空的控制,实现了由原来的重登记发证、轻管理的静态滞后型管理向以时空防控为重点的动态实时型管理转变,牢牢把握住流动人口治安管理的主动权,最大限度地减少可滋生违法犯罪活动的时间和空间,今年以来,我市积极探索并完善"口袋式"治安管理模式,投资1 000万元组织实"东、南、西、北、中"集镇监控工程,在城区、枫桥、大唐、店口、牌头等流动人口较多的中心集镇安装电子监控,对治安复杂的街面、流动人口集聚的场所和交通要道实行动态实时监控,同时整合公安交巡警、治安警、派出所民警和巡防保安队的力量,在全市交通要道和治安相对复杂的街面路口设立治安岗亭,加强面上巡逻盘查和设卡守候,提高发现和打击现行能力,今年以来,通过打击现行破获刑事案件170起,破案数比去年同期上升了9.82%。三是抓好信息经营。实施信息警务战略,以先进的信息技术创新警务运作方式,是提高管理效率、提升服务水平的根本所在,近几年来,我市公安部门把流动人口的信息化管理作为基础工作与实战工作的一个结合点来抓。坚持对流动人员和旅馆住宿人员实行实名登记,实时上网,原则上对无合法身份证件的流动人口不予办理登记和发证手续,对确有困难暂时不能提供身份证件的,采取业主担保制度,收取照片,提取笔迹、指纹,限期提供身份证件,对流动人口、出租房屋、建筑工地、中介机构等均坚持边登记、边收集、边建档,做到电脑有储存,资料有存档,随时可查询。在加大信息采集力度、确保信息准确无误的基础上,十分重视信息系统的建设与应用。先后建成了暂住人口、出租房屋、旅馆业、网吧信息管理系统,将全市所有流动人口纳入计算机管理,实现全市联网,信息共享,牢牢掌握流动人口的住宿、就业情况,做到底数清、情况明、资料全、信息灵。对采集的各类信息和数据库资料,实行实时传输、实时管理和自动网上对比报警,加强打防控信息综合应用系统、指纹自动比对系统和全省侦缉库的比对查控。今年以来,通过网上比对已抓获各类逃犯68人,破获刑事案件808起。

三年来,我市通过实施以"教育、服务、维权、管理"为主要内容的流动人口综合管理模式,理顺了管理体制,规范了运行机制,在管理理念、综合治理和工作效益上实现了"三个突破",流动人口管理工作实现了由部门管理向社会化综合管理、由被动管理向主动管理、由消极服务向积极服务、由短期行为向长效机制的"四大转变",从根本上维护了流动人口的合法权益,确保当地社会的治安稳定。面对新形势下出现的新情况,我们将在上级有关部门的正确领导下,继续发挥公安机关的职能优势和主力军作用,不断取得流动人口综合管理新成绩。

3.3.2　绍兴市加强外来流动人口管理与服务[1]

提要:本篇节选自2004年中共绍兴市委、绍兴市人民政府《关于印发〈绍兴市创新"枫桥经验"、创建"平安绍兴"五年规划〉的通知》。规划指出,流动

---

1 节选自中共绍兴市委、绍兴市人民政府:《关于印发〈绍兴市创新"枫桥经验"、创建"平安绍兴"五年规划〉的通知》,2004年2月15日印发,绍市委发〔2004〕13号。

人口服务管理工作要始终坚持教育、维权、服务、管理并重,以"亲民"为理念,以抓好亲情服务为关键,加强队伍建设、拓宽服务范围,切实解决外来流动人口关心的问题,不断提升其归属感,不断提高外来流动人口管理与服务水平。

坚持教育、维权、服务、管理并重,进一步确立亲民理念,抓好亲情服务,实施亲善管理,不断提高外来流动人口管理与服务水平。层层建立外来流动人口管理办公室,按 300∶1 的比例配齐配强协管员队伍,按常住人口每人 0.1 元的比例落实专项管理经费。进一步推行流动人口管理网络化,逐步实现市、县、镇(街)、村(居)四级联网,提高管理效能,实现信息共享。以政策倾斜和舆论宣传为导向,按照"市场化运作、社会化管理、人性化服务"的原则,科学规划、合理布局,加快推进外来人口公寓式管理。实施"蓝天工程",鼓励社会力量依法兴办暂住人口民工子女学校,逐步将流动儿童少年的教育纳入本地教育事业发展整体规划,解决好外来流动人口子女入学问题。建立健全镇级培训点,加强外来流动人口的思想政治教育、公民道德教育、法制教育和职业技能培训,大力开展"十佳外来务工人员"评比活动,增强综合素质,提高归属感。不断拓宽服务维权领域,认真制定外来流动人口中的党团员、积极分子参加本地组织活动办法,健全困难人员救助服务机构和外来人口维权服务中心,及时提供法律保护和法律咨询,解决其生活急难问题,保障其合法权益。

3.3.3 枫桥镇加强对外来人员的服务、教育和维权工作[1]

提要:本篇节选自《坚持"七个一"加强派出所建设 深化发展"枫桥经验"》一文。在 21 世纪初期,枫桥镇探索出了寓管理于教育、服务、维权之

---

[1] 节选自诸暨市公安局枫桥派出所:《坚持"七个一" 加强派出所建设 深化发展"枫桥经验"》,载绍兴市政法委、绍兴市综治委、绍兴市公安局编:《发展中的枫桥经验》,内部资料,2003 年印发。

中的外来人员管理新模式,积极回应外来人员提出的合理需求,在政治、生活、工作、教育等领域给予他们关心与爱护,促使外来人员管理工作开展得更好、更有效。

近年来,枫桥镇探索出了寓管理于教育、服务、维权之中的外来人员管理新模式。镇里建立了外来流动人口综合服务办公室,实行计生、劳动、公安3个部门合署办公,采取一个窗口办证和上门办理相结合的方法,方便外来人员。为增强外来人员的归属感和荣誉感,以主人翁的姿态参与枫桥的经济建设和社会管理,枫桥镇坚持对外来人员实行本地化管理,在政治、生活、工作、教育等方面体现平等与关爱。目前,全镇所有的企业都建立了工会组织,符合条件的企业都建有党团组织,积极吸收外来员工中的优秀分子入党、入团;统一为外来员工解决住房和子女入学等问题,每年评比"十佳外来优秀青年",授予中高级人才以"荣誉镇民"称号。枫桥镇外来人口综合服务办公室牵头建立了外来人员培训基地,开设了法制、技能和安全等培训班,全镇外来人员受教育率达到95%以上。镇外来人口综合服务办公室还专门开设以解决劳资纠纷为主的稽查队和维权服务中心,开通维权热线,规范劳动用工、调解劳动争议等,真情帮助困难群众。枫桥镇在深入开展企业职工养老保险扩面工作,拓宽职工医疗保险参保面的基础上,积极探索完善工伤保险、失业保险、失地农民养老保险等保障制度,努力在更大范围内构筑社会保障安全网。

3.3.4 枫桥镇建立外来流动人口综合管理机制[1]

枫桥的块状经济发展也促进了人口的大流动。近几年,枫桥的外来人口达

---

1 节选自诸暨市公安局枫桥派出所:《坚持"七个一" 加强派出所建设 深化发展"枫桥经验"》,载绍兴市委政法委、绍兴市综治委、绍兴市公安局编:《发展中的枫桥经验》,内部资料,2003年印发,第56—57页。

到了1.1万人左右,如何让这些外来劳动者既来得安心又留得放心,派出所积极争取党委政府的重视和支持,探索建立了以"维权、服务、教育、管理"为主要内容的外来流动人口综合管理新机制,实行公安、计生、劳动三个部门的服务窗口合署办公,一次办证,方便外来人员,并在一些规模企业探索出了情感式、公寓式、学校式等综合管理方式,对外来人口不歧视、不排斥,热心帮助他们解决劳资纠纷和治安纠纷问题,实现由防范型管理向服务型管理转变,从根本上保障外来流动人口的合法权益,使外来流动人口充分融入当地社会。

3.3.5 贵州民警在店口所工作一年成效明显[1]

提要:2004年8月,贵州省遵义县公安局派遣两名民警到诸暨市店口镇派出所工作。一年来,两位民警以实际行动积极探索"外警协管外口"的警务协作模式,取得了显著成效。2005年8月,店口镇派出所总结贵州民警在店口镇工作一年所取得的成果,从自身学习、调查研究、纠纷查处、信息收集、法制教育和警务协作六个方面作了全面阐述。

去年7月份,根据我市有关领导赴贵州省遵义县警务协作考察所形成的意见,贵州省遵义县公安局于8月14日派遣黄光芒和文晓林两名民警到我市店口派出所工作。一年来,两位民警以"三个代表"重要思想为指导,运用"教育、维权、管理、服务"的工作理念,充分发挥外籍警察在外来人口管理上的各种优势,开展创造性的工作,取得了一定的成效。

一、认真加强自身学习,提高政治思想素养

在店口派出所工作期间,两位遵义籍民警除积极参加派出所规定的理论学

---

[1] 店口派出所:《贵州民警在店口所工作一年成效明显》,2005年8月2日,诸暨市公安局档案室藏,档案号w2005-2-334。

习和业务学习之外,认真自学了浙江省公安厅纪委编印的《廉警格言》《前车之鉴》和浙江省公安厅《第二十次全省公安会议精神要点》《全国公安民警学习贯彻"二十公"精神100问》等政治理论书籍,自觉参加派出所组织的保持共产党员先进性教育活动,从思想上树立了"群众利益无小事,人民公安为人民"的思想观念和"立警为公,执法为民"的道德修养。一年来,两位民警能自觉遵守我局的各项纪律规章和派出所的各项管理制度,没有发生违法违纪违禁行为,没有发生群众反映的执法不公等问题。

二、积极开展调查研究,扎实做好基础工作

在店口派出所工作期间,两位遵义籍民警主要是协助派出所加强贵州籍外来人员的管理,在管理工作中,他们利用一个月左右的时间走访了36个村,26家企业,调查与统计出店口镇贵州籍务工人员为14 351人,其中男子9 185人,女子5 166人,搞清了来自遵义市、六盘水市、毕节地区和黔东南地区的外来人员分布状况,重点排查掌握了4 760名遵义县的外来务工人员,占贵州籍外来人员的33.16%,为店口镇政府和派出所提供了较为精确的贵州籍外来人员底数。结合基础排查工作,他们还思考建立了《外籍民警工作情况登记表》《收集处理信息线索登记表》等12种台账,还针对外籍民警工作的特殊性,配合派出所制订了外籍民警工作制度,确保基础工作规范。他们还积极配合诸暨市局开展警务模式调研活动,通过基础工作和调查研究,撰写了《对店口镇暂住人口管理的思考》《对建立贵州籍暂住人口自治组织的建议》和《对建立"互动式"警务组的建议》等调研材料,为探索建立新型警务模式发挥了较好的作用。

三、协助查处各类纠纷,维护店口社会稳定

在店口派出所工作期间,两位遵义籍民警认真学习"枫桥经验",坚持教育、管理、维权有机结合,在工作中总结出了"事前疏导、事中协助、事后关注"的工作方法,并在警务工作实践中积极加以运用。他们在事前注重对外来人员的法律指导和法律咨询,引导外来人员依法办事,防止矛盾纠纷的激发和激化;他们在矛盾纠纷的受理和调处中，及时掌握各种动向，帮助外来人员解决进入法定程序后的一些难点问题，做好当事人的思想稳定工作；他们在矛盾纠纷处理完毕后，通过电话回访或上门走访，跟踪掌握矛盾纠纷的处理情况，防止反复与"后遗症"的出现。一年来，两位民警利用这一工作方法，共处理各类纠纷119件，其中事前疏导化解矛盾纠纷77件，调解矛盾纠纷42件，快速平息各类引发的群体性治安纠纷事件17起。通过工作，店口镇贵州籍外来人员中过去发生较多的靠聚众闹事处理问题、靠纠集帮派获取非法利益的现象明显减少，也使那些靠为外来民工"摆平"吃饭的外来恶势力失去了市场，减少了滋生外来人员黑恶势力的土壤。

四、及时收集各类信息，配合抓好打击管理

在店口派出所工作期间，两位遵义籍民警充分发挥语言熟悉、便于沟通、易于了解真实情况的工作优势和"老乡"身份优势，采用工作时间与非工作时间相结合的方式，深入贵州籍外来人员简陋的出租房内拉家常、交朋友，适时物建基础信息联络员52人，治安信息员18人，治安耳目12人。一年来先后向店口派出所递交了《关于店口镇贵州籍黑恶性违法犯罪情况的报告》等调研报告3份，并收集治安线索68条，收集案件证据材料32份，向派出所办案队提供有价值的打击线索29条，参与和配合派出所破获刑事案件39件，打击处理25人，成功摧毁涉黑涉恶团伙2个，抓获逃犯1人。

五、开展法制教育活动，积极为外来人员维权服务

在店口派出所工作期间，两位遵义籍民警重视与外来人员的沟通和交流，增加公安工作的亲和力，建立警察与外来人员之间良性互动的新型关系。他们深入到贵州籍务工人员的租住地，开展以"上老乡门、知老乡事、解老乡忧"为主题的亲情走访活动，通过上门走访宣传法律法规、将公安机关打击的信息通报外来人员，用身边的案例和教训教育外来人员，增强外来人员的遵纪守法意识、依法办事意识和自我保护意识。他们认真撰写了《在贵州籍务工人员法制培训会上的讲课稿》,开展对贵州籍外来人员的集中培训,还在教育培训的基础上印发了《致店口镇贵州老乡的一封公开信》,在贵州籍外来民工中进行宣传教育。一年来,他们共走访贵州籍外来人员679户,发放《警民联系卡》279张,为贵州籍外来人员解决了一大批工作和生活中出现的实际困难和问题,并为贵州外来人员追回各种经济损失和经济赔偿10万余元,有效维护了贵州籍外来人员的合法利益。贵州籍外来人员为感谢他们的工作,先后给两名民警送来了"贵州民工的主心骨、贴心人"锦旗3面,贵州籍在店口的外来人员已经形成了"有难事疑事找老乡警察"的良好氛围。

六、发挥外警特殊优势,积极参与多种警务协作

在店口派出所工作期间,两位遵义籍民警在立足于抓好外来人员管理的同时,积极参与多种警务协作活动。他们通过基础工作所掌握的信息,及时将已返乡人员中在暂住地有违法犯罪的信息通报给遵义警方,通过遵义警方对违法犯罪嫌疑人员进行布控和查处;对于遵义籍到店口的外来人员中的违法犯罪信息及时与店口派出所通报,协助开展排查、布控和抓捕。一年来,他们及时开展警务协作9次,先后成功协助枫桥派出所在我县抓获闵某某等涉嫌抢劫团伙成员2人,破获枫桥镇恶性入室抢劫案1件;通过利用信息交流,遵义警方成功抓获了姚某某等涉黑涉恶团伙成员3人,还协助遵义县公安局乌江派出所抓获潜逃到店口的负案在逃盗窃嫌疑人兰某某。此外,他们还多次配合绍兴市公安局和诸暨市公安局禁毒、刑侦部门对个别重要案件开展技术服务,进一步密切了两地警方的协作,有效提升了两地警方的警务效能。通过一年来"外来警察协助管理流动人口"警务模式的探索实践,店口镇的社会治安形势明显好转,显示了积极的作用。这一新型警务模式已经引起了一些高层领导和新闻媒体的广泛关注,五月份,中共中央政治局委员、广东省委书记张德江同志在新闻媒体上看到这一管理模式后,专门批示广东省公安厅,要求广东省公安厅组织考察团到我市进行考察;我省省委书记习近平和省委副书记、政法委书记夏宝龙在专报材料上作出批示,要求在全省外来人员集聚地区予以借鉴推广;我省公安厅领导就此指示省厅治安总队,于五月下旬派出调研组到我市实地调研,对这一警务模式作了充分肯定。一年来,中央电视台《新闻 30 分》《人民日报》《光明日报》《新华日报》《解放日报》等一批主流媒体和地方新闻媒体先后报道了这一警务模式,这一警务模式已经成为我们两地公安机关共同创新发展"枫桥经验"的新亮点。

3.3.6 诸暨大唐镇外来人口管理取得了突破[1]

大唐作为全市外来流动人口的主要集散地,外来人口流量大,流动性强,治安相对复杂,特别是外来人口犯罪率居高不下的问题一直成为影响大唐稳定和发展的一个不容忽视的突出问题。今年以来,我所在强化外口管理、出租房管理等方面开展了积极的探索和实践。一是在流动人口管理方面。鉴于大唐外口多、小、散、杂等特点,我们提出对外来流动人口进行"分类、分级、分层次"管理的基本原则,严密外来人口的信息登记,控制高危人员的流入,为外来流动人口提供合法和必要的服务,切实抓好源头管理。为切实提高对流动人口的人户一致,落地定位管理机制,我们将大唐镇划分若干管理片,每个管理片细划成若干责任区,每个管理片落实一名社区民警,每个责任区落实一名专职管理员,负责对管理片和责任区内出租房屋、用工单位、场所特业内外来流动人口的基础管理,根据管理需要,对分布在村的外来流动人口开展多种形式的动态管理和灵活管理。每月至少两次对外口生活的区域进行走访,从而掌握其人户变动情况,了解其生活动向,发现其违法犯罪信息,以此压缩外来流动人口的盲区和死角,确保基础管理触角到位。二是在出租房管理方面。我们实行"四个一"的管

---

[1] 节选自《2007 年大唐派出所工作总结》,2007 年 12 月 23 日,诸暨市公安局档案室藏,档案号 w2007-1-390。

理机制,即"一楼一牌"(表明此楼系出租房或有房租出);"一室一表"(每月由镇流管办人员上门填写室内实际居住人员的基本情况及变动情况);"一户一档"(把每一户房东的房屋出租情况进行专档登记);"一人一片"(每一名暂住办人员负责人一个村或社区)。"四个一"工作去年底在出租较多的大唐箭路村进行了试点,并取得了成功,目前这项工作已在辖区全面推开,并取得显著成效。

3.3.7 枫桥镇流动人口服务管理工作跃上新台阶[1]

提要:党的十七大以来,枫桥镇创新发展"枫桥经验",将流动人口服务管理的工作重心进一步从社会治安综合治理转向维护社会稳定和保障经济发展。枫桥镇主要从搭建服务平台、安定平台和致富平台三方面完善流动人口服务管理工作。首先,用"上门式""一站式""学校式""情感式"服务,培养流动人口的社会认同感,营造大融合的和谐氛围。其次,及时掌握重点信息,化解矛盾纠纷,消除安全隐患,为流动人口提供安居乐业的社会环境。最后,推动管理费用平等、子女就业平等和经营政策平等,以平等的创业政策激发起流动人口干事致富的活力,号召流动人口投身到城市建设的行列中去,共同成为助力城市发展的一分子。

枫桥镇区域面积165平方公里,辖28个行政村、2个社区,常住人口7.6万。近些年来,随着经济社会的快速发展,到枫桥的流动人口呈逐年增长趋势。2007年,全镇登记发证的流动人口近2万人,约占常住人口的30%。流动人口的大量集聚,缓解了经济发展与劳力资源紧张的矛盾,为枫桥经济社会建设作

---

[1] 枫桥镇党委、枫桥镇政府:《强基固本 探索实践 推进流动人口服务管理工作跃上新台阶》,载诸暨市纪念枫桥经验45周年领导小组办公室编:《构建和谐社会的新篇章——五年创新发展枫桥经验成果汇编》,内部资料,2008年印发,第79—83页。

出了贡献,但也带来了一定的负面因素,维护社会稳定工作面临严峻挑战。镇党委、政府认真贯彻落实党的十七大精神,创新发展"枫桥经验",坚持以人为本,按照公平对待、合理引导、完善管理、搞好服务、共建共享的要求,不断探索实践流动人口服务管理工作新模式、新方法,精心搭建服务平台、安定平台和致富平台,积极营造平等友爱、和谐共融的社会环境,促进了流动人口与本地居民共建共享,和谐相处。

一、搭建服务平台,以宽容的人文环境吸纳人

"海纳百川,有容乃大"。近些年来,我镇精心搭建"四式服务"平台,主动吸纳来自四面八方的外来建设者到枫桥勤劳致富、创业发展,为枫桥经济社会又好又快发展作出积极贡献。

一是"上门式"服务。依托社区警务室,以村(社区)、企业流动人口信息员为基础,以精心选调的34名流动人口专职协管员为骨干,及时掌握流动人口落脚点或暂住地,熟悉了解基本情况,主动提供服务,上门办理相关证件,帮助流动人口解决生活和工作上的困难和问题,让他们踏进枫桥就感到家的温暖。暂住在枫一村的湖南打工者骆某深有感触地说:"以前办一个暂住证,要大老远跑到派出所,现在上门来办,真很方便。"

二是"一站式"服务。全市于去年率先建立了镇流动人口服务管理中心,与镇综治工作中心合署办公,内设司法、调解、劳管、计生、教育、维权等服务窗口,实行"一站式"服务管理。凡流动人口到枫桥所要办理的有关事务,无须东到有关部门,西到相关科室,直接可以在镇流动人口服务管理中心一次办好。开展"一站式"服务管理,改变了一事走多门的徒劳现象,避免了流动人口因人地生疏而带来的办事不便,深受欢迎。

三是"学校式"服务。为改变流动人口文化层次低、生产技能弱的状况,帮助他们提高素质、掌握就业技能、尽快适应岗位需要,我镇在流动人口相对集中的村、企业设立就业技能培训学校,邀请派出所、人民法庭、工商所、劳管所、税务所以及教育、卫生等部门的同志定期到校,进行法律法规、就业技能、日常卫生、安全生产等培训教育。经过培训考试合格的流动人员,由镇、村推荐安排到相关企业工作。近5年来,共为140余名一时找不到工作岗位的流动人口提供了就业。

四是"情感式"服务。镇、村、企业在流动人口服务管理工作中,注重在生活上关心、在情感上关怀,积极为流动人口创造一个温馨如家的生活、工作环境。专门规划出土地,建造外来建设者公寓,对在枫桥住满一定年限、对枫桥发展作出较大贡献的外来建设者,给予免费入住或优惠租住;出台外来建设者医保政策,积极解决流动人口就医难问题;在流动人口较集中的村建立露天影院,定期请电影公司到村放映露天电影,同时,还免费提供各种文化娱乐场所,开展文明健康的文体活动,丰富流动人口的精神文化生活。步森集团公司让所有外来员工住进了职工集体公寓;菲尔诺公司和东一制冷设备厂为适应新疆籍员工的风俗习惯,专门设立特殊宿舍、清真食堂,设立宗教活动场所,组织开展适合民族习惯的活动,营造了"汉维民族一家亲"的和谐氛围。

二、搭建安定平台,以稳定的社会环境集聚人

"稳定才能兴业、安居才能乐业。"近些年来,我镇在做好流动人口服务管理工作中,坚持按照"小事不出村、大事不出镇、矛盾不上交"这一"枫桥经验"的基本理念,坚持抓早、抓小、抓苗头原则,做到"重点信息早掌控、纠纷矛盾早化解、安全隐患早消除",努力创造安定的生产生活环境,确保了外来建设者的人身财产安全,维护了外来建设者的合法权益,实现了辖区社会安定有序、外来建设者安心劳动、经济社会快速发展的良性互动。

一是重点信息早掌控。在枫桥的流动人口大部分从事轻纺服装业、五金机械业或个人经商办企业,但也有少量的流动人口无正当职业,无固定住所,不务正业,无事生非,甚至流窜作案、违法犯罪,严重扰乱社会治安秩序,影响了社会的安定团结。为了保护诚实劳动、勤劳致富,消除不安定因素,打击违法犯罪,我镇坚持专群结合,实行群防群治,有效发挥社区平安志愿者和村、企流动人口专管员两支队伍的作用,加强安全防范,落实管理措施,通过登记、发证等日常管理与摸排、巡查等治安管理,及时掌握流动人口情况,一旦发现流动频繁、无正当职业、无固定住所和无合法证件的流动人员,立即对其实行重点监管,从源头上控制违法犯罪的发生。

二是矛盾纠纷早化解。劳动合同类等矛盾纠纷逐渐增多,是经济发展过程中的显著特点。这类纠纷又以外来员工与企业主之间的劳资纠纷、工伤事故为主,如果不及时化解调处,容易引发纠集老乡"讨说法"、寻求恶势力"搞调解"等群体性事件。为此,我镇采取"党政齐动、部门联动、社会协动、多方互动"的方法,建立以镇综治中心为核心,劳管、公安、工商、法庭等职能部门协调配合,社会各方力量参与的"大调解"格局,保证了劳动合同等纠纷全部在激化前得到有效化解。今年1—8月,共受理外来建设者各类投诉53件,办结51件办结率为96.2%,为外来建设者追讨工资报酬8.2万元。同时,在全镇范围内开展劳动合同"零"漏签和劳动工资"零"拖欠等活动,努力从源头上减少矛盾纠纷。近些年来,没有发生因劳动合同、工伤事故引发的流动人口集体上访或群体性事件。

三是安全隐患早消除。加大安全生产监管力度,加强安全生产隐患的排查整改,大力开展"三合一"企业的集中整治,防止了重大安全生产事故发生。针对部分出租房系砖木结构的老房、安全隐患较多这一现状,建立出租房登记备案制度,由公安派出所负责业务指导,社区平安协管员和流动人口专管员做好出租房的登记、管理;建立安全隐患定期排查制度,由镇工办牵头,会同消防、综治等部门定期进行检查,发现安全隐患及时提出整改措施,限期落实整改;建立出租房安全管理责任制,一年一度由派出所与房东签订安全责任书,落实房东安全管理责任,实行"以房管人",保证了流动人口在枫桥生活安心、人身安全。

三、搭建致富平台,以平等的创业环境激励人

目前,在枫桥以从事轻纺纺织业为主的外来创业者已达500多人。近些年

来,我镇喊响"本地人、外地人,都是创业人"这一口号,实施"管理费用平等、子女就学平等、经营政策平等"的政策,搭建致富平台,营造平等的创业环境激励外来创业者。枫桥成了外来创业者创业发展、安居乐业的"第二故乡"。

一是管理费用平等。首先,供电、供水、电信等部门对居住在枫桥的流动人口,在收取相关费用时,收费标准全部与本地人一样;其次,在向流动人口收取治安管理、卫生保洁等费用的村和单位,全部取消了治安管理费,卫生保洁费的收费标准也与本地人一样。有的村还给予流动人口更多的优惠,如梅苑村免除了流动人口的自来水、卫生保洁等费用,从而吸引了近500名流动人口在该村长期租房居住,时间最长的已超过15年,其中200多人正在筹措资金置办织布机,发展纺织业,扩大再生产,他们对梅苑有了深厚的感情。

二是子女就学平等。积极做好流动人口子女入学的统筹协调工作,全镇所有中小学校在教学资源极为紧张的情况下,按照党委、政府的规定,毫无怨言地接纳了流动人口子女,让流动人口子女享受接受教育的平等权利。目前,在枫桥各个学校就学的流动人口子女近100人,他们缴纳的费用全部与本地学生一样,所有待遇与本地学生一视同仁。

三是经营政策平等。出台在用地、工商、税收等方面与本地人同等的政策,大大激发了外来创业者的创业热情。曾在四川工作多年,后回乡创业的立勤纺织厂厂长杨易投资300多万元新建厂房、购置设备,与四川籍创业者共同探索实践"股份经营、自我管理、产品包销"的自主经营模式,破解了外来创业者的创业难题,提升了管理水平和经营能力,使四川籍创业者的年收入由打工时的1万—2万元增加到目前的5万—6万元,多的甚至超过了10万元,原来的"打工族"变成了如今的"创业族"。梅苑村的安徽创业者房其良,常住时间已近7年,办有5台织布机,年收入超过6万多元,明年准备再增加投入,扩大生产规模。有人问他:"你在外乡创业这么辛苦,为什么还要再扩大生产规模呢?"他说:"枫桥对我有感情,我在枫桥有信心。"

3.3.8 店口镇推进外来建设者社区化管理 深化互动式管理工作[1]

提要:本篇节选自店口镇党委政府发布的《扬综治优势举社会之力 共筑长治久安工程》一文。做好外来建设者的服务管理对维持社会稳定有着重要意义,店口镇基于已有经验,坚持完善"老乡干部管老乡"的工作方法、深化互动式亲情管理、实行外来建设者社区化管理,提高外来建设者的认同感和融入感,鼓励他们发挥自身优势做出更多贡献。

店口是外来建设者云集之地,外来建设者已为店口经济社会发展作出了积极贡献。外来建设者既是工作对象,也是依靠的力量,只有外来建设者认同店口,融入店口,才能真正实现店口的长治久安。因此,我们始终把加强外来建设者服务管理作为维稳工作的重中之重,在坚持以往成功做法的基础上,不断探索实践,创新完善"老乡干部管老乡"的工作方法,深化互动式亲情管理,在店口社区、牛皋社区成立外来建设者服务管理分中心,实行外来建设者社区化管理。一是抓组织强管理。选聘素质好、懂管理的外来建设者和外籍民警任分中心主任、妇女主任、协管员,组成管理班子,并落实办公场地、工作经费,确保工作正常开展。二是建制度促规范。建立研究分析例会、信息报送等一套制度,明确工作人员职责分工,不断完善自我管理、自我服务、自我教育的外来建设者服务管理新机制,推进分中心工作运行的规范化和制度化。三是抓服务促稳定。积极做好外来建设者信息摸排和出租私房管理工作,及时调解各种矛盾纠纷,强化法制宣传教育和业务技能培训,帮助解决外来建设者求医看病和子女求学等实际困难,开展丰富多彩、内容健康的文化体育活动,营造浓厚的企业文化氛

---

[1] 节选自店口镇党委政府:《扬综治优势举社会之力 共筑长治久安工程》,载诸暨市纪念枫桥经验45周年领导小组办公室编:《构建和谐社会的新篇章——五年创新发展枫桥经验成果汇编》,内部资料,2008年印发,第236—239页。

围,通过自我服务解决外来建设者多方面的需求,真正使外来建设者认同店口,融入店口,为"第二故乡"再做贡献。

3.3.9 店口镇坚持以人为本创新服务模式 提高外来建设者服务管理水平[1]

提要: 将"以人为本"的理念贯彻到流动人口管理服务工作中是时代发展的趋势。店口镇走在全国前列,率先坚持以人为本创新流动人口的管理服务模式。首先,明确各部门在流动人口管理工作中的职责,建立起完善的组织网络,便于整合多方力量共同服务。其次,通过构建就业保障机制、生活保障机制、权益保障机制和互动交流机制,保障流动人口的合法权益,促进流动人口的社会融入。最后,将"以人为本"运用于流动人口管理工作,首创"外警协管外口"的管理办法,这种亲情化的管理方式能够增强流动人口的归属感,从而最大限度地避免各类流动人口的突发性和群体性事件,实现管理水平的飞跃。

店口镇是浙江省经济强镇,2007年经济综合实力位居绍兴市第一位,省百强镇第四位。随着店口经济社会持续快速发展,吸引了越来越多的外来建设者前来经商、务工、办企业。到目前,全镇登记在册的外来流动人口达到了4.5万人。近年来,店口镇围绕共同融入生产生活、共同创造美好家园、共同享受发展成果的目标,不断创新发展枫桥经验,积极探索实践外来建设者服务管理的新途径,先后探索实践了以"三证合一"为主要内容的综合管理,以及以外警协管

---

[1] 店口镇党委政府:"坚持以人为本创新服务模式 提高外来建设者服务管理水平",载诸暨市纪念枫桥经验45周年领导小组办公室编:《构建和谐社会的新篇章——五年创新发展枫桥经验成果汇编》,内部资料,2008年印发,第240—244页。

外口为主要内容的互动式管理等先进方法,促进了店口经济社会各项事业的健康发展,得到了张德江等领导的批示肯定。

一、党政推动,建好组织网络

做好外来建设者服务管理工作,必须进一步理顺体制,整合力量,提高效能。

一是党政总管。把外来建设者服务管理摆上党委、政府重要议事日程,纳入店口经济社会发展总体规划,与经济社会发展同步思考、同步谋划、同步落实、同步检查,创造良好的舆论环境、思想基础、工作条件。

二是中心主管。成立镇外来建设者服务管理中心,中心主任由镇党委副书记兼任,负责外来建设者服务管理工作的协调、督促、检查和落实。中心下设劳动和社会保障站、劳动仲裁委员会办事处、计划生育服务站、外来建设者之家、法律援助中心、外来建设者教育培训学校等部门,专门从事流动人口服务、管理、教育、维权等工作。

三是齐抓共管。积极整合外来建设者服务管理中心、公安、工会、劳动和社会保障、卫生、教育等部门的力量,充分利用行政职能部门、社会中介组织和社会各界的资源,完善考核激励机制,形成工作合力,构筑了齐抓共管的工作格局。

四是分区包管。把全镇划分为11个管理区域,每个区域设立一个综合管理站,严格按照500∶1的比例,配齐配强流动人口专管员队伍,以分区包管、定点到人、专职管理的方式,对责任区的外来建设者实行全日制、动态化服务管理。

二、建立机制,推动共融共享

牢固树立"外来建设者也是店口主人"的理念,变防范式管理为亲情化服务,变边缘化管理为市民化服务,变刚性化管理为柔性化服务,构建起完善的服务保障新机制。

一是构建就业保障机制。坚决撤销各种门槛,取消劳动就业证,大力发展职业中介机构,整顿规范劳务市场,着力引导广大企业、各类市场聘用外来建设者,并实现与本地劳动力同工同酬同待遇。加快推进外来建设者的知识化,依托在海亮、盾安、万安等企业和诸暨市实验职中、总工会职校设立的 25 个培训点,广泛开展学历教育、技术培训、法制教育,提升外来建设者的综合素质,提高就业竞争力。

二是构建生活保障机制。优先供应建设用地,扶持村居、企业,兴建工人新村、职工公寓,目前,外来建设者在 500 人以上的企业都建有职工公寓,流动人口在 1 000 人以上的 6 个重点村建有工人新村,优化了外来建设者居住条件。开通外来建设者就医绿色通道,建立外来建设者大病医疗救助制度,确保了外来建设者看得上病,看得起病。创办民工子弟学校,镇财政每年补贴 30 万元专项资金,派出公办学校教师支教,不断提高办学质量。同时鼓励外来建设者子弟到公办学校就学,免收借读费。目前,共有 1 200 名外来建设者子弟在店口就学。今年初,实施了外来建设者爱心服务一证通工程。一证通工程有完善的章程,严格的商家准入规则,在暂住证上盖上外来建设者爱心服务一证通印章,外来建设者凭证在医院就诊、学校就读、文化娱乐时享受优惠政策,其中超市购物优惠达 10%。一证通充分发挥了亲情管理、真情服务的优势,切实增强了外来建设者的归属感,显著提高了流动人口接受管理的自觉性,有效促进了外来建设者更好地融入当地社会。《人民公安报》、"新华网"、《法制日报》、中央电视台《朝闻天下》等媒体先后作了报道。

三是构建权益保障机制。积极开展双向教育活动:一方面开展外来建设者法制培训教育,加强法律法规、劳动安全、权益保障、道德规范等内容的培训,增强外来建设者的法制意识、自我保护意识;一方面加强对用工单位劳动安全、依法用工等方面的教育,从根本上和谐劳资关系。建立外来建设者维权服务中心,常年聘请法律顾问,24 小时开通维权热线,及时解决劳资纠纷、治安纠纷,为外来建设者提供法律援助。全面建立工会组织,落实劳动用工合同签订和工资集体协商制度,保护外来建设者的合法权益。

四是构建互动交流机制。先后组织了一系列互动交流活动。坚持开展与外来建设者对话活动,市、镇主要领导和外来建设者代表畅抒心声、增进感情、共谋发展;优秀外来建设者报告团在农村、企业巡回报告演讲 20 多场次,听众达 5 万余人次;"店口创文明,我们怎么办"大讨论活动,有 2 万多外来建设者和本地居民参与;"做新店口人,共建新家园"倡议得到了近 3 万外来建设者的积极响应;店口创建国家卫生城市招募文明志愿者,外来建设者与本地居民携手前来应聘的络绎不绝。在店口,参与店口建设,融入店口社会,对外来建设者而言已经由一种自发行为升华为一种自觉行动。

三、创新方法,实行互动管理

为切实提高外来建设者服务管理的针对性、实效性,店口在理顺体制、搞好服务保障的同时,积极探索实施新型互动管理,收到了显著效果。

一是首创外警协管外口办法。针对前几年外来流动人口违法犯罪案件高发的实际,2004 年,我镇大胆提出了聘请流动人口主要来源地民警来店口协助管理的工作思路,经过洽谈,引聘了贵州、江西等地的民警,创新实施了外警协管外口的新模式。为了扎实推进外警协管外口模式,确定了外籍警察不以破案打击论业绩、做好基础工作是职责的工作定位,让他们重点做好流动人口的基础工作,及时有效掌握各类基础信息,预防和控制突发性和群体性事件,开展教育维权活动,协助化解矛盾纠纷,落实双向警务协作。2005 年以来,外籍民警先后协助派出所破获了一批流动人口犯罪案件,抓获了一批逃犯,多次被上级公安机关邀请参与重大案件的侦破。目前,店口镇杜绝了外来流动人口引发的各类突发性和群体性事件,有效控制了外来流动人口刑事发案总量。2006 年,公安部在店口镇召开了全国部分地区公安机关外警协管外口工作座谈会,向全国推广。

二是实行老乡干部管老乡。在外警协管外口模式取得预期成效的基础上,为进一步加强对流动人口的服务管理,我们将工作触角进一步拓展到劳动保障、计划生育等领域,还专门成立了外来建设者党支部,由引聘的外籍干部担任负责人开展工作。目前,来自贵州、江西、安徽、河南等地的劳管、计生干部已在店口工作了4年。老乡干部充分发挥其身份优势、语言优势和感情优势,在维护外来建设者合法权益、提供优质服务等方面发挥着越来越重要的作用。

三是推行老乡管老乡。为进一步深化老乡干部管老乡工作模式,发挥广大外来建设者自身的积极性和主动性,店口镇探索实行外来建设者社区化自治管理,在店口社区、牛皋社区建立外来建设者服务管理分中心,从外来建设者中选拔组织能力较强、政治素质较好、愿意为老乡服务的同志担任分中心主任、妇女主任等职务,明确职责制度,开展外来建设者服务工作,形成了外来建设者自我管理、自我服务、自我教育的新格局。

3.3.10 绍兴市优化流动人口服务管理[1]

提要:本篇节选自绍兴市公安局《创新发展"枫桥经验"夯实公安基层基础 以和谐稳定环境推动经济社会又好又快发展》的工作总结。绍兴市坚持管理、服务、教育、维权并举,落实流动人口管理经费,配齐配强专管员队伍,大力推行公寓式管理、分层次管理等多种模式,着力优化流动人口的服务管理工作。

坚持管理、服务、教育、维权并举,落实流动人口管理经费,配齐配强专管员队伍,大力推行公寓式管理、分层次管理等多种模式,着力推进流动人口管理的法制化、规范化、信息化、人本化、社会化,为流动人口生产生活营造了良好的治安环境。到2008年6月底,全市登记在册的流动人口达到114.8万人,总数比五年前增长了106.96%。诸暨市公安局店口派出所在继续实施"外警协管外口"工作模式的基础上,及时推出"外来建设者爱心服务一证

---

1 节选自绍兴市公安局:《创新发展"枫桥经验"夯实公安基层基础 以和谐稳定环境推动经济社会又好又快发展》,内部资料,2008年印发。

通",使外来务工人员凭暂住证就可享受购物、娱乐、就学、居住、医疗等多方面的会员服务。加大对混迹于流动人口中的违法犯罪分子的打击力度,促进了社会治安的平稳。

3.3.11　诸暨市流动人口服务管理走在前列[1]

提要:本篇节选自2008年诸暨市公安局《创新发展"枫桥经验"促进和谐社会建设——诸暨市创新发展"枫桥经验"五年探索与实践》的工作总结。诸暨市创新流动人口服务管理工作体制,明确各主体的具体管理职责,确保管理落实到位;创新流动人口服务管理工作手段,如实施"一证通"工程、落实流动人口信息工作、配备专职协管员等,管理效能大幅提升;创新互动式管理,引进外籍民警来调解外来人口在本地的矛盾纠纷,提供了更有针对性的服务。这是诸暨市结合当地流动人口实际情况开展的创造性探索,值得其他地区借鉴和学习。

诸暨市流动人口服务管理走在前列,其主要做法如下:一是创新管理体制。市级以"一办两科"为主体,成立流动人口服务管理委员会,委员会办公室与市综治办合署办公,下设综合协调指导室和管理稽查大队。镇级以"一办二中心"为主轴,流动办与综治工作中心合署办公,下设综合服务中心和综合管理中心。村级以"一站二员"为主角,流动人口服务管理站与综治工作站合署办公,流动人口专职协管员和计生服务员为主开展工作,村治保主任、护村队长和企业治保干部按照自身职责协助做好流动人口服务管理工作,既有专管,又有协管,杜绝失管。二是创新工作手段。按照服务人本化、手段动态化、信息网络化、队伍

---

[1] 节选自诸暨市公安局:《创新发展"枫桥经验"促进和谐社会建设——诸暨市创新发展"枫桥经验"五年探索与实践》,内部资料,2008年印发。

规范化和保障刚性化的工作目标,全市各地积极探索实践,好的做法和经验层出不穷。店口镇实施爱心服务"一证通"工程,外来建设者凭暂住证在医院就诊、学校就读、超市购物、文化娱乐时享受优惠,使外来建设者切身感受到第二故乡的温暖。牌头镇创新流动人口管理者定责、出租房定位、重点对象定级的"三定"方法,提高了管理的针对性。枫桥镇在规模企业建立流动人口信息直报点,实现了信息共享。大唐镇数字化管理流动人口信息采集工作,加快了信息检索、统计、比对的速度,工作效率大幅提高。全市统一按照适当高于500∶1的比例配备流动人口专职协管员,工作经费按照每登记一名流动人口或一户出租房屋拨付38元的高标准落实,有效推动了流动人口服务管理工作的开展。三是创新互动式管理。创造性地实施外来建设者来源地干部来我市协助管理的新模式。在经济发达、外来流动人口集中的店口、大唐等乡镇,来自贵州、江西、安徽、河南等地的几十名以民警为主体的老乡干部,充分发挥其身份优势、语言优势和感情优势,在调解矛盾纠纷、打击违法犯罪、维护合法权益、提供优质服务等方面发挥着越来越重要的作用。美邦纺织有限公司聘请山东省聊城市某乡镇一位副书记到诸暨管理当地来诸职工。枫桥镇菲尔诺服饰有限公司从新疆和田聘请党政干部,共同做好对新疆籍务工人员的服务管理。店口镇实行外来建设者社区化自治管理,选拔外来建设者中的优秀分子担任分中心主任、妇女主任等职务,开展外来建设者服务工作,形成了外来建设者自我管理、自我服务、自我教育的新格局。这些做法得到了公安部领导和浙江省委书记张德江等领导的批示肯定,公安部还在全国推广了"外警协管外口"先进做法。

3.3.12 枫桥镇和谐管理关爱外来人群[1]

提要:本篇节选自诸暨市公安局的《看枫桥派出所创新群众警务 推动

---

[1] 节选自诸暨市公安局调研组:《看枫桥派出所创新群众警务 推动平安和谐新农村建设》,内部资料,2008年印发。

平安和谐新农村建设》的工作总结。为了让外来流动人群更好更快速地融入当地社会，枫桥镇实行外来人口"创业式管理、民族式管理、亲情式管理"的管理模式，当地派出所与村和企业开展协作，有力化解了外来流动人口造成的矛盾纠纷，加强了和谐农村建设，营造了和谐的社会氛围。

近几年来，枫桥镇也出现了少数民族员工和水库移民等新的外来人群。为让他们更好地融入当地社会，枫桥派出所积极协同有关村和企业开展和谐亲情化管理。前两年，在枫桥务工的一些外来人员经过多年努力，既学会了技术，又经营积累了资本，萌生了自主创业念头。2005年，社区民警毛财宇及时向派出所领导汇报，所领导及时建议党委政府制定扶持外来人员自主创业政策，如今仅镇北警务区内就有200多名外来人员自办轻纺织机达500余台，形成了内外人员同村和谐创业的新景象。2007年下半年，菲尔诺服饰公司和东一制冷设备厂先后招进100多名新疆籍民工，社区民警郭月平主动协助两家企业为新疆籍员工安排独立宿舍、开设清真食堂、开展技术培训，还根据维吾尔族的民族习惯组织新疆籍员工开展娱乐活动和宗教活动，使企业形成"民族一家亲"的和谐氛围。2007年8月，一批丽水水库移民迁移安置到杜黄桥村，派出所领导及时与村干部一起，提前到移民所在地征求有关意见建议，移民过来后又及时派民警驻村蹲点，协助村干部开展村民和移民"一对一"帮扶活动，并吸收2名移民作为警务信息员，及时预防化解迁移安置过程中出现的矛盾纠纷，使广大移民"来得安心、住得放心、生活舒心"。"同在一片蓝天下，同享和谐新生活"，枫桥派出所实施外来人口"创业式管理、民族式管理、亲情式管理"管理模式，成为和谐农村建设的一道独特风景。

诸暨市公安局调研组
2008年11月

3.3.13 大唐派出所大力推进外来流动人口精细化管理[1]

提要：本篇节选自大唐派出所2009年度工作总结。大唐把流动人口管理作为当年工作的重中之重，派出所在对暂住人口和出租物管理方面不断进行探索和创新，形成了分片包干、以房建档等五条工作经验。

流动人口管理是今年工作的重中之重，我所在对暂住人口和出租屋管理方面不断进行探索和创新。

一是实行分片包干，责任到人。全所配备专管员30名，专业从事出租房屋和流动人口的管理工作。每名专管员各负责一个片区。同时聘请兼职协管员88名，协助专管员开展工作。每名专管员、协管员及每一片区均编制了专用代码，以方便统计每人的工作业绩。所有工作人员全部按工作业绩计发工资同奖金。同时，此举还有利于该所对工作人员开展责任倒查。

二是以房建档，消除死角。辖区内每一处出租房全部建立档案，档案内容包括房东基本资料，房屋基本资料和出租情况三大块。资料全部输入计算机管理系统。

三是针对外来流动人员自行填报暂住地址不实等情况，开展用工单位普查。同时，对外来人口集聚的企业和出租房实行多轮登记，理清了企业底细，又核实了外来人员的真实居住地址，有效提高了信息的准确率。

四是在新的居住证条例的实施前，对社区中队民警，流动人口管理办专管员、协管员等从事流动人口管理工作的全体工作人员多次开展教育。

五是严格依法办案。对不规范的用工单位和个人，严格依照执法程序，坚决

---

[1] 节选自大唐派出所：《2009年度大唐所工作总结》，2009年12月21日，诸暨市公安局档案室藏，档案号w2009-1-463。

予以处罚,做到以处罚促管理,以处罚促办证。今年我所处罚违法单位396家,违法人员1 300人,有力地促进了登记办证工作的顺利进行,全年已登记发证外来流动人口67 951人,出租房10 431处,查处出租房屋违法案件20起,处罚房东20人。

3.4 流动人口服务管理的典型案例

3.4.1 枫桥镇步森集团加强外来人口管理,促进企业健康快速发展[1]

提要: 外来人口管理与企业健康快速发展之间相辅相成,相互促进。外来人口的涌入尽管会在一定程度上造成管理压力,但是也同样为企业发展和城市建设带来了丰富的劳动力资源。因此,如何将社会风险因素转化为企业发展因素是企业实际需要探索解决的重大问题。文献详细介绍了步森集团服务管理外来职工的经验做法和总体思路。首先,步森集团严格依法管理,规范用工秩序,在规范管理的过程中避免外来职工的合法权益受到破坏。其次,步森集团重视职工福利和情感培养,满足外来职工的基本生活需求,化解职工间的矛盾冲突,营造和谐共处的企业氛围。最后,步森集团聚焦外来职工能力提升,主动组织技术培训。外来职工在提升自身能力素质的同时拥有更多的价值认同感,是这一时期"枫桥经验"运用于外来职工管理服务工作的典范。

创办于1984年的步森集团有限公司是一家在中国服装界颇具影响力的民营股份制企业。集团现拥有十余家分公司和两家海外贸易公司,总资产2.93亿

---

[1] 浙江步森集团有限公司:《加强外来人员管理,促进企业健康快速发展》,载中共诸暨市委、诸暨市人民政府编:《与时俱进的枫桥经验》,内部资料,2003年印发,第181页。

元,员工 150 余名。集团在短短的十几年时间里,由一家三五十人的农村个体制衣小厂,一跃成为全国服装行业的知名企业,一方面源于企业市场定位准、经营路子正、产品质量好、品牌形象优等多种因素。另一方面,还在于企业多年来遵循"以人为本"的企业精神,十分重视在企业内部营造尊重人、关心人、爱护人的良好氛围,充分发挥企业员工的聪明才智和工作积极性。作为一家在"枫桥经验"产生地发展、壮大的大型企业,步森集团在管理中始终以"枫桥经验"为指导,卓有成效地开展了一系列工作。特别是针对企业规模不断扩大,外来员工逐年增多的实际,步森集团始终真诚待人,把外来人员作为促进企业生产发展的重要力量,积极为外来员工创造良好的生产、生活条件,提供施展才干的机会。因此,不仅走出了一条人才成长和企业发展良性循环的外来人员企业管理新路子,还进一步深化了"枫桥经验",为当地企业的外来人员管理积累了丰富的经验。

一、依法管理,充分保障外来人员的合法权益

近年来,步森集团系列化产品和外贸业务发展迅猛,为满足生产经营的需要,公司从管理层到生产一线外来员工的比例越来越大。到目前为止,步森已有 683 名外来员工,占员工总人数的 22%。从维护公司生产经营秩序、促进企业健康快速发展和保障地方安定团结的角度出发,公司一是狠抓外来员工的法律知识培训。公司规定,所有员工上岗前必须接受系统的法律知识培训,内容涉及民法、刑法、劳动法、治安管理处罚条例、消防法、交通法律法规和公司规章等多个方面,由公司保卫科统一组织,聘请公、检、法等部门人员授课,学习结束后组织考试,成绩合格方能转入业务培训。公司还利用《步森报》、宣传窗等,开展法制宣传,及时为外来人员释疑解惑。严格的法律知识培训,既增强了外来员工遵纪守法的观念,又强化了依法维权的意识,有利于外来员工养成依法办事的习惯。二是规范用工秩序,理顺劳资关系。一方面,步森严把用工关,对所有招聘对象,要求"三证"(身份证、计划生育证、外出务工证)齐全,办理录用手续后,由公司统一为外来员工办理暂住证、就业证,各项经费由公司统一支出,以尽量减轻职工的负担。另一方面,依法与员工签订劳动合同,不管在试用期,还是聘用期,公司坚持做到逐个与员工签订劳动合同,并从不收取任何押金。通过合同明确工作时间、工作内容、劳动保护和劳动条件、劳动报酬、劳动纪律、岗位责任等问题。所有的合同均经过诸暨市劳动局鉴证。三是加强制度管理,健全管理机制。针对外来人员工作、生活区域分散,作息时间不统一的实际,公司首先对员工的工作、食宿、休息、业余生活等方方面面问题作出了明确的规定,成为员工必须遵守的"行为规范",使员工在公司期间的吃、住、行、学、工作都有章可循。其次是层层建立了外来人员管理工作责任制。集团公司、各分公司有管理小组,并明确了负责人,各外来人员住宿点、各寝室都有管理员,担负防火、防盗和监督约束集体纪律,及时发现调处各类问题。

二、以情感人,努力创造外来人员安居乐业的客观环境

多年来,步森集团一直重视做好为外来员工服务的工作。集团从名誉董事长寿彩凤、董事长陈能恩到其他高层管理人员都对为外来员工创造安居乐业的客观环境多次提出要求,并强调:外来员工远离亲人和家乡,他们是步森发展的重要力量,是步森的主人。因此,公司要求各有关部门对外来员工要给予多一份照顾和关怀。

一是坚持按时足额发放职工工资。在多年的生产经营过程中,即使遇上资金困难、周转不灵等问题,公司领导也要优先安排好员工的生活支出,保证及时足额发放职工工资,以充分保障劳动者权益。此外,员工除了每月能够拿到其应得的工资报酬外,集团还根据企业的实际,让每个职工还可额外拿到不低于全年工资总额10%的月度奖和年终奖。2002年,步森员工月平均工资达到1 200元,全部按时足额发放。

二是重视安排好职工福利。一方面,为每位职工提供如养老保险、工伤保险等法定福利。另一方面,集团在"三八"妇女节、"五一"国际劳动节、公司暑假、中秋节、国庆、春节等节假日发放各种福利。近两年来,集团为职工节假日发放生活实用物品价值达到300余万元。其中,对外来员工都以现金形式提供福利。此外,公司能够充分尊重职工休假休息权利。服装行业是个劳动密集型行业,生产有淡季和旺季之分。在上半年的生产旺季时,根据市场需要,企业有安排职工加班的情况,企业一定会给予加班补贴和高温补贴。但即使在生产任务紧急的情况下,公司也会保证职工每周至少有一天休息时间。此外,外来员工还可以享受每年的七八月份和春节前后的10—25天不等的带薪假期。

三是关心员工生活,提供优越工作、生活环境。在劳动保护方面,步森在所有车间,都安装了吊扇、中央空调等防暑降温设施。在后勤生活上,公司建立了可以容纳1 700余名员工就餐的职工食堂和管理人员餐厅,菜色、品种十分丰富。后勤科只对菜肴收取成本费,保证每个职工能吃上可口、廉价的饭菜。许多员工都说,在这里花3元钱,吃得比外面5元钱都还要实惠。为了使员工没有后顾之忧,近几年来,步森先后投入850万新建了两个外地员工生活区,每间房间都有阳台和卫生间,宽敞明亮,通风状况良好,并配备了电扇,接入了宽带和有线电视,还配置了电视、洗衣机等公用设施,创办了图书室、多功能厅、篮球场等,所有入住员工的水电费全免。每间宿舍还设立了一名寝室长,负责本宿舍的卫生、安全、纪律等,宿舍每栋楼房都安排一名专职的宿舍管理员,负责宿舍的安全和卫生工作,所有员工的姓名和房号、宿舍管理制度等一律上墙。房门钥匙统一由管理员保管,平时谢绝无关人员进入宿舍,如有朋友同事来访,做好登记工作,确保员工的财产安全,使宿舍秩序良好。为确保安全,员工上班时,由管理员统一拉下电闸。可以说,步森已经在后勤的管理上摸索出了一套"公寓式管理"的模式和经验。浙江省委副书记周国富等领导来步森考察时,对步森的"公寓式管理"深表赞赏。

四是加强沟通,融洽情感,积极为外来人员营造良好氛围。为了丰富员工的业余生活,公司不定期举办一些喜闻乐见的群众性文体活动,如定期开放多功能厅举办歌舞活动,节假日举行拔河比赛、篮球赛等。每逢中秋、元旦、春节等重大节日,公司领导都要特地为因路远未能回家的外地员工举办联欢活动。公司还依靠党委、工会组织,每年两次对家庭生活困难的员工进行慰问,在物质上给予一定帮助,解决他们的一些生活问题。每到年底,各部门、分公司都要进行评比先进员工的工作,由集团工会组织先进员工外出旅游。2003 年五一节,集团工会表彰了 43 名优秀外来员工,给他们颁发了证书和奖品,还组织他们游览了风景名胜区。对那些春节不回家过年的外来员工,大年三十夜公司领导和工会领导与他们欢聚一堂,并发给每个人压岁钱,让外来员工们感到家庭般的温暖。近几年来,先后有 83 名外来员工受到了集团公司的各类表彰,步森向外地员工发放了价值 18 万元的慰问金和物品。

为及时了解和解决外来员工工作生活中遇到的困难和问题,公司《步森报》专门设置了"总经理信箱",由总经理公开解答员工提出的问题,强化了员工的主人翁意识,进一步拉近了员工与高层领导的距离,许多员工的切身问题也得到了妥善的解决。

五是群策群力,做好纠纷调解工作。为及时调解员工之间的各类纠纷,尽力化解矛盾,激发员工的工作积极性,公司建立了"治调会",还在各车间建立了治调小组,由车间主任任治调小组组长,做到小事不出班组,一般纠纷不出车间,矛盾不上交。这样既化解了纠纷,团结了同志,又有利于促进生产,改善员工的工作环境,促进了企业的发展。去年 7 月 9 日,步森公司的员工周某某与安徽籍的员工刘某某发生斗殴,致使刘某某头部受伤。公司调解委员会了解到这一情况后,一边将受伤员工送到诸暨市中医院治疗,一边迅速调查事情的起因。经调查,原来是周某某因看不惯刘某某,因此对他进行无故殴打。对此,公司调解委员会对周某某进行了严肃处理,并向刘某某赔偿医疗费 722.8 元,误工费 150 元。双方对此都十分满意。公司调解委员会成立几年来,已先后处理了五十多件这样的纠纷。从 1998 年至今,在步森集团外来员工中没有一人被刑事处理。公司调解委员会多次被诸暨市司法局和枫桥镇人民政府评为调解工作先进集体、"五星级治调委员会"。

三、唯才是举,积极营造外来人员成长进步的理想空间

21世纪企业的竞争,将是企业拥有的人才数量和素质的竞争。而如今对人才要求已经从"伯乐相马"发展到"伯乐赛马"的时代,对企业来说,不仅要为人才营造一个舒适宽松的氛围,更重要的是构筑一个人才竞相赶超的平台。在实际工作中,步森集团实行"以感情留人,以待遇留人,以事业留人"的用人理念,对外来员工从不另眼相待,只要是人才,决不闲置。

一是重视职工技术培训。公司规定新进公司的职工必须经过三个月的技术培训后,才能独立从事岗位操作。培训方式主要有以老带新(技术老师傅带新徒弟)、送外集中培训(如西服公司集体送职工到温州)、厂内开办培训班等。除了必要的技术培训外,集团还根据生产与管理的需要不定期地通过集中开培训班、板报《步森报》《管理视野》、开宣传专栏等形式开展培训,促进了人才的健康成长。

二是大胆任用外来人员。近几年来,为适应步森快速发展的需要,公司加大了对人才的引进力度,其中有相当一部分是外省和诸暨以外地区人员,他们中大部分现已是公司技术、管理和营销等岗位的骨干。来自江苏的唐金鹏和安徽的吴永杰分别担任了分管业务和外贸的副总经理,不少外地员工还在集团办公室、品牌管理部、人力资源部等重要部门担任要职。集团公司总部100多名管理人员中就有44名是外来人员。这些人才的加盟,不仅进一步淡化了企业的家族化气氛,在很大程度上打破了企业人才本地化的明显特征,也因此提高了决策的科学性和民主性,为集团公司朝国际化、专业化、高科技方向发展奠定了坚实的基础。

三是尊重外来员工,肯定员工价值。一方面,严格、公正地执行公司的规章制度,对于公司纪律,无论是领导还是普通员工,无论是本地人还是外地人,均

一视同仁,按章处理。另一方面,在精神奖励方面也是同等对待,甚至是有所侧重。在企业每年都举行的"双学双比""争当文明女职工竞赛活动"中涌现了一批又一批的优秀外来员工。如2002年度全厂的先进工作者、技术能手中就有20位外地员工,占全年先进总数的四分之一。

近几年,国内服装市场群雄并起;国外一些服装集团虎视眈眈,急于抢滩。在竞争空前激烈的形势下,步森的销售业绩却逐年稳步提升,"步森"商标在2000年9月还被国家工商行政管理局评定为"中国驰名商标",这与步森多年来正确处理劳资关系和实行科学的用人战略密不可分。近几年来公司从没发生过一起劳资纠纷,去年十月被诸暨市劳动局评为"劳动管理信得过单位";在诸暨市2002年度民主管理、关爱职工、用工规范、依法纳税等单项先进评选中获"综合优胜奖";连续两年被浙江省社会治安综合治理委员会、浙江省公安厅等单位评为"治安安全单位"。

3.4.2　诸暨市引进外地警察管理外来人口[1]

提要:2004年,新浪网新闻报道了诸暨市引进外地警察管理外来人口的做法经验。外来人口大部分因务工而来到诸暨,在为当地经济发展做出贡献的同时也无形之中增加了社会治安的不稳定因素,全市犯罪率逐渐上升。在这一背景下,诸暨市聘请外地警察参与管理外地民工并取得显著成果。媒体指出,诸暨市的这一做法为发达地区管理外来民工提供了有益借鉴。

日前,浙江省诸暨市推出一种新的管理模式——请外地警察管理外地民工。

---

[1]《浙江诸暨引进外地警察管理外来人口》,2005年5月24日,https://news.sina.com.cn/s/2005-05-24/09075971805s.shtml。

有关人士表示,诸暨市的这一做法为发达地区管理外来民工提供了有益借鉴。

诸暨市店口镇是浙江省八大经济强镇之一,2004年工业产值为280亿元,财政收入3.6亿元。但是,在当地经济飞速发展的同时,社会治安状况却不容乐观,犯罪率呈现上升态势。

据店口镇党委书记徐国龙介绍,全镇外来民工共有4万多人,仅贵州籍民工就有1.5万人。相当一部分外来民工法制意识淡薄,一旦发生劳资、交通等纠纷,往往不去报告相关部门,而是通过纠集老乡采取过激行动来解决。

事实上,诸暨市始终重视善待外来民工,陆续制定了各种相关政策,成立了外来建设者管理服务中心,免费提供劳务介绍、技能培训、法律援助和维权保障等服务。然而,外来民工的管理依然成了一个老大难的问题。

经过认真调查研究,诸暨市决定请外地管理者参与管理外地民工。2004年7月,有关部门领导专程赶到江西、贵州和安徽,与民工户籍地政府进行协商,并迅速得到了积极回应。随后,贵州省遵义县、江西省永丰县率先派出干警来到店口镇,参与对家乡来诸暨务工人员的管理,成效显著。

遵义县干警黄光芒、文晓林到店口镇后,先后走访了36个村、26家企业的460多位民工,通过乡音和乡情迅速拉近双方的关系。在接受了必要的法制知识培训以后,外来民工再遇到劳资纠纷等问题,都愿意找干警帮助解决。黄光芒、文晓林在走访调查中发现,贵州人姚老五是当地一霸,人称"二派"(第二派出所),贵州民工和当地一些老板发生纠纷往往都找他去"摆平",还要被迫交纳所谓的"保护费"。在取得姚老五的犯罪证据后,贵州干警协助诸暨公安部门一举摧毁了这一黑恶势力。

进驻诸暨7个月来,黄光芒、文晓林参与派出所破案29起,摧毁涉恶团伙2个,处理各类纠纷67起。其中,事前化解纠纷51起,调解纠纷16起,快速平息各类群体性治安、纠纷事件5起。与此同时,江西永丰县干警邓九洲也受到了家乡民工的欢迎。他举办法律讲座,把民工中的党员、复转军人组织起来协助管理。今年1月,两位贵州籍民工到江西人开的小饭店吃饭时发生纠纷,一场江西人与贵州人冲突的群体性事件眼看就要发生。邓九洲火速赶到现场,及时平息了事端。

据店口镇派出所所长郦小飞介绍,从2004年下半年开始,当地治安和刑事发案率大幅度下降,今年第一季度要比去年同期下降90%以上。

有关人士表示,请外地干警管理外地人,有利于社会安定,也有利于民工的维权。他们建议,两地政府之间的对接还应当尽快建立起来。譬如,可以通过民工户籍所在地政府组织派遣民工,更可以根据需要事先对这些民工进行富有针对性的培训,相关费用则可以由企业和企业所在地政府提供。

3.4.3 诸暨店口镇实行外来警察管理外来人口 成效显著[1]

提要: 2007年5月25日,浙江在线新闻网报道了诸暨市店口镇外来警察管理外来人口取得的显著成效。该报道以具体事例为切入点,详细介绍了"老乡警察"如何顺利化解一起外来流动人口的矛盾纠纷。这则新闻报道反映出了"外警协管外口"警务协作模式对于流动人口管理服务的有效性。一方面,它能够让外来流动人口摒弃身份限制,从而赢得外来流动人口对于公平正义的信任;另一方面,外籍警察具备更多的人文优势,能够更好地了解外来流动人口,从而推动当地流动人口服务管理水平的跃升。

"我老婆的手指头都轧断了,你们才赔这么点钱,不公平。你们再不拿钱出

---

1 《诸暨店口镇实行外来警察管理外来人口 成效显著》,2007年5月25日,https://zjnews.zjol.com.cn/05zjnews/system/2007/05/25/008460228.shtml。

来,我就叫老乡把你们的厂砸了。"说着,他突然一头撞向墙角,顿时鲜血直流。

几天前,在浙江省诸暨市店口镇一家工厂,江西籍民工阿平情绪激动。尽管有民警竭力劝说,但阿平总认为:"你们本地民警就是帮本地人的,我不相信。"

这时,阿平老乡建议:"我们要找我们的'老乡警察',叫他来处理,这样才公平。"在店口派出所挂职的江西永丰县邓九洲,第一时间赶到现场。

"老乡警察"出马顺利调解

邓九洲是江西永丰县和诸暨市建立"外来警察管理外来人口"(即"外警协管外口")警务协作后,专门协助店口镇联系江西籍外来人口的。

老邓马上就问清了来龙去脉。原来是阿平的老婆菊香工作时,不小心被机器轧断了手指,双方调解没成功,阿平情绪十分激动,又跟办案民警冲突起来。这次,他跑到厂里"讨说法"。"阿平,这样吧,你听我的,你的事包在我身上,我一定帮你好好处理,我们是老乡,你要相信我,你先把伤口处理一下。"老邓耐心劝导阿平。"那行,老邓,我是看在你的面子上,我听你的,但你要给我一个满意的结果。"阿平激动的情绪开始平复下来。

老邓马上带着菊香和当地民警一起赶到工厂,最终双方都作出了让步,老板承担全部医药费并额外给予一定补偿,夫妻俩也接受了调解结果。

"还好有他们,如果我们这些本地警察去调解,结果虽然一样,但摆平这件事却没那么容易。"一位店口本地民警这样说。

一位民工说:"在店口江西老乡中,邓九洲很有威望。"

他们是打工者的贴心人

店口镇经济发达,4.5万多外来人员参与建设功不可没。在店口打工的,贵州遵义县、江西永丰县外出务工人员比较集中。外来人口在为店口作出巨大贡献的同时,也引发了一些问题,例如近年来刑事案件发案量增加,不少与外来人口有关。

2004年8月,诸暨市分别与遵义县、永丰县两地公安局协商,遵义县先后两次派出4名民警,与店口派出所建立本地民警和外来民警共同组成的外来人口管理警务组。

邓九洲已经在店口待了3年。他说:"'老乡警察'熟悉人口流出地和流入地情况,又有亲情优势,容易和打工人员接触,我们成为他们的'贴心人',信任度提升了,开展工作、化解纠纷就更方便、有效了。"

这些贵州、江西籍的"娘家警察"到外来人员的"婆家"管事后,已经成功地帮老乡们调解了上百起纠纷,为维护当地治安和社会稳定作出了贡献。去年,店口镇因外来流动人口引发的刑事案件发生率下降了21.13%,杀人等恶性案件明显减少。

3.4.4 健全综治运行机制,推进平安步森创建[1]

提要: 步森集团坚持创新发展"枫桥经验",将以人为本的理念融入企业管理,在全国首创企业综治工作机制,在抓好生产经营的同时不断推进企业平安创建。首先,企业强化领导责任机制,自上而下层层压实管理责任,形成上下互动、良性发展的管理格局。其次,企业深化教育引导机制,用法律规章引导人,用企业文化培育人,用人性化管理感召人,培育外来人员的归属感和遵纪守法的企业氛围。最后,企业落实安全防范机制,通过加大检查力度、履行岗位职责、严格依法管理和及时调处纠纷,切实保护外来员工的合法权益,化解内部纠纷问题,开创企业平安建设的新局面。

---

[1] 步森集团有限公司:《健全综治运行机制,推进平安步森创建》,载诸暨市纪念枫桥经验45周年领导小组办公室编:《构建和谐社会的新篇章——五年创新发展枫桥经验成果汇编》,内部资料,2008年印发,第110—114页。

步森集团创建于1985年,是枫桥镇的一家龙头企业。经过23年的拼搏,现已发展成为集服装、建材、房地产、流通贸易于一体的大型民营股份制企业,有员工3 000多名,总资产10亿元。2007年,服装产业产值13亿元,出口创汇1 300万美元,实缴税金3 650万元。步森产品先后获得了一个中国驰名商标、两个中国名牌、三个国家免检产品,是商务部重点培育和发展的中国出口品牌和最具市场竞争力品牌,连续四年入围中国最具价值品牌500强。

近些年来,公司以科学发展观为统领,弘扬"枫桥经验"优良传统,坚持"以人为本""创业创新",把综治工作机制引入民营企业,在抓好生产经营的同时,高度重视企业"创安"工作,不断规范运行机制,强化内部治安管理,努力建设"平安步森",为企业的发展壮大提供了支撑。

一、强化领导责任机制,把创建"平安步森"放在突出位置

打造"百年步森"是公司的追求目标,实现"平安和谐"是公司发展的最大效益。作为拥有几千名员工的劳动密集型企业,确保企业和谐稳定,确保职工人身安全是企业管理的重要内容。多年来,公司领导始终十分重视企业治安综合治理,以创建"治安安全单位"活动为载体,以建设"平安步森"为目标,强化责任落实,加强组织领导,坚持把平安企业创建工作列入董事会议事日程,年年进行专题研究,制定创建总体工作方案。专门成立了"创安"活动领导小组,实行董事长负总责、各职能部门负责人分挑担子的领导责任机制,明确和落实各科室和车间、班组负责人的职责任务,层层签订综合治理和安全生产目标管理责任书,形成"层层包干,层层落实""一级抓一级,一级对一级负责"的综治、安全责任体系,做到平安创建有人抓有人管、有计划有部署。进一步加强企业党群一体化建设,充分发挥企业党组织、工会和共青团等组织的政治优势,组成公司综治工作站、劳动关系协调小组,健全保卫、调解等组织,完善了综治工作网络。制定系列规章制度,实行工作目标管理责任制。定期和不定期召开领导班子会议,分析企业不稳定因素,研究提出应对措施,督促相关部门限期解决,形成了平安创建、上下互动、良性发展格局。

二、深化教育引导机制,营造创建"平安步森"的良好氛围

在创建"平安步森"过程中,公司始终坚持"以人为本",将提升员工的整体素质,培育一大批以步森为家、以步森发展为己任的精英员工作为一项基础工作,运用多种形式和途径,广泛深入开展员工的普法宣传教育、思想道德教育和文化技术培训,着力打造优秀员工队伍,以员工的良好思想业务素质和饱满精神状态展现"平安步森"的崭新风貌。

1. 用法律规章引导人。开展创建"平安步森"活动,关键是要人人懂法、守法,做到遵纪守法、诚实劳动、依法经营,不断推进依法治理工作,维护企业和员工的合法权益。因此,公司十分注重在公司内全方位开展普法宣传教育,定期举办各级管理层的普法教育培训班,使公司各级管理人员带头学法、守法,依法管理,以身作则,树立榜样;加强上岗培训,新进职工上岗前必须接受系统的思想道德、法律知识、厂纪厂规、业务技能和安全生产培训,测验考试合格后,再确定上岗工作资格。还利用车间生产前、食堂开饭前等时机和宣传窗、黑板报等平台,分发宣传资料等方式,突出治安管理处罚条例、劳动合同、安全生产、消防管理、道路交通等法规知识及公司的规章制度等内容,对员工开展经常性的宣传教育,用法律法规教育人,用正确思想引导人,培育步森人品,打造步森品牌。

2. 用企业文化培育人。加强企业党组织建设,充分发挥党、工、团在创新企业文化中的作用。一是传播先进文化。建有图书室和阅览室,办有《步森报》,定期组织征文比赛、演讲竞赛、技术比武、文艺演出等活动,丰富员工的业余生活,弘扬企业正气,不断提高员工素质。二是打造步森精神。确立"学习、超越、领先"的企业精神。把学习作为一种精神,作为超越、领先的前提条件。根据企业的特点,在学习上创新形式,强化团队学习,提高队伍素质;鼓励员工把自己的工作当作学习,通过个人能力的提高,达到团队整体能力的提升,推动公司的管理创新,在创新中规范,在规范中成熟,为步森的超越、领先注入新的活力。

3. 用人性化管理感召人。一是树立员工主人翁地位。在集团党委的领导下,公司建立了党、工、团联席会议制度,通过职代会、民主恳谈会、提合理化建议等,确立步森员工的主人翁地位,保证公司的各项决策措施落实到位。在《步森报》开设了"总经理信箱"专栏,设立了"职工意见箱",倾听员工的意见建议,了解掌握员工的思想情绪,增进对话,缩短员工与企业领导的距离。二是提高员工福利待遇。2007年,职工月平均工资约1 200元,并以不低于全年工资总额10%标准发放月度奖和年终奖,做到按时发放兑现。积极为员工办理养老保险、工伤保险等,解决员工的后顾之忧。近两年,公司出资300余万元为员工欢度中秋、国庆、春节等传统佳节,提供各种福利。尊重职工的劳动权利、休息权利,保证职工每周至少休息一天,每年在七八月份和春节期间享受10—25天带薪休假。加班和高温作业,按规定发放加班费和高温补贴。投入千万元建成两个外来员工生活区,为外来员工提供公寓式服务。生活区每个房间都有卫生间、阳台,配有电扇、电视机、洗衣机,每间宿舍设立一名寝室长负责安全、卫生等工作。三是大力提拔使用外来员工。集团总部100多名管理人员中,外来员工已经超过四成,成为企业发展壮大的骨干力量。

三、落实安全防范机制,提高创建"平安步森"实际成效

认真贯彻落实《企业事业单位内部治安保卫条例》,改变以往单纯的"以人管人"模式,坚持用制度管人管事。建立健全安全保卫、门卫职责、消防管理、车间管理、车辆管理排查调解等规章制度,明确车间、仓库、部门、科室职责任务,完善治安防范工作机制,企业管理逐步迈入依法治理的轨道。

1. 加大检查力度,落实安全责任。采取检查考核与民主评议相结合、奖惩与经济挂钩等措施,确保综治、安全责任到位和制度落实。加大对安全防范工作的督察力度,对车间等重要部位每天不少于两次的检查,开展每月一次公司大检查,实行《安全检查登记》制度,对发现的各种事故隐患和不稳定因素,落实应对措施,限期整改,确保了无重大事故和群体性事件发生。

2. 履行岗位职责,严密安全防范。公司保卫科主管总公司的安全保卫、消防管理和纠纷调处,门卫管理实行保安员通班制,坚持全天候值班值勤,夜间安排2人以上进行巡逻,保卫科坚持经常性检查督促,确保保安员履行职责,坚守岗位。近几年来,公司内没有发生重大盗窃等案件和火灾等事故。

3. 严格依法管理,规范用人机制。严格执行有关法律和政策,认真做好外来务工人员的服务管理工作。招聘录用对象全部证件齐全,并由公司统一免费办理暂住证,建立健全工作台账。依法与员工签订劳动合同,明确双方的权利和义务,并经市劳动部门鉴证,切实维护员工的合法权益。加强对员工行为规范教育,建立完善系列规章制度,做到员工工作、学习、业余活动有章可循。近几年来,虽然公司外来员工剧增,现有外来员工1 210名,但无劳资纠纷发生。

4. 及时调处纠纷,增进内部团结。建立了由集团公司党委书记分管的调解委员会,在车间设立由车间主任任组长的治调小组,及时解决内部的矛盾纠纷,做到小事不出班组,一般纠纷不出车间,矛盾不上交,营造了全公司治安好、秩序好,员工思想稳定的良好局面。调解委员会成立以来,先后调处各类纠纷50多起,多次被市司法局评为"调解工作先进集体",被枫桥镇政府授予"五星级治调委员会"荣誉称号。

通过深化综治进民企工作,推进了"平安步森"创建,规范了安全防范和维稳工作机制,实现了公司内部稳定,为企业健康快速发展营造了平安和谐的良好环境,连续12年被评为绍兴市级"治安安全单位",去年又被评为省级"治安安全示范单位",诸暨市"十佳综治工作先进企业"。

3.4.5　城市理念从管理到服务变迁 外来人口创业"店口梦"[1]

提要:2011年,中国新闻网详细报道了店口镇对于外来人口创业的帮扶政策与具体机制。该报道以外来流动人口为视角,通过记录人员的工作经历真实地反映出店口镇对于流动人口服务政策的演变。从报道中可以发现,诸暨市店口镇不断深入探索流动人口的服务政策,将以人为本的服务理念持续深入地贯彻到顶层设计的方方面面,以服务为开篇,让流动人口在融入当地社会、建设当地社会的过程中有更多的获得感、幸福感和满意感。

上世纪80年代末,流传着一句话"东西南北中、发财到广东"。然而,江西赣南宁都县的李景峰和他的4个老乡却最终留在了浙江省诸暨市店口镇,只因为读高中时老师的一句话:浙江沿海很发达。

那时的店口,很多路都破破烂烂的,但是工业萌芽已在迅速生长。李景峰成了第一批在店口打工的外地人。2004年底,李景峰创办了自己的企业——诸暨市永景气动部件有限公司,从打工仔变成了老板。

是店口改变了李景峰,还是李景峰融入了店口,或许两者兼有,但是不变的是纷至沓来的打工者心中都开始怀揣起一个创业的"店口梦"。

记者了解到,当其他地方尚在关注外来人口的就业问题时,店口已迈开鼓励这一群体创业的步伐。这一步伐正是这个小城市培育试点镇、城市理念从管理到服务的变迁的一个写真。

店口,正为外来人口提供舞台。

---

1 《城市理念从管理到服务的变迁 外来人口创业"店口梦"》,2011年9月20日,https://www.chinanews.com.cn/df/2011/09-20/3340086.shtml。

一把手的决心：外来人也可以当老板

站在诸暨市店口镇镇政府 7 楼,向南望,窗外便是大片的工厂区和密集的人流。

"你所见到的两个人里,其中一个便是新店口人,有外来民工、外来流动人口、外来建设者等等,他们人数已达 6 万,与店口本地 6.2 万常住人口接近。"店口镇党委书记张壮雄说,随着城市化步伐的加快,越来越多的人口涌入,他们学习能力强,创新能力突出,期待"为自己打工",渴望融入城市。

"为什么一定只有店口本地人才能当老板？当人家在考虑外来民工就业的时候,我们已经在考虑他们的创业问题了。"张壮雄对创业寄予厚望,他说,通过鼓励新店口人创业,将劳资关系转变为竞争关系,引发的将是店口的"鲶鱼效应"。

店口镇镇长孙嘉江则认为,要把店口培育成所有人都能生根发芽的土壤。

事实上,目前在店口活跃着一批正在创业或已创业成功的外来打工者。官方数据显示,新店口人中经商办厂的约占 2%。2010 年,创办工厂的新店口人就有 30 多个。

能者居之：近在咫尺的创业扶持政策

土地、资金……对于新店口人来说,只要能规范创业,这些并不遥远。

今年 4 月,李景峰获得了店口镇一宗 10 亩的工业用地。在店口工业用地极度紧张的情况下,将土地配置给李景峰,是店口镇委镇政府传递的"让所有新店口人都有可能做老板"的一个标志性信号。

记者了解到,为了消除新店口人创业的不平等起点问题,该镇已经启动一期占地 100 亩、建筑面积 62 000 平方米的新农民、新青年、新店口人"三新"创业园建设。该园区由政府投资建设统一的标准厂房,以较低的价格将厂房租给新店口人,鼓励他们在店口创业。

"因为我们相信'物竞天择'的自然法则。'三新'创业园支持店口人和新店口人中的各类人才创业创富,他们极有可能与原来的老板形成竞争关系,成为店口发展的一股新生力量",张壮雄认为。

新店口人贷款同样不用发愁

在资金方面,店口成立了小额贷款公司,引进民生、浦发、华夏等商业银行。截至目前,已为新店口人提供贷款4 000万元。党委政府还牵头建立了联户担保制度,最大限度支持有条件的新店口人投资创业。

其中,鼓励企业实行股权社会化改造是解决资金问题的一大力举。

姚先均是浙江海润精工总经理,他在2005年进入部件制造领域,开始向润滑油泵、横机机头、气缸、袜机部件、微型电磁阀等产品拓展。饶有意思的是,姚的每个项目都是和他人股权合资的。以油泵为例,姚占有40%的股权,另一名自然人占40%的股权,而一名王姓工人则占有20%的股权。对姚来说,这显然是一种变化。早年,他的股权合作仅局限于朋友之间,而到此时,"有才"的工人开始占股。

股权合作,使得姚先均的公司发展迅速。目前年产值已达3 000万—4 000万。这种速度在店口并不多见,姚认为,这得益于股权合作。

姚的成功尝试,给不少创业中的店口人、新店口人吃下了定心丸。有不少企业主非常坚定地表示,将来一定会进行股权改革。

"对于店口来说,无论是外来人口,还是本地人,创业政策是一视同仁的,能者居之。"孙嘉江表态。

"同城待遇":财政支出3亿让外来人口安心为家

世界古代史上最伟大的哲学家亚里士多德曾说过"城邦就是为了使人过上

优良的生活",阐述了建设城市的根本目的是满足人的生存与发展的需要。

如何让新店口人留得住、待得好,店口镇党委书记张壮雄说,店口要成为一座真正的"平等之城",即让生活在这里的人,无论是本地还是外地户籍,均平等地享受到政府给予的各类权益和保障。而根据目前的测算,仅2011年,店口镇财政用于新店口人支出的就达3亿元之巨。

记者了解到,随着新店口人这一称呼的外来色彩的淡出,店口正在构筑一个针对新店口人的社保体系,给予和本地居民一样的医疗、住房、卫生、文化和子女教育权利。

"同城待遇"的大门已经敞开

6万多外地人在店口工作,他们的子女教育,不仅是社会议题,也是经济议题。店口镇迈开了试点步伐,免费接收外地民工子女就近入学。

"在老家的时候,我成绩排到中等,到这里,我努力学习,期末考试,排第一了。"这个名叫石津的小男生就是其中一个受益的外地学生。石津目前是店口二小的一名学生,来自湖北大冶。2000年才出生的他,跟随妈妈在2008年来到了店口,就读于店口二小,他说他喜欢上了这里,"不想回去"。

他的爸妈都是在店口露笑集团工作的外地人,一家三口都没有店口户籍,但石津却没费任何周折地进入了这所公立学校。在石津所在的6年级班级中,有10多名一样来自浙江省外地的民工子弟,他们一样免费入学了。

不仅是二小,在店口所有的各所小学、初中,外地民工子女都享受着和本地学生完全一样的待遇,平等教育权早在2004年就在这里落地生根。

"从2005年起,店口镇每年财政补贴,共吸纳近5 500名新店口人子女入学。"店口镇镇长孙嘉江说,财政大力支持教育是"社会需求的结果",而对外地学生和本地学生一视同仁,则是政府考虑到区域内外来务工者众多而推出的平等政策。

与此同时,"爱心化"的医疗卫生让新店口人安心

据悉,早在2006年,店口就建立起新店口人医疗补助机制,并新建新店口人爱心医院,免挂号费、门诊诊疗费以及常规辅助检查费,普通门诊单张处方控制在50元以下,药品一律按平价销售。

根据统计,2010年爱心医院共接诊新店口人8 300余人,直接给新店口人优惠20余万元。从2008年开始对新店口人孕妇住院分娩实施补助,符合条件的每例补助500元。2011年启动新店口人大病医疗补助,凡在市第四人民医院住院治疗的,可报销20%的医疗费用,而且1年内可多次报销,每人全年累计最高补助为2万元。

建立住房保障机制也在启动中

今年,店口切出1.5个亿,重点面向新店口人推出300个购房指标,对其中符合条件的新店口人实行6万—12万元的购房补助,同时已启动面积35 000平方米、每平方米4 500元(市场价7 000元)的限价房建设,明年年底前这些限价房将全部提供给新店口人,以此加快新店口人在店口安家落户,共享店口发展成果。

记者了解到,店口镇已被确定为浙江省首个联合国"促进农民工及其家庭融入当地社会的政府能力建设"试点镇。孙嘉江认为:"只有优化了新店口人的生产生活条件,为新店口人创业创造必要条件,才能让新店口人能留下来,住下去,从而完成人口集聚。"

当前,店口正处在工业化、城市化、市场化、国际化和信息化的全面提升期。店口镇党委书记张壮雄告诉记者,在店口有一种理念:"谁发展,支持谁;谁创业,保护谁;谁实干,看重谁。"这是以实际行动尊重实践、支持创造、关爱企业,让所有建设者和创业者激情创业、共谋幸福。

在大城市门槛越筑越高的当下,店口鼓励新店口人创业,不仅是对目前全国各地普遍存在的"民工荒"的一种破解,更为重要的是,它或将是对长期以来城乡二元体制弊病的一种有效修复。这也折射出,店口正围绕"管理"向"服务"转变,成为社会管理创新先行者。

3.4.6　创新管理平台,推进"五个一"管理模式——大唐镇流动人口管理探索[1]

提要:流动人口的网格化管理是"枫桥经验"运用于流动人口服务管理工作的重大实践成果。大唐镇是袜业小镇,是诸暨市流动人口数量最多的乡镇之一。为创新流动人口的管理平台,大唐镇以网格化管理为基础和核心,探索了租房"五个一"管理模式,实现了流动人口出租房管理的职责网格化、地址精确化、查找定位化、管理动态化和信息规范化,不断推动全市流动人口和出租房管理迈向新的高度。

大唐镇综合实力已跻身全国百强,浙江省十强,辖区内共有各类袜业企业2 900多家。大唐集镇上设有劳务市场一个,作用辐射义乌、萧山等地区。随着经济快速发展,大量流动人口涌入大唐,对大唐的经济建设做出了重要贡献;同时,也带来了管理上的问题,大量随父母打工的适龄儿童等待入学,计划外超生现象严重,流动人口犯罪比例逐年上升,偷盗现象严重。

面对这些问题,大唐镇党委政府积极探索管理新路子,不断创新管理方法,总结各种经验,与时俱进,建立起符合实际、便于管理、成效显著的流动人口管理系统。

---

[1] 诸暨市大唐镇:《创新管理平台,推进"五个一"管理模式——大唐镇流动人口管理探索》,2013年3月28日,大唐派出所档案室藏。

一、主要举措

运用流动人口管理平台,深入实施"五个一"管理方法,做到流动人口管理点、线、面相结合,形成一张覆盖全镇横向到边、纵向到底的流动人口管理网络,提高流动人口管理效能,克服管理中的散乱和重点不突出等现状。

在大唐镇流动人口管理系统中,包含两个部分:第一是在镇级层面建立的编码式管理系统平台,即按行政村(0—9)、原行政村(1—9)、专(协)管员(01—99),组成一组五位数编码,下设栏目,储存流动人口信息;它是管理系统的"中枢"部分,该平台采用计算机软件操作,动态控制。通过操作命令,可以迅速得到现行政村、原行政村当前外来人口具体信息,包括家庭住址、家庭成员、身份证号码等。

第二是按行政区划基础建立的"五个一"管理系统,即"一人一片、一区一图、一户一号、一家一公告、一户一档",这是管理系统的"触角"。

"一人一片",将大唐镇分为九大块,每一名流动人口专管员负责一块;每一大块又细分若干小块,每一名暂住人口协管员负责一小块,做好该块内的出租房走访、流动人口登记、动态检查等工作。

"一区一图",将所分区块制作建筑平面图,方便落实每处出租房位置。

"一户一号",将户数进行统一编号,以租子开头,后设行政村、户为单位,流水编号。

"一家一公告",在出租房屋张贴出租房管理公告栏,预先设置出租房管理信息、承租业主须知、流动人口须知、消防安全要求、失火应急提示等六大内容。

"一户一档",将每户出租房建立一个档案,包含出租房屋信息登记表、一份治安计生责任书、一份消防图、一张平面图等基本信息。

由于采用电脑管理,大大减少了人员工作量,特别是人工查、人工修改工作量,使查阅、更新和统计更为快捷、高效,大大节约了人力和物力。同时,认真实行"定位、定职、定员、定责"等"四定"模式,实现外来人口管理网格化,适应当前网格化管理趋势,避免了信息采集和运用前后相脱节的矛盾。

二、主要成效

2010年,大唐镇党委政府积极推进流动人口管理工作,取得了较好成效,主要有以下几个方面:

1. 累计办理流动人口登记达20多万人,2010年达最高值,居住半年以上人数统计达7万人;

2. 办理各类出租房屋7 000多户,12 740间;

3. 协助办理2 000多名适龄儿童入学登记;

4. 对13 266名适龄妇女进行计生服务,开展"五项"免费服务活动;

5. 协助对1 287人次开展劳资关系处理,共涉及金额54万多元;处理工伤事故31起,全部办理了理赔协议;查处越南籍非法用工20多名,在公安机关协助下统一遣返;

6. 协助打击流动人口各类违法犯罪活动53次,涉案人员79人。

3.5 流动人口服务管理的其他史料

3.5.1 店口派出所流动人口管理警务协作纪要书[1]

提要: 2005年,店口派出所就聘用贵州省遵义县公安局民警协作管理流动人口制定《警务协作纪要书》。该纪要书明确规定了贵州籍民警的聘用时间、身份要求、工作职责、薪酬待遇、管理机制以及其他具体事项,初步刻画了"外警协管外口"的工作思路,为后续两地协作机制的成功奠定了规范性基础。

---

1 店口派出所:《流动人口管理警务协作纪要书》,2005年8月,诸暨市公安局档案室藏,档案号w2005-1-203。

为了忠诚实践"三个代表"重要思想,积极运用"教育、服务、维权、管理"的工作理念指导和管理流动人口努力推进"和谐社会"建设,经共同商议决定,由浙江省诸暨市公安局聘用贵州省遵义县公安局民警到店口派出所协助管理流动人口,有关事项纪要如下:

一、浙江省诸暨市公安局聘用贵州省遵义县公安局民警2人到店口派出所工作,时间为1年,自2005年8月至2006年8月底止。

二、贵州省遵义县公安局根据浙江省诸暨市公安局的要求,推荐政治素质好、敬业精神强,具有一定群众工作能力,年龄在30周岁到40周岁的男性民警到店口派出所工作。如果推荐的民警是现职科所队副职干部的,工作期间由遵义县公安局保留职级,可由诸暨市公安局任命为店口派出所副职。如果推荐的民警不是现职科所队干部,可根据工作需要由诸暨市公安局任命为店口派出所挂职性质的副职。

三、贵州省遵义县民警到店口派出所工作期间,按照派出所的统一要求开展工作。重点是协助店口派出所管理贵州籍流动人口,主要任务是排查登记贵州籍流动人口、掌握影响店口社会治安的各种信息、开展对贵州籍流动人口的法制教育和维权服务、协助派出所化解涉及贵州籍流动人口的各类矛盾纠纷、配合打击处理贵州籍的违法犯罪人员、参与公安机关必要或特殊的警务活动、做好派出所部署的相关中心工作,并严格遵守店口派出所的各项纪律制度和警务工作规范。

四、遵义籍民警到店口派出所工作后,党组织关系由诸暨市公安局管理,人事关系由遵义县公安局管理。在遵义县公安局发给民警基础工资的同时,参照诸暨市公安局民警的年均收入,由店口镇人民政府财政拨给店口派出所遵义籍民警每人每年4万元的工资,由店口派出所按照外聘民警的考核办法予以发放,遵义籍民警享受店口派出所同等的评先奖优和必要的警务保障。考虑到遵义籍民警离乡工作的实际情况,由店口镇拨款报销民警回乡探亲2次和民警家属来诸暨探亲2次的来回车费(限报车票费用)。

五、诸暨市公安局与遵义县公安局对这项工作应加强双向管理,每年开展一次联谊活动,听取民警的思想、评价和生活等方面的情况,研究解决工作和生活中遇到的一些实际困难和问题。店口派出所要切实加强对遵义籍民警的日常管理,将遵义籍民警每季度的思想表现和工作情况以及每年的民主评议或绩效考核情况向店口镇人民政府、诸暨市公安局、遵义县公安局予以反馈。

六、遵义籍民警聘用期满,由诸暨市店口镇人民政府提出是否续聘民警的建议,如果需要继续聘用,由诸暨市公安局和遵义县公安局商议决定续聘的具体事项,并形成警务协作纪要。为确保工作衔接,如属新聘用民警,应提前一个月到店口派出所工作,与原聘用民警一起做好情况熟悉和业务工作交接。

七、遇有其他不尽事宜,由双方公安局协商解决。此警务协作纪要书分呈贵州省遵义县公安局、浙江省诸暨市公安局、浙江省诸暨市公安局店口派出所、遵义籍赴店口派出所民警,并送浙江省店口镇人民政府备案。

诸暨市公安局店口派出所

3.5.2 在浙贵警方警务协作签约仪式上的讲话[1]

提要:诸暨市经过一年"外警协管外口"新型警务模式的实践探索,取得了显著成果,得到了各级领导的充分肯定和《人民日报》《光明日报》等一批主流媒体的报道。为进一步扩大两地合作领域,2005年,诸暨市公安局与贵州省遵义县公安局举办警务协作签约仪式。在签约仪式上,时任诸暨市委常委、公安局局长张伟光肯定了两地开展警务协作一年多以来取得的丰硕成果,并希望继续建立和完善浙贵两地之间的警务协作机制,创新发展"枫桥经验",为诸暨市的经济繁荣发展提供安全稳定的社会环境。

---

1 张伟光:《在浙贵警方警务协作签约仪式上的讲话》,2005年8月4日,诸暨市公安局档案室藏,档案号w2005-1-206。

尊敬的贵州籍各位领导、朋友们：

今天，我们浙江省诸暨市公安局一行7人前来山川秀丽的红色革命发祥地——贵州省遵义县公安局作警务协作考察，得到了遵义县公安局的热情接待，并达成了警务协作的一致性意见。借今天这次签约仪式的机会，我谨代表中共浙江省诸暨市委、诸暨市人民政府、诸暨市公安局，向关心支持两地警方警务协作的各位领导表示崇高的敬意，向全力支持警务协作的遵义县公安局表示衷心的感谢！

我们浙江省诸暨市位于浙江中部，是越国故都，西施故里。1989年撤县设市，面积2 318平方公里，辖3个街道、25个镇（乡）、1 302个行政村，总人口106.4万。改革开放二十多年来，我市坚持"工业立市、开放兴市、文明强市"的发展战略，各项经济实力快速发展，目前已跻身于全国综合经济实力百强县和浙江省综合经济实力十强县。2004年，全市实现GDP276.56亿元，财政收入16.01亿元；农村居民人均纯收入和城镇居民人均可支配收入分别达到7 271元和15 856元。我市也是块状经济和民营经济较为发达的县，是全国"袜业之乡"，每年生产袜子总量达70亿双；是全国"香榧之乡"，生产总量也占全国总产量的60%以上；是全国的"珍珠之乡"，淡水珍珠养殖总量居世界前茅，山下湖珍珠市场是亚洲最大的珍珠集散地；我市先后被命名为全国"篮球之乡""民间文化之乡""全国优秀旅游城市""全国优秀卫生城市"。随着我市块状经济的迅速发展，近十年来，我市的外来流动人员也不断增加，据不完全统计，我市目前拥有务工经商的省外流动人员达30万以上，主要来自贵州、安徽、河南、湖南、江西等省份。外来务工经商人员进入我市以后，既为解决我市第二产业的劳动力不足和促进第三产业的发展发挥了不可忽视的作用，也为经济欠发达地区的劳务输出和人员就业创造了机会，有效地加强了地区之间的经济协作。但是，我们也不能否认，在大量外来流动人员涌入的同时，由于受各种社会因素的影响，给我们当地的社会治安管理带来了一定的影响。在我市城区、大唐、店口三个经济较为发达的重点区域,每年的刑事案件总量已占全市刑事发案总量的85%以上,而这三个区域的外来人员犯罪则占全部刑事发案的75%以上。鉴于这样的现状,近三年来,我市把加强流动人员管理作为全市维护社会安定、构建和谐社会、促进经济社会健康发展的一项重要工作来抓。作为闻名全国的"枫桥经验"的发源地,我市公安机关一直认为外来人员是建设富强诸暨、文明诸暨、和谐诸暨的不可缺少的生产力,外来人员为我市的经济建设作出了重要贡献,我们有理由在政策法律的范围内,最大程度地保护好外来人员的合法权益,依法打击处理影响我市社会治安安定的违法犯罪人员。因此,在三年前,我们诸暨市公安局在浙江省率先提出了"教育、维权、管理、服务"的外来流动人员管理工作理念,并探索了以人性化管理为特征的公寓式管理、学校型管理、情感式管理、维权服务型管理等一系列管理模式,受到了中央和浙江省委有关领导的肯定,一些管理经验已在浙江各地得到推广。

为了创新发展"枫桥经验",致力为我市的经济社会营造一个良好的发展环境,最大程度地保护外来人员的合法权益,去年,我们在市委领导的带领下,专程到遵义县作了友好考察,向遵义县委、县政府和遵义县公安局党委提出了聘用遵义籍警察到我市的经济第一强镇——店口镇——协助管理外来人员的建议,得到了遵义县公安局党委的大力支持。去年8月中旬,遵义县公安局党委决定,派遣民警黄光芒、文晓林同志到店口派出所工作:一年时间来,两位民警不负遵义县公安局党委的重托,克服语言、生活和工作上的各种困难,发扬红色革命发祥地人民警察的勤奋好学和爱岗敬业精神,为加强店口镇的外来人员管理、维护店口镇的社会治安做了大量的工作,取得了显著的成绩。在短短的一年时间里,两位遵义籍民警以所为家,按照派出所的总体安排,共走访了36个重点村和26家重点企业,比较全面地排查掌握了在店口镇的贵州籍9 185人的总体分布情况、人员结构情况、就业就职情况,并建立了《外籍民警工作情况登记表》《收集处理信息线索登记表》等12种外来人员管理基础工作台账。在日常管理中,两位遵义籍警察认真学习"枫桥经验",在外来人员管理的警务实践中,坚持教育、管理、维权相结合,探索出了"事前疏导、事中协查、事后关注"的外来人员矛盾纠纷排查调解方法,一年来共处理外来人员的各类矛盾纠纷119件,其中事前疏导77件,调解42件,快速平息可能激化的突发性、群体性治安纠纷事件17件。两位遵义籍警察以流动人员管理为主要任务,积极发挥"老乡警察"的语言沟通优势,利用工作时间和非工作时间走村串户,建立了治安联络员52人,治安信息员18人,治安耳目12人,先后为派出所收集到有价值的治安线索68条,打击处理线索29条,共配合派出所破获刑事案件39起,打击处理违法犯罪人员25人。他们还多次配合我局刑侦、治安、禁毒等部门和绍兴市公安局开展技术侦查等服务工作,特别是通过他们深入的工作,于去年成功打掉了以"姚老五"为代表的专门在店口镇寻衅滋事、欺压贵州籍务工人员的2个涉黑涉恶团伙,为店口镇的社会安定发挥了重要作用。两位遵义籍警察还积极发挥"老乡警察"的亲情作用,组织开展"上老乡门、知老乡事、解老乡忧"的主题活动,经常以座谈走访的形式倾听外来人员的呼声和要求,配合派出所组织开展外来人员法制培训班,向外来人员制作《警民联系卡》,设立警务接待室,先后走访贵州籍务工人员679户,发放《警民联系卡》279张,为贵州籍务工人员解决了不少问题,并为贵州籍外来人员协调解决劳务赔偿和经济损失等10万余元。两位遵义籍警察在一年的工作中,还善于思考,积极为我局抓好"外警协管流动人口"这一新型警务模式献计献策,他们多次配合我局调研组开展警务创新的调研,先后提交了3份较有价值的警务创新建议报告和2份重要的打击犯罪团伙的调查报告,还认真总结出了《外警协管流动人口工作法》,为推进流动人口管理警务协作起到较大的作用。我局党委认为,黄光芒和文晓林两位同志在店口派出所工作期间,政治立场坚定,理论学习认真,工作积极负责,纪律作风扎实,工作成绩显著,有许多方面值得我们当地的民警学习。通过一年来的探索和实践,我们认为,"聘用外来警察协助管理流动人口"这一新的警务模式,是新时期经济发达地区和欠发达地区警务协作的发展方向,已经实现了"双向交流、实现共赢"的初衷。目前,这一新型警务模式已经引起了一些高层领导和新闻媒体的广泛关注,5月份,中共中央政治局委员、广东省委书记张德江同志在新闻媒体上看到这一管理模式后,专门批示广东省公安厅,要求广东省公安厅组织考察团到我市进行考察,我省省委书记习近平和省委副书记、政法委书记夏宝龙也专门在专报材料上作出批示,要求在全省外来人员集聚地区予以借鉴推广,我省公安厅领导就此指示省厅治安总队,于5月下旬派出调研组到我市实地调研,对这一警务模式作了充分肯定。一年来,中央电视台《新闻30分》《人民日报》《光明日报》《新华日报》《解放日报》等一批主流媒体和地方新闻媒体先后报道了这一警务模式,公安部《公安研究》刊物也从公安理论这一层面提出了这一警务模式的科学性和示范性,从一定意义上讲,这一警务模式已经成为我们两地公安机关创新发展"枫桥经验"的新亮点。值得一提的是,遵义县公安局石晓洪局长和其他几位局党委领导一直非常关心这一警务模式的探索和实践,对派遣到我市工作的两位民警予以关心和鼓励,还在百忙中抽出时间到我局了解工作情况,开展互相交流、认真探讨和精心指导,为此而付出了大量的心血。可以说,这一警务模式的成功实践,很大程度取决于遵义县公安局党委的重视和支持,很重要的因素在于遵义县公安局给我们选送了素质优秀、业务精干的好民警,很深的体会在于两地警方的友好协作和紧密配合,因此,让我再次代表浙江省诸暨市公安局表示深深的感谢。当然,我们也不可否认,在一年的警务实践中,我们在向遵义县公安局党委沟通交流方面做得还很不够,在关心照顾两位民警学习、工作、生活等方面做得不够周到的,对于存在的这些问题,我们在此也表示歉意。各位领导、朋友们,我们两地警方的警务协作已经有了一个良好的起步,为我们建立良好的警务协作关系奠定了成功的基础。这次我局组团来贵县警方考察访问,目的是继续建立和完善我们之间的警务协作机制。今天上午,我们已经和石局长等领导就新一轮警务协作问题达成了共同的意见。我们相信,通过今天这个签约仪式,一定能进一步增强我们两地警方之间的团结和协作,一定能进一步促进我市的经济繁荣和社会稳定,一定能为遵义县的公民在就职就业和创造财富等方面带来更大的实惠。让我们以这一警务协作模式作为友谊的"桥梁",紧紧拉起远离千山万水的两只"平安"之手,为了共同构建"和谐社会",为了奔向美好的"小康社会",携手并进,与时俱进! 最后,希望各位领导和各位朋友有机会到西施故里的浙江诸暨来走走看看,我们竭诚欢迎你们的到来。如有讲得不当之处,敬请批评指正,谢谢大家!

3.5.3 诸暨市加强区域警务协作,共同管好流动人口[1]

提要: 2006年,公安部在诸暨市召开全国部分公安机关"外警协管外口"工作座谈会。在座谈会上,诸暨市公安局发表题为《加强区域警务协作,共同管好流动人口》的讲话。该文从店口镇外来流动人口管理的发展进程、"外警协管外口"警务协作模式的基本做法和工作成效三个方面介绍了警务协作模式诞生的背景与思路,其中也包含了警务协作模式的具体实践过程,从建设原则到职责确认,再到后续机制制度的健全,整个警务协作体系从无到有并逐步走向成熟。经过两年的实践探索,店口镇的社会治安环境明显好转,派出所基层基础工作水平和违法犯罪的打防控能力显著提升,充分体现了"外警协管外口"警务协作模式的科学性和价值性。

尊敬的公安部领导、有关省市公安机关的领导、新闻记者朋友:

今天,公安部在我市召开全国部分公安机关"外警协管外口"工作座谈会,这是对我们浙江、贵州、江西、安徽四省公安机关协作开展流动人口管理的关心

---

[1] 诸暨市公安局:《诸暨市加强区域警务协作,共同管好流动人口》,2006年10月31日,诸暨市公安局档案室藏,档案号w2006-2-256。

和重视。借这个机会,我谨代表浙江省诸暨市公安局党委向各位领导和朋友们表示热烈的欢迎。我市是一个块状经济比较发达和外来流动人口较多的地方,今年已登记外来流动人口达 22 万。我市的外来流动人口主要分布在商贸集中的市区、袜业比较发达的大唐镇和五金业比较繁荣的店口镇。随着外来流动人口的逐年增加,外来人员的违法犯罪率也呈上升趋势,全市去年被依法打击处理的外来违法犯罪人员共 909 人,占总数的 51%。为了切实加强对外来流动人口的管理,近两年来,我局在店口镇积极探索实践了"外警协管外口"的警务模式,取得了较好的成效。

一、店口镇外来流动人口管理的发展进程

店口镇是全国的综合经济实力百强镇和浙江省的综合经济实力第四强镇。90 年代以来,随着店口镇五金汽配制造业的不断发展,贵州、江西、安徽等省份的大量外来人口以"亲带亲、眷带眷"的"新移民"方式涌入店口就业。从今年登记发证情况看,店口镇的贵州籍外来人口有 11 591 人,江西籍有 5 556 人,安徽籍有 5 462 人,湖南籍有 3 354 人,河南籍有 1 670 人,这 5 个省的外来人口占全镇总量的 72.14%;在店口镇原有的 69 个行政村中,65 个行政村有外来流动人口,其中总量在 1 000 人以上的有 5 个村,500—1 000 人的有 7 个村,100—500 人的有 21 个村;8 家较大规模企业的外来人口约 6 000 人,大量的外来人口主要分布在集镇周边 10 余个村的民营和家庭企业。本世纪开始,由于店口镇的工业企业逐步形成规模,科技水平不断提高,外来人口持续增长,出现了企业用工减少和外来人员就业难度增大等问题,因而也出现了犯罪总量增加、治安纠纷增多等现象。近三年来,店口镇的外来人口违法犯罪已占总量的 70% 以上,被打击处理的贵州籍人员有 180 人,江西籍人员有 4 人,安徽籍人员有 49 人。我市从 90 年代中期开始,店口镇党委政府专门建立了协管队伍,配合派出所加强外来流动人口管理。但这种以暂住登记为主的传统模式并不能解决外来流动人口总量大、居住分散等管理问题。2000 年,店口镇党委政府进一步加大对外来流动人口的管理力度，探索构建了以"教育、维权、服务、管理"为主要内容的综合管理新模式：一是建立综合管理机构。镇政府建立了由公安、工商、劳动、城建、计生、教育等部门参与的综合管理委员会，按照500∶1的标准建立起基础协管员队伍，由镇财政解决运作经费，由派出所组织开展管理工作。二是推行"三三制"管理模式。公安、劳动、计划生育三个部门的人员到派出所合署办公，将暂住证、劳动用工证和计生管理证"三证合一"，实现一个窗口办证服务。三是实施集中居住管理。在外来人口总量500人以上的6个村建造外来职工公寓，对集镇的出租房屋实行统一管理的综合管理模式实施后，出现了外来人口登记总量增加，矛盾纠纷减少，社会治安好转的效果，时任浙江省委书记张德江就此专门作过批示，要求在全省总结推广。

二、"外警协管外口"警务协作模式的基本做法

店口镇以"教育、维权、服务、管理"为主要内容的综合管理模式实施一段时间后，由于基本上还是停留在登记发证的层面上，导致一些涉及外来流动人口的劳资和矛盾纠纷无法及时化解并由此引发一些突发性和群体性事件，尤其是一些混迹于其中的违法犯罪重点人员难以及时发现和打击，管理工作处于一种治标难治本的状态，2003年，店口镇先后出现过外来人员群体性围攻派出所、纠集宁波慈溪的外来恶势力人员到店口持械报复行凶、组织绍兴柯桥的外来恶势力人员雇车到店口参与群体性斗殴、建立团伙专门盗销机动车等一系列治安问题。2004年上半年，我市市委、市政府对店口镇的社会治安管理高度关注，专门组织公安、劳动、计生部门的人员到店口镇开展专题调研，研究分析外来流动综合管理模式存在的薄弱环节，通过调研后认为，店口镇出现以外来流动人口为主体的一系列治安问题，既与外来流动人口的自身素质有直接关系，也与外来人口对当地政府部门和社会群众缺乏信任感有相应的关系，经过认真思考和研讨后，我们提出了"让娘家人来管婆家事"的外来流动人口管理新思路。6月，我市组成由市委领导、公安局和店口镇领导参与的考察组，先后赴贵州省遵义县和江西省永丰县开展政(警)务洽谈。8月,我局从贵州省遵义县公安局引聘2名民警,11月又从江西省永丰县公安局引聘1名民警到店口派出所工作,正式启动"外警协管外口"的警务模式。

为确保"外警协管外口"警务协作的顺利开展,去年4月份,我局专门派出调研组开展了"外警协管外口"警务模式的综合调研和建设工作。在探索建设这一警务模式时,我们提出了三个建设原则:一是体制原则,就是明确在党委政府的统一领导下组织实施,组织人事由市公安局代管,经费保障和警务保障由政府解决,日常工作由派出所负责。二是定位原则。就是对外籍民警明确以外来流动人口的基础管理为主,协助打击破案为辅的工作定位,充分体现协管和协作的特征。三是等位原则,就是按照"同等、同工、同酬"的要求,确保外籍民警享受同等的政治待遇和生活待遇,加强同样的警务管理。以这三个基本建设原则为指导,我们探索建立了比较规范的"外警协管外口"警务模式,主要做法是:一是建立协作关系,在外籍民警未到位前,我局与两个县的公安局共同签订了《流动人口管理警务协作纪要书》,对聘请外籍民警的人数、工作年限、聘用方式、执法主体、日常管理、工资待遇、情况通报、工作考核、续聘方法等问题作了具体的明确,特别是明确了由店口镇财政拨给外警每人每年4万元的工资,由派出所实施绩效考核予以发放。二是合理配置警力。为解决外籍民警与本地民警之间出现的语言沟通和工作方式上的差异性问题,我们建立了由2位民警和3位外籍民警组成的外来人口管理警务组,组长由派出所分管基础工作的领导兼任,按照500∶1的标准在流动人口比较集中的村和企业配齐协管员队伍。这样的警务体制,有利于外籍民警在工作中既有依靠力量又有基础力量。三是界定工作职责。就是使外籍民警到外地公安机关工作后明确一个"干什么"的问题。我们为此确定了外籍民警重点是摸排外来人口底数,掌握有违法犯罪可疑的高危人员并落实管控措施;收集外来流动人口中可能出现的突发性、群体性事件的有关信息和案件线索;开展教育维权活动和疏导化解外来人员的各类矛盾纠纷;协助两地公安机关开展互动式的案情通报和破案追逃等基础工作,这样的工作职责定位,有利于外籍民警开展针对性的警务活动。四是明确工作机制。就是使外籍民警在具体工作中明确一个"怎么干"的问题。我们为此建立了值班值勤机制,明确外籍民警在值班值勤中主要是做好涉及外来人员的警情处置;建立了协查案件机制,明确外籍民警主要是协查涉外人员案件,不为主受理查处案件;建立了化解矛盾机制,明确外籍民警在处置涉外人员的突发性和群体性事件中,主要是参与政策宣传和法制教育,掌握组织为首人员的基本情况和各种动态信息;在处理涉外人员的纠纷案件中,主要是配合做好说服教育和就地化解工作;建立了专项整治机制,要求外籍民警及时排查高危外来流动人口,协助派出所开展重点区域的治安整治。建立了这四项警务机制后,使外籍民警基本上明确了在具体警务活动中的"主次"和"先后"关系,确保了警务活动的规范运作。五是加强日常管理。我们专门对外籍民警建立了定期学习制度、管片联厂制度、信息研判制度、基础管理制度、法制教育制度、重点巡控制度、绩效考评制度、情况报告制度、警务保障制度,切实加强对外籍民警的日常管理和警务管理。

三、"外警协管外口"警务协作模式的工作成效

从"外警协管外口"警务模式实践两年的效果来看,不仅较好地改善了店口镇的社会治安环境,也为派出所加强基层基础工作和强化打防控显示了积极的作用:一是外籍民警具有亲情融和的优势,在基层基础工作方面显示出重要作用。外籍民警在警务活动中具有亲情融合的特点,比之本地民警更有利于开展外来人口的基础管理。以贵州警察为例,他们通过经常性走访摸排,有效地摸清了贵州籍在店口的外来流动人口底数,比派出所以前掌握的底数增加了近1倍。他们在建立了外来流动人口管理基础台账的同时,还在实践中总结了以"走访了解、调处矛盾、收集信息、协作打击"为主要内容的"外警基础工作法"。二是外籍民警具有亲情调和的优势,在维护外来流动人员合法权益方面显示出

积极作用。外籍民警在警务活动中具有亲情调和的特点,比之本地民警更有利于化解外来人口的矛盾纠纷。过去,一些外来人员发生劳资纠纷或治安纠纷,往往组织一大批老乡以聚众闹事或群体性上访等方式以求解决。外籍民警引进后,他们以"老乡警察"的身份客观公正地协调处理各类矛盾纠纷,想方设法地为他们维护合法权益,在外来人员中逐步形成了有难事、疑事找"老乡警察"的局面。到去年底,三名外籍民警共处理涉及外来人员的治安纠纷298件,店口镇发生的外来人口集聚闹事事件由2003年的56起和2004年的27起下降到2005年的12起,2005年到现在没有发生一起造成影响或引起后果的涉外人员集聚滋事事件。现在宁波、绍兴等地的一些贵州籍民工也经常打电话向店口的老乡民警求助或咨询一些法律问题。三是外籍民警具有信息掌控优势,在增强派出所打防控能力方面显示出特定作用,外籍民警在警务活动中具有亲情沟通的特点,比之于本地民警更能掌控到深层次的信息。目前,三名外籍民警建立了秘密力量23名,治安信息员27名,收集各类治安信息213条和有价值案件线索77条。2005年至今,外籍民警直接或协助派出所破获涉外人员刑事案件132起,打击处理56人,其中打击处理外来人员的比例由2003年的68%下降到今年的59.1%。还成功摧毁了2个专门插手劳资纠纷、向外来人口收取保护费、受雇于他人进行买凶报复的贵州籍恶势力团伙。四是外籍警察具有警务联动优势,在双向警务协作方面显示出较好的互补作用。外籍民警具有熟悉人口流出地和流入地情况的优势,为警务协作发挥作用。2004年下半年以来,遵义籍民警先后协助枫桥派出所在遵义抓获了2名抢劫团伙成员,还在我市抓获了7名网上逃犯。9月5日凌晨,店口镇五村发生一起纵火烧死一对贵州籍夫妻的恶性案件,通过贵州籍民警的深入协查,当晚就抓获了逃至绍兴的犯罪嫌疑人。今年上半年,我们又从安徽省临泉县和怀远县公安局引聘了2名民警,到店口和大唐派出所工作,大唐派出所的安徽籍民警在短短的半年时间里,就协助派出所探索建立废旧物品"三三式"管理新模式,加强了对这一行业近千名外来人口的管理,强化了对这一行业的阵地控制,控制了这一行业的盗窃和销赃案件。我市的"外警协管外口"警务模式已经运作了两年,已经显示出了较好的警务效果和社会效果,可以说是"枫桥经验"在外来流动人口管理中的一大创新,是现代警务体制改革的有益探索,是构建和谐社会的有效举措,更是浙江、贵州、江西、安徽四省公安机关共同协作加强流动人口管理的实践成果。两年来,贵州省遵义县公安局、江西省永丰县公安局、安徽省临泉县和怀远县公安局对这一警务协作模式给予了大力的支持;绍兴市公安局、浙江省公安厅的领导对这一警务模式非常重视,先后两次派出业务部门人员到店口蹲点,帮助指导警务模式的建设工作,还在上半年到我市召开推广现场会;特别是公安部对"外警协管外口"警务模式高度关注,公安部领导先后作出批示,既肯定我们的工作,又提出重要指示,还在上半年派出政治部和治安总局的领导到我市开展专题调研和具体指导,这次又组织全国部分地方的公安机关领导前来我市召开交流座谈会,对我们进一步抓好这项工作是极大的鼓励和支持。我们诸暨市公安局党委和全体民警,向所有关心和支持过我市公安工作的各级领导,并向两年来密切配合和大力支持警务协作的贵州省、江西省、安徽省三地公安机关致以最衷心的感谢和最崇高的敬意,我们决心以这次座谈会为新的契机,在今后的工作中不断巩固成果,认真完善提高,继续扩大协作,创新经验特色,为推进公安基层基础建设作出新的成绩。

3.5.4 枫桥镇关于要求解决流动人口居住小区用地指标的请示[1]

提要:2007 年,枫桥镇人民政府向诸暨市人民政府请示要求解决流动人口居住小区用地指标。该请示充分地展现了枫桥镇在当时对待流动人

---

[1] 枫桥镇人民政府:《关于要求解决流动人口居住小区用地指标的请示》,2007 年 9 月 21 日公布,枫政〔2007〕71 号。

口服务工作的重视程度,可见,在当时,枫桥镇人民政府已经将流动人口作为促进当地经济社会发展的重要力量,并开始关注流动人口合法权益的保障。

市人民政府:

为进一步创新落实"枫桥经验",认真贯彻全市流动人口服务管理工作现场会精神,完善流动人口服务管理机制,改进流动人口居住条件,使流动人口安居乐业,为当地经济社会发展发挥积极的作用,经镇党委政府研究,决定以市场化形式兴建流动人口居住小区,目前已完成选址工作。现请求市政府解决用地指标20亩。

以上请示妥否?请批示。

枫桥镇人民政府

2007年9月21日

3.5.5 关于诸暨市十六届人大一次会议第150号建议的答复[1]

提要: 在诸暨市十六届人大一次会议上应惠德代表提出了要求诸暨市加强外来人口管理的建议。对此,诸暨市流动人口领导小组办公室召开专题会议,对全市流动人口服务管理工作现状展开研究,并明确进一步加强流动人口服务管理工作的具体措施。从诸暨市范围来看,流动人口的服务管理工作需要进一步抓好基层队伍建设、抓好依法管理、强化等级管理、抓好优质服务以及推动"人的再组织化"建设,力争使流动人口服务管理水平迈向新的高度。

---

[1] 诸暨市公安局:《关于诸暨市十六届人大一次会议第150号建议的答复》,诸公办〔2012〕29号,2012年7月16日,诸暨市公安局档案室藏,档案号 w2012-4-81。

应惠德代表:

你提出的关于要求市外来人口管理部门加强外来人口管理的建议(第150号)收悉,现答复如下:近年来随着我市经济的快速发展,流动人口总量不断攀升,流动人口为诸暨发展作出了积极贡献的同时也给社会管理和服务民生方面带来了巨大压力。目前,我市登记在册流动人口389 401人,出租房屋73 843家,较去年同比分别上升12.5%、42.9%。

在收到市人大交办单后,市流动人口领导小组办公室专题召开会议,抽调公安局、计生局、流管局等部门人员成立人大建议办理工作组,负责具体的办理工作。主要在应山社区层面和全市层面采取措施进一步加强流动人口服务管理工作。

应山社区层面:城东派出所会同应山居委会针对应山实际,积极采取以下措施,进一步强化应山社区出租房管理和流动人口登记。一是加强《浙江省流动人口居住登记条例》《浙江省居住房屋出租登记管理办法》等法律法规宣传;二是对出租房再次开展全面排摸,搞清出租房的底数,落实管理责任;三是对治安复杂区域开展重点清查整治;四是进一步落实出租房房东的治安、消防等相关责任。

全市层面:下阶段我市流动人口服务管理部门以贯彻全省流动人口服务管理工作会议精神和加强创新社会管理为契机,从基层基础工作抓起,进一步完善机制,健全服务管理举措,力争使流动人口服务管理水平有新提升。具体措施是:

一是进一步抓好基层队伍建设,强化组织保障。健全市、镇、村三级流动人口服务管理网络,对经费保障办法和专管员队伍管理体制进行调整,确保经费和人员到位。

二是进一步抓好依法管理,深化管理创新。在深化"网格化管理、组团式服务"的同时,大力推进"外警协管外口""外来干部服务外口""外来人员帮助外口"和开展服务管理进社区、进企业、进乡村"三外三进"模式。

三是进一步强化登记管理,大力开展治安整治。积极推进流动人口"编码式管理"和出租房屋"五个一管理"模式,开展地毯式、滚动式摸排,提高流动人口和出租房屋的登记率。

四是进一步抓好优质服务,逐步实现同城待遇。完善《诸暨市实施流动人口居住证制度的意见》,积极推进居住证制度,实施流动人口精准化服务管理。

五是进一步推动"人的再组织化"建设。结合"外来建设者之家""和谐促进会"建设,协调本地居民与流动人口和谐相处,促进流动人口的自我发展、自我教育、自我服务、自我管理。应惠德代表,感谢你提出的宝贵建议,我们将根据市委、市政府率先基本实现现代化的总体部署,进一步加强和推进流动人口服务管理工作,为诸暨社会和谐作出贡献。

诸暨市公安局
2012 年 7 月 16 日

3.5.6 枫桥镇陈家村出租房、外来户消防、安全、卫生责任书[1]

提要:陈家村位于枫桥镇的集镇,是全镇流动人口最多的村之一。为了加强村级服务管理流动人口的规范性,陈家村特制订责任书,由村两委、出租房户主、租房户共同签字,各执一份。

为更好地做好我村消防、安全、卫生等工作,根据村民要求,经村两委会研究决定,对出租房及外来户的消防、安全、卫生等将进一步加强管理,特制订责任书:

---

[1] 枫桥镇陈家村:《出租房、外来户消防、安全、卫生责任书》,2006 年 6 月 15 日,陈家村档案室藏。

一、出租房户主,要加强对租房户的监管,凡发生消防、安全、卫生问题,出租房户主应负相应责任。

二、租房户要自觉服从村两委会领导,提高消防、安全、卫生等意识。自行组织在本区域内推选外来户管理负责人,划定消防、安全、卫生责任区域,并配合村两委定期检查,监督整治。

三、出租房管理责任区域内要切实做好因物品堆放引发的火烛、交通、卫生等工作。

四、出租房要加强安全防范措施,往来人员要慎重,严防偷盗、抢劫等事件发生。

五、凡在出租房责任区域内发生消防、安全、卫生等事故,相应租房户负主要责任。上述责任书一式叁份,村两委、出租房户主、租房户各执壹份,望共同执行。

甲方:陈家村两委会(盖章)
乙方:出租房户主(签字)
丙方:租房户(签字)
2006 年 6 月 15 日

3.5.7 草塔镇莼塘东村告外来打工租住人员通知书[1]

提要: 诸暨市草塔镇莼塘东村是诸暨市流动人口比较多的村。为了提高对外来流动人口的管理能力,莼塘东村制定了外来人口管理制度。该制度明确提出要抓好外来人员服务管理队伍建设,做好外来人员登记发证工作、内册保管工作、卫生防疫工作、计划生育工作和地区管理等,定期开展消防、法制教育,加强巡逻,强化出租房屋管理力度。

---

1 草塔镇莼塘东村:《告外来打工租住人员通知书》,2007 年 4 月 12 日,莼塘东村档案室藏。

为发展经济建设,确保我村平安稳定,创造一个长治久安的良好环境,加强对外来人员的管理工作,经村二委会研究决定,特作如下通知,望外来租房打工人员密切配合,自觉遵照执行,具体如下:

一、外来打工租住人员,必须手续具备,方可居住(身份证、暂住证、计生证)。

二、认真执行政府政策法令,遵纪守法,遵守村规民约。

三、自觉接受村治安保卫组的检查,对长期租住无业人员,村将勒令其返回原籍,一旦发现违规行为将严肃处理,情节严重者直至法律追究。

四、讲文明、讲卫生、讲道德、讲礼貌,不得随地大小便,生活垃圾等必须倒入垃圾箱,不得随处乱抛。

五、自觉维护安定团结,不打群架,租房内不得擅自收住不明人员,不做有损我村的各种违规事情。否则,一经发现,立即驱除出村。

六、以上各条望外来打工租住人员切实遵守执行,紧密配合好。

诸暨市草塔镇莼塘东村
2007 年 4 月 12 日

3.5.8 诸暨市各乡镇(街道)流动人口服务管理办公室工作职责[1]

一、贯彻落实上级和镇乡(街道)流动人口服务管理工作领导小组的有关指示精神,收集、掌握、通报流动人口服务管理工作情况。定期向党委、政府汇报工作,为领导决策提供依据。

二、负责镇乡(街道)流动人口服务和管理的日常工作,领导、督促、指导综合服务中心和综合管理中心,做好服务管理的各项日常工作。

三、根据上级和镇乡(街道)流动人口服务管理工作领导小组的要求,统一部署全镇流动人口服务管理工作任务和有关突击检查等集中行动。

---

[1] 中共诸暨市委建设"平安诸暨"领导小组办公室、诸暨市社会治安综合治理委员会办公室:《平安综治基层基础建设工作手册》,内部资料,2008 年印发,第 46 页。

四、负责对全镇流动人口专管员的业务培训、工作指导和绩效考核工作。

五、负责流动人口管理信息和档案资料的建立、保管、使用、传递、上报等工作。

六、负责流动人口专项经费的划拨与分配,做好流动人口服务管理总结表彰工作。

七、负责对各村(社区)、企业、学校流动人口服务管理的指导、检查、督促工作。

3.5.9 诸暨市各乡镇(街道)流动人口综合服务中心工作职责[1]

一、负责流动人口的教育培训、维权服务。

二、认真贯彻执行上级和镇乡(街道)党(工)委、政府(办事处)关于流动人口服务管理的方针、政策和法规。

三、开展流动人口劳动技能、计划生育国策、法律法规等的培训宣传教育工作。

四、协调处理流动人口劳资、治安纠纷,帮助解决流动人口涉及就业、就学、就医及计生等方面问题。

五、建立流动人口信息档案,及时掌握流动人口分布状况,做好相关数据的统计上报。

3.5.10 诸暨市流动人口综合管理中心工作职责[2]

一、负责流动人口和出租房屋的信息采集和日常管理。

---

[1] 中共诸暨市委建设"平安诸暨"领导小组办公室、诸暨市社会治安综合治理委员会办公室:《平安综治基层基础建设工作手册》,内部资料,2008年印发,第47页。

[2] 同上书,第48页。

二、深入村、居、企业、学校检查,了解流动人口登记发证、计划生育、企业用工等基础情况,及时搜集掌握治安(刑事)案件、暂住人口、出租房屋、计生管理、劳动用工管理等信息,并及时报告有关部门。

三、负责查处或协助有关职能部门查处(处置)涉及流动人口的违法犯罪案件和群体性事件。

四、负责调处涉及流动人口的治安纠纷,查处治安案件,维护流动人口的合法权益。

五、负责对专管员业务指导、日常管理和绩效考核,指导村(社区)、企业、学校流动人口服务管理组工作。

六、加强流动人口动态管理工作,按月采集、登记、变更流动人口信息。

七、完成镇乡(街道)流动人口服务管理办公室下达的其他工作任务。

3.5.11 诸暨市各村(社区)流动人口服务管理组工作职责[1]

一、负责本村(社区)流动人口服务管理组工作。

二、协助政府部门依法办理流动人口登记、办证、统计、建立管理档案等日常工作,掌握辖区内流动人口的基本情况。

三、协助有关部门做好流动人口的宣传、教育和服务工作,维护流动人口的合法权益。

四、协助公安派出所和有关部门做好出租房屋的登记管理工作,积极组织辖区的治安巡逻,维护本村(社区)的社会治安。

五、建立健全流动人口管理台账,负责做好各类资料的收集归档,按时上报统计报表。

---

[1] 中共诸暨市委建设"平安诸暨"领导小组办公室、诸暨市社会治安综合治理委员会办公室:《平安综治基层基础建设工作手册》,内部资料,2008年印发,第66页。

六、配合相关职能部门人员,对流动人口进行计划生育、劳动工作、安全生产、社会治安等情况的检查落实。

3.5.12 诸暨市企业流动人口服务管理组工作职责[1]

一、负责本企业流动人口服务管理组工作。

二、协助政府部门依法办理流动人口登记、办证、统计、建立管理档案等日常工作,掌握本企业流动人口的基本情况。

三、协助有关部门做好流动人口的宣传、教育和服务工作,维护流动人口的合法权益。

四、协助公安派出所和有关部门做好出租房屋的登记管理工作,积极组织辖区的治安巡逻,维护本企业的社会治安。

五、建立健全流动人口管理台账,负责做好各类资料的收集归档,按时上报统计报表。

六、配合相关职能部门人员,对流动人口进行计划生育、劳动用工、安全生产、社会治安等情况的检查落实。

3.5.13 诸暨市企业外来员工教育管理制度[2]

一、坚持对外来员工实行平等、公平的管理原则,做到与本地员工一视同仁。

二、加强对外来员工的法制、道德教育,开展对外来员工生产技能培训,提高外来员工的综合素质。

三、按照有关要求建立外来员工管理数据库,协助公安、计生、劳管等部门办理相关证件。

---

[1] 中共诸暨市委建设"平安诸暨"领导小组办公室、诸暨市社会治安综合治理委员会办公室:《平安综治基层基础建设工作手册》,内部资料,2008年印发,第84页。

[2] 同上书,第85页。

四、开展不稳定因素排查,发现掌握不稳定因素。

五、对外来员工居住的场所和单位进行定期走访、听取意见,改进管理服务措施。

3.5.14 诸暨市流动人口和出租房网格化管理办法[1]

以流动人口网格化管理为核心,实施出租房"一人一片、一户一号、一区一图、一家一公告、一户一档"的"五个一"管理模式。

一人一片,实现职责网格化。按照社区民警、流动人口专管员、流动人口协管员三个层面分级落实出租房管理职责。社区民警按照派出所划分的责任区,负责本片区内流动人口专管员、协管员管理,列管第一层次出租房以及高危人口。每个镇分成若干大区域,每块大区域由一名流动人口专管员负责,负责协助社区民警,对本区域的流动人口协管员进行管理、业务指导和管理第二层次出租房。每块大区域细分成若干小区域,每块小区域由一名流动人口协管员负责,负责做好本区域出租房登记检查工作和第三层次出租房的管理。同时对社区民警、流动人口专管员、流动人口协管员的工作成绩实行捆绑式考核,实行绩效挂钩。

一户一号,实现地址精确化。对出租房进行编号管理,有效防止重登、漏登等问题。编号统一以行政村、居委会为单位流水编号,由"租"字开头,后设若干位顺序数。

一区一图,实现查找定位化。制作辖区建筑平面图,将每一个出租房编号标注在平面图上,通过平面图快速查找目标出租房的具体位置。有条件的实行平面图电子化,充分利用计算机实现快速查找。

---

[1] 中共诸暨市委建设"平安诸暨"领导小组办公室、诸暨市社会治安综合治理委员会办公室:《平安综治基层基础建设工作手册》,内部资料,2008年印发,第104—105页。

一家一公告,实现管理动态化。在出租房内张贴出租房管理公告栏。公告栏内设置出租房管理信息、用于办厂的出租房承租业主须知、流动人员居住须知、消防安全基本要求、出租房房东须知、失火应急提示等内容,明确告知房东、承租人、居住人员法定义务。在公告栏上设置多个袋子,将居住人员及变动情况登记在《暂住人员查验卡》上,实行插卡式管理,《暂住人员查验卡》背面设置检查记录,流动人口专职协管员上门检查后在检查记录上签字,便于对专职协管员进行跟踪式管理。

一户一档,实现信息规范化。建立出租房档案,档案应主要包括出租房信息登记表、治安、计生、消防等责任书,以及出租房位置平面图。及时将出租房信息输入暂住人口信息系统,流动人口登记时再把系统自动生成的出租房档案号摘录到流动人口登记表上,便于信息系统对人、房进行关联,保证人户一致率。

3.5.15　诸暨市各镇乡(街道)流动人口专职协管员工作职责[1]

一、积极做好流动人口教育、服务、维权、管理等的宣传工作,提高流动人口遵纪守法的自觉性,维护流动人口的合法权益。

二、做好本辖区内流动人口信息的登记、做证、变更、注销、换证和查验流动育龄妇女的婚育证明等工作。

三、掌握辖区内用人单位的劳动情况,督促用人单位与务工人员签订劳动合同,调处有关矛盾纠纷,按时上报各类信息,并确保信息的准确性,切实做到人来登记、人走注销,及时掌握流动人员的分布、生育和变动情况。

四、经常向出租房、建筑工地、公共场地、用工单位宣传有关法律法规政策,

---

[1] 中共诸暨市委建设"平安诸暨"领导小组办公室、诸暨市社会治安综合治理委员会办公室:《平安综治基层基础建设工作手册》,内部资料,2008年印发,第106页。

严格依法用工,及时做好出租私房登记等工作,签订好出租房治安、计生管理责任书。

五、加强对流动人口的日常管理,掌握流动人口的现实表现,注意发现流动人口的不符合法定条件的怀孕和违法犯罪线索,及时提供流动人口、高危人口信息,并及时向有关部门报告。

六、积极参加公安机关、流动人口服务管理办公室组织的流动人口管理、治安检查和计划生育、婚育情况检查,负责调处涉及流动人口的一般民事纠纷,协助有关部门调处(查处)治安、劳资纠纷。

七、做好本辖区流动人口、出租房登记、发证的各类簿册的档案管理建设,建立用人单位的劳动用工情况档案,定期向镇乡(街道)流动人口服务管理中心上报核对底数,按时完成有关统计工作。

八、积极完成镇乡(街道)流动办交办的其他各项任务。

3.5.16 诸暨市流动人口服务管理工作联席会议制度[1]

为切实加强对全市流动人口服务管理工作的组织协调,进一步增强工作合力,构建起协调顺畅、运行高效的工作格局,在全市真正形成齐抓共管流动人口服务管理工作的良好局面,根据市委办、市府办《关于加强流动人口服务管理工作的意见》精神,特制定本制度。

一、联席会议的组成

联席会议由市流动人口服务管理委员会组成人员及委员会办公室(市流动办)成员组成。

---

[1] 中共诸暨市委建设"平安诸暨"领导小组办公室、诸暨市社会治安综合治理委员会办公室:《平安综治基层基础建设工作手册》,内部资料,2008年印发,第222—223页。

二、联席会议的主要职责

1. 全面贯彻落实上级及市委、市政府关于加强流动人口服务管理工作的精神；

2. 讨论制定有关流动人口服务管理工作的政策、制度，建立健全流动人口服务管理工作机制；

3. 组织、协调、督促各地各部门积极开展流动人口服务管理工作，及时掌握全市面上工作开展情况；

4. 各成员单位定期汇报工作开展情况，进行信息交流、分析和研判，总结经验做法，提出对策建议，为市委、市政府领导决策提供参考。

三、联席会议的召集与时间

联席会议由市流动人口服务管理委员会或市流动办负责召集，原则上每季度召开一次，一般在每季度最后一个月的中下旬召开。遇特殊情况可以提前或延期召开，紧急情况及时召开。

四、联席会议的有关事项

1. 每次联席会议原则上均应确定一个或多个明确的议题。负责中心议题的单位对需要研究协商的议题，应事先提出建议和措施，并形成书面材料，提前半个月报市流动办。

2. 市流动办收到中心议题后，应认真审查，如无特殊情况，及时作出是否列入召开联席会议议题的决定。召开会议前，及时向各成员单位发出会议通知，并将有关材料发给各成员单位。

3. 联席会议对有关议题达成共识的，由市流动办或议题提请单位形成书面文件材料，报委员会主任或授权的副主任批准发文。

4. 各成员单位对执行中碰到的新情况、新问题，应及时向市流动办反映。市流动办对有关工作进行跟踪、督查，及时向委员会正副主任和联席会议反馈。

附件：市流动人口服务管理工作联席会议成员单位职责

附件

市流动人口服务管理工作联席会议成员单位职责

1. 市流动人口服务管理委员会办公室

（1）贯彻落实上级有关流动人口服务管理工作的方针、政策，制订有关流动人口服务管理工作的规划、计划。

（2）组织开展流动人口服务管理工作情况调查和研究，制订流动人口服务管理考核办法。

（3）负责流动人口服务管理工作的统筹协调、指导、督查和考核工作。

（4）建立联席会议制度，定期或不定期召开相关职能部门参加的联席会议，研究制订流动人口服务管理的对策措施。

（5）建立流动人口服务管理工作职能部门之间的合作沟通机制，畅通信息渠道，加强分工协作。

（6）负责制定工作经费管理使用办法，管理、调度、监督、检查工作经费的使用。

（7）负责收集、整理、研判、上报及反馈各类涉及流动人口的相关信息、数据等。

（8）承办市流动人口服务管理委员会交办的其他事项。

2. 市委组织部

（1）负责制订流动人口中党员的有关管理和规定。

（2）指导开展流动人口的党组织建设、党员登记管理和发展党员工作。

3. 市委宣传部（文明办）

（1）负责把流动人口服务管理政策宣传纳入全市宣传工作计划，宣传、推介流动人口服务管理工作中的好经验、好做法。

(2)负责流动人口的精神文明建设。

4. 市农业和农村工作办公室

将流动人口纳入农民素质培训工程,开展教育、技能等培训。

5. 市发展和改革局

(1)负责把流动人口服务管理工作纳入全市国民经济和社会发展的总体规划。

(2)负责掌握全市外来流动人口的规模。

6. 市教育局

(1)把流动人口子女入学纳入本地义务教育体系,以公立学校为主,社会办学为辅,保障流动人口子女接受义务教育的权利。

(2)负责解决流动人口子女就学问题。

(3)加强对民办流动人口子弟学校的监督和管理。

(4)开辟面向流动人口的成人教育和职业教育市场。

(5)负责对流动人口子女入学的服务管理,依法查处乱收费问题,维护其合法权利。

7. 市公安局

(1)做好暂住人口信息管理系统维护工作,监督流动人口专管员信息采集的质量。

(2)对流动人口中的高危人员和违法犯罪分子实施有效管控、打击;严密对出租房屋、施工场地、集贸市场、文化娱乐场所等流动人口落脚点和活动场所的管理控制;组织开展对由外来流动人口引发治安问题而形成的重点地区整治工作,依法打击混迹其中的违法犯罪分子,维护社会治安稳定。

(3)负责出租房屋消防安全监督检查。

(4)进一步规范流动人口信息采集、录入,确保数据的及时性和准确性。

（5）督促出租房主落实出租房屋登记备案制度，及时签订治安责任保证书，开展经常性的安全检查，及时查处违反出租房屋治安管理有关规定的行为。

8. 市民政局

（1）推进流浪未成年人救助保护中心和管理信息网络平台建设，负责流浪未成年人救助、保护、教育、管理工作。

（2）组织开展生活无着落流浪乞讨人员救助管理工作。

9. 市司法局

（1）负责组织、指导流动人口的法制宣传教育工作，制订全市流动人口法制宣传教育计划，布置阶段性宣传重点，并负责组织实施。

（2）为流动人口提供法律服务和法律援助。

（3）排查化解涉及流动人口的各类矛盾纠纷，做好流动人口人民调解工作。

10. 市财政（地税）局

（1）负责落实流动人口服务管理工作经费，监督检查相关工作经费的管理使用情况。

（2）按照《关于进一步加强和改进出租房屋治安管理的通知》精神，研究制订加强对出租房屋税收征管办法。

11. 市劳动和社会保障局

（1）整顿规范劳动力市场和职业中介行为，为外来务工人员提供就业信息、就业指导、就业服务和职业培训。

（2）督促企业为在本企业工作的外来务工人员参加社会保险。

（3）依法处理涉及外来务工人员的劳资纠纷，查处克扣、拖欠外来务工人员工资等行为，畅通为外来务工人员服务的劳动争议仲裁、工伤认定、清薪维权的"绿色通道"。

（4）组织开展外来务工人员劳动技能培训工作。

12. 市国土资源局

（1）负责编制和实施流动人口公寓房、社会化流动人口集中居住地建设所需土地的总体规划。

（2）配合有关部门做好流动人口居住用房所需用地的安排建议工作。

13. 市规划局

（1）根据产业发展和城市建设的需要，配合有关部门做好流动人口集中居住小区的规划。

（2）为流动人口居住区规划建设提供指导和服务。

14. 市建设局

（1）负责对流动人口租赁房屋的管理工作；负责全市房屋租赁备案登记，规范房屋租赁行为，完善租赁房屋登记备案资料。

（2）组织开展经常性房屋租赁情况的执法检查工作，严厉查处各种非法出租行为。

（3）协助有关部门实现全市流动人口租赁房屋的基础资料和动态情况联网管理。

（4）监督自营房屋单位对流动人口的房屋租赁，并做好房屋租赁备案登记管理。

（5）整顿、治理流动人口相对集中的城市管理环境。

（6）取缔流动人口违规摆摊设点及散发、张贴小广告等行为。

（7）负责并配合有关部门拆除流动人口违法建筑。

15. 市交通局

（1）做好运输高峰时期的流动人口疏导工作。

（2）配合有关部门依法打击车站、码头、汽车、船舶上的违法犯罪活动。

16. 市卫生局

（1）负责查处流动人口非法行医活动。

（2）负责对流动人口的卫生防疫管理、传染病监测、疫情处理和健康教育等工作。

（3）做好外来孕产妇的管理及孕情、育情信息通报工作；做好外来儿童的计划免疫及预防保健工作。

（4）负责对用工单位、建筑工地经常性开展卫生防病工作的督促检查，对从事食堂和个体食品加工外来人员健康检查情况进行监督，对餐饮和娱乐行业外来从业人员健康检查督促。

17. 市人口和计划生育局

（1）指导全市流动人口的计划生育登记和《婚育证明》查验、督办工作。

（2）指导全市流动人口计划生育宣传教育、孕情检查、避孕药具发放、计划生育技术服务等工作，防止违法生育行为发生。

（3）负责流动人口计划生育稽查、执法工作。

（4）督促基层做好流动人口已婚育龄妇女计划生育服务及维权工作。

18. 市安全生产监督管理局

（1）负责流动人口的安全生产教育，增强安全防范意识。

（2）负责查处有关单位、企业违反《浙江省安全生产条例》使用流动人口的行为。

19. 市建筑业管理局

（1）负责对外来建筑企业在诸施工现场安全生产的监督、检查工作；负责外来建筑企业对施工人员进行有关安全生产、劳动技能、法律法规等培训教育的指导工作。

（2）负责调解和处理建筑工地外来施工人员的工资拖欠等问题，保障外来民工的合法权益。

（3）指导督促外来务工人员及时办理暂住证、计划生育证明。

(4)建立民工工资支付保证金,维护劳动者权益。

20. 市工商行政管理局

(1)负责确认流动人口从事个体、私营企业的经营资格,对符合条件的受理登记,核发营业执照。

(2)负责流动人口经商场所和集贸市场中外来个体户的日常监管。

(3)组织开展对流动人口经商人员进行法律规章、职业道德等教育和培训工作。

21. 市总工会

(1)扩大工会工作的对象,吸引外来务工人员加入工会。

(2)协助有关部门做好外来务工人员的维权和保障工作。

(3)组织开展劳动竞赛和各项技术培训,提高外来务工人员的职业素质和岗位技能。

22. 共青团诸暨市委

(1)开展流动人口中的团建工作,做好团员发展和登记工作,组织开展组织生活。

(2)开展"青少年维权岗"创建工作,提高外来务工青年的自我维权意识和能力。

(3)负责开展预防流动青少年违法犯罪工作。

(4)负责外来务工青年的培训和教育,提高外来务工青年的整体素质,培养和树立外来务工青年先进典型。

23. 市妇女联合会

(1)开展对流动人口中的妇女、儿童权益的保护,确保妇女、儿童的合法权益不受侵害。

(2)负责对流动人口中的妇女进行"自尊、自信、自立、自强"宣传教育,配合有关部门做好外来妇女的就业、计划生育及法律咨询等工作。

3.5.17　诸暨市流动人口服务管理工作考核办法（试行）[1]

为充分调动流动人口服务管理工作的积极性和主动性，进一步推动流动人口服务管理工作的制度化、社会化和长效化，根据市委办、市府办《关于加强流动人口服务管理工作的意见》，特制定本办法。

一、指导思想

围绕"争进全国二十强，建设和谐新诸暨"目标，建立"党政领导、综治牵头、公安为主、部门配合、社会服务、保障有力"的新格局，健全落实服务、管理、教育、维权四位一体的流动人口服务管理工作新机制，促进流动人口服务管理工作的规范完善，推动全市经济社会又好又快发展。

二、考核原则

坚持镇乡自考和市级抽考相结合，定性和定量相结合，统一标准，分级负责，考核结果与经费补贴挂钩。

三、考核内容和标准

镇乡（街道）流动人口服务管理工作考核内容分两部分：一是综合部分，包括组织部署、机构网络、经费保障，设基本分30分；二是业务部分，包括管理目标实现情况，设分值70分。

四、考核方法

（一）分级考核。由相关职能部门组成考核组，从2008年开始依据本考核办法每季度一次对镇乡（街道）流动人口服务管理工作进行全面考核。市流动办为主负责综合部分考核，市公安局为主组织人口计生局、劳动保障局开展业务部分考核，考核采取实地抽查、网上核查、资料检查等方式进行。各镇乡（街道）每月一次对村（社区、企业）流动人口服务管理站和专管员进行考核。

1　节选自中共诸暨市委建设"平安诸暨"领导小组办公室、诸暨市社会治安综合治理委员会办公室：《平安综治基层基础建设工作手册》，内部资料，2008年印发，第236—238页。

(二)专项督查。主要督查组织机构成立、专管员的配备使用、工作经费和工资报酬的落实、系统的建设维护和信息的录入更新以及其他流动人口服务管理专项工作任务完成情况。

(三)责任倒查。对职能部门发现或查实的违法违规现象进行责任倒查。

五、经费核拨

每季考核得分作为市级专项经费核拨的主要依据。专项经费核拨市公安局和镇乡(街道)的计算方法:镇乡(街道)季度考核得分除以全市季度考核平均分乘以上年度网上流动人口和出租房屋登记季度平均数再乘以10元/人(户)。

基本公式如下:经费数=镇乡(街道)季度考核分÷全市季度考核平均分×上年度网上流动人口和出租房屋登记季度平均数×10元。季度考核平均分以上的镇乡(街道)、公安派出所,仍按季度预拨标准补贴,考核实绩较突出的,作为年终表彰奖励的依据。

镇乡(街道)流动办每月对专管员上月21日至本月20日的工作实绩进行考核,按考核成绩折算绩效考核工资,填写《暂住人口专管员考核成绩和工资核定汇总表》,于每月25日前报市流动办。

六、奖惩措施

市流动办将根据全年考核督查情况,每年评比一批流动人口服务管理工作先进单位和先进个人,广泛宣传各类典型的先进事迹,并对其进行表彰奖励。对因外来人口刑事犯罪突出被列为治安重点整治地区的、外来人口纠纷调处不及时引发群体性事件在市内外造成严重影响的、平安建设考核外来人口服务管理工作扣分严重的单位和个人将予以通报批评,并按规定追究有关人员的责任。

七、附则

(一)本办法中所称的以上、以下均包括本数;同一内容重复计分的,只按分数最高的标准计分。

(二)本办法由市综治办(流动办)负责解释,自发文之日起施行。

第四章
"枫桥经验"与流动人口融合治理(2013—2023年)

党的十八大以来,中国特色社会主义进入新的历史方位。在新的时代条件下,党中央高度重视"枫桥经验"的学习与推广,多次强调要坚持和发展新时代"枫桥经验"。新时代"枫桥经验"被运用于基层社会治理各个领域,并在这一过程中不断丰富自身的时代内涵,逐步成为习近平新时代中国特色社会主义思想的重要组成部分,成为党治国理政的重要依据。新时代"枫桥经验"还被写入《习近平谈治国理政(第三卷)》《习近平谈治国理政(第四卷)》《中国共产党农村基层组织工作条例》、党的十九届四中全会报告、十九届五中全会报告、党的二十大报告等党中央重要文件,是习近平总书记在作重要报告和基层调研考察提及最多的经验。

同时,党中央对流动人口的管理服务理念也发生了变化,从过去的亲情式管理和服务模式向融合式和市民化治理模式转变。党的十八大报告指出:"加快改革户籍制度,有序推进农业转移人口市民化,努力实现城镇基本公共服务常住人口全覆盖。"党的十九大报告指出:"破除妨碍劳动力、人才社会性流动的体制机制弊端,使人人都有通过辛勤劳动实现自身发展的机会。"党的十九届五中全会通过的《中共中央关于制定国民经济和社会发展第十四个五年规划和二〇三五年远景目标的建议》强调:"深化户籍制度改革,完善财政转移支付和城镇新增建设用地规模与农业转移人口市民化挂钩政策,强化基本公共服务保障,加快农业转移人口市民化。"党的二十大指出:"推进以人为核心的新型城镇化,加快农业转移人口市民化。"可见,在新时代,融合式治理和市民化待遇是我国流动人口管理服务的基本工作方针,取代了过去管理式和服务式的思路。

步入新时代,"枫桥经验"发源地的干部群众运用习近平新时代中国特色社会主义思想的世界观和方法论以及贯穿其中的立场观点方法,创造性地形成了一整套党领导人民群众实践中国式基层社会治理的行之有效的方案,同时也开创了流动人口融合式管理的新局面。绍兴市加强流动人口服务管理的顶层设计,并运用"枫桥经验"率先开启了流动人口融合治理的新实践。诸暨市作为"枫桥经验"的最初发源地,积极实施流动人口就业居住一条龙贴心服务,率先创新流动人口服务管理"四化四式"新模式[1],不断加强和改进新时代流动人口服务管理工作,形成具有诸暨特色的流动人口服务管理新局面。全市涌现了"诸暨市公安局以党建引领流动人口管理""店口镇外来党员助力社会治理""新店口人先锋队""老乡党员在身边 诸暨市大唐镇创新外来人口服务管理模式""红枫居:新枫桥人的心安首选"等典型经验。2018年,值毛泽东同志批示学习推广"枫桥经验"55周年暨习近平总书记指示坚持发展"枫桥经验"15周年之际,全省流动人口和居住出租房屋管理服务工作现场推进会在诸暨召开,作为浙江省总结提升推广新时代"枫桥经验"六大工程之一的"流动人口服务管理提升工程"的实践标志性成果向全省推广。2018年至2023年,诸暨市又进一步加强流动人口管理服务工作,推动流动人口融入当地。如在新冠疫情期间,诸暨市加大对流动人口的服务和安抚,使得流动人口早日复工复产。枫桥镇持续推动集约化旅馆式管理新模式——"红枫居",使得流动人口的居住条件像本

---

[1] "四化四式"新模式是指推广实施流动人口网格化标配式、集约化旅馆式、信息化协同式、多元化融合式"四化四式"服务管理新模式。

地人一样好，能安心留在枫桥就业。店口镇持续组建新店口人先锋队，使得流动人口在当地发挥先进作用，有自豪感和归属感，目前有更多的新店口人在店口买房落户安家。这些做法体现了"枫桥经验"融入流动人口服务管理工作的成效，也代表着流动人口服务管理工作的革新与转向，值得各地借鉴与学习。

本章收录的是2013—2023年的史料，分为政策文件、调研报告、工作总结、典型案例、其他史料五种类型，共34份。

一是政策文件。收录了《绍兴市关于加强流动人口再组织化建设的指导意见》《绍兴市关于实施流动人口积分制管理的指导意见（试行）》《绍兴市人民政府办公室关于贯彻浙江省流动人口居住登记条例的实施意见》《绍兴市关于印发绍兴市推广居住出租房屋"旅馆式"管理实施方案的通知》《绍兴市关于进一步做好义务教育段流动人口随迁子女积分入学工作的通知》《绍兴市公安局关于传发绍兴市推行长三角城市流动人口居住证"跨省互通互认"工作方案的通知》《诸暨市关于进一步做好外来建设者随迁子女就学工作的实施意见（试行）》《关于诸暨市流动人口新型居住证制度的意见》《诸暨市关于进一步做好义务教育段外来建设者随迁子女就学工作的实施意见》《诸暨市推广实施流动人口服务管理"四化四式"新模式工作方案》《诸暨市关于调整义务教育段外来建设者随迁子女就学部分条件设置的通知》，共11份史料。

二是调研报告。收录了《流动人口服务管理创新的绍兴经验》《关于流动人口对绍兴经济社会发展影响的调研报告》《当前流动人口党建工作存在的问题及对策》《以"八有"理念引领新时代流动人口服务管理工作高质量发展——基于绍兴市流动人口服务管理工作的调研报告》，共4份史料。

三是工作总结。收录了《诸暨市加强流动人口融合化服务管理》《诸暨市真情服务提升流动人口管理（节选）》《2018年浙江全省流动人口管理服务工作总结》《绍兴市流动人口服务管理提升工程实施方案（节选）》《诸暨市以党建引领助推流动人口管理迈向新高度》《诸暨市大唐镇实现流动人口管理服务"四大转变"》《诸暨市公安局枫桥派出所扎实做好流动人口服务管理工作》,共7份史料。

四是典型案例。收录了《全省流动人口和居住出租房屋管理服务工作现场推进会在诸暨召开》《诸暨流动人口享受就业居住一条龙贴心服务》《诸暨市首创"三位一体"的流动人口卫生计生服务中心》《诸暨市店口镇探索外来人口自治230余名"乡亲"编织管理网》《诸暨店口探索流动人口服务管理新模式:外来党员助力社会治理》《"新店口人先锋队":外来人口管理模式的探索》《老乡党员在身边 诸暨市大唐镇创新外来人口服务管理模式》《关爱流动人口 树立健康理念建设健康诸暨》《"红枫居":新枫桥人的心安首选》《让流动人口共享同城待遇绍兴以居住证为载体推动公共服务均等化》,共10份史料。

五是其他史料。收录了《诸暨市枫桥镇人民政府:关于受理群众热线反映流动人口往来密集的村口安装监控事项的告知书》《诸暨市枫桥镇人民政府:关于群众热线反映流动人口往来密集的村口安装监控事项的处理意见书》,共2份史料。

4.1 流动人口融合治理的政策文件

4.1.1 绍兴市关于加强流动人口再组织化建设的指导意见[1]

提要:绍兴市作为沿海发达地区,是流动人口的集中地,管理压力非常大。为此,绍兴把加强流动人口再组织化建设作为创新点,着力探索"流动人口党团组织建设+流动人口工会入会工作+在绍异地行业协会商会建设+流动人口自治组织建设+双向协作机制建设"五位一体的工作新模式,将游

---

[1] 绍兴市流动人口服务管理工作领导小组:《关于加强流动人口再组织化建设的指导意见》,2013年9月2日印发,绍市流动管〔2013〕7号。

离于传统管理网络之外的流动人口纳入各种可控组织之中,从源头上预防和化解有关流动人口的各类矛盾,创新发展了"枫桥经验",有力打造平安绍兴。2013年,绍兴市流动人口服务管理工作领导小组专门印发了《关于加强流动人口再组织化建设的指导意见》的文件。

为进一步创新发展"枫桥经验",发挥群众参与社会管理的基础作用,提升流动人口组织化水平,根据上级要求,结合我市实际,现就加强流动人口再组织化建设提出如下指导意见:

一、指导思想和工作目标

贯彻落实党的十八大精神,以科学发展观为指导,发扬"枫桥经验"基本精神,坚持"党的领导、依法管理、共建共享、促进融合"的工作原则,按照"互帮互助、自我发展、合作共赢、服务绍兴"的工作要求,大力搭建流动人口自我服务、自我管理的新平台,加快流动人口融合进程,为加快建设经济繁荣、生活富裕、风尚文明的现代化绍兴作出新贡献。

到2015年,全市流动人口再组织化体系建设更加健全,社会支持和自我发展网络更加完善,组织化程度和社会融合度明显提高,自我管理、教育和服务能力显著增强,参政议政、参与社会管理渠道更加畅通,政府服务管理和流动人口自管自治的工作新格局基本形成。

二、工作重点

(一)加强流动人口党团组织建设。根据《中国共产党章程》《关于加强和改进流动党员管理工作的意见》(中办发〔2006〕21号)等有关规定,创新党组织设置模式,在流动人口集居地和"两新组织"内建立流动人口党组织,把流动党员纳入本地党员教育管理服务的整体工作,充分发挥党组织的战斗堡垒和党员的先锋模范作用;坚持党建带团建原则,在流动人口团员青年集中地建立健全流动团组织(驻绍团工委),开展组织生活和志愿服务活动,为广大流动人口青年提供交流和活动的平台,团结凝聚广大流动人口青年服务绍兴经济社会健康和谐发展。

(二)加强流动人口工会入会工作。推进以乡镇(街道)总工会为龙头,以区域性、行业性工会为骨干,以非公有制企业、新社会组织工会为基础的"小三级"工会建设,实现基层工会组织全覆盖。加快推进务工流动人口加入工会工作,进一步建立健全"12351"工会,不断满足流动人口精神文化需要,提高其思想道德素质和就业创业能力,依法维护其合法权益,帮助解决实际困难,营造和谐劳动关系。

(三)加强行业协会商会建设。加强在绍异地商会、同业商会(协会)建设,积极吸纳来绍投资兴业的外地客商为会员,充分发挥行业协会商会的桥梁纽带作用,加强当地籍在绍人员的服务、帮扶工作,畅通反映意见建议的渠道,参与社会管理和公共服务,确保社会和谐稳定。

(四)加强流动人口自治组织建设。在流动人口集居地进一步建立"和谐促进会""新村民小组""外来建设者协会"等形式的自治组织,纳入当地党委、政府及村居的组织管理体系,建立完善工作制度,切实加强领导、监督和引导,促进新老居民相互沟通、相互认同。

(五)加强双向协作机制建设。按照"多方互动、信息共享、资源整合、服务联动"的要求,加快与流入本区域内数量较大、同籍同族同行特点明显的外省相关县(市、区)建立区域协作框架,形成党建、重点高危人员和特殊人群管控、预警和应急处置、劳务合作、计生服务等双向协作机制,实现流入流出地"一盘棋"工作格局。

三、方法步骤

(一)试点探索阶段(2013年底前)

各地要结合实际,制定三年建设规划和试点方案,有计划有步骤地开展再组织化建设试点,做好样板示范及经验总结提炼工作。主要包括:一是确定1—

2个乡镇(街道),开展流动人口党团组织建设、工会入会、行业协会商会建设等试点工作。二是确定2—3个村居(社区)开展流动人口村级自治组织和党组织示范点创建工作。三是与已明确的15个省外主要流出地建立双向协作机制。

(二)全面推广阶段(2014年)

各地要在试点基础上,制定推广实施方案,分类分批推进再组织化建设。主要包括:一是在全市42个重点镇街实现流动人口党组织全覆盖;建立流动人口团组织和志愿者队伍。二是在各镇街流管所开设务工流动人口工会入会窗口,做好源头入会工作;在企业务工流动人口全部纳入企业工会管理。三是在流动人口创业集聚区域积极稳妥地推进基层行业协会商会建设。四是在流动人口和户籍人口比1∶1以上的村居(社区)及其他同籍集居地率先建立流动人口自治组织,并建立一批村级流动人口党组织。五是与流入本地人数较多的省外主要流出地普遍建立双向协作机制。

(三)深化完善阶段(2015年)

各地要进一步总结经验,加强和完善各类组织的规范化建设,加快形成"纵向到底、横向到边"的流动人口再组织化工作体系。主要包括:一是流动人口占全体居民50%以上的村居(社区)要普遍建立流动人口自治组织。二是流动人口集中居住1 000人以上、党员人数超过3人的村居(社区)要实现流动人口党的工作全覆盖。三是在流动人口创业集聚区域普遍建立基层行业协会商会。四是建立完善务工流动人口工会入会工作机制。五是根据本地流动人口分布特点和排查情况,深化双向协作工作的方向和重点。

四、工作要求

(一)加强组织领导。各级党委政府要切实把这项工作摆上重要议事日程,及时研究出台贯彻实施意见,确定年度工作计划,明确任务,落实责任,加强协调,形成合力,确保各项工作同步推进。市级各有关部门要根据自身职能职责,加强对各地的业务指导和工作督促,确保各项要求落到实处。

(二)注重宣传引导。各地要牢固树立主动宣传意识,加大宣传力度,引导广大流动人口积极主动加入各类组织中,动员社会多方力量支持、参与流动人口再组织化建设,充分凝聚流动人口再组织化建设的社会合力。要加强品牌培育体系和示范激励机制建设,组织开展各类先进典型评选表彰活动,对流动人口再组织化建设过程中涌现的好做法、好经验,要及时总结表扬和宣传,营造良好的社会氛围。

(三)强化工作保障。各地要将流动人口再组织化建设工作经费纳入各级财政预算,并加强绩效评估和监督检查,规范财政支出;要加强涉及流动人口各类组织的规范化建设,明确运行机制,确保正常运作,取得工作实效。市流动人口服务管理工作领导小组办公室要加强对全市工作的督促指导和检查落实;各地要建立相应的绩效评估体系,确保各项工作顺利推进。

4.1.2 绍兴市关于实施流动人口积分制管理的指导意见(试行)[1]

提要:流动人口的积分制管理办法是新时代以来流动人口管理的创新举措之一,也是新时代"枫桥经验"运用于流动人口管理服务工作所取得的重要制度成果。2015年,绍兴市人民政府发布《关于实施流动人口积分制管理的指导意见(试行)》,正式开始施行流动人口积分制管理制度。其中,该指导意见从指导思想、基本原则、积分实施和工作要求四个方面出发详细介绍了积分制管理的规则和要求。在具体的积分制管理的计分标准中涉及了流动人口的职业技能、文化程度、居住年限、居住环境、就业年限、政治面貌和表彰奖励等方面的衡量标准,能够全面激励流动人口遵守法律法规并积极参与城市建设,为城市发展努力做出长久贡献。

---

[1] 中共绍兴市委办公室、绍兴市人民政府办公室:《关于印发〈关于实施流动人口积分制管理的指导意见(试行)〉的通知》,2015年6月10日印发,绍市委办发〔2015〕41号。

为贯彻落实《关于完善和创新流动人口管理服务工作的意见》(绍市委办发〔2014〕77号),激发流动人口参与我市政治、经济、文化、社会、生态文明建设的积极性和创造性,促进人口资源环境协调和可持续发展,结合我市经济社会发展情况,现就实施流动人口积分制管理提出如下指导意见:

一、指导思想

深入贯彻落实科学发展观,紧紧围绕市委市政府"重构绍兴产业、重建绍兴水城"战略部署,着眼绍兴经济社会和谐健康发展,不断完善和创新流动人口管理服务,充分发挥积分制公共服务政策导向作用,保障流动人口合法权益,促进流动人口控量提质、结构优化,助推我市产业结构调整和经济转型升级。

二、基本原则

科学规划。遵循经济社会发展规律,充分考虑流动人口的需求和公共资源的可承载能力,以公开透明的方式,科学配置公共资源,引导人口有序流动。

差异服务。坚持权责对等、梯度服务,根据流动人口的个体素质和对居住地经济社会的贡献,实行积分管理,积分分值对应享受相应的公共服务待遇。

统筹协调。坚持全市"一盘棋",市里统一管理政策,统一信息平台,统一积分标准,统筹部门资源,加强政策衔接,促进区域协调,逐步实现全市各项积分政策总体一致。

属地管理。各区、县(市)和市直开发区负责本区域内的积分制管理实施工作,采取自愿申请、统一管理、公平公开、动态调整的模式,制定实施细则,规范办理程序,完善配套政策,建立工作网络。

三、积分实施

(一)积分对象。已在我市办理居住登记并持有居住证的流动人口,纳入所在区、县(市)和市直开发区的流动人口积分制管理范围。高素质、高贡献和其他符合人口调控政策的人员,可优先享受相关公共服务待遇。申请人伪造或提供虚假申请资料的,不予积分;已纳入积分制管理的,终止其积分资格,所得积分归零,且三年内不得再申请参加积分。

(二)积分体系。积分指标体系由基础分、附加分、扣减分三部分组成。基础分指标包括个体素质、稳定居住、稳定就业三项内容;附加分指标包括政治面貌、表彰奖励、慈善公益、投资纳税、卫生计生五项内容;扣减分指标包括违反计划生育政策、违法犯罪、失信人员、影响社会稳定四项内容。积分指标体系根据本市经济社会发展状况和流动人口管理服务需要实行动态调整。

(三)积分标准。建立全市统一的积分平台,分区运作,积分指标及计分标准参照本指导意见执行(见附件1)。各地可结合当地实际设定一定的个性化积分指标,但最高分限不得超过10分。申请人居住地发生变化的,需在新居住地重新申请积分;取得居住地户籍后,其积分管理自动终止。

(四)积分运用。按照因地制宜、稳定有序的原则,逐步将涉及流动人口的公共服务项目纳入积分制管理内容,根据个人积分分值高低,对应享受相应档次的公共服务待遇,并与市民卡申领发放适时对接。具体公共服务项目、指标数和积分运用规定由各区、县(市)政府和市直开发区管委会研究制定,并每年向社会公布。教育、人力社保、住建等市级有关部门要积极会同越城区和市直开发区研究制定相关公共服务项目。

四、工作要求

(一)提高思想认识。实施积分制管理是完善和创新流动人口管理服务的重要内容,有利于保障在绍流动人口的合法权益,提供透明的、可预期的未来和尽可能好的公共服务,促进有能力稳定就业和生活的流动人口有序实现市民化。有利于引进和稳定相应人才,优化人口结构,更好融入绍兴,服务我市产业结构调整和经济转型升级,促进社会和谐稳定。各级各部门要充分认识其重要性和紧迫性,强化责任意识,抓好工作落实。

(二)健全组织领导。市流动人口服务管理工作领导小组办公室为总牵头协调单位,要在总结完善柯桥区试点工作经验的基础上,强化工作指导;市级有关部门按照各自职能承担积分制管理相应工作。各区、县(市)政府和市直开发区管委会要强化属地责任,加强统筹协作,流管机构负责牵头协调,市直各开发区要明确牵头部门,其他相关职能部门依职责权限分别实施,乡镇(街道)要设立专门的积分申请受理窗口,配备工作人员和办公设备,加强业务培训,提高工作能力。各地积分制管理实施细则、具体公共服务项目积分运用规定要及时报送市领导小组办公室审核备案。

(三)加强平台建设。市流动人口服务管理局负责开发积分制管理信息系统,健全积分制管理的受理、审核、评分、公示及档案管理等功能模块,逐步实现部门信息系统对接和数据交换,建立网上审核流程和流动人口积分信息共享数据库,提高资料受理和审核效率,减少人工审评环节和流动人口自证材料的提供。各地应建立完善积分制管理信息系统,健全积分制信息共享工作机制,强化技术支撑。

(四)加强工作保障。以实施积分制管理为契机,进一步贯彻落实《关于完善和创新流动人口管理服务工作的意见》(绍市委办发〔2014〕77号),分解落实部门职责任务,将流动人口管理服务纳入政府工作目标责任制考核。进一步理顺管理服务体制,强化部门协作,促进综合治理,形成工作合力。加强人财物保障,2015年底前,各地要严格按照流动人口数800∶1的比例配备流动人口专管员,2017年底前要达到500∶1,专管员工资待遇按照所在地公安协警标准予以保障,并严格确保管理服务经费专款专用,管理服务队伍专职专用。

(五)加强宣传监督。各级各部门要充分运用报刊、电视、网络等媒体,深入企业、村居(社区)、学校(幼儿园),广泛做好政策解释和舆论引导工作,确保群众知晓、理解、支持和参与积分制管理工作。要推行积分制管理工作信息公开制度,定期公布进展情况,实现积分网上实时查询,确保政策实施公开、公平、公正。

附件:

附件一 绍兴市流动人口积分制管理计分标准

附件二 相关部门职责分工

附件一

绍兴市流动人口积分制管理计分标准

一、基础分(100分)

(一)个体素质积分(40分)=年龄得分(5分)+文化程度得分(15分)+职业技能等级或专业技术资格得分(20分)

1. 年龄得分(5分)

得分标准:18周岁以上45周岁以下的人员,得5分。

证明材料:应提供居民身份证件。

2. 文化程度得分(15分)

得分标准:初中得5分;高中(含中专、中师、中技、中职)得10分;大专及以上得15分;按最高学历计分。

证明材料:应提供文化程度学历证书或学历验证证明。

3. 职业技能等级或专业技术资格得分(20分)

得分标准:初级工得5分;中级工或员级职称得10分;高级工或助理级职称及以上得20分;按最高等级计分。

证明材料:应提供相关证书、认定证明。

(二)稳定居住积分(30分)=居住年限得分(20分)+居住环境得分(10分)

1. 居住年限得分(20分)

得分标准:

(1)在居住地办理居住登记并持有居住证的得5分。

(2)连续居住年限满一至五年的,每满一年得1分;连续居住年限满六年及以上的,每满一年得2分;最高分限15分。

证明材料:应提供居住证。

2. 居住环境得分(10分)

(1)得分标准:稳定居住在人才公寓、公租房、用人单位宿舍的,得10分。

证明材料:应提供相关单位开具的入住证明。

(2)得分标准:稳定居住的出租房屋产权合法清晰且符合房屋使用性质的,得5分;承租人与出租人签订规范的《房屋租赁协议》,且出租人与公安机关(流管机构)签订《治安责任书》的,得5分。

证明材料:应提供房产证或镇街城建办、村居(社区)开具的相关证明材料,《房屋租赁协议》和《治安责任书》。

(三)稳定就业积分(30分)=就业年限得分(5分)+参保情况得分(25分)

1. 就业年限得分(5分)

得分标准:在居住地与用人单位签订并履行劳动合同或取得工商营业执照每满一年得1分,最高分限5分(认定劳动合同的实际年限以连续参保年限或居住登记年限为准)。

证明材料:应提供劳动合同或工商营业执照。

2. 参保情况得分(25分)

得分标准:参加居住地城镇基本养老保险、医疗保险、失业保险、工伤保险、生育保险,每个险种按参保年限分别计分,每满1年得1分,最高分限25分。

证明材料:应提供在居住地参加社会保险的相关证明材料。

二、附加分

(一)政治面貌加分

加分标准:中共党员或民主党派人士,参加居住地组织生活,带头遵纪守法,发挥模范作用的,加2分。

证明材料:应提供组织证明。

（二）表彰奖励加分

加分标准：在居住地居住或工作期间，获得县级及以上表彰的，每次加 10 分，最高分限 30 分。

证明材料：应提供个人获奖证书或荣誉证书。

（三）慈善公益加分

近 5 年内在居住地从事社会服务的，按以下标准加分：

1. 在居住地成为注册志愿者，参加志愿服务每满 10 小时加 1 分，最高分限 5 分；

2. 个人或以家庭名义向当地政府认定的慈善组织、红十字会捐赠满 5 000 元加 1 分，最高分限 5 分；以企业法人名义捐款满 10 000 元加 1 分，最高分限 5 分；

3. 在居住地无偿献血满 200CC 或无偿捐献血小板 1 次，加 1 分，最高分限 5 分；

4. 在居住地成为中华骨髓库捐献志愿者的加 1 分；成功捐献骨髓（造血干细胞）的，每次加 20 分，最高分限 40 分。

证明材料：应提供相关部门开具的志愿服务记录证明、捐赠证明、献血（血小板）证书、造血干细胞入库荣誉证书、捐献骨髓（造血干细胞）荣誉证书等材料。

（四）投资纳税加分加分标准

1. 个人在居住地投资每满 5 万元加 2 分；

2. 近 3 年内（税款所属期），个人在居住地累计缴纳各类税款每满 1 万元加 2 分。

证明材料：应提供企业法人营业执照、验资证明、纳税凭证等材料。

（五）卫生计生加分加分标准

1. 按岗位要求办理从业健康证的，加 1 分。

2. 持有户籍地《流动人口婚育证明》并在居住地计生部门进行验证的，加 2 分。

3. 按要求参加孕情检查的,加 2 分。

证明材料:应提供卫计部门出具的相关证明材料。

三、扣减分

(一)违反计划生育政策:违反政策生育的,扣 50 分由卫计部门根据积分申请人员名单进行审核。

(二)违法犯罪:

1. 近 5 年内受过治安(行政)拘留及以上处罚的,每次扣 10 分;近 5 年内受过收容教育、强制戒毒等行政强制措施的,或受过拘役、管制的,每次扣 20 分;受过徒刑以上刑罚的,每次扣 50 分。由公安部门根据积分申请人员名单进行核查。

2. 近 5 年内在居住地因违法经营、非法行医、违法搭建、环境污染、食品安全等原因,受到相关部门行政处罚的,每次扣 10 分。由市场监管、卫计、城管执法、环保等部门根据积分申请人员名单进行核查。

(三)失信人员:进入全国法院失信被执行人名单的,扣 50 分。根据全国法院失信被执行人名单信息库核查。

(四)影响社会稳定:在居住地参加国家法律法规禁止的组织或活动的,每次扣 50 分。由综治、信访等相关部门根据积分申请人员名单进行核查。

附件二

相关部门职责分工

党委组织部门:负责审核申报对象的中共党员身份。

党委统战部门:负责审核申报对象的民主党派人士身份。

综治、信访部门:负责对参加国家法律法规禁止的组织或活动记录的核查。

文明办、共青团:负责注册志愿者及志愿服务活动记录的核查。

人大办公室:负责审核申报对象的人大代表身份。

政协办公室:负责审核申报对象的政协委员身份。

教育部门:负责学历证书的核查。

科技部门:负责专利证书的核查。

公安部门:负责居民身份证、居住证、户籍证明、家庭关系证明等材料的核查;负责受过治安(行政)拘留、行政强制措施、刑事处罚等情况的核查。

民政部门:负责慈善捐赠、基金会捐款证明的核查。

地税部门:负责个人地税纳税凭证的核查。

人力社保部门:负责职业资格证书、专业技术资格证书、参加社会保险和劳动合同签订情况证明等材料的核查。

环保部门:负责环境污染违法行为记录的核查。

住建部门:负责房产证和出租房屋产权的核查。

卫计部门:负责献血(血小板)证书、从业健康证、婚育证明和计生管理服务情况的核查;负责因非法行医被处罚的核查。

城管执法部门:负责违法经营、违法搭建等被处罚记录的核查。

市场监管部门:负责工商营业执照、工商登记注册资本的核查;负责因非法经营加工、食品安全等被处罚记录的核查。

人民法院:负责失信人员的核查。

国税部门:负责个人国税纳税凭证的核查。

流管部门:负责流动人口积分制管理信息系统的开发,做好积分制管理的协调指导工作。

红十字会:负责对捐赠证明和登记、捐献骨髓(造血干细胞)荣誉证书,以及红十字志愿服务记录的核查。个人提供的获奖证明或荣誉证书,由相关职能部门向颁发机构核查。

4.1.3 绍兴市人民政府办公室关于贯彻浙江省流动人口居住登记条例的实施意见[1]

各区、县(市)人民政府,市政府各部门、各单位:

为认真贯彻实施新修订的《浙江省流动人口居住登记条例》(以下简称新《条例》),完善政府统一领导、部门分工协作、各方共同参与、资源有效整合的服务管理体制,全面推行全员登记、依规领证、凭证服务、量化供给的新型居住证制度,根据《浙江省人民政府办公厅关于推行新型居住证制度的通知》(浙政办发〔2016〕100号)精神,经市政府同意,现就贯彻实施新《条例》提出如下意见:

一、规范居住证管理

(一)居住证申领

流动人口在居住地居住半年以上,符合有合法稳定就业、合法稳定住所、连续就读条件之一的,可以申领《浙江省居住证》。

1. 居住地居住半年以上。指流动人口在绍兴市区、县(市)范围内自申报居住登记之日起连续居住半年以上。

2. 合法稳定就业。指满足以下其中一个条件:

(1)参加居住地社会保险6个月以上;

(2)持有居住地颁发的工商执照6个月以上;

(3)与居住地用人单位签订并履行劳动合同6个月以上;

(4)与居住地集体(单位、个人)签订并履行农业生产经营承包合同6个月以上;

(5)符合合法稳定就业的其他情形。

---

[1] 绍兴市人民政府办公室:《关于贯彻浙江省流动人口居住登记条例的实施意见》,2016年12月30日印发,绍政办发〔2016〕114号。

3. 合法稳定住所。指满足以下其中一个条件：

(1) 在居住地依法享有所有权或者使用权的房屋；

(2) 居住在符合消防安全要求，且用地规划、建设审批手续齐全的居住地用人单位集体宿舍；

(3) 居住在具有合法产权且符合安全条件，并已签订租赁合同、办理出租登记的房屋；

(4) 符合合法稳定住所的其他情形。

各类车棚、车库、违法建筑以及存在严重消防、建筑安全隐患的居住出租房屋，与生产、储存、经营易燃易爆危险品场所设置在同一建筑物内的居住场所，或者与生产、储存、经营其他物品的场所设置在同一建筑物内但不符合消防技术标准的居住场所，视为不符合合法稳定住所条件。

4. 连续就读。指在居住地全日制中小学或高等学校取得学籍并就读。

流动人口属于居住地县级以上人民政府规定的投资创业、引进人才的，申领《浙江省居住证》不受上述条件限制。

(二) 居住证签注

《浙江省居住证》实行每年签注制度。居住证签注是居住证持有人在居住地连续居住年限的证明。居住证持有人在居住地连续居住的，自证件签发之日起每满1年之日前1个月内，到居住地公安派出所或受委托的服务管理机构办理签注手续，逾期未办理签注手续的，居住证使用功能中止；补办签注手续的，居住证使用功能恢复，居住证持有人在居住地的居住年限自补办签注手续之日起连续计算。居住证持有人办理签注手续时，应当交验本人有效身份证件、居住证以及就业、居住、就读等证明材料。持有人的就业、居住等情况发生变化，不再符合申领条件的，不予签注。

(三) 新老居住证件衔接

新《条例》施行后，我市全面实施IC卡式居住证。首次申领《浙江省居住证》,免收证件工本费。换领或者补领的,按规定收取证件工本费。办理居住登记、变更登记和签注手续不得收取费用。原发放的纸质居住证,在证件有效期内继续有效,持证人要求换领IC卡式居住证且符合申领条件的,应予以免费发放。各地要主动为符合申领条件的持证人提供换领IC卡式居住证服务,在2017年6月30日前全面完成换证工作。

二、保障居住证持证人权利

《浙江省居住证》是持有人在居住地居住、作为常住人口享受基本公共服务和便利、申请登记常住户口的证明。居住证持有人在居住地享有以下权益和公共服务:

(一)劳动就业。免费享受公共就业服务机构提供的就业服务;免费享受政府部门组织的就业技能、劳动法律法规、安全生产、维权意识等方面基本常识的培训;报名参加职业资格考试、申请授予职业资格;符合有关规定条件的,可享受政府提供的职业技能培训补助。

(二)社会保险。享有与本地居民相同的参加企业社会保险的权利和义务;参加养老保险的,在终止或解除劳动合同后,可根据有关规定和本人意愿,由社会保险经办机构给予保留养老保险关系或随同转移基本养老保险关系、个人账户;非自愿性失业的,享受失业保险待遇。

(三)义务教育。符合入学条件的义务教育阶段随迁子女统筹安排到指定学校就读,享受与当地学生同等教育待遇;符合条件的随迁子女初中毕业后可在居住地报考普通高中或中职学校。

(四)卫生计生。办理生育服务登记和其他计划生育证明材料;享有与本地居民相同的国家规定基本项目的计划生育免费服务和基本公共卫生服务;随迁子女享受居住地卫生院计划免疫基础疫苗免费接种;患有结核病、艾滋病等重点传染病的流动人口,可根据政策减免相关检查和治疗费用。

(五)文化体育。与本地居民同等享受电大、夜大等教育资源及科技馆、图书馆、博物馆、体育馆、公园等科教文体娱乐公共服务设施;按规定享受"绍兴人免费游绍兴"政策。

(六)证照办理。办理出入境证件,换领、补领居民身份证,机动车登记,申领机动车驾驶证等手续。

(七)住房保障。符合规定条件的,可申请租住公共租赁住房;按规定缴存、提取和使用住房公积金。

(八)公共交通。按照规定办理公交卡、公共自行车卡,享受市民优惠政策。

(九)社会事务。参加居住地各类评选表彰并享受相应待遇,申请加入工青妇等组织,参与居住地村(社区)管理。

(十)法律服务。享受与本地居民同等的法律援助待遇和其他法律服务。

(十一)社会救助。所在家庭符合居住地相关社会救助条件的,可享受相应的社会救助政策。

(十二)户口登记。符合居住地户籍准入规定条件的,根据本人意愿,可以申请登记为常住户口。

(十三)其他待遇。国家和省、市人民政府规定的其他公共服务和便利。

三、工作要求

(一)加强组织部署,明确工作职责。各地各有关部门(单位)要加强组织领导,切实抓好新型居住证制度各项工作。各级流动人口服务管理工作领导小组办公室要认真牵头组织,加强统筹协调和督促指导,确保相关工作有序推进。公安机关是流动人口居住登记和居住证管理的主管部门,负责本行政区域内流动人口居住信息采集和IC卡式居住证申领受理、制作、发放、签注等证件管理工作,也可依法委托流动人口服务管理机构从事相关工作。各级发改、教育、公安、民政、司法、财政、人力社保、建设、交通运输、文广、体育、卫生计生、旅游、综合执法、公积金管理、工会、共青团、妇联等部门(单位)要按照职能分工,落实居住证持有人可享有公共服务和便利的配套政策,做好流动人口居住登记和服务管理的相关工作,保障居住证持有人权益。各地要把IC卡式居住证工本费、功能对接费等流动人口服务管理工作经费纳入财政预算。乡镇政府(街道办事处)要强化属地管理责任,按照规定做好流动人口居住登记和服务管理相关工作。村(社区)要协助做好流动人口居住登记、居住房屋出租登记和居住证持有人权益保障等工作。鼓励社会力量参与流动人口居住登记和服务管理的相关工作。

(二)夯实基层基础,加强居住登记。深化"以房管人、以业管人",按照"谁出租、谁负责,谁用工、谁负责,谁经营、谁负责"原则,抓住流动人口居住、就业两个关键环节,强化部门联动合力和属地管理责任,创新落实社会化管理举措,压实村(社区)、用人单位、物业服务单位、中介机构、房屋出租人主体责任,依法落实消防、安全、登记备案、信息报送义务。按照不低于上年度登记流动人口数800:1的比例配备流动人口协管员,有效整合基层力量,建立健全基础信息常采常新和长效管理机制。

(三)突出工作重点,增强政策实效。各地要按照新型城镇化以及"基本公共服务均等化、优质公共服务梯度化"要求,结合本地区经济社会发展水平、公共财力和资源承载能力,完善适合本地实际的居住证制度配套政策,提供"一体化、一站式"便民服务,逐步扩大为居住证持有人提供公共服务和便利的范围。根据《关于实施流动人口积分制管理的指导意见(试行)》(绍市委办发〔2015〕41号)精神,建立健全与居住年限等条件挂钩的公共服务和便利提供机制,坚持存量优先,妥善解决进城务工人员的权利保障问题。做好IC卡式居住证实施工作,积极拓展IC卡式居住证功能应用,加强与市民卡(社保卡)等卡证功能的对接,提高居住证"含金量"。

(四)推进平台建设,促进信息共享。依托浙江政务服务网数据共享平台,将各部门(单位)在履行职责或提供服务过程中获取的流动人口信息数据统一汇入流动人口综合信息平台,促进信息互通和业务协同,提高流动人口服务管理数据的权威性和完整性,为实现基本公共服务常住人口全覆盖提供信息支撑。健全完善流动人口信息申报采集方式,继续深化流动人口居住信息移动采集系统应用,拓展手机客户端、互联网等信息化手段,进一步提高申报采集工作实效。

(五)加强宣传培训,营造良好氛围。通过各种媒体平台广泛宣传新《条例》实施的重大意义,做好政策解读和舆论引导工作,着力提高社会公众对政策的知晓率,增强流动人口、相关责任主体的法律意识和责任意识,引导流动人口主动申报居住登记、申领居住证,为新《条例》实施营造良好的社会环境。要加强对从事流动人口服务管理的工作人员的业务培训,正确掌握政策内容,依法依规、积极主动做好服务管理工作。

本意见自发布之日起施行。

绍兴市人民政府办公室
2016 年 12 月 28 日

4.1.4　绍兴市关于印发绍兴市推广居住出租房屋"旅馆式"管理实施方案的通知[1]

提要: 2019 年,为了加强对居住出租房屋的管理力度,绍兴市出台了推广居住出租房屋"旅馆式"管理实施方案。方案包括总体目标、主要任务、实施步骤、工作措施、工作要求五个部分。其中,自治式、自管式、委托式、虚拟式等多元化运行模式是一大亮点。方案指出要细化推进计划、实施滚动排查、落实分类管控、推进社会自治、加强验收督导。该方案是绍兴市对居住出租房屋进行创造式管理的积极探索,能较好地规范出租行为、强化安全监管、维护社会秩序和公共安全。

---

[1] 绍兴市流动人口管理服务工作领导小组:《关于印发绍兴市推广居住出租房屋"旅馆式"管理实施方案的通知》,2019 年 5 月 13 日印发,绍市流动管〔2019〕1 号。

各区、县(市)流动人口管理服务工作领导小组,市级有关部门(单位):

《绍兴市推广居住出租房屋"旅馆式"管理实施方案》已经市领导同意,现印发给你们,请认真贯彻实施。

绍兴市流动人口管理服务工作领导小组

2019 年 5 月 13 日

绍兴市推广居住出租房屋"旅馆式"管理实施方案

为进一步加强全市居住出租房屋管理,规范出租行为,强化安全监管,维护社会秩序和公共安全,推动居住出租房屋"旅馆式"管理多元化模式,特制定本方案。

一、总体目标

围绕打造共建共治共享社会治理新格局,按照"党政主导,公安牵头,部门协同,区、县(市)主抓,镇街实施,村居落实,房东主责,房客履约,社会参与"的原则,在全市范围内实施居住出租房屋"旅馆式"管理。至 2019 年 9 月底,实现居住出租房屋"旅馆式"管理全市域覆盖,实现"房屋租前必达标、租客入住必登记、租客离开必注销",努力实现居住房屋出租登记率、流动人口居住登记率和信息准确率、同住人员关系采集率、违法违规出租行为查处率、居住出租房屋安全隐患整改合格率等"六个 100%"的目标,确保我市流动人口和居住出租房屋不出事,为新中国成立 70 周年大庆创造安全稳定的社会环境。

二、主要任务

(一)合理设置总台(分部、站点)。一般以乡镇、街道或派出所辖区为单元,设置一个居住出租房屋"旅馆总台"。流动人口和居住出租房屋多的村(社区)、企业员工宿舍、社会租赁公寓、园区集中居住小区可设置总台或分部,其他区域部位可设置站点,纳入总台统一管理。

旅馆总台(分部、站点)可单独设置,也可依托乡镇(街道)流动人口服务管理所、行政服务中心或村(社区)便民服务中心、派出所警务室设置,统一标志标识,悬挂"××村(社区)居住出租房屋旅馆总台",配备必要的人员和设备,主要承担租房审核、信息采集分析、监督检查、情况报送等基本功能,有条件的"旅馆总台"可拓展租赁合同签订、居住证申领、安防体验、安全宣传等管理服务功能。

(二)推动多元化管理模式。根据居住出租房屋特点和管理责任主体的不同,确定"旅馆式"管理多元化运行模式。

1. 自治式。将居住出租房屋和流动人口管理服务的相关责任要求纳入村(社区)、小区自治体系范畴,实施自治式管理服务。

2. 自管式。园区集中居住小区和企业员工宿舍、社会租赁公寓、网约房等各种经营业态的居住出租房屋,由企业主、经营者承担主体责任,实施自管式管理服务。

3. 委托式。引入物业服务单位、房产中介服务机构等第三方管理团队,对出租人不能实施日常管理的居住出租房屋实施委托式管理服务,按规定报送住房租赁信息,做好日常安全管理。

4. 虚拟式。拓展"互联网+旅馆式管理"思路,建立线上线下可互动的流动人口和居住出租房屋综合服务平台,构建网上"虚拟旅馆总台",做到管理和服务并举。

(三)完善落实长效机制。围绕出租房屋建筑安全、治安安全、消防安全等规范要求,从租房准入审核、指导合同签订、租客登记注销、日常监督管理、安全隐患整改等环节入手,完善落实居住出租房屋安全准入机制、日常管理巡查机制、基础信息采集录入机制、风险隐患排查整治工作机制。

三、实施步骤

(一)组织部署阶段(2019年4月底前)。制定方案,召开全市居住出租房屋"旅馆式"管理多元化模式现场推进会,细化推进计划,明确检查验收标准,确定"旅馆式"管理总台(分部、站点)建设目标数。

(二)全面推进阶段(2019年5月至9月底)。6月底前完成"旅馆式"管理总台、分部、站点建设目标数的50%以上;9月底前,实现居住出租房屋"旅馆式"管理全市域覆盖。

(三)检查验收阶段(2019年10月)。对全市居住出租房屋"旅馆式"管理推进情况进行检查验收,进一步总结经验,查漏补缺,完善落实居住出租房屋"旅馆式"管理长效机制。

四、工作措施

(一)细化推进计划。按照市里统一部署,制定细化推进计划,明确阶段性目标任务完成的时间节点,按照"项目化、目标化、考核化、绩效化"要求,列出任务清单,压实责任主体,排出时间表,挂出作战图,对标对表,全力组织实施,确保居住出租房屋"旅馆式"管理工作扎实推进。

(二)实施滚动排查。要整合基层队伍,发动社会力量,开展全覆盖、无盲区、无遗漏的拉网式、围剿式滚动排查,深化出租房屋"二维码"门牌应用,推广应用智能门禁、人脸识别等科技化手段,做到日常管理和录入对比同频同步,实现"采集即录入、录入即核查、核查即管理",确保底数清、情况明。

(三)落实分类管控。要针对房屋建筑安全、治安安全、消防安全以及租住人员类型、日常管理等情况,结合房屋环境卫生等内容,分别确定"放心类、关注类、严管类、禁租类"居住出租房屋,完善落实居住出租房屋分级分类管控机制。

(四)推进社会自治。要指导村(居)委会将居住出租房屋安全管理内容纳入村规民约、社区公约等自治章程,成立居住出租房屋房东自治协会,通过居民自治、社会监督、村规约束等方式,教育、督促房东和承租人履行法定义务和约定职责,促进"旅馆式"管理长效运作。要充分发挥市场优势,支持和引导村级经济组织、企业、中介机构、个人等多元主体从事居住房屋租赁业务,实现居住出租房屋管理由松散型向集约化转变。

(五)加强督导验收。要组织工作督导组,对已建成居住出租房屋"旅馆式"管理的区域部位进行督导验收。对工作力度大、措施实、效果好的单位和个人,要作为优秀样板示范及时予以推广肯定;对思想不重视、责任不落实、效果不明显的,坚决予以通报批评,造成严重后果或影响的,要进行责任倒查。

五、工作要求

(一)提高思想认识,加强组织领导。实施居住出租房屋"旅馆式"管理是夯实基层社会治理基础的一项重要创新举措,是有效维护社会秩序、确保公共安全、建设平安绍兴的有力抓手,各地流动人口管理服务工作领导小组要切实提高认识、加强组织领导,督促相关部门(单位)和乡镇政府(街道办事处)规范履行职责,切实保障工作开展所需的人员和经费。

(二)落实工作职责,强化推进合力。市流动人口管理服务工作领导小组办公室负责牵头协调,建立齐抓共管的合作推进机制。公安机关负责抓好具体业务指导和总结提升工作,建设、综合执法、应急管理等部门按照各自职责做好居住出租房屋管理的相关工作。

(三)注重宣传发动,营造浓厚氛围。加大社会面宣传力度,组织发动社会各界和广大群众积极参与居住出租房屋"旅馆式"管理工作。要通过典型案例剖析和宣讲,提高房东、中介、物业、企业法人以及流动人口等主体的法律意识和责任意识。要及时总结提炼和宣传报道居住出租房屋"旅馆式"管理创新做法和工作实效,激发社会参与热情。要强化信息报送,及时上报组织部署、工作推进以及典型工作经验与做法等工作情况。

4.1.5 绍兴市关于进一步做好义务教育阶段流动人口随迁子女积分入学工作的通知[1]

提要: 2019年,绍兴市教育局和绍兴市公安局联合发布《关于进一步做

---

[1] 绍兴市教育局、绍兴市公安局:《关于进一步做好义务教育阶段流动人口随迁子女积分入学工作的通知》,2019年10月21日印发,绍市教〔2019〕83号。

好义务教育阶段流动人口随迁子女积分入学工作的通知》，正式将积分制管理制度引入流动人口随迁子女的入学工作。该通知明确了积分入学的申请条件、职责任务、入学安排和工作机制等其他具体事项，一方面，这可以将简证便民的理念贯彻落地，让更多流动人口享受到更加公平的教育资源；另一方面，这也能够进一步激发外来流动人口的工作积极性，鼓励流动人口遵纪守法，努力服务城市建设。总之，积分入学制度的确立是绍兴市流动人口服务管理工作的又一大制度创新，为后续流动人口随迁子女的教育权利保障提供了更为有效的规范支撑。

各区、县(市)教体局、公安(分)局：

为进一步做好义务教育阶段流动人口随迁子女积分入学工作，根据《浙江省义务教育条例》《浙江省流动人口居住登记条例》《绍兴市人民政府办公室关于贯彻浙江省流动人口居住登记条例的实施意见》(绍政办发〔2016〕114号)和《中共绍兴市委办公室绍兴市人民政府办公室印发〈关于实施流动人口积分制管理的指导意见(试行)〉的通知》(绍市委办发〔2015〕41号)精神，现就有关工作事项通知如下：

一、明确申请条件

居住在我市的适龄随迁子女，其父母(或法定监护人，下同)持有有效《浙江省居住证》，可在实际居住地申请参加积分入学。父母双方或其中一方可作为积分申请人。

二、明确职责任务

1.各区、县(市)教体局负责制定流动人口随迁子女积分入学实施细则，监督指导学校规范招生，保障已申领居住证且符合条件的流动人口随迁子女在本地接受义务教育。

2. 各区、县(市)公安(分)局负责流动人口积分受理、审核和办理工作,为积分入学申请人提供《流动人口积分凭证》。

三、规范积分受理、入学安排

1. 坚持自愿申请原则。申请子女入学的流动人口应在规定时间内向当地流动人口积分受理窗口提出申请并按要求递交相关材料,经审核后获得积分凭证。父母双方申请子女积分入学的,取积分高、排名靠前的一方。

2. 坚持"阳光招生、高分优先、相对就近入学"的原则。根据积分排名先后(多人积分相同的,可按照父母取得有效居住证的时间、随迁子女居住登记时间等条件排序),结合本地流动人口居住及区域教育资源配置等情况,有序安排入学。对超过学校招生计划的,可依据积分排序。

四、健全工作机制

1. 深化简证便民。各区、县(市)教体局和公安(分)局要加强工作对接,进一步调整和完善积分入学政策,按照"最多跑一次"改革的要求,切实简化、优化积分指标体系和入学流程,明确受理时间和地点,减少流动人口自证材料的提供,推行"一站式"和网上办理服务。

2. 建立公示制度。对申请子女积分入学的流动人口积分、随迁子女安排入学情况应当进行公示,接受社会监督。对申请人伪造或提供虚假申请资料的,经查实后,应当取消其当年参加积分入学的资格。

3. 加强宣传引导。加大政策宣传,及时通过媒体和进社区进学校进家庭宣传等途径,广泛持续、深入细致地宣传积分入学政策,引导家长正确认识、准确理解政策。对不符合入学条件的随迁子女,应及时劝导其回户籍地报名入学。

五、其他事项

1. 各区、县(市)教体局和公安(分)局接到本通知后,已实施积分入学工作的要进一步修订完善相关政策,尚未制定的要抓紧研究制定2020学年流动人口随迁子女积分入学实施细则,经当地政府同意后及时向社会公布,并报市教育局备案。

2. 各地在实施随迁子女积分入学工作中遇到的新情况新问题,请及时报告市教育局、市公安局。

绍兴市教育局　绍兴市公安局
2019 年 10 月 21 日

4.1.6　绍兴市公安局关于传发绍兴市推行长三角城市流动人口居住证"跨省互通互认"工作方案的通知[1]

提要:为破除政务服务省域边界,进一步推动居住证制度改革成果惠及于民,浙江省公安厅决定自 2023 年 3 月 22 日起,在绍兴市上虞区范围内启动居住证长三角城市群互通互认试点工作,为长三角区域流动人口来浙工作、学习、生活提供更加便利的服务。在上虞区的"跨省互通互认"试点工作取得一定成效后,绍兴市于 2023 年 8 月决定在全市范围内推行长三角城市流动人口居住证"跨省互通互认"工作,以有效实现长三角区域警务一体化。

各区、县(市)公安(分)局,市局有关部门:

现将《绍兴市推行长三角城市流动人口居住证"跨省互通互认"工作实施方案》传发给你们,请结合实际,认真组织实施。

绍兴市公安局
2023 年 8 月 4 日

---

[1] 绍兴市公安局:《关于传发绍兴市推行长三角城市流动人口居住证"跨省互通互认"工作方案的通知》,2023 年 8 月 4 日公布,绍公网传〔2023〕811 号。

绍兴市推行长三角城市流动人口居住证"跨省互通互认"工作实施方案

为深入贯彻党的二十大推进长三角一体化发展的决策部署，不断深化户籍制度改革和新型居住证制度改革，进一步破除政务服务省域边界，有效实现长三角区域警务一体化，提升公安机关服务管理效能，经研究，决定在全市范围内推行长三角城市流动人口居住证"跨省互通互认"工作。特制定实施方案如下：

一、工作目标

紧扣一体化、高质量"两个关键"，坚持政策破题、数字赋能"双向发力"，缩减居住证转换办理流程及时间，提供沪苏浙皖等地流动人口公共服务均等化和常住人口待遇同等化，推动人力资源要素顺畅有序流动，持续激发区域协同发展能级活力，为全省推广应用提供"绍兴经验"。

二、项目重点

在居住证省内互认基础上，总结上虞推广长三角城市流动人口居住证"跨省互通互认"试点经验，以区、县（市）为单位，在全市域范围内积极稳妥地推进长三角城市流动人口居住证"跨省互通互认"工作。具体包括以下两方面：

（一）居住证件互认。凡持有沪苏浙皖公安机关签发的有效《居住证》的流动人口，符合合法稳定居住、就业与连续就读条件之一的，并在当地办理居住登记的，即可在绍兴市各区（县、市）范围内实现居住证互认转换，享受当地的基本公共服务和便利。

（二）居住登记时间互认。凡是在长三角城市居住登记，到现居住地办理居住登记后累计连续登记满六个月（除《浙江省流动人口居住登记条例》有特别规定外），符合合法稳定居住、就业与连续就读条件之一的，即可在绍兴市各区（县、市）范围内申请办理电子《浙江省居住证》，享受当地基本公共服务和便利。

三、实施步骤

（一）动员部署阶段（8月5日前）。市局治安管理中心牵头总结固化上虞区试点工作模式，制定全市推行长三角城市流动人口居住证"跨省互通互认"工作实施方案，适时召开动员部署会，指导各地积极稳妥有序推进。各地要结合当地实际情况，组建工作专班，梳理核心业务，制定细化本地区的实施方案，及时召开部署动员会，研究部署落实。

（二）场景优化阶段（8月10日前）。市局治安管理中心合同科技信息化局、技术公司等单位，优化长三角城市流动人口居住证"跨省互通互认"网上申请、审核审批、查看展示等运行体系，完成系统平台升级改造，进一步对接省厅治安管理总队人口处，申请开通各区（县、市）办证窗口公安部居住证信息管理系统查询权限，为全市推行提供数据支撑。

（三）走访调查阶段（8月20日前）。各地根据当地经济发展状况、资源承载能力以及流动人口的合理预期，组织人员对政府公共服务涉及部门，重点是教育、人社、医保、文广、司法等部门走访调研，科学合理评估长三角城市流动人口居住证"跨省互通互认"制度实施后对公共资源带来的压力和风险，积极探索通过量化等方式寻求解决方案。

（四）全面推行阶段（8月底前）。公共资源没有压力和风险的区（县、市）在争取当地党委政府同意后，参照"上虞模式"全面启动长三角城市流动人口居住证"跨省互通互认"工作；按照"统一内容、分级培训"原则，做好流动人口管理员和窗口工作人员的业务、技术培训；开展社会面告知、宣传和引导，为"跨省互通互认"工作营造良好舆论氛围。

（五）总结提升阶段（9月底前）。市局组织力量对各地"跨省互通互认"工作情况进行督查评估并形成通报，结果纳入实有人口评估考核。各地要及时总结提炼经验做法，进一步完善长三角城市流动人口居住证"跨省互通互认"机制，努力为全省推广提供"绍兴经验"。

四、业务流程

参照电子居住证办理的成熟做法,长三角城市流动人口居住证互通互认业务以在线"掌上办""网上办"为主,线下"窗口办"为补充。具体流程为:

(一)在线办理渠道。依托省厅电子居住证平台,在浙江政务服务网或"浙里办"APP"流动人口专区",开放线上申请办理居住证(即长三角互认)业务。

(二)业务申领。申请人实名认证登录"浙里办"APP后,在"流动人口"服务专区内,选择申领(即长三角互认)的居住证类型,按照系统提示的"告知承诺—在线填表—上传材料—确认提交"流程,实现"一指办理"。

(三)审核审批。长三角城市流动人口居住证互认转换申请自受理之日起2个工作日内完成审核审批、互认签发,电子证照数据推送至省大数据平台;提供短信定制化服务,同步免费推送电子居住证办结通知。对不符合互认条件的,必须一次性告知理由。

(四)提供兜底保障。针对日常不使用智能手机的老年人、未成年人,或不方便申领电子证照的人员,居住地公安机关办理窗口(即线下)将继续受理居住证申领手续。通过审核后,签发电子居住证,并发放加盖户口专用章的《浙江省居住证确认单》。

五、工作要求

(一)强化组织领导。推行长三角城市流动人口居住证"跨省互通互认"制度改革是深入实施长三角一体化为核心、高质量为导向、面向现代化新型城镇化战略的需要,是高质量发展建设共同富裕示范区的重大改革举措。为确保改革取得实效,市局成立由局党委委员、流管中心主任骆卫星任组长,人口支队队长方达任副组长,政工、情指、治安、网办、科信、督察等部门负责人为成员的工作专班。各地也要成立工作专班,细化工作方案,明确任务清单,推动各项工作落地见效。

(二)强化协同配合。各地要积极争取当地党委政府的重视与支持,加强与政府各相关职能部门的对接与沟通,加快形成工作合力,积极协调解决实施过程中遇到的问题和困难。公安机关内部也要建立横向到底、纵向到边的联动协调机制,第一时间组建业务工作交流群,及时发现解决业务推进中发现的问题,确保长三角城市流动人口居住证"跨省互通互认"工作顺利开展。

(三)强化培训引导。各地要抓紧组织形式多样的业务培训,将业务知识送至派出所一线,让每名社区民警、社区辅警、流管员成为"熟练工""讲解员";积极会同宣传部门,采取群众喜闻乐见的形式,在流动人口集中的村居、企业、派出所窗口,全方位、多渠道、大范围宣传长三角城市流动人口居住证"跨省互通互认"工作的便捷性和实用性,讲解申领流程、应用场景、政策待遇,引导群众通过手机端实现自主办理。同时,坚持边实践边总结,及时提炼经验做法、典型事例,使"跨省互通互认"工作提质扩面,不断增强改革的生命力。

4.1.7 诸暨市关于进一步做好外来建设者随迁子女就学工作的实施意见(试行)[1]

提要: 流动人口随迁子女的教育问题一直是外来流动人口关心的重点问题。在流动人口本地化、市民化的理念指导下,诸暨市人民政府专门出台《关于进一步做好外来建设者随迁子女就学工作的实施意见(试行)》,从入学对象、入学条件、入学证明材料、配套管理措施和有关工作要求五个方面对外来建设者随迁子女就学工作作出了具体规定,为保障流动人口子女的教育权利提供了有效的制度支撑。

各镇乡人民政府,各街道办事处,市政府各部门,市属各企事业单位:

根据上级文件精神,结合我市经济社会与教育发展实际,现就进一步做好

---

[1] 诸暨市人民政府办公室:《关于进一步做好外来建设者随迁子女就学工作的实施意见(试行)》,2014年7月28日印发,诸政办发〔2014〕91号。

外来建设者随迁子女就学工作提出如下意见。

一、入学对象

随父母或其他法定监护人来我市接受义务教育的适龄非本市户籍外来建设者随迁子女(以下简称随迁子女)。

二、入学条件

户籍所在地无监护条件,且其父母或其他法定监护人同时具备以下5项条件的随迁子女,可申请在我市就学:

(一)在我市有稳定职业一年及以上;

(二)在我市有相对固定住所;

(三)在我市取得《居住证》或取得《临时居住证》一年及以上;

(四)在我市依法连续按月缴纳基本养老保险一年及以上(补缴无效);

(五)无违法生育等违法违规行为。

上述条件对应时间要求为上一年度8月31日前。

三、入学证明材料

随迁子女申请就学时应提供以下证明材料:

(一)父母或其他法定监护人与我市相关用人单位签订的劳动合同,或其取得的有关工商营业执照等(其中劳动合同需经镇乡[街道]相关职能机构鉴证,工商营业执照需经市场监管分局鉴证);

(二)父母或其他法定监护人在我市的住宅租房证明或居住证明(需经所在村[社区]鉴证);

(三)家庭户口簿和父母双方或其他法定监护人身份证;父母双方或其他法定监护人在我市一直按规定办理的《居住证》或《临时居住证》(须人房一致),其中仅父母一方在我市取得《居住证》或《临时居住证》的,还需提供由户籍所在地镇乡人民政府出具的当地无监护条件证明(需经公安机关鉴证);

(四)父母或其他法定监护人在我市参保基本养老保险,且一直连续按月缴

费的相关证明(需经社保机构鉴证);

(五)由户籍所在地计生部门签发,并经我市镇乡(街道)计生部门鉴证的《流动人口婚育证明》;户籍所在地政府计生部门近二个月内出具的父母或其他法定监护人无违法生育证明;我市计生部门近一个月内出具的《浙江省流动人口计划生育避孕节育情况报告单》;

(六)非起始年级转入的随迁子女,除提供上述证明材料外,还需出具转出和转入学校同意的转学手续及相关学籍证明。

四、配套管理措施

(一)对在我市拥有合法产权住房且无违法生育等违法违规行为的外来建设者,其随迁子女可凭家庭住房产权证明直接到产权房所在学区学校申请入学;对具有全日制大专及以上学历且无违法生育等违法违规行为的外来建设者,其随迁子女向镇乡(街道)申请入学时,所提供的相关劳动合同或工商营业执照、《临时居住证》等时限可予放宽,在我市参保基本养老保险暂不作必备条件;经组织、人社部门批准的引进人才子女、其他政策性安置对象子女等,由市教育局统一调配入学;当地企业所需的中高级专业技术人才子女,由所在地镇乡(街道)学校统筹安排入学。

(二)2014年秋季,对在我市小学毕业的随迁子女,经其父母或其他法定监护人申请,可继续在我市初中就读;对其他申请在我市就读的随迁子女新生,要求在申请入学时其父母或其他法定监护人已经在我市缴纳基本养老保险。2014年秋季及以后小学入学的随迁子女,在我市就读期间,其父母或其他法定监护人应在我市依法连续按月缴纳基本养老保险;现已在我市小学就读的随迁子女,申请在我市初中就读的,其父母或其他法定监护人应在我市依法连续按月缴纳基本养老保险满一定年限(其中2015年申请就读的,须在2014年12月31日前参保;2016年起申请就读的,至少须在上一年度8月31日前参保),否则在初中招生时均不予录取。随迁子女在我市初中升高中另按有关规定执行。

五、有关工作要求

（一）加强统筹管理。需在我市申请入学的随迁子女，其父母或其他法定监护人应在规定时间内向务工或经商所在地镇乡（街道）便民服务中心领取就学申请表等材料，并按照要求及时向所在地镇乡（街道）的有关部门提交相应证明材料。各镇乡（街道）要组织相关职能部门及时做好随迁子女就学资格的查验工作，对经查验符合就学条件的，由镇乡（街道）出具审验结论，教育部门根据教育资源分布情况进行统筹安排，并开具入学通知书（其中属暨阳街道范围内小学毕业的随迁子女申请进入我市初中就读的，由市教育局统一登记、查验）。

（二）加强规范办学。各镇乡（街道）、有关部门和各级各类学校要切实增强政策执行的严肃性，认真把握标准，确保符合条件的随迁子女按时、有序入学。市教育局要切实加强对各中小学（幼儿园）招生工作的专项督导，把招生计划、班额控制、入学标准等执行情况纳入对学校工作考核。对工作落实不力、政策执行不严、弄虚作假、敷衍失职的，将追究有关责任人责任；对招生过程中出现违规行为的公办学校（幼儿园），一律实行学校工作考核"一票否决"，民办学校（幼儿园）的办学许可证年检手续一律予以延后。

（三）加强宣传引导。各镇乡（街道）、有关部门要采取多种措施加强对随迁子女就学政策的宣传解读，重视舆论引导，畅通信息渠道，为政策顺利实施创造有利条件。各镇乡（街道）要遵循本意见总体精神，制订完善相关操作细则，积极协调各部门（单位），共同研究解决实际工作中的新情况、新问题，尤其要加强对不符合入学条件随迁子女家庭的思想引导工作，取得他们的理解，以便他们及时返乡就读。

本意见自发文之日起实施，原有关规定与本意见不一致的，以本意见规定为准。

诸暨市人民政府办公室
2014年7月28日

4.1.8　关于诸暨市流动人口新型居住证制度的意见[1]

提要：2016年,浙江省重新修订《浙江省流动人口居住登记条例》,进一步完善了流动人口居住管理规定。诸暨市人民政府办公室结合当地实际情况发布关于诸暨市流动人口新型居住证制度的意见。该意见涉及居住证的申领、签注、衔接等各环节的详细规定,持证人所享有的各项权益及公共服务,并提出加强组织部署,明确工作职责;夯实基层基础,加强居住登记;突出工作重点,增强政策实效;推进平台建设,促进信息共享;加强宣传培训,营造良好氛围等几条工作要求。此意见是对于《浙江省流动人口居住登记条例》的贯彻落实,有助于推动流动人口新型居住证管理工作规范化、制度化,为各地开展流动人口居住证管理提供良好参照与基本遵循。

各镇乡人民政府,各街道办事处,市政府各部门:

为认真贯彻实施新修订的《浙江省流动人口居住登记条例》(以下简称新《条例》),全面推行全员登记、依规领证、凭证服务、量化供给的新型居住证制度,根据《浙江省人民政府办公厅关于推行新型居住证制度的通知》(浙政办发〔2016〕100号)精神,经市政府同意,现就实施诸暨市流动人口新型居住证制度提出如下意见:

一、规范居住证管理

(一)居住证申领

流动人口在居住地居住半年以上,符合有合法稳定就业、合法稳定住所、连续就读条件之一的,可以申领《浙江省居住证》。

---

[1] 诸暨市人民政府办公室:《关于诸暨市流动人口新型居住证制度的意见》,2017年2月20日印发,诸政办发〔2017〕13号。

1.居住地居住半年以上。指流动人口在诸暨市范围内自申报居住登记之日起连续居住半年以上。

2.合法稳定就业。指满足以下其中一个条件：

(1)参加居住地社会保险6个月以上；

(2)持有居住地颁发的工商执照6个月以上；

(3)与居住地用人单位签订并履行劳动合同6个月以上；

(4)与居住地集体(单位、个人)签订并履行农业生产经营承包合同6个月以上；

(5)符合合法稳定就业的其他情形。

3.合法稳定住所。指满足以下其中一个条件：

(1)在居住地依法享有所有权或者使用权的房屋；

(2)居住在符合消防安全要求,且用地规划、建设审批手续齐全的居住地用人单位集体宿舍；

(3)居住在具有合法产权且符合安全条件,并已签订租赁合同、办理出租登记的房屋；

(4)符合合法稳定住所的其他情形,各类车棚、车库、违法建筑以及存在严重消防、建筑安全隐患的居住出租房屋,与生产、储存、经营易燃易爆危险品场所设置在同一建筑物内的居住场所,或者与生产、储存、经营其他物品的场所设置在同一建筑物内但不符合消防技术标准的居住场所,视为不符合合法稳定住所条件。

4.连续就读。指在居住地全日制中小学或高等学校取得学籍并就读。

流动人口属于居住地县级以上人民政府规定的投资创业、引进人才的,申领《浙江省居住证》不受上述条件限制。

(二)居住证签注

《浙江省居住证》实行每年签注制度。居住证签注是居住证持有人在居住地连续居住年限的证明。居住证持有人在居住地连续居住的,自证件签发之日起每满1年之日前1个月内,到居住地公安派出所或受委托的服务管理机构办理签注手续,逾期未办理签注手续的,居住证使用功能中止;补办签注手续的,居住证使用功能恢复,居住证持有人在居住地的居住年限自补办签注手续之日起连续计算。居住证持有人办理签注手续时,应当交验本人有效身份证件、居住证以及就业、居住、就读等证明材料。持有人的就业、居住等情况发生变化,不再符合申领条件的,不予签注。

(三)新老居住证件衔接

新《条例》施行后,我市全面实施IC卡式居住证。首次申领《浙江省居住证》,免收证件工本费。换领或者补领的,按规定收取证件工本费。办理居住登记、变更登记和签注手续不得收取费用,原发放的纸质居住证,在证件有效期内继续有效,持证人要求换领IC卡式居住证且符合申领条件的,应予以免费发放。各公安派出所(流管所)要主动为符合申领条件的持证人提供换领IC卡式居住证服务,在2017年6月30日前全面完成换证工作。

二、保障居住证持证人权利

《浙江省居住证》是持有人在居住地居住、作为常住人口享受基本公共服务和便利、申请登记常住户口的证明。居住证持有人在居住地享有以下权益和公共服务:

(一)劳动就业

免费享受公共就业服务机构提供的就业服务;免费享受政府部门组织的就业技能、劳动法律法规、安全生产、维权意识等方面基本常识的培训;报名参加职业资格考试、申请授予职业资格;符合有关规定条件的,可享受政府提供的职业技能培训补助。

(二)社会保险

享有与本地居民相同的参加企业社会保险的权利和义务;参加养老保险的,在终止或解除劳动合同后,可根据有关规定和本人意愿,由社会保险经办机构给予保留养老保险关系或随同转移基本养老保险关系、个人账户;非自愿性失业的,享受失业保险待遇。

(三)义务教育

符合入学条件的义务教育阶段随迁子女统筹安排到指定学校就读,享受与当地学生同等教育待遇;符合条件的随迁子女初中毕业后可在居住地报考普通高中或中职学校。

(四)卫生计生

办理生育服务登记和其他计划生育证明材料;享有与本地居民相同的国家规定基本项目的计划生育免费服务和基本公共卫生服务;随迁子女享受居住地卫生院计划免疫基础疫苗免费接种;患有结核病、艾滋病等重点传染病的流动人口,可根据政策减免相关检查和治疗费用。

(五)文化体育

与本地居民同等享受电大、夜大等教育资源及科技馆、图书馆、博物馆、体育馆、公园等科教文体娱乐公共服务设施;按规定享受"绍兴人免费游绍兴"政策。

(六)证照办理

办理出入境证件,换领、补领居民身份证,机动车登记,申领机动车驾驶证等手续。

(七)住房保障

符合规定条件的,可申请租住公共租赁住房;按规定缴存、提取和使用住房公积金。

(八)公共交通

按照规定办理公交卡、公共自行车卡,享受市民优惠政策。

(九)社会事务

参加居住地各类评选表彰并享受相应待遇,申请加入工青妇等组织,参与居住地村(社区)管理。

(十)法律服务

享受与本地居民同等的法律援助待遇和其他法律服务。

(十一)社会救助。

所在家庭符合居住地相关社会救助条件的,可享受相应的社会救助政策。

(十二)户口登记

符合居住地户籍准入规定条件的,根据本人意愿,可以申请登记为常住户口。

(十三)其他待遇

国家和省、市人民政府规定的其他公共服务和便利。

三、工作要求

(一)加强组织部署,明确工作职责

各镇乡(街道)、各有关部门要加强组织领导,切实抓好新型居住证制度各项工作。市流管局要认真牵头组织,加强统筹协调和督促指导,确保相关工作有序推进。市公安局是流动人口居住登记和居住证管理的主管部门,负责流动人口居住信息采集和IC卡式居住证申领受理、制作、发放、签注等证件管理工作,市发改、教育、民政、司法、财政、人力社保、建设、交通运输、文化新闻出版、体育、卫生计生、旅游、城管执法、公积金管理、总工会、共青团、妇联等部门要按照职能分工,落实居住证持有人可享有公共服务和便利的配套政策,做好流动人口居住登记和服务管理的相关工作,保障居住证持有人权益。IC卡式居住证工本费、功能对接费等流动人口服务管理工作经费纳入财政预算。镇乡(街道)要强化属地管理责任,按照规定做好流动人口居住登记和服务管理相关工作。村(社区)要协助做好流动人口居住登记、居住房屋出租登记和居住证持有人权益保障等工作,鼓励社会力量参与流动人口居住登记和服务管理的相关工作。

(二)夯实基层基础,加强居住登记

深化"以房管人、以业管人",按照"谁出租、谁负责,谁用工、谁负责,谁经营、谁负责"原则,抓住流动人口居住、就业两个关键环节,强化部门联动合力和属地管理责任,创新落实社会化管理举措,压实村(社区)、用人单位、物业服务单位、中介机构、房屋出租人主体责任,依法落实消防、安全、登记备案、信息报送义务,按照不低于上一年度登记流动人口数800∶1的比例配备流动人口协管员,有效整合基层力量,建立健全基础信息常采常新和长效管理机制。

(三)突出工作重点,增强政策实效

要按照新型城镇化以及"基本公共服务均等化、优质公共服务梯度化"要求,结合经济社会发展水平、公共财力和资源承载能力,建立完善适合我市实际的居住证制度配套政策,提供"一体化、一站式"便民服务,逐步扩大为居住证持有人提供公共服务和便利的范围。根据《关于实施流动人口积分制管理的指导意见(试行)》(绍市委办发〔2015〕41号)精神,建立健全与居住年限等条件挂钩的公共服务和便利提供机制,坚持存量优先,妥善解决进城务工人员的权利保障问题。做好IC卡式居住证实施工作,积极拓展IC卡式居住证功能应用,加强与市民卡(社保卡)等卡证功能的对接,提高居住证"含金量"。

(四)推进平台建设,促进信息共享

依托浙江政务服务网数据共享平台,将各部门在履行职责或提供服务过程中获取的流动人口信息数据统一汇入流动人口综合信息平台,促进信息互通和业务协同,提高流动人口服务管理数据的权威性和完整性,为实现基本公共服务常住人口全覆盖提供信息支撑。健全完善流动人口信息申报采集方式,继续深化流动人口居住信息移动采集系统应用,拓展手机客户端、互联网等信息化手段,进一步提高申报采集工作实效。

(五)加强宣传培训,营造良好氛围

通过各种媒体平台广泛宣传新《条例》实施的重大意义,做好政策解读和舆论引导工作,着力提高社会公众对政策的知晓率,增强流动人口、相关责任主体的法律意识和责任意识,引导流动人口主动申报居住登记、申领居住证,为新《条例》实施营造良好的社会环境。要加强对从事流动人口服务管理的工作人员的业务培训,正确掌握政策内容,依法依规、积极主动做好服务管理工作。

四、本意见自发布之日起施行。

诸暨市人民政府办公室
2017年2月20日

4.1.9 诸暨市关于进一步做好义务教育段外来建设者随迁子女就学工作的实施意见[1]

提要: 2017年,诸暨市发布《关于进一步做好义务教育段外来建设者随迁子女就学工作的实施意见》。该实施意见在2014年试行的基础上,进一步从入学对象、入学条件、证明材料、配套措施和工作要求五个方面再次完善了外来建设者随迁子女就学工作的具体规范,通过对比发现,新一版的实施意见对于不同部门的职责分工更加清楚,对于随迁子女教育权利的保障体系更为完善,能够更加有效地保障外来务工人员随迁子女的教育权利。

各镇乡人民政府,各街道办事处,市政府各部门,市属各企事业单位:

为积极配合户籍制度改革,依据上级有关文件精神,结合我市实际,现就进一步做好我市义务教育阶段外来建设者随迁子女就学工作提出如下意见:

---

1 诸暨市人民政府办公室:《关于进一步做好义务教育段外来建设者随迁子女就学工作的实施意见》,2017年3月31日印发,诸政办发〔2017〕28号。

一、入学对象

凡户籍不在诸暨市,随父母(法定监护人,下同)在诸暨市稳定居住,已持有诸暨市居住证的外来建设者随迁子女。

二、入学条件

户籍所在地无监护条件,且其父母同时具备以下5项条件的随迁子女,可申请在我市就学:

(一)随迁子女及父母双方均持有公安部门核发的、有效期内的《浙江省居住证》(2017年随迁子女本人的居住证暂不作要求),随迁子女居住证登记地址与父母住所一致;

(二)父母其中一方在我市与用人单位依法签订劳动合同六个月及以上或依法持有工商营业执照并实际经营六个月及以上;

(三)父母其中一方在我市依法连续按月缴纳基本养老保险六个月及以上;

(四)父母在我市有稳定合法住所且实际居住六个月及以上;

(五)父母无违法生育记录。

同时具备以上条件的,可向父母务工或经商所在地镇乡(街道)提出入学申请。时限计算截止日为入学当年度的6月30日。

三、入学证明材料

随迁子女申请就学时应提供以下证明材料:

(一)父母其中一方与我市相关用人单位签订的劳动合同,或其取得的有关工商营业执照等(其中劳动合同需经镇乡(街道)相关职能机构鉴证);

(二)父母在我市的住宅租房证明或居住证明(需经所在单位或村[社区]鉴证);

(三)家庭户口簿和父母双方身份证、《浙江省居住证》;

(四)父母其中一方在我市参保基本养老保险,且一直连续按月缴费的相关证明;

（五）由户籍所在地计生部门签发，并经我市镇乡（街道）计生部门鉴证的《流动人口婚育证明》；户籍所在地政府计生部门近两个月内出具的父母或其他法定监护人无违法生育证明。

非起始年级转入的随迁子女，除提供上述证明材料外，还需出具原就读学校的学籍证明。

四、配套管理措施

（一）对在我市拥有合法产权住房且父母无违法生育记录的外来建设者，其随迁子女可凭家庭住房产权证明直接到产权房所在学区学校申请入学；对具有全日制大专及以上学历或中高级专业技术职称且无违法生育记录的外来建设者，其随迁子女向镇乡（街道）申请入学时，劳动合同、工商营业执照、参保基本养老保险等时限可适当放宽，经所在地镇乡（街道）同意后可统筹安排入学；经组织、人社部门批准的引进人才子女、其他政策性安置对象子女等，由市教育局统一调配入学。

（二）现已在我市小学就读的随迁子女，2017年秋季申请在我市初中就读的，其父母其中一方须在2016年8月31日前参保；自2018年起申请就读的，其父母其中一方须自文件生效之日起已在我市依法连续按月缴纳基本养老保险。

（三）现已在我市初中学校就读、申请在我市继续就读高中段学校的随迁子女，其就读政策仍按《诸暨市人民政府办公室转发市教育局等5部门关于外来建设者随迁子女义务教育后在我市初中升高中工作的实施意见的通知》（诸政办发〔2014〕145号）文件执行。

五、有关工作要求

（一）切实把握政策底线。各镇乡（街道）、有关部门和各中心学校要切实增强政策执行的严肃性，认真把握标准，确保符合条件的随迁子女按时、有序入学；要全面、准确掌握辖区内流动人口基本情况，对不符合入学条件随迁子女家庭及时做好思想引导工作，确保随迁子女就学工作平稳、有序。

(二)切实履行管理责任。随迁子女入学原则上由随迁子女父母务工或经商所在地镇乡(街道)负责,镇乡(街道)中心学校具体组织实施。需在我市申请入学的随迁子女,其父母应在每年规定时限内向务工或经商所在地镇乡(街道)中心学校提交就学申请及相应证明材料。各镇乡(街道)要遵循本意见精神,制订完善相关操作细则,积极协调各部门(单位)做好随迁子女就学资格的查验工作,中心学校要在规定时限内向申请人反馈审验结论。

(三)切实加强宣传引导。各镇乡(街道)、有关部门要采取多种措施加强对随迁子女就学政策的宣传解读,重视舆论引导,畅通信息渠道,做到提前预告、合理引导,为政策顺利实施创造有利条件。

本意见自2017年5月1日起施行,原《诸暨市人民政府办公室关于进一步做好外来建设者随迁子女就学工作的实施意见(试行)》(诸政办发〔2014〕91号)同时废止。

诸暨市人民政府办公室
2017年3月31日

4.1.10 诸暨市推广实施流动人口服务管理"四化四式"新模式工作方案[1]

提要:为了促使流动人口服务管理工作水平再上一个台阶,2018年诸暨市制定了推广实施流动人口服务管理"四化四式"新模式工作方案。方案指出要努力实现登记管理更加精准、安全风险更加可控、公共服务更加到位、社会融合更加深入的工作目标。通过推进网格化标配式管理、集约化旅馆式管理、信息化协同式管理、多元化融合式发展来提高流动人口服

---

1 中共诸暨市委办公室、诸暨市人民政府办公室:《关于印发〈诸暨市推广实施流动人口服务管理"四化四式"新模式工作方案〉的通知》,2018年7月5日印发,市委办〔2018〕49号。

务管理质量和效率。该方案弘扬了"枫桥经验"的基本精神,有助于适应时代发展、积极回应流动人口对美好生活的期盼。

为进一步提升全市流动人口服务管理水平,根据推广提升新时代"枫桥经验"创新成果"十大工程"总体安排,决定在全市推广实施流动人口服务管理"四化四式"新模式,工作方案如下:

一、指导思想

以习近平新时代中国特色社会主义思想和党的十九大精神为引领,大力弘扬"枫桥经验"基本精神,主动顺应时代发展和流动人口对美好生活的期盼,按照党政主导、公安牵头、社会协同、公众参与的总体思路,推广实施流动人口网格化标配式、集约化旅馆式、信息化协同式、多元化融合式"四化四式"服务管理新模式,不断加强和改进新时代流动人口服务管理工作的能力水平,形成具有诸暨特色的流动人口服务管理新局面。

二、目标任务

通过推广实施"四化四式"新模式,总体目标是减少风险隐患,促进社会融合,具体要达到以下四个目标:

(一)登记管理更加精准。全面掌握流动人口、居住出租房屋底数实情,流动人口居住登记率、登记信息准确率、居住出租房屋登记率、同住人员关系采集率分别达到95%、95%以上和100%。

(二)安全风险更加可控。强化居住出租房屋源头管控,全力消除消防、建筑、治安安全隐患,流动人口超过500人的村(社区)开展旅馆式管理以及10人(含)以上群租房智能门禁改造,9月底前达到50%,年底实现全覆盖。

(三)公共服务更加到位。全面深化新型居住证制度,推进居住证"一卡通"多功能应用,健全完善基本公共服务和便利提供机制,逐步给予持有居住证的流动人口市民待遇。

(四)社会融合更加深入。建立党建引领、共治共享的流动人口社会融合工作机制,9月底前流动人口3 000人以上、流动党员10人(含)以上的镇乡(街道)要建立新居民党组织和流动人口融合性社会组织,流动人口超过500人的村(社区)要建立村务(社区事务)共商共治机制。

三、工作措施

(一)推进网格化标配式管理,进一步提升流动人口登记管理质量

1.健全网格化管理制度。各镇乡(街道)要将流动人口服务管理工作融入"四个平台"和全科网格建设,建立"流动人口信息登记、不安定因素摸排、居住出租房屋安全巡查"三位一体的流动人口网格化管理制度,进一步落实网格员工作职责,全面掌握流动人口、居住出租房屋的底数和动态情况,最大限度压降社会风险。

2.落实"四个一"标配清单。各镇乡(街道)要落实一周一次登记信息到期提醒、半月一次网格员上门走访核查、一月一次流动人口登记管理检查考核、一季一次居住出租房屋安全隐患滚动排查整治的"四个一"标配清单;市流管局每月要对镇乡(街道)开展督查考核,对抽考不合格的镇乡(街道)实行一次考核扣分、连续二次专项整改、连续三次通报批评制度,进一步压实管理责任。

(二)推进集约化旅馆式管理,进一步提升居住出租房屋安全管理水平

3.推广集约化经营新模式。各镇乡(街道)要充分发挥村级组织自治职能,指导村(居)修订社区公约、村规民约等规章制度,因地制宜推广直埠镇"统一代管、统一改造、统一出租、统一分配收益、提升安全标准、提升管理能力、提升服务水平、提升社区共治、提升经济收益"的"四统一五提升"居住出租房屋集约化经营模式,打造"政府放心、村民开心、租户暖心"的旅馆式管理升级版。其中暨阳街道、陶朱街道、浣东街道、大唐镇、店口镇、草塔镇、枫桥镇等流动人口较为聚集的镇乡(街道)9月底前须完成至少一个村的示范点建设,形成暨阳—陶朱、大唐—草塔、直埠—店口、枫桥—浣东四个居住出租房屋集约化经营示范带。

4.打造旅馆式管理新常态。建立镇乡(街道)、村(社区)为主体的组织架

构,流动人口超过500人的村(社区)要分步实施居住出租房屋旅馆式管理,设置集租房审核、合同签订、信息采集、监督检查、情况报送等基本功能为一体的"旅馆总台"。以10人(含)以上群租房为重点,根据个人承包、法人出租、房东自营等不同形式,采取分类旅馆式管理,设置"旅馆前台",统一安装集成人员信息采集、数据自动比对、轨迹回放分析等功能的智能门禁系统,形成租前安全把关、人来登记、人走注销的精准管理态势。

(三)推进信息化协同式服务,进一步提升流动人口综合服务能力

5. 推广"安心租"协同服务平台。各镇乡(街道)要大力推广"安心租"新居民社会协同服务手机APP,建立居住出租房屋安全准入制度,集中打造集房屋中介、劳务中介、便利服务于一体、线上线下可互动、综合服务与留痕管理相结合的社会协同服务平台。要求9月底前实现"两个一律":符合消防、建筑安全的居住出租房屋一律进入"安心租"APP,不符合安全准入条件的房屋一律不得出租。

6. 建好一站式综合服务窗口。各镇乡(街道)要借鉴大唐、店口等地设立集登记办证、纠纷调解、计生服务、法律援助等相关职能于一体的一站式新居民综合服务中心的做法,努力实现流动人口办事"只进一扇门,最多跑一次"。暨阳街道、陶朱街道、浣东街道、大唐镇、店口镇、草塔镇、枫桥镇等流动人口较为聚集的镇乡(街道)要开设新居民综合服务窗口,提供一站式服务;流动人口超过500人的村(社区)要结合"旅馆总台"建设设立新居民服务站,提供流动人口居住信息登记、居住证申领签注等代办服务,并逐步将代办服务延伸落实到所有村(居)。

(四)推进多元化融合式发展,进一步提升基层社会治理能力

7. 推进流动人口党建工作。各镇乡(街道)要坚持党建引领,示范带动,借鉴大唐镇、店口镇等地的做法,流动人口超过3 000人且外来党员达10人(含)以上的镇乡(街道)9月底前要建立新居民党支部,组织开展外来党员"归队、聚心、亮身份"活动,充分发挥外来党员在信息收集、矛盾化解、互动融合等方面的特殊作用,逐步实现流动人口党建全覆盖。要重视党建引领下的流动人口融合

性社会组织建设,原则上流动人口超过3 000人的镇乡(街道)要培育一支新居民社会组织,促进流动人口自我教育、自我管理、自我服务,推动建立多元主体参与的共建共治共享基层社会治理格局。

8.促进流动人口社会融合。各镇乡(街道)要借鉴大唐镇、店口镇等地的做法,进一步加强对流动人口的权益保障,积极探索吸引人力资源、提高劳动技能、增强新居民归属感的方法措施,努力使流动人口工作安心,生活舒心。要逐步建立党建引领、共治共享的流动人口社会融合工作机制,积极探索实施新居民党员兼任村(居)支委、列席村(居)党支部会议、聘用优秀新居民为村(居)主任助理、新居民参与村(居)重大活动等制度,使流动人口尽快融入社区。9月底前流动人口超过500人的村(社区)要建立流动人口参与村务(社区事务)的共商共治机制并开展实质性活动。组织开展流动人口"先锋工程",开展各类流动人口争先创优和宣传表彰活动,逐步提高流动人口在各类先进评选表彰和各级劳动模范、优秀共产党员评比表彰中的比重。

四、工作要求

(一)高度重视,加强组织领导。流动人口服务管理"四化四式"新模式是新时代"枫桥经验"的有机组成部分,对促进经济社会平稳健康发展、推进"枫桥经验"纪念活动具有重要意义,各镇乡(街道)、有关部门必须高度重视,认真落实,全力推动点上的"盆景"变为面上的"风景"。市成立由市委副书记、政法委书记孙君任组长,市委常委、常务副市长宣方乐,市委常委、公安局局长沈平江任副组长的领导小组,领导小组办公室设在市公安局。各镇乡(街道)和有关部门也要成立领导小组和工作专班,制订工作方案,排出时间节点、责任人员和任务清单,迅速部署开展各项工作。

(二)注重创新,形成示范效应。各镇乡(街道)和市委组织部、综治办、公安局、流管局、教育局、民政局、人力社保局、建设局、卫生计生局等有关部门要坚持在完善中推进,在创新中发展,根据民意导向和问题导向大胆开展创新实践,充分依靠和发动群众,进一步发挥基层组织和社会各界的力量,将"德治、法治、自治、共治"综合运用到流动人口服务管理工作中去,全力抓好示范点建设,努力为"四化四式"新模式增添新元素,实现以点带面,全域提升。宣传部要有计划地组织开展对外宣传工作,进一步扩大全市流动人口服务管理工作的影响力。

(三)夯实基础,抓好风险管控。要加强底线思维,推广实施新模式首要任务是管控风险,消除隐患。公安机关要进一步加大对流动人口违法犯罪的打击力度,加强对治安问题突出部位和违法犯罪多发区域的日常管控,密切关注同籍、同族、同业集聚现象,落实动态管控和挤压措施。各镇乡(街道)和有关部门要进一步做深做细流动人口登记管理基础工作,加强对流动人口不安定因素的摸排化解,确保底数清、情况明、平安不出事。特别是要将居住出租房屋安全隐患作为重点难题来抓,进一步加强源头管理,实施安全准入制度,严密日常巡查,严格刚性执法,对可以处罚的一律顶格处罚,对具有严重安全隐患又不能整改的要采取断电、断水措施,坚决将风险隐患消除在萌芽状态。

(四)加强督查,确保落实到位。市公安局、流管局要定期组织督导检查,全面指导"四化四式"模式的推广落实工作,进一步加强对特色亮点工作的培育总结,及时通报工作进展和存在问题,跟踪整改落实,解决"最后一公里"问题。对工作责任不落实、推广实施不到位,要严肃追究镇乡(街道)部门和相关责任人的责任。市公安局、流管局要制定排名赋分办法,列入2018年度镇乡(街道)平安考核。

4.1.11 诸暨市关于调整义务教育段外来建设者随迁子女就学部分条件设置的通知[1]

提要: 2019年,诸暨市人民政府办公室发布《关于调整义务教育段外来

---

[1] 诸暨市人民政府办公室:《关于调整义务教育段外来建设者随迁子女就学部分条件设置的通知》,2019年4月15日印发,诸政办发〔2019〕15号。

建设者随迁子女就学部分条件设置的通知》,该通知具体取消了两项外来建设者随迁子女就学的入学条件,一是取消入学对象须持有居住证的条件,二是取消父母无违法生育记录的条件。这两种条件的取消极大地放宽了随迁子女就学的政策要求,让更多的外来建设者的随迁子女享有与当地相同的教育权利,体现了诸暨市更加重视对于流动人口合法权益的保护。

各镇乡人民政府,各街道办事处,市政府各部门,市属各企事业单位:

根据《浙江省公安厅关于对〈浙江省流动人口居住登记条例〉相关条款执行问题的批复》(浙公复〔2018〕124号)、《浙江省教育厅关于进一步规范义务教育阶段公办学校学区划分调整和招生入学工作的意见》(浙教基〔2018〕19号)和《绍兴市教育局办公室关于调整义务教育段流动人口随迁子女入学部分条件设置的通知》(绍市教办发〔2019〕9号)精神,现对《诸暨市人民政府办公室关于进一步做好义务教育段外来建设者随迁子女就学工作的实施意见》(诸政办发〔2017〕28号)中关于义务教育段外来建设者随迁子女就学部分条件设置作如下调整,请贯彻执行。

一、取消入学对象须持有居住证的条件。依据《浙江省流动人口居住登记条例》的立法本义,《浙江省居住证》持有人在居住地依法享受义务教育这项基本公共服务,是指其子女享受义务教育,非仅限于《浙江省居住证》持有人本人。因此,目前执行的外来建设者随迁子女(未成年人)本人须持有效居住证才能享受居住地义务教育的规定,不符合《浙江省流动人口居住登记条例》的立法本义,应当取消这个条件。

二、取消父母无违法生育记录的条件。依据《浙江省教育厅关于进一步规范义务教育阶段公办学校学区划分调整和招生入学工作的意见》(浙教基〔2018〕19号)关于"对符合入学条件的学龄儿童,不得以要求其父母出具计划生育、无违法犯罪记录等证明作为前置条件,限制学龄儿童接受义务教育"之规定,"父母无违法生育记录"作为入学条件应予取消。

三、外来建设者随迁子女义务教育入学其他规定不变。

以上调整意见自发文之日实施。

诸暨市人民政府办公室
2019 年 4 月 5 日

4.2　流动人口融合治理的调研报告

4.2.1　流动人口服务管理创新的绍兴经验[1]

提要:2013 年,绍兴市流动人口服务管理局把流动人口服务管理创新工作作为本部门坚持和发展"枫桥经验"的重点工作,并指定由综合处开展专题调研。综合处形成的调研报告指出,绍兴流动人口服务管理的工作主要以"四个创新"助推"三个度",呈现出"枫桥经验"特色。今后绍兴将继续在"枫桥经验"的引领下,紧紧围绕"加快建设经济繁荣、生活富裕、风尚文明的现代化绍兴"的要求,以"融入式服务管理"为主题,以"优化结构、提升素质"为主线,开拓创新,努力开创流动人口服务管理新局面。

随着改革开放的不断深入,工业化、城镇化不断发展,流动人口已成为绍兴一个规模宏大的社会群体。流动人口为绍兴经济社会发展作出贡献的同时,也给社会管理和社会建设带来新的挑战,给城市资源配置、公共服务和社会保障

---

[1] 绍兴市流动人口服务管理局综合处:《流动人口服务管理创新的绍兴经验》,载中共绍兴市委党校、绍兴市"枫桥经验"研究会编:《"枫桥经验"与新城镇社会管理创新研究》,中国社会科学出版社 2013 年版,第285—291 页。

等提出新的要求。因此,如何有效地服务和管理好流动人口,已成为各级党委、政府面临的一个重大而紧迫的课题。近年来,绍兴市委、市政府一直把加强流动人口服务管理作为当前社会管理创新的一项重要系统工程来抓,全面加强科学化管理和人性化服务,取得明显工作实效。新时期,绍兴将进一步探索将"枫桥经验"融会贯穿于流动人口服务管理工作的全过程,形成具有绍兴特色、"枫桥经验"特色的做法。

一、绍兴流动人口现状

绍兴市历年年报数据显示,在绍的流动人口数量从2003年开始以年均近20%的比例递增,到2008年流动人口已经达144.10万人,之后总量继续上升但增幅逐渐缓慢,到2012年达到191.97万人,占全市实有人口的30.37%。

综合分析全市流动人口结构状况,其特征可以概括为"三为主、两集中、一增多"。三为主:一是居住事由以就业为主。其中就业类人员包括务工、经商、务农、服务业人员为161.17万人,占总量的83.96%。二是文化程度以初中及以下为主。其中初中学历占66.17%,小学及以下占20.59%。三是年龄以青壮年为主。16—45周岁的青壮年是在绍流动人口的主力,占80.95%。两集中:一是流出地相对集中。省外流入162.94万人,占总量的84.87%,主要来自安徽、贵州、河南、四川、江西、湖南、重庆等七省(市)。二是流入地相对集中。其中178.4万流动人口分布在绍兴县、诸暨市、越城区、上虞市四地,占总量的92.93%。同时,87.88%的流动人口分布在全市42个重点镇街。一增多:流动性减弱,稳定性增强,出现家庭式迁移趋向。抽样调查显示,被调查对象中在绍居住时间一年以上的高达63%,其中居住三年以上的占18%;携家出行的比例高达41.9%。

二、绍兴流动人口服务管理创新的主要做法

近年来,绍兴流动人口服务管理的主要做法,概括讲是"四个创新"助推"三个度"。

（一）工作体系创新

早在 1998 年,绍兴市就成立了由公安、劳动、计生、财政、建设、教育等部门组成的全市外来人口管理领导小组,并在市综治委设立专门办公室,负责组织和协调全市外来人口的服务管理工作。2010 年,市委、市政府再次调整充实了全市流动人口服务管理工作领导小组,市委、市政府领导任组长、副组长,并明确了进一步建立健全流动人口服务管理机构的具体要求。2010 年 4 月 16 日,绍兴市流动人口服务管理局挂牌成立,具体负责全市流动人口服务管理的组织、协调、指导和综合服务等工作。2010 年 7 月,市"两办"出台了《关于进一步加强和改进流动人口服务管理工作的意见》(绍市委办发〔2010〕84 号),进一步明确了加强和改进流动人口服务管理的重要意义、指导思想和工作目标,对组织机构、队伍建设、服务举措、管理模式和工作保障等提出了明确要求,为县级层面专门机构建设奠定了基础。经过 3 年的努力,至 2012 年底,全市 6 个县(市、区)均建立县级专门机构,其中绍兴县、上虞市、嵊州市为政府行政机构。同时,按照"有明确任务、有人员编制、有硬件设施、有工作机制、有经费保障"要求,大力推进全市 42 个重点乡镇流动人口服务管理规范化所建设,努力把基层流管所建成集办证、教育、管理、服务、维权为一体的一站式工作平台。截至2012 年底,共有 31 个规范化流管所已投入运行,剩余 11 个重点乡镇规范化流管所建设将在 2013 年底前全面完成。此外,要求流动人口超过 200 人的社区(村居)、超过 100 人的用人单位设立服务管理站(点),依托综治工作室或警务室开展工作。目前,全市有 2 659 个村、社区、企业建立了流动人口服务管理站(室)。"市、县(市、区)、镇(街道)、村(社区)"四级组织网络在绍兴初步形成。

（二）政策制度创新

2010 年 11 月,绍兴市政府出台了《绍兴市流动人口居住登记暂行规定》,全市 6 个县市区相继出台了配套政策,这意味着,有着 14 年历史的流动人口暂住证将"光荣退休",流动人口从"暂住"时代进入"居住"时代。出台了《关于深入推进流动人口服务管理十大项目的通知》,对流动人口最为关心的居住、就医、就业、就学、文化、素质、维权、创优、关爱、基础等十大项目的工作职责作了进一步明确,并将"十大项目"涉及的40项任务,分解落实到15个职能部门,定人员、定事项、定目标、定责任、定时限加以推进落实。一是公共服务方面:2010年10月出台《绍兴市区公共租赁住房管理办法》,明确符合相关条件的流动人口可申请公共租赁房;以加快推进绍兴市"十二五"保障性住房建设规划为抓手,认真做好公租房建设工作。实施流动人口与本地居民统一的就业政策,全市公共就业服务机构免费向流动人口提供政策咨询、就业信息、职业介绍、就业援助等服务;采用订单式培训、集中式培训、上门培训等方式,加大对流动人口技能培训力度。以"流入地政府为主、公办学校为主"为原则,深化"入学绿卡"制度,保障流动人口子女"低门槛"入学、"公办学校"入学为主,确保全市流动人口子女"零失学"。以"免费服务零门槛、市民待遇零差距、特色服务零折扣"为目标,就近为流动人口提供与本地居民相同的国家规定基本项目计生服务和公共卫生服务。二是社会保障方面:通过实施社会保险"五险"合征的征缴模式,着力提高流动人口参加社会保险的覆盖面。截至2012年底,全市参加城镇企业职工养老保险的务工流动人口达611 190人,医疗保险参保509 748人,工伤保险参保912 739人,生育保险参保552 789人,失业保险参保557 044人。三是维权帮扶方面:深入开展务工流动人口加入工会工作,积极组建"12351"集体工会。强化工资支付监控制度和监控手段,畅通维权服务"绿色通道",开展整治非法中介、非法用工和拖欠工资"三春"专项行动,努力打造"零欠薪"城市。设立"流动人口司法维权站"和"流动人口人民调解委员会"等组织,竭力帮助其解决遇到的困难和问题。

(三)管理举措创新

把握人口流动的新趋势、新特点,进一步深化"以证管人、以房管人、以业管人"服务管理模式,积极探索多种形式和手段,不断加大管控力度,切实提高流动人口服务管理信息化水平,做到"底数清、情况明"。一是加强协管员队伍建设。严格按照不低于上年度登记在册流动人口 800∶1 的比例,配齐配强流动人口专职协管员,截至 2012 年底,全市共配备协管员 4 052 名。进一步加大经费保障力度,市、区两级财政按照上年度登记在册流动人口数的 40 元/人标准核拨流动人口经费。做好协管员队伍的招录、培训、管理、使用、考核等各环节的工作,确保队伍的基本素质和工作能力。二是突出基础信息采集。按照流动人口信息采集登记"一检查、一通报、一分析"的督查机制要求,市领导小组办公室专门抽调相关部门人员组成督查小组每月对各地开展实地检查,并将检查结果及相关重点工作进展情况进行通报。市流管局与公安部门多次召开加强流动人口登记管理工作会议,并联合下发了《关于进一步加强流动人口登记管理工作的通知》,明确建立公安机关与流管系统三级会商研判制度、社区民警与流动人口专管员绩效捆绑考核等制度。三是探索科学管理模式。探索"以证管人",强化社会申报,鼓励出租房房东、中介机构、学校、医院、旅馆、用人单位等利用电话、传真、网络等渠道主动申报流动人口信息。探索"以房管人",严格实行房屋租赁登记备案和责任追究制度,督促房屋出租人、承租人落实安全保障等相关责任。探索"以业管人",推广"企业出资、职工受益"的集中居住、职业培训模式;着力深化"小事不出厂、矛盾包化解"的纠纷调处机制;规范"劳动有保险、上岗有培训"的用工制度;探索建立"工会主导、丰富生活"的企业关爱平台。四是强化信息化平台应用。全面完成政府流动人口综合信息平台一期建设,制定平台有关信息采集、录入、审批、保密、责任等多项信息管理制度,确保平台规范安全有序运作。逐步实现信息共享,目前,教育、人力社保、卫生和计生等部门已可以通过政府内网进行数据查询和统计。建立流动人口发展状况和人口分布动态监测机制,每月定期对流动人口的数量、素质、结构、分布等问题进行综合监测、分析和研判,为党委、政府制定相关公共服务管理政策和引导人口有序流动提供决策依据。

(四) 融入途径创新

渴望融入城市,却遇到重重阻碍——这是全国各地的流动人口普遍遇到的问题。绍兴市各级部门以融合为主,在思想、情感、生活上给予流动人口关心关爱,营造良好社会氛围,不断增强其归属感和认同感,促进流动人口在绍"共建、共享、共融"。一是着力深化关爱流动人口试点工作。以"更好的人文关怀、更好的公共服务、更好的安居乐业"为主题,深化关爱流动人口试点工作,出台《关爱流动人口若干制度》,促进关爱流动人口常态化。2011年,组建了第一批外来建设者志愿服务队伍,进一步激发在绍流动人口主动参与城市建设,共同服务社会的热情。二是努力推广流动人口再组织化建设。将出台《关于加强流动人口再组织化建设的指导意见》,积极推广"以外管外、以外帮外、以外联外"模式,在流动人口聚居地建立"和谐促进会""新村民小组""外来建设者协会"等群众性自治组织,促进其自我管理、自我服务、自我提高。三是积极探索双向协作机制。探索构建流动人口流入流出地"两头抓、双向管"的工作机制,努力实现流入地、流出地之间信息互通、管理互动、服务互补、责任共担、多方共赢的工作局面。研究出台《关于加强流动人口服务管理双向协作的指导意见》,并组织人员赴安徽省阜阳市、贵州省六盘水市等地开展了双向协作对接工作。四是加快推进流动人口精神文化工作。积极开展适合流动人口文化层次、生活特点、消费水平和实际需求的文体活动,免费开放图书馆、展览馆等文化场所,使流动人口平等享受公共文化设施与产品;举办"新绍兴人"才艺比拼等活动,为流动人口搭建展现才华的舞台。推动企业文化建设,依托企业文化,进一步规划和引导流动人口的精神文化生活。充分运用各类媒体,大力宣传流动人口中的先进典型和感人事迹,倡导对异地文化欣赏与接纳的宽容精神,进一步增强本地居民对流动人口的情感认同。2012年,市级媒体共刊播各类相关报道1 600多篇,形成了较强的舆论声势。

"四大创新"取得了一定的成效,其中最直接的是绍兴的"三个度"得到进一步提升。

一是公共服务管理有序到位,政府工作的"满意度"有了进一步提升。经过制度创新,绍兴市改变了流动人口体制外生存的格局,逐步实现了社会公共服务管理的全覆盖,计划生育基本公共服务均等化、子女义务教育阶段"零失学"等政策的实施使广大流动人口对绍兴的认同感有了进一步的增强,对政府工作的满意度也有了进一步的提升。

二是流动人口权益得到有效保障,社会"和谐度"有了进一步提升。流动人口服务管理专门机构的建立,促成了流动人口维权网络的建立和维权方式的拓展。在化解涉及流动人口矛盾纠纷的过程中探索了以"以外调外"模式,建立流动人口调解室;打造"绍兴无欠薪"城市品牌,为流动人口追讨清欠工资提供帮助。通过落实各项工作措施,流动人口违法犯罪率逐年下降,人民群众的安全感满意度逐年上升。

三是流动人口综合素质得到提升,城市"文明程度"有了进一步提升。绍兴实行居住证分类管理,有效防止人口的无序涌入,同时结构优化开始显现:技术型、管理型、高层次人才越来越多。通过流动人口就业培训,促进了素质就业和稳定就业;开展流动人口文明教育等活动,使流动人口文明礼仪意识逐步加强,流动人口中涌现了一批市、县级"十佳优秀流动人口""劳动模范"等优秀典型。

三、发展"枫桥经验",进一步创新对绍兴流动人口服务管理工作的思考

绍兴流动人口服务管理工作将继续在"枫桥经验"的引领下,紧紧围绕市委市政府加快建设经济繁荣、生活富裕、风尚文明的现代化绍兴的要求,以"融入式服务管理"为主题,以"优化结构、提升素质"为主线,锐意进取,开拓创新,努力开创服务管理新局面。

(一)坚持"立足基层组织"

"枫桥经验"的基石是基层基础,今后要坚持工作前移,把流动人口服务管理网络和工作机制延伸到村居、社区、企业等基层单位,将流动人口服务管理建

立在坚实的群众基础之上。要充分发挥乡镇(街道)的综合协调作用,整合各方资源,明确管理职责,拓展服务功能,构建基层流动人口服务管理的联动平台。要充分发挥用工单位的协助管理作用,进一步落实相关企事业单位的责任,履行好相关法定义务,切实维护好本单位流动人口的合法权益。要充分发挥社会组织的桥梁纽带作用,积极培育各个领域的社会组织,引导其广泛参与流动人口服务管理工作,成为党和政府联系流动人口的桥梁纽带。

(二)坚持"整合力量资源"

"枫桥经验"是综合治理的经验,善于整合资源,今后流动人口服务管理也要有效整合各部门、各单位及社会各方面的资源和力量,建立健全工作机制,努力形成"党委领导、政府负责、社会协同、群众参与"的工作格局。一要通过搭建平台来整合。要进一步完善"市县镇村"四级网络平台,健全各级流动人口服务管理工作领导小组办公室和专门机构。领导小组办公室要全力抓好工作的组织、协调、业务的指导、督导,创造性地开展工作。各相关部门要在抓好本职工作的同时,加强相互协作配合,齐力抓好落实。二要通过落实制度来整合。进一步贯彻落实《浙江省流动人口居住登记条例》《绍兴市流动人口居住登记暂行规定》,对《规定》涉及的相关待遇分解到相关责任单位,进行细化落实,使之更具针对性和可操作性。三要通过完善信息来整合。要加快推进市、县两级流动人口综合信息平台系统建设,打破部门之间、条块之间、区域之间的信息壁垒,实现跨系统、跨部门、跨地区的信息共享和综合利用。

(三)坚持"就地化解矛盾"

"枫桥经验"最家喻户晓的说法是"小事不出村,大事不出镇,矛盾不上交",实质就是就地化解矛盾。今后各地各部门要深入调查研究,及时掌握流动人口中不稳定的苗头和隐患,采取针对性措施,切实加以解决。一要及时排查化解流动人口中的矛盾纠纷。切实加强流动人口调委会建设,建立健全流动人口矛盾纠纷专项排查化解机制,主动解决流动人口的合理诉求,努力把问题解决在基层、化解在萌芽状态,严防发生重大群体性事件。二要严厉打击流动人口中的违法犯罪。要健全流动人口高危人员管控机制,把有前科劣迹、无正当职业、身份不明、居无定所、昼伏夜出等有违法犯罪嫌疑的人员作为管理重点,严格落实管控措施。三要积极预防和减少流动人口中的安全生产事故。要进一步强化政府的监管责任和企业的主体责任,切实提高外来务工人员的自我安全防范能力,最大限度地预防和减少安全生产事故发生。

(四)坚持"保障民生民安"

新时期"枫桥经验"已经从社会治安综合治理的经验转向社会管理综合治理的经验,更多地融入了"以人为本、服务民生"的理念,今后在流动人口管理服务工作中也要突出保障民生民安。调查显示,当前流动人口最希望党委和政府解决的是三方面问题:一是住房和社会保障;二是子女教育;三是就业。我们要紧紧围绕这些需求,结合实施居住证制度,进一步研究制定配套政策措施,努力从制度上把他们关心的问题解决好,使他们学有所教、劳有所得、病有所医、住有所居,安心就业、安定生活。同时,要把流动人口纳入本地经常性管理范围,使他们享有当地居民同等的权利和义务,实现经济上同工同酬、政治上同责同权,促进流动人口更好地融入当地社会。

4.2.2 关于流动人口对绍兴经济社会发展影响的调研报告[1]

提要: 2015年,绍兴市公安局、绍兴市人口服务管理局为强化绍兴市流动人口管理服务工作的顶层牵引,以联合调查为抓手,以事实情况为支撑,进而从顶层出发为政策设计和制度创新提供方向遵循。该调研报告从流动规模、人口结构、区域分布和价值取向四个方面介绍了绍兴市流动人口

---

[1] 绍兴市公安局、绍兴市人口服务管理局联合调研组:《关于流动人口对绍兴经济社会发展影响的调研报告》,内部资料,2015年印发。

的基本情况,并详细分析了流动人口规模与绍兴市经济社会发展之间的内在关系。报告认为当前绍兴流动人口总量规模与经济社会发展水平是基本适应的,并且总体上利大于弊,在此基础上从市场机制、产业调控、社会治理、居住证制度、基础管理和权益保障六个方面全面勾勒了全市流动人口服务管理的新蓝图,开辟了绍兴市流动人口系统化管理的新局面。

人口流动是经济社会发展的必然现象,也是市场经济发展过程中的一个重要因素。绍兴地处中国经济发达的沿海经济带,是市场经济、民营经济的先发地区之一,工业企业发展迅速,劳动密集型产业特征明显,吸纳了大量的流动人口。截至2015年6月30日,全市流动人口数为169.59万人,占实有人口的27.7%(户籍人口443.11万人)。近年来,社会各界对流动人口的评价莫衷一是,如何从经济社会可持续发展的高度,正确认识流动人口对绍兴经济社会发展的影响,准确把握流动人口发展趋势,解决好流动人口带来的一些问题,加强政策设计和制度创新,是当前值得深入研究的一个课题。

一、绍兴市流动人口的基本情况

(一)流动规模稳定化

1.总量稳中有降、动态平衡。近些年来,绍兴流动人口总量规模从2000年的21.88万人增长到2015年的169.59万人,年均增长16.2%;2007年流动人口总量首次突破百万人,2012年达到最高峰值191.97万人。近三年来,流动人口总量维持在170万不到,其中2013年为168.98万人,2014年168.88万人,2015年为169.59万人,总量增幅趋缓。从全省情况看,绍兴流动人口总量位于杭州、宁波、温州、金华、嘉兴、台州之后,与本地户籍人口比为0.383∶1,低于宁波0.714∶1、嘉兴0.667∶1、杭州0.623∶1、金华0.616∶1、温州0.403∶1和全省平均0.469∶1。

2.长期居住人员增多、家庭式迁徙增多。2016年初全市流动人口流动状况抽样调查显示,对车站码头、劳务市场、居住出租房、用工单位、建筑工地、网吧等部位共 1 800 名流动人口的随机抽样中,未来过绍兴的有 149 人,居住在绍兴的有 1 651 人,占 91.7%。居住一年及以上的有 1 013 人,占在绍居住人员的 61.4%,较上年上升 3.5 个百分点。携家同行的占 50.6%,较上年增长 9.4 个百分点;共携带小孩 551 人,比上年增加 129 人。反映出部分就业稳定且有经济能力的流动人口家庭已居留绍兴。(根据市流动人口综合信息平台统计,截至 2016 年 3 月底,全市在册总数为 152.76 万人,居住半年以上的为 115.32 万人,占在册总数的 75.4%。)

(二)人口结构低端化

1.文化程度和技能水平较低。初中及以下文化程度占总量的 87%,比 2012 年下降 1.4 个百分点;高中文化程度占总量的 8.7%,大专及以上文化程度占总量的 4.3%,分别比 2012 年上升 1.2 个和 0.2 个百分点。另抽样调查显示,无技能和无职称的流动人口分别占抽样总数的 65.33% 和 1.72%,较 2012 年分别下降了 3 个和 6 个百分点。(根据市流动人口综合信息平台统计,截至 2016 年 3 月 31 日,全市高中及以上文化程度人员占比分别为越城区 29.3%、原高新区 16.9%、上虞区 15.7%、新昌县 15.1%、袍江开发区 14.6%、滨海新城 14.1%、诸暨市 13.5%、柯桥区 11.3%、嵊州市 10.2%,与各地产业结构状况基本吻合。[此项数据统计不包括 16 岁以下人员]。)

2.青壮年比例有所下降。16 岁至 49 岁段青壮年流动人口占总量的 78.9%,比 2012 年下降 5.8 个百分点。但老少两端年龄流动人口占比呈上升趋势,其中 16 岁以下携带儿童数占总量的 11.8%,比 2012 年上升 2.2 个百分点;50 岁以上流动人口占总量的 9.3%,比 2012 年上升 3.5 个百分点。年龄结构"两头小,中间大"的橄榄型状态正逐步发生变化。

(三)区域分布集聚化

1.流出地、流入地相对集中。省外流入流动人口为 148.91 万人,占总量的

87.81%,主要来自安徽、贵州、河南、四川、江西、湖南、重庆等六省一市。越城区、柯桥区、上虞区和诸暨市行政区域内,共有流动人口156.76万人,占总量的92.4%;其中绍兴市区共有流动人口119.36万人,占总量的70.4%。

2. 人口聚居现象突出。89%的流动人口居住在全市经济相对发达43个重点镇街,有9个镇街、268个村居(社区)流动人口超过本地户籍人口,出现人口倒挂。全市有65.5%的流动人口居住在出租房屋,流动人口出于人性的互助本能和乡土文化的共识,同籍同族同业聚居明显。

(四)价值取向市民化

新生代("80后")流动人口逐渐成为人口流动迁徙主体,随着政府提供的公共服务和相关政策日益改善,越来越多的流动人口停止了钟摆式流动,在城市中长期居留,更加注重体面的就业、生活和发展机会,融入城市生活的愿望强烈,利益诉求更加多元化、复杂化,逐步由生存型转向发展型。抽样调查显示,在已找到工作的1 461名流动人口中,有728人选择企事业单位,占49.8%;有270人选择自主经营,占18.5%;有457人选择其他行业,占31.3%,仅6人在家带孩子做家务。选择企事业单位打工仍是主流,但选择自主经营的比例比上年上升7个百分点,且连续3年呈增长趋势,说明部分流动人口已开始由打工者向创业者转变,就业方向选择上更趋多样化。

二、流动人口规模与绍兴经济社会发展关系的基本分析

(一)流动人口与经济社会发展的匹配状况分析

1. 从全市GDP总量看流动人口对经济发展的作用。2010—2015年绍兴流动人口总量呈平稳增长态势。全市GDP总量也逐年增长,随着经济增长速度趋缓,流动人口增速也逐步放缓,两者具有同向性。同时,从全市流动人口空间布局情况看,数量分布与各地经济发展同步,主要扩散居住在全市经济相对发达镇街,经济总量较高的地方往往是流动人口数量较多的地方。某一区域流动人口的数量可以讲就是这一区域经济发展的"晴雨表"。

2. 从城镇登记失业率看流动人口总量的合理性。2010—2015年绍兴市城镇登记失业率逐年递减,2015年下降为2.56%,而流动人口总量呈递增态势,流动人口总量增长与登记失业率下降并存。说明流动人口的增多并没有影响到本地劳动力就业率的降低,对本地劳动力不存在挤出效应,进而说明流动人口与本地劳动力有较强的互补关系,是绍兴经济社会发展不可或缺的劳动力补充。

3. 从产业结构看流动人口结构的适应性。一定的产业结构需要一定的从业人员,绍兴劳动力密集、技术含量低的传统型产业相对集中,产业的低端化必然导致劳动力结构的低端化,特别是轻纺产业集群的成长很大程度上仍依赖充足的低端廉价劳动力来支撑。根据绍兴市第三次经济普查数据,2013年末,全市第二产业和第三产业法人单位、有证照个体经营户共有从业人员419.56万人。虽然从业人员缺乏流动人口数据,但可作近似推算,2013年绍兴户籍劳动年龄人口为284万人,不考虑人口流出等因素,仍需要近136万的外来劳动力进行补充,这一推算结果与2013年末绍兴登记在册流动人口适龄劳动力142.41万人非常接近。未来几年,随着绍兴产业转型升级的加快,产业对低端劳动力的依赖度和需求量将逐渐下降,在市场资源配置的作用下,流动人口总量结构将维持在一个相对合理状态。

(二)人口流入与经济社会发展的趋向性分析

1. 区域经济发展优势是吸引外来人口持续流入的外在引力。地区间的经济发展不平衡导致人口流向经济发达、就业机会更好的地区,这是吸引劳动力流入的主要因素。考虑到流动人口多来自农村地区,选择以农村居民人均纯收入为指标进行比较,2014年绍兴农村居民人均纯收入23 539元,7个主要流出省(市)中,最高的江西省为10 117元,最低的贵州省为6 671元,分别仅为绍兴的43%和28%。流动人口作为经济性流动的群体,具有逐利性,巨大的收入差距将使绍兴对流动人口的吸引力持续存在。

2. 人口老龄化趋势是吸引外来人口持续流入的内生需求。绍兴人口已进入老龄化快速发展期,据统计数据分析,截至2015年末,全市户籍人口中年龄在18岁以下的为63.62万人;18—60岁的人口为278.62万人,比重为62.9%,比上年下降0.6个百分点;60岁以上的人口为100.87万人,比重为22.8%,比上年提高1.1个百分点。人口的老龄化势必形成劳动力供需矛盾,需要持续引入外地青壮年劳动力,以弥补供给短缺,维持经济增长的活力。这是吸引和推动劳动力流入的另一个重要因素。

3. 良好的社会环境和公共服务政策是吸引外来人口持续流入的制度保障。近年来,绍兴通过实行居住证制度,在子女教育就业培训、住房保障、卫生计生及文化旅游等方面出台了一系列面向流动人口的公共服务政策,大力实施关爱制度,营造了开放包容的政策环境和人文环境,保障了流动人口在绍安居乐业。抽样调查显示,1 800名流动人口中对绍兴治安状况表示满意或基本满意的高达98.8%,愿意长期在绍生活占60.4%,但落户意愿并不强烈,71.2%的被调查对象不愿意在居住地落户,其中农业户口流动人口落户意愿低于非农户口流动人口。

三、流动人口对绍兴经济社会发展影响分析

(一)积极影响

市场经济是以市场作为资源配置基本方式的经济形式。人口流动使市场配置资源的作用得到发挥,使人口作为重要的生产要素做到合理有效配置。流动人口对绍兴经济社会发展具有巨大推力,既通过其生产者的身份又通过消费者的身份来共同实现。

1. 为经济社会持续快速发展提供了人力要素支撑。大量青壮年流动人口为绍兴提供了丰富的适龄劳动力资源,增添了劳动力活力,"稀释"了老龄化程度,延长了"人口红利"期。在绍兴以劳动密集型为特色的产业结构情况下,劳动力是产业发展的主要要素,流动人口提供了发展所需的大量产业工人,缓解了劳动力供需矛盾,支撑了绍兴产业经济的快速发展。

2. 缓解劳动力结构性短缺的矛盾,填补劳动用工空白。在绍流动人口主要分布在纺织、印染、化工等劳动密集型产业,承担了大量城市苦、脏、累的工作。如城市建筑环卫工人、家政从业人员、餐饮服务人员的90%以上都是流动人口。流动人口填补了城市经济结构调整过程中出现的劳动用工空白,促进了劳动力结构的均衡,确保了社会生活正常有序,创造了巨大的经济效益和社会效益。

3. 丰富了城市化所需人口的来源,推动了城市化进程。流动人口在城市的集聚,本身就是一股巨大的消费力,刺激了消费市场,促进了城市文化的多样性,带动了城市化的发展,直接推动了城市化指标的变化。特别是绍兴乡镇块状经济特色明显,民营经济发达,大量流动人口的集聚,使这些地方获得了工业化和城市化同步发展的良机,加快了农村地区城镇化的步伐。

4. 冲破了社会二元结构的藩篱,推动了社会管理体制改革。根据国家人口和计划生育委员会《中国流动人口发展报告2015》对城镇化、工业化进程和城乡人口变动趋势预测,"十三五"时期,我国流动迁移人口仍将增长,人口将继续向沿江、沿海、铁路沿线地区聚集。流动人口突破了身份束缚迈向市场,因其源流分散,文化中传统和背景势必带有巨大的差异性,其需求的多样性、管理的复杂性,迫使政府重视流动人口的发展基础需要,从服务管理的理念、体制、方式等相应作出变革以适应不断出现的情况和问题。

(二)消极效应

流动人口为经济社会发展作出了重要贡献的同时,其总量结构的不平衡性,在产业升级、环境治理、公共服务、社会稳定等方面带来的管理与服务问题比较突出,给经济社会发展带来挑战。

1. 影响了城市资源配置。近3年来,虽然绍兴流动人口总量规模已趋于稳定,但老少两端的福利性人口增长明显,家庭式迁移并长期居住趋势明显,将给义务教育、住房保障、公共卫生等公共服务和社会保障带来较大压力。2015年全市义务教育段流动人口子女在校数为9.65万人,占在校生总数的23.71%,低于2014年全省的28.5%;公办学校入学占94.79%,高于2014年全省的71.6%。(根据市教育局提供数据,2013年全市义务教育段学校在读流动人口子女为10.9万人,占在校生总数的25%,达到历史最高值。后通过严把"入学绿卡"申领条件,2014年度新生入学数比上年减少8 300余人,流动人口子女在校数下降为10.6万人,2015年为9.65万人。根据越城区教体局统计,2015年度越城区流动人口子女"入学绿卡"申领成功率为80%左右。)此外抽样调查显示,在绍流动人口平均月薪为3 789元,受收入水平及"非市民"心态的影响,住房消费处在租房居住的最低消费状态,全市仅有1.87万流动人口居住在自购房,占总量的1.1%。根据市房管处统计,2013年至2015年,越城区(包括高新区、袍江开发区)共成交商品房(含非住宅)3.2万套,其中非绍兴户籍人员(以身份证地址码3306为区分)购房0.74万套,占成交总套数的23%,占成交总面积的20.9%,占成交总金额的19%。

2. 加大了社会管理成本。人口大量集聚在一些城郊结合部、农村地区,逐步形成了"流动人口居住生活区",形成了赖以生存的自我服务圈和次生经济圈,制造了大量"灰色居住、灰色就业、灰色经营"等现象,安全、卫生、治安、消防隐患突出,"脏、乱、差"现象突出,此类聚居现象在生活成本低、就业机会较多的城市近郊地区比较普遍,影响"五水共治""三改一拆"工作的深入推进,给社会环境治理带来了严峻挑战。

3. 增加了社会维稳难度。大量流动人口的集中流入造成人口倒挂和同籍同族同业集聚现象,甚至形成了民族聚居区,受城乡二元结构体制的长期影响,社会融合难度依然较大,流动人口流动性大、不稳定、易发案的特点使得聚居区社会治安相对复杂。据统计,2013至2015年,市公安局抓获的刑事案件作案成员中流动人口(非本地户籍人口)占到59.5%。此外,流动人口聚居区还可能形成一些以血缘、地缘为基础的非正式组织和势力,给整个社会系统带来消极影响,一旦发生劳资纠纷、环境污染、人身安全、个人矛盾等问题,极易导致群体行为的出轨,形成"抱团"现象而引发群体性事件,给社会稳定造成隐患。这在湖州"织里事件""杨汛桥事件"中已得到充分印证。(从流动人口犯罪率统计情况看,流动人口数据包括了所有抓获的非本地户籍人员数,对属于流窜、网络作案等非实际居住的人员没有剔除,为进一步反映实情,我们对上虞区近三年抓获的刑事案件人员进行了分析,根据上虞区公安部门提供的数据,2013年至2015年,共抓获刑事案件作案成员5 062人,其中非本地户籍2 997人,占59.2%,与市公安局数据基本一致。若剔除流窜、网络作案人员,实际居住在本地的为2 238人,占全部抓获人数的44.2%;流窜、网络作案人员占15%,本地户籍人口占40.8%。)

4. 制约了创新驱动、转型发展。当前绍兴经济发展已进入新常态,产业转型升级对技能人才的需求量激增,据市人力资源市场职业供求状况分析,企业需求与技能人才供应的求人倍率达到3.47,技能人才短缺已经成为绍兴劳动力的结构性矛盾。技能人才供给偏低,低文化、低技能劳动力供大于求,已较难支撑产业转型发展对人力资源的需求,导致一方面出现企业找不到合适技术工人的情况;一方面又使企业能雇用更多的低廉劳动力替代对设备、技术等生产要素的投入,削弱了企业创新动力,制约了企业技术升级和劳动生产率的提高,增加了用高新技术改造传统产业的难度,抑制了产业结构的转型升级。

四、政策建议

综上所述,经济和人口的地区差距是人口流动的主要动力,当前绍兴流动人口总量规模与经济社会发展水平是基本适应的,总体上来说是利大于弊。未来绍兴要维持经济较快增长,必然需要大量与产业相适应的劳动力,必须遵循市场经济规律和人口规律,以素质结构、空间分布调控为主,总量调控为辅,在劳动力需求和人口规模控制之间寻求平衡,切实保障流动人口合法权益,实现人口与资源、环境、社会协调可持续发展。

(一)发挥市场机制的基础作用,优化人力资源配置。根据绍兴经济社会发展的实际需要,预测并编制年度以及中长期外来劳动力需求规划,建立完善劳动力需求和就业导向情况发布制度,从制度上更好发挥市场在资源配置中的基础性作用。实行积极的人才引进政策,鼓励企业制定引进高技能人才的政策,通过开展"校企对接碰碰车"和"外引技工直通车"等活动,加强对创新型人才、技能型劳动力的引进;努力拓展与外地就业部门的劳务合作关系,有选择性地组织企业赴外省市参加各类技能人才招聘会,建立技能人才引进基地。大力推进职业培训制度,严格执行技术工种就业准入制度,鼓励外来务工人员进行职业技能培训,提高人员素质,促进稳定就业。

(二)发挥产业调控的源头作用,减少低端劳动力需求。围绕市委、市政府"重构绍兴产业、重建绍兴水城"战略部署,加快经济结构从"低小粗"向"高精专"转变,产业发展方式从劳动密集型向技术密集型转变,限制低附加值劳动密集型产业扩张,促进经济发展方式转变、产业业态优化升级,提高产业对劳动力的文化技能需求;提供高质量的就业岗位,形成劳动力市场倒逼机制,促使高素质劳动力的流入与低素质劳动力的流出,从根本上控制低端人口的无序增长,促进流动人口提质控量、结构优化。此外,通过产业结构地域调整,加快低端产业清理,发挥产业对人口分布的引导和配置作用,实现"以业调人",缓解流动人口区域过度集聚现象,转移一批从事低端行业的流动人口。

(三)强化社会治理的保障作用,促进人口有效疏导。围绕就业、居住等基本生存要素,以城乡接合部等流动人口集聚区为重点,加强对"灰色就业、灰色居住、灰色经营"现象的综合治理,建立完善互相抄告、联动疏导、联合执法的长效工作机制,全力推进"三改一拆",规范房屋租赁行为,严厉打击车库车棚、违法建筑、危房简屋、"群租"房等违规出租行为,取缔非法经营活动,切断"三灰"现象共生链条,通过合理的住房成本及其他市场因素作用,提高居住地生存成本，有效控制低端人口居住条件，使一批不符合城市发展需要、处于低端生存状态的流动人口自行选择离开。

（四）完善居住证制度的导向作用，引导人口有序流动。以实施新型居住证制度为契机，以有合法稳定就业、合法稳定住所、连续就读为基本条件，严格规范居住证申领条件和发放范围。统筹平衡公共服务供给与人口需求导向，健全完善以居住证制度为基础的公共服务保障体系，既能符合国家、省有关政策和要求，又能适应本地社会管理和社会事业发展的承受能力，还能满足流动人口群体的基本公共服务需求，引导流动人口不断提升自身素质，促进有能力稳定就业和生活的流动人口有序实现市民化，以更好地吸引各类人才，留住与经济社会发展相适应的人口，限制因福利驱动而造成的人口盲目流入，减少一些流动性大、工作生活基础不稳定的流动人口家庭迁移绍兴。

（五）强化基础管理的催进作用，促进人口规模调控。强化基础信息采集登记，实现部门信息的对接、交换和整合，加强人口信息的实时动态监测分析，准确把握人口发展规律和趋势，为引导人口合理有序流动提供数据支撑。以城乡接合部、出租房屋、休闲场所等为重点区域，以无身份证明、无固定住所、无正当职业、社会闲散的流动人口和有前科劣迹、逃避登记的高危人员为重点整治对象，全面加强重点区域、重点人员管控，严厉打击混迹流动人口中的违法犯罪活动，始终保持严打高压态势，最大限度挤压违法犯罪空间，形成震慑效应，促使治安高危人员主动离开绍兴。

（六）增强科学规划的统筹作用，保障流动人口权益。综合考虑绍兴户籍人口增减、产业结构调整对外来劳动力的需求和推进新型城镇化建设对人口集聚的需求，科学预测城镇常住人口发展趋势，合理编制社会事业发展规划，加强前瞻性布局，使教育、文化、卫生、计生、体育等设施和市政公共服务设施与人口发展规模及其需求相适应，依法保障流动人口合法权益，创造一个公平正义的社会环境，促进人口质量的全面提升，经济社会健康持续发展。

4.2.3 当前流动人口党建工作存在的问题及对策[1]

提要：新形势下如何坚持党建引领，组织发动流动人口更好地参与社会治理，不仅是坚持发展新时代"枫桥经验"的需要，更是激活"人"的要素、促进地方经济社会繁荣发展的基础。为此，诸暨市公安局专门开展流动人口党建工作的调研，指出了当前流动人口党建工作存在的诸多问题，例如思想认识不重视、组织体系不健全、组织生活不规范、党员管理有漏洞和经费保障不充分等。提出要从组织体系、智慧平台、工作标准、党建阵地和先锋工程五个方面加强党建工作，形成了加强和改进新时代流动人口党建工作的总体思路。

随着工业化、现代化、城镇化的加速推进，流动人口已经成为经济发展活力的"风向标"，社会和谐稳定的"晴雨表"。新形势下如何坚持党建引领，组织发动流动人口更好地参与社会治理，不仅是坚持发展新时代"枫桥经验"的需要，更是激活"人"的要素、促进地方经济社会繁荣发展的基础。前段时间，按照主题教育活动统一安排，我到大唐、店口、枫桥等镇街就流动人口党建工作作了深入调研，发现了一些问题，形成了加强和改进流动人口党建工作的总体思路。

一、当前流动人口党建工作存在的问题

（一）思想认识不够重视。2018年7月，市委办、市府办联合下发《诸暨市推广实施流动人口服务管理"四化四式"新模式工作方案》（市委办〔2018〕49号），要求流动人口3 000人且新居民党员10人以上的镇乡、街道均需建立新居民党组织。但截至目前，只有大唐街道、店口镇、枫桥镇正式成立了新居民党支部并

---

[1] 诸暨市公安局：《当前流动人口党建工作存在的问题及对策》，2019年10月30日，诸暨市公安局档案室藏，档案号 w2019-4-554。

开展实质性活动。尚有20个镇乡、街道未按要求建立新居民党组织。个别镇街以难以管理为理由对主动要求迁入组织关系的外来党员设置障碍。

（二）组织体系不够健全。市级层面没有明确流动人口党建归口指导部门，缺乏统一的制度设计和工作标准，大唐、店口、枫桥3个支部存在组织名称不统一、组织关系不统一、建设标准不统一、工作重点不统一等"四不统"现象。目前，3个支部均建在派出所党总支下面，而派出所党组织关系即将归建到公安局党委，流动人口党组织不可能随之划归，急需明确新的组织体系。

（三）组织生活不够规范。主要体现在"三会一课"缺乏实质性内容、主题党日开展随意性较大、组织生活的严肃性不够，随意缺席现象较为严重。特别要指出的是，店口支部成立4年来、大唐支部成立2年多和枫桥支部成立1年多来均没有党员发展计划，没有对入党积极分子进行教育和培养，组织力较为缺乏。

（四）党员管理存在漏洞。主要是五个难题：一是身份难明确。有些流动党员没有证明材料，有些流动党员不愿亮明身份。二是活动难开展。有些流动党员工作时间紧，工作量大，无法参加组织活动；有些流动党员抱着临时加入组织心态，参加随意性较大。三是双向难协作。3个支部均未与流出地党组织建立规范的交流沟通和协助管理机制。四是权利难保障。流动党员亮明身份参加组织生活后，组织提出要求多，履行义务多，但在权利保障上缺乏有效的方法措施，影响流动党员的归属感、荣誉感和使命感。五是作用难发挥。目前流动人口党员加入支部大多为了解决组织生活问题，因缺乏活动平台和组织机制，其他方面的作用发挥较小。

（五）经费保障难以为继。目前，3个支部共有在册党员347名，组织关系正式迁入的仅7人，流动党员党费都上交原来所在支部，党费收入极少；全市没有统一的活动经费保障，所在镇街也无专项经费投入。受此影响，3个支部开展的活动相对较少，特别就减少安全隐患、促进融合发展方面缺乏创新管用的载体和活动,支部建设停留在上级要求上,无法走到全省前列。

二、加强流动人口党建工作的对策措施

与全国、省内先进县市比,我市流动人口党建总体上是点上亮、面上暗;问题差不多,亮点差得多。要打造一流的工作局面,必须解放思想,大胆设计,从碎片化的实践走向系统化的创新,具体从以下"五个一"入手来构筑新体系,实现新突破。

(一)建立一个规范高效的组织体系。要从夯实党的执政基础、加强基层社会治理、为新时代"枫桥经验"增加元素的高度认识流动人口党建工作,积极争取组织部门支持,建议明确市流管局为全市流动人口党建的主管部门,设立诸暨市流动人口综合党委,开列专项经费,召开流动人口党建工作推进会,将流动人口党建纳入镇乡、街道党建工作考核,在全市流动人口3 000人且党员人数在10人以上的镇乡、街道设立新居民党组织,其中党员数在100人以上的设立党总支,全市流动人口党建加强顶层设计,实行组织机构统一、党员管理统一、工作标准统一、考核评价统一。

(二)搭建一个移动智慧的党建平台。经考察试用,由阿里子公司和中央党校联合开发的AI党建云十分符合流动人口党员管理要求。前期我们已在大唐街道、店口镇、枫桥镇开展应用试点,借助平台建立流动人口党员大数据库,实现了党员信息入网、党建台账入网、积分管理入网、学习教育入网、党员互动入网等"五个入网",下阶段将重点考虑从网络应用向移动应用转移、从组织应用向党员个体应用推开,使党建云平台有效对接基层社会治理,提高应用效率。

(三)制订一个规范高效的工作标准。目前,各地对流动人口党建有一定探索,但总体上仍处于摸索阶段,缺乏成体系、高标准的做法。要借助党建云平台先期应用优势,围绕流动人口党员如何摸排登记、如何规范管理、如何发挥作用三大方面,从组织建设、党员管理、治理结构、服务群众、工作职责和运行保障等"六个标准化"建设，构筑新居民党建工作标准化体系。通过党建引领，党员示范，建立流动人口党员与原户籍地务工人员结对机制，当好政策宣讲员、民情收集员、乡音联络员、治安协管员、舆情引导员，实现"党建+社会治理"的新突破。

（四）建设一个融合发展的党建阵地。依托党群服务中心、流管所（站）等场地，建立集流动人口党组织、流动人口社会组织、流动人口维权服务中心"三位一体"的党建阵地，以丰富的活动形式和内容为流动人口提供全方位服务，将党建阵地转化为流动党员之家和流动人口服务中心，促进流动人口党员与本地党组织的有机融合。推进党建引领下的流动人口社会组织建设，通过党建阵地的孵化，按照"一个支部带一个社会组织"的原则发展"新居民先锋队"社会组织，提高流动人口自我教育、自我管理、自我服务的能力。推进党建引领下的社会融合机制建设，在党建阵地设置新居民"两代表一委员"工作室，建立新居民党支部委员任镇乡、街道兼职委员、新居民党员任村（社区）兼职委员等工作机制，充分发掘流动人口党员在居民自治和政府治理中的重要作用。

（五）开展一个凝心聚力的先锋工程。流动人口服务管理工作，管理是基础，服务是升级，再组织则是终极目标。在人口老龄化、小城镇空心化趋势下，通过关心人、凝聚人来吸引人、留住人是提高经济发展活力和城镇化建设水平的必由之路。要组织开展党建引领下的流动人口先锋工程建设，重视流动党员的迁入和发展，加强对流动人口党组织和党员的先锋指数测评，畅通流动人口当选市、镇街两级"两代表一委员"渠道，加大对流动人口的法治宣传和技能培训力度，最大限度地培育"先锋"；要组织开展"最美流动人口（新居民）"系列评选活动，深挖流动人口干事创业的先进事迹，最大限度地宣传"先锋"；要以积分制管理为基础，在制订人才政策时同步考虑"留人措施"，加强流动人口公共服务，分步实现市民化待遇，最大限度地留住"先锋"。

4.2.4　以"八有"理念引领新时代流动人口服务管理工作高质量发展[1]

提要：绍兴市公安局回顾总结"十三五"期间流动人口工作，"数"说流动人口新变化、新成效、新挑战。在"十四五"期间要深入贯彻习近平总书记"八有"理念，更加注重系统观念、法治思维、强基导向，始终坚持和发展新时代"枫桥经验"，以数字化改革为方向，聚焦社会防控新模式、市域治理新指标、重大安保新常态、人民群众新期盼、民生需求新要求，积极构建风险管控大平安、基层社会大治理、网上网下大服务、区域警务大合作、体制政策大保障等"五大机制"，全面推动流动人口工作高质量发展，努力为争创社会主义现代化先行省、共同富裕示范区作出积极贡献。

今年是中国共产党成立100周年，也是"十四五"规划的开局之年。这一路走来的一百年，不变的是共产党人全心全意为人民服务的初心，不变的是为人民谋幸福、为国家谋复兴的使命，不变的是实现中华民族伟大复兴中国梦的决心。回望奋斗路、眺望奋进路，人始终是最关键、最核心的要素，也是公安工作的对象和重点。因此，全面回顾总结"十三五"期间的人口工作特别是流动人口服务管理工作，对于推动"十四五"期间流动人口服务管理高质量发展具有重要意义。

一、"数"说流口："十三五"期间绍兴市流动人口服务管理的态势分析

"十三五"期间，绍兴市认真贯彻中央、省委、市委和上级公安机关的系列决策部署，扎实做好流动人口服务管理工作，有效服务以"两业经、双城计、活力城"为核心的高质量发展组合拳。截至2020年，绍兴市流动人口共175.39万人，比2016年增加8.48%，人口规模稳步增长，年均增幅2.10%。（附图1）受

---

[1] 陈福连：《以"八有"理念引领新时代流动人口服务管理工作高质量发展——基于绍兴市流动人口服务管理工作的调研报告》，2021年3月，绍兴市公安局档案室藏，档案号w2021-5-13。

新冠疫情等影响，2020年流动人口总量稳中有降，同比下降2.95%。（附表1）绍兴市的流动人口主要呈现了六个特点：

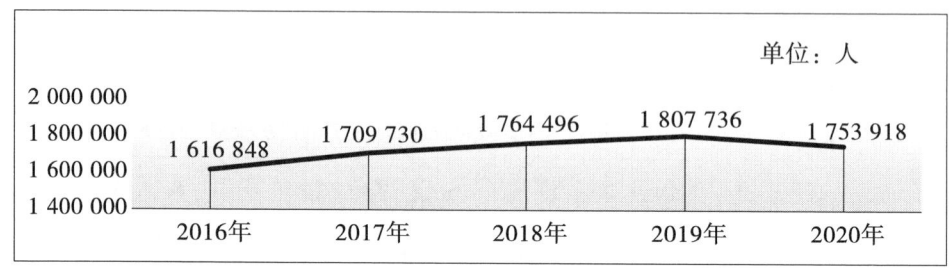

图1 2016—2020年绍兴市流动人口总量

表1 2016—2020年绍兴市GDP与流动人口情况

年份	GDP 总量（亿元）	GDP 增长率	流动人口总量（万人）	流动人口增长率
2016 年	4 710	5.5%	161.68	-4.66%
2017 年	5 018	7.1%	170.97	5.74%
2018 年	5 417	7.1%	176.45	3.20%
2019 年	5 781	7.2%	180.77	2.45%
2020 年	6 001	3.3%	175.39	-2.98%

（一）文化结构持续优化。从学历看，绍兴市流动人口仍以初中及以下学历为主体，但高学历流动人口比重逐年上升，其中2020年大专及以上学历流动人口为11.50万人，比2016年增长46.1%。（附图2）这与其产业结构由劳动密集型向科技创新型转型有关。

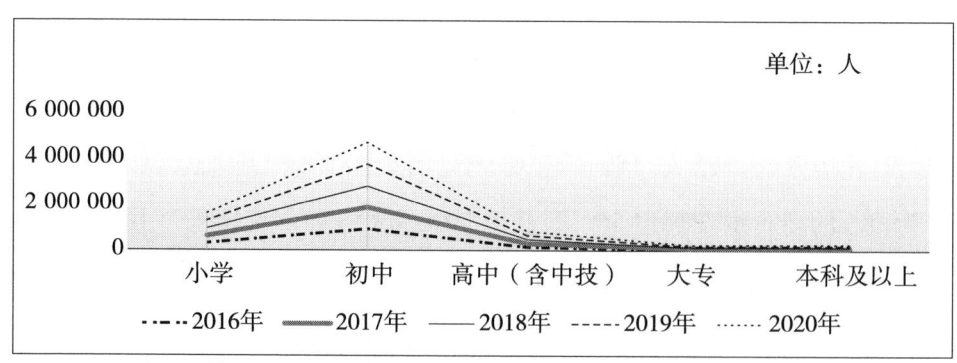

图2 2016—2020年绍兴市流动人口学历结构

(二)来绍居留更趋稳定。从时间看,2020年绍兴市流动人口在绍居住1至5年的63.78万人,占比36.36%;居住5年以上的16.69万人,占比9.52%,比2016年均提升2个百分点左右。(附图3)据抽样调查,2020年携家来绍占比61.3%,比2016年增加1.3个百分点,部分流动人口长期在绍居留意愿强烈。

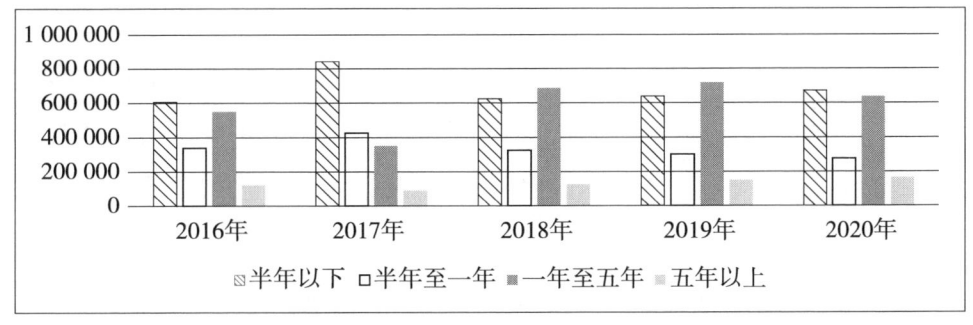

附图3 2016—2020年绍兴市流动人口居住时间情况

(三)年龄结构较为合理。从年龄看,16至49岁的中青年一直是绍兴流动人口的主力军,2020年该年龄段共123.08万人,占70.18%,这不但丰富了劳动力资源,而且刺激了消费市场,成为经济社会发展的重要力量;同时16周岁以下21.97万人、50周岁以上29.84万人,占29.54%,给就学、医疗等公共服务带来一定压力。

(四)就业结构符合实际。从就业看,绍兴市流动人口就业以生产制造、工程施工、服务行业等为主,2020年从事生产制造的72.20万人、工程施工的20.64万人,占比分别为41.17%和11.77%。这与绍兴市以纺织、印染、化工为重点的产业特点及开发建设现状高度吻合。

(五)居住结构不断改善。从居所看,新生代流动人口("80后""90后")逐渐成为绍兴市流动人口主体。与老一代农民工相比,他们更注重生活品质,经济实力也有所提升,尤其是在绍购房数量逐年提升,2020年已有11.9万人居住在自购房中,占总数的6.79%,比2016年提升了4个多百分点。(附表2)

表2 2016—2020年绍兴市流动人口居住情况 (单位：人)

	单位宿舍	自购房	租赁房屋
2016年	380 322	37 986	1 131 607
2017年	364 770	56 807	1 261 830
2018年	374 553	85 284	1 300 397
2019年	380 688	107 262	1 316 464
2020年	361 488	119 065	1 208 854

（六）区域结构特点鲜明。从流出地看，绍兴市流动人口以省外流入为主，2020年省外流入占88.13%，其中安徽、贵州、河南、四川、江西、湖南、重庆、湖北等地占70%以上。从流入地看，124万人流入越城、柯桥、上虞"三区"，占总量的70.90%；155万人在经济相对发达的43个重点镇街，占总量的88.40%。

二、"数"说成效："十三五"期间绍兴市流动人口服务管理的创新探索

"十三五"期间，绍兴市深入贯彻习近平同志在浙江工作时提出的农民工问题"八有"理念（即"农者有其地、来者有其尊、劳者有其得、工者有其居、孤者有其养、优者有其荣、力者有其乐、外者有其归"）[1]，认真落实中央和省委、市委关于"六稳""六保"决策部署，坚持和发展新时代"枫桥经验"，深入实施户籍制度改革和居住证制度，及时提请市政府常务会议、市委深改会议审议通过了《全市户籍制度改革要点》，研究出台了《全市户籍业务便民惠民十条措施》，大力实施流动人口提升工程，为流动人口在绍安家乐业提供了很好环境。回眸"十三五"时期、展望新发展阶段，我们更加深刻地体会到：

（一）必须深化产权改革，确保"农者有其地"。保障农民工的土地、房子权益，使其进退自如。绍兴市组织集体资产股份合作制改革和土地承包经营权确权登记颁证"回头看"和扫尾攻坚，积极探索家庭承包经营制度长期不变有效形式，深入推进承包地"三权分置"，确保符合登记条件农户住房登记发证率达到

---

[1] 《习近平提出农民工问题"八有"理念》，《领导决策信息》2005年第40期。

85%以上。这使得在绍兴不同县(市、区)打工的农民能安心,不用担心老家的土地、房子的权属问题。

(二)必须推广以外管外,确保"来者有其尊"。绍兴市深入开展"三驻三服务""联千村访万户"活动,创新居住出租房屋"旅馆式"管理总台,积极推广"以外管外、以外帮外、以外联外"等模式,建立新居民和谐促进会、新居民小组等新型自治组织,让流动人口融入当地、和谐共处。

(三)必须足额兑现工资,确保"劳者有其得"。绍兴市协调公安、人社、建管、交通等部门建立联席会议制度,常态开展打击恶意欠薪逃匿行为整治行动,切实形成联动执法的合力,确保工资待遇足额保障到位。据调查,绍兴市印染企业员工薪酬普遍达到6 000元/月、企业中层达到12 000元/月以上;2020年,共有4万多流动人口在绍购车上牌,占上牌总量的26.63%;共有5万多流动人口在绍学车,占学车总量的56.87%。

(四)必须实施安居工程,确保"工者有其居"。绍兴市加大公租房、人才公寓等保障力度,鼓励和支持企业新建、改建流动人口公寓,比如越城区的斗门建设者之家、柯桥区的马鞍迎阳公寓、上虞区的新区职工生活区,规模都在2 000人以上,成为流动人口的安居乐园。2020年共有6万多人在绍购房、近2万人在绍落户。

(五)必须强化公共保障,确保"孤者有其养"。流动人口出门打工,最放心不下的是孩子,担心其孤苦伶仃,成为留守儿童。为解决流动人口的后顾之忧,绍兴市深化义务教育"入学绿卡"制度,每年直接投入3亿多元,为9万多流动人口子女解决就学问题,同时落实异地参加中考、高考等政策。绍兴每年为45万人左右流入育龄妇女提供计生服务。2020年投入人才公寓688套,供各类人才使用。

(六)必须坚持协商治理,确保"优者有其荣"。绍兴市充分保障流动人口的权利和义务,最大限度保护其参与当地经济社会发展的积极性,每年表彰一批优秀义警和见义勇为人物,其中流动人口占比分别超过15%和30%。流动人口在绍注册中小企业共14.86万家,成为绍兴经济社会发展的直接推动者。

(七)必须关注业余生活,确保"力者有其乐"。绍兴市针对流动人口开展专业技能培训工程,更加关注流动人口精神文化生活,向其免费开放景区、图书馆等公共文化设施,吸引其加入义警等平安类社会组织,全市2.5万义警中流动人口有8 433人,占总数的33.73%。

(八)必须健全基层组织,确保"外者有其归"。绍兴市落实租房落户等户籍政策,2016年以来共有12.75万人流动人口迁入绍兴,为推动城镇化率提升作出了积极贡献。同时,更加注重流动人口再组织化,共吸纳62.66万名流动人口加入工会,使其更有归属感。

三、"数"说问题:"十四五"期间绍兴市流动人口服务管理的主要挑战

从流动人口结构、形态等方面看,还存在一些不平衡、不充分的问题,给"十四五"期间城市治理、公共服务、社会稳定等方面带来了诸多问题与挑战。主要体现为"五高四难":

"五高":一是流入人员风险高。受全国各地、行业部门相关信息系统各自分割等影响,流入重点人员特别是暴力犯罪前科人员、重性精神病人、可能铤而走险等高风险人员,涉及流动人口的"民转刑"案件占比超过50%,成为影响社会稳定的一大隐患。二是违法犯罪比例高。从抓获犯罪嫌疑人看,流动人口占比60%以上,犯罪率超过万分之七十二,主要来自安徽、贵州、湖南等地,且以盗窃、诈骗、设赌等犯罪为主;违法率也超过万分之四十五,以卖淫嫖娼、赌博、盗窃等违法为主。从看守所收押情况看,流动人口占比达到70%以上。三是暴力犯罪占比高。从"命案"看,流动人口作案占比超过70%,受害人占比也超过60%;从"五类案件"看,流动人口作案接近60%,其中以贵州、安徽、河南籍流入人员作案为主。四是低龄作案趋势高。从收押情况看,流动人口作案中,45周岁以下中青年占比超过80%;其中外来流入未成年人作案,占未成年人作案的55%左右。尤其是一些"民二代"老家不愿回、打工不愿干,有的利用未成年人

保护政策来逃避打击。五是交通肇事伤亡高。受教育等方面影响,流动人口在交通事故肇事、伤亡等方面的比例相对较高,分别占25%左右;尤其是流动人口酒驾、醉驾比例较高,均占40%以上,且以安徽、贵州籍人员居多。

"四难":一是部门合力形成难。新一轮政府机构改革后,流动人口管理职能调整至公安机关,统筹协调相对弱化,部门合力难以形成。特别是流动人口专管员成为基层治理网格员,在职能泛化的同时削弱了工作效率。二是集聚区域治理难。绍兴市有9个镇街、268个村居(社区)流动人口与户籍人口出现"倒挂"现象,特别是同县(市、区)集聚超过5 000人的镇街有6个。这些流动人口一旦"抱团"容易出现行业垄断、灰色产业、黑恶势力,甚至可能引发重大群体性事件。三是出租房屋管理难。2011年1月,《浙江省居住房屋出租登记管理办法》颁布实施,确立了新的居住房屋出租登记制度。但居住出租房屋管理责任多头分散,导致居住出租房屋管理效率大打折扣。尤其是消防转隶后,对居住出租房屋消防安全监督、检查、处罚的力度明显削弱。四是网约租客发现难。网约房新业态快速发展,且大多设在商业繁华、人员密齐的小区、公寓甚至写字楼内,房源发现难、房东监管难、房客信息采集难的问题比较突出,极易成为黄赌毒等违法犯罪的温床。

四、"数"说治理:"十四五"期间绍兴市流动人口服务管理的发展路径

站在"两个一百年"历史交汇点和"十四五"规划开局之际,必须始终贯彻习近平总书记"八有"理念,严格落实"六稳""六保"决策部署,尤其要坚持和发展新时代"枫桥经验",更加注重系统观念、法治思维、强基导向,以数字化改革为方向,聚焦"五个重点"、构建"五大机制",全面推动流动人口服务管理工作高质量发展,努力为浙江争创社会主义现代化先行省、共同富裕示范区作出积极贡献。

(一)聚焦社会防控新模式,积极构建风险管控大平安机制。贯彻总体国家安全观和以人民为中心的发展思想,紧盯建党100周年安保节点,以流入重点人口特别是易肇事肇祸精神病人、可能铤而走险人员管控为重点,升级以"四排三评二转一闭环"为核心的"4321"风险闭环管控机制,建立健全以"检测、预警、处置、反馈"为内容的风险闭环管控大平安机制,积极构建涉稳风险公安内部和外部"双循环""双闭环",确保不发生重大群体性事件和个人极端暴力事件,着力打造最具安全感城市。

(二)聚焦市域治理新指标,积极构建基层社会大治理机制。牢固树立大抓基层、大抓基础的鲜明导向,始终坚持和发展新时代"枫桥经验",编制并实施《绍兴市社会治安防控体系"十四五"规划》,推动警务全面融入基层社会治理、警力全面入驻县镇两级矛调中心,积极构建基层警务治理共同体。创新发展枫桥警务模式,深化"枫桥式公安派出所"创建活动,加强警务站(室)标准化规范化建设,整合基层站所、村社资源、社会组织、群众力量,将其打造成为基层治理最前沿的战斗堡垒。深化流动人口服务管理提升工程和旅馆式总台建设,严格按照800:1标准配备流动人口管理员,吸引更多流动人口加入义警组织,做大基层治理"平安红细胞",形成共建共治共享新格局。

(三)聚焦重大安保新常态,积极构建区域警务大合作机制。积极构建以情指行一体化改革为龙头的现代警务模式,加快推动市县两级网办中心实体化运行,以政务警务数字化改革为方向,以"枫桥警务—越警管家"和"安心码"为平台,以服务常住人口、流动人口为对象,深入推进政务服务2.0平台应用,实现政务服务全生命周期管理;深化"枫桥式公安窗口"创建,优化自助服务区、警务代办点布局,不断推进身份信息变更"一件事"等改革,确保188项政务服务事项"一窗通办",全面构建具有绍兴公安特色的警务服务"15分钟办事圈"。

(四)聚焦人民群众新期盼,积极构建网上网下大服务机制。立足疫情防控常态化和今年建党100周年、明年杭州亚运会等重大维稳安保任务,借助对口扶贫、山海协作、在外商会等平台,加大与流动人口输出地、违法犯罪输出地、长三角区域等地公安机关的警务协作,共同防范打击违法犯罪、管控高危重点人员、服务流动人口高质量发展。特别要加强与有关地区的流动人口的数据共享交换，深化户籍业务浙东四市"圈内通办"，探索流动人口居住证积分省内互认，试点新生儿落户、身份证首次申领"跨省通办"，积极推动长三角区域警务服务一体化。

（五）聚焦民生需求新要求，积极构建体制政策大保障机制。坚持以"八有"为标准，健全政府层面流动人口议事协调机制建设，全面贯彻《浙江省常住户口登记管理规定》，深入推进户籍制度改革，落实租房落户等政策，深化居住证制度供给，健全与人地钱相挂钩农村产权制度和农业转移人口市民化保障机制，扩大基本公共服务覆盖面，拓宽农业转移人口落户城镇通道。同时，把大数据作为提升人口管理新增长点，依托省厅人员流动精密智控系统，探索网约房"安心宿""多维应用"等实战平台，助推流动人口工作质量变革、效率变革、动力变革。

4.3 流动人口融合治理的工作总结

4.3.1 诸暨市加强流动人口融合化服务管理[1]

提要： 本篇节选自2013年诸暨市委课题组《创新"枫桥经验"建设和美诸暨——诸暨市坚持发展"枫桥经验"实践探索》的工作总结。其中介绍了诸暨市针对40多万外来人口开展的融合化服务管理工作，重点介绍了大唐镇的出租房屋"五个一"管理方法、店口镇的外地人口本地化、本地人口市民化、公共服务均等化的流动人口融入发展经验。

---

1 节选自诸暨市委课题组：《创新"枫桥经验"建设和美诸暨——诸暨市坚持发展"枫桥经验"实践探索》，内部资料，2013年印发。

针对40多万外来人口管理服务问题,成立市流动人口服务管理局,建立市、镇、村三级流动人口服务管理网络。大唐镇实行流动人口编码式管理,出租房屋"五个一"管理方法。店口镇在"三证合一""外警协管外口""爱心一证通"的基础上,探索形成外地人口本地化、本地人口市民化、公共服务均等化的流动人口融入发展的"店口模式"。通过建立新店口人维权服务中心和爱心医院,实施义务教育免费、医疗异地报销、贫困家庭幼儿保育费减免等政策,开展十佳新店口人评选、设立"365"人物墙[1]等活动,建设300余亩的新青年、新农民、新店口人创业园,组建工人新村,从住房条件、养老保险、子女就学等方面为新店口人解除后顾之忧,新店口人在店口买房最高可享受40万元的优惠,让新店口人共享发展成果、共享人生出彩机会。外来建设者李景峰在店口镇通过十多年的创业,成功创办拥有200多名员工的浙江永景科技有限公司,实现在店口创业安居和融入发展。

4.3.2 诸暨市真情服务提升流动人口管理[2]

提要: 本篇节选自《诸暨市公安局坚持发展"枫桥经验"创新社会管理新机制》的工作总结。其中指出诸暨市通过长期以来的探索实践,使得流动人口管理服务工作日趋完善,在管理体制、工作、手段等方面不断创新,使外来人员有效融入社会,共创和谐。

诸暨市凭借有利的地域优势和良好的经济基础,在市委市政府高瞻远瞩的经济发展战略统领下,以块状经济、特色经济为主体的区域经济发展迅猛,实体

---

1 "365"人物墙:将政府官员、企业高管、打工者等365人照片制作成巨幅海报,悬挂数里长的墙面上。
2 节选自诸暨市公安机关坚持发展"枫桥经验"课题组:《诸暨市公安局坚持发展"枫桥经验"创新社会管理新机制》,内部资料,2013年印发。

经济创造的巨大用人需求吸引了大量的外来人口涌入诸暨,并为诸暨的经济建设作出了巨大贡献。目前,诸暨市登记发证的外来人口数量约为35万,并集中在城区、店口、大唐等经济发达区域,通过长期以来的探索实践,该市的流动人口管理服务工作日趋完善。在管理体制上,始终坚持"政府牵头、部门联动、公安为主、齐抓共管"的工作思路,专设挂靠于公安内部的流动人口管理局,切实加强对流动人口管理的工作保障,推动流动人口管理服务向专职化方向发展;在工作理念上,坚持"管理与服务"并重,寓管理于服务之中,以加强"教育、维权、管理、服务"为主要内容,以"共创、共融、共享"的全新定位,不断倡导推行外来人口的"本地化、亲情化、柔性化"管理与服务,使外来人员有效融入社会,共创和谐;在管理手段上,根据社会特征和内在需求,不断改进管理服务举措,在健全完善外来人口管理"三合一"模式、外警协管外口的基础上,又探索出"以房管人"出租房屋管理新机制和编码式流动人口管理新机制,不断推出亲情管理、真情服务新举措。如店口派出所,从关爱外来建设者入手,不断推出服务新举措,通过深入企业、社区开展走访活动,把辖区企业的招工信息整理成册,主动送到外来建设者手中,帮助他们解决就业问题。同时,还积极配合当地党委政府,大力宣传外来建设者享受新店口人大病医疗补助、子女就读中等职业技术学校学费减免政策等服务的《店口镇关于新店口人均等化服务若干政策》,真正让外来建设者融入社会,感受到作为新店口人的幸福感。

4.3.3 2018年浙江全省流动人口管理服务工作总结[1]

提要: 2018年,浙江省流动人口管理服务工作领导小组办公室(设立在省公安厅)对全省流动人口管理服务工作进行了总结。该总结列举了省内

---

[1] 浙江省流动人口管理服务工作领导小组办公室:《2018年全省流动人口管理服务工作总结》,《浙江省流动人口管理服务工作简报》2019年第1期。

各地加强流动人口管理服务的各项举措,指出这一年来浙江省通过优化制度供给,落实政策保障;夯实基层防控,深化综合治理;突出问题导向,实施精细管理;坚持以人为本,注重民生优先等,不断优化流动人口服务管理,取得了较好成效。总结也提出要对当前流动人口服务管理工作中存在的短板开展针对性完善工作,不断开创流动人口管理服务新局面。

2018年全省流动人口管理服务工作按照省政府流动人口和居住出租房屋管理服务工作诸暨现场推进会的总体部署,以习近平新时代中国特色社会主义思想和党的十九大精神为引领,以服务保障"枫桥经验"纪念大会为主线,以流动人口管理服务提升工程为载体,不断夯实流动人口基层基础,推进居住出租房屋管理转型升级,优化流动人口工作举措,取得明显成效。一是党委政府高度重视。各级党委政府从促进经济社会发展、落实以人民为中心的发展思想、打造平安中国示范区的大局出发,高度重视流动人口管理服务工作,主要领导亲自调研、研究、部署相关工作,高规格部署流动人口管理服务提升工程,进一步完善党政齐抓共管的领导体制和工作机制,加强顶层设计、整体谋划和协调推进。二是长效机制建设取得重大突破。省流口办、省公安厅下发了《关于进一步加强和改进居住出租房屋管理的指导意见》,3个市出台地方性法规、规章,2个市、72个县(市、区)出台政府规范性文件,全省900余个5 000人以上社区(村)将流动人口、居住出租房屋管理纳入居民公约、村规民约,覆盖流动人口800余万人。三是服务举措持续优化。杭州、宁波等公共服务资源承载压力大的地方按照《浙江省流动人口居住登记条例》"凭证服务、量化供给""权责对等、梯度服务"的总体要求,积极推出居住证持有人积分管理办法,合理引导流动人口预期,促进社会公平正义。四是防风险、补短板、谋创新能力有效提升。省公安厅在全国率先出台《关于网络预约居住房屋信息登记办法(试行)》,规范网约房管理,消除风险隐患。全面推广电子居住证件,方便流动人口办理社事务。各地坚持问题导向，结合本地实际，创新不少工作方式方法。如，杭州居住出租房屋"星级化"管理、温州"平安驿站"、金华居住出租房屋"智能化"管理、湖州"居家智能身份证"管理等。

一、优化制度供给，落实政策保障

各地、各部门积极争取党委政府和相关部门重视支持，不断推动长效机制建设，完善政策措施，进一步加强和改进新时代流动人口管理服务工作。一是高规格组织部署。省政府在诸暨召开全省流动人口和居住出租房屋管理服务工作现场推进会，总结成效、分析困难、部署当前和今后一个时期工作。副省长、公安厅长王双全出席会议并作重要讲话，各市、重点县（市、区）政府分管领导和省级有关单位分管负责人参加会议。二是立法立规推动管理服务。省流口办、省公安厅联合出台《关于进一步加强和改进居住出租房屋管理的指导意见》，着力打造共建共治共享的居住出租房屋管理工作格局。各地积极争取党委、人大、政府支持，针对管理难点和监管合力不够等短板，出台地方性法规规章或规范性文件，着力提高运用法治思维和法治方式处理问题的能力和水平。三是积极推广积分量化管理。杭州、宁波等公共服务资源承载压力大的地方按照"权责对等、梯度服务"原则，积极推出居住证持有人积分落户政策，较好地解决了公共资源保障不足的矛盾，有效拓宽了流动人口落户渠道。2018年，杭州共有2.2万名流动人口及随迁家属通过积分落户。宁波、嘉兴、舟山等地还推行积分入学、积分入住政策等。四是有序推进证件发放应用。坚持"功能拓展优先、证件发放有序"原则，推广应用集行政管理、金融服务、商业应用、公共服务、企业管理功能于一体的IC卡式居住证，提高居住证含金量，激发流动人口申领积极性。全省累计发放IC卡式居住证740万张，覆盖居住登记半年以上流动人口的40.7%。相关功能从设想到落地、从点到面，逐步得到实现，涵盖公交、公共自行车、旅游、商超、酒店等多个领域。绍兴、湖州还率先完成与市民卡、旅游E卡通等多功能卡证的功能对接。

二、夯实基础防控,深化综合治理

各地、各部门抓住"枫桥经验"纪念大会在我省召开的契机,围绕"矛盾不上交、平安不出事、服务不缺位"的目标,组织实施流动人口管理服务提升工程,全力维护我省经济社会大局稳定。一抓工作推进。省综治委将流动人口管理服务提升工程作为全省总结提升推广新时代"枫桥经验"六大工程之一,制定下发实施方案、任务清单及考核评估办法,召开全省工作会议,强势推动各地、各部门奋勇争先,形成全省齐头并进局面,确保流动人口管理大事不出、小事少出。二抓基础登记管控。结合扫黑除恶专项斗争,落实"县(市、区)、乡镇(街道)、社区(村)、网格"四级排查机制,深入开展基础排查,全面摸清流动人口、居住出租房屋底数,准确掌握实情、摸清居住地主要社会关系,严厉打击混迹流动人口中的黑恶势力和有明显地缘、职业特点的团伙犯罪。据统计,2018年,全省流动人口新登记3 018.1万人次、注销2 972.2万人次、在册2 673.8万人;居住出租房屋新登记118.7万间(户)、注销65.8万间(户)、在册978.7万间(户);同住人员关系采集1 943.6万人次。三抓风险隐患排查整治。结合全国公安机关大走访大排查大化解专项行动,创新矛盾纠纷多元化解机制,着重加强对流动人口矛盾纠纷的排查化解。全省共投入警力22.5万人次,动员社会力量参与7.9万人次,走访社区(村)2.4万个、走访单位6.5万个,化解矛盾纠纷62.9万起。四抓责任落实。充分发挥平安考核导向作用,加大实地检查、网上抽查和督查力度。2018年,先后组织开展4次全省性、一竿子到底的实地明察暗访,3次网上抽查,督查结果通报各地,并运用通报、约谈、警示、挂牌督办等手段,强化责任落实,严格督导问效,切实解决"最后一公里"问题。

三、突出问题导向,实施精细管理

各地、各部门紧盯工作中存在的薄弱环节,不断推动居住出租房屋、旅馆等流动人口主要落脚点的规范化、智能化、精细化管理。一是深化居住出租房屋

"旅馆式"管理。创造条件鼓励推动居住出租房屋"旅馆式"管理扩面提质,涌现出杭州临安"星级化"管理、金华二代身份证刷卡居住的"智能化"管理、温州瓯海"平安驿站"、湖州吴兴"居家智能身份证"管理等一批出租房屋"旅馆式"管理升级版。截至年底,全省共设立"旅馆式"管理总台5 726个,覆盖居住出租房屋558.9万间(户)、流动人口1 711.4万人,分别占居住出租房屋、在册流动人口总量的57.1%和64.2%。二是探索网约房管理办法。与网约房平台公司合作,在杭州拱墅、宁波江北等地开展破解网约房监管难题试点,落实公司提供涉及我省的房源、房东、入住人员数据,属地公安机关及时安排警力登记管控,消除风险隐患。在此基础上出台《关于网络预约居住房屋信息登记办法(试行)》,规范网络预约居住房屋信息登记,保障网络短租平台运营安全和网约房房东、入住人员的合法权益,维护社会秩序,此举开了全国先河,受到媒体广泛关注和社会好评。三是加强旅馆、民宿(农家乐)"四实"登记。制定下发《关于实施旅馆业"双随机一公开"抽查监管工作制度的通知》,开展市县两级公安机关视频培训,规范旅馆业"四实"登记抽查监管事项的相关要求。省市县三级公安机关共抽查各类旅馆、民宿2 860家、发现"四实"登记问题224处,抽查情况及查处结果全部录入"浙江企业信息共享交换平台"向社会公示,纳入市场主体的社会信用记录,接受社会各界监督。同时,结合重要时间节点和重大安保活动,持续加强"四实"登记管理,组织开展常态督导检查。将"四实"登记纳入省级平安考核、各市公安机关综合实绩评估,发挥考核指挥棒作用,保持严管严治态势。

四、坚持以人为本,注重民生优先

各地、各部门坚持以人民为中心的发展思想,充分挖掘公共资源潜力,不断扩大公共服务和便利的范围,为流动人口在浙江就业、生活创造更好的社会环境。一是全面推广电子居住证件。与支付宝、腾讯公司合作开发电子居住证和电子居住登记凭证,已申领居住证和办理居住登记的流动人口,可通过支付宝、微信APP"卡包"管理自助申领电子居住证和电子居住登记凭证并畅享便利。

二是深入推进"最多跑一次"改革。组建工作专班,落实专人负责,按照"八统一"和"四减一免"要求建立事项库,梳理涉及流动人口类事项,制定统一的办事流程和差异化的材料清单。通过数据共享,打破信息壁垒,大力推进"一次办""一网办""一证办"。流动人口类6个事项全部实现"跑一次"甚至零跑腿。三是提升公共服务水平。人力社保部门开展就业援助月、春风行动、余缺调剂招聘等专项就业服务活动,提供岗位近40万个。举办多层次就业技能培训、岗位技能提升培训,受益人群达到30万人。实施工程项目农民工参加工伤保险"同舟计划",全年参加企业职工养老保险、工伤保险人数分别达到902万人、1084万人,统一省内参保职工和失业人员跨统筹地区转移接续失业保险关系政策。教育部门按照"以流入地政府为主、以公办学校为主"原则,合理配置和挖掘教育资源,落实以居住证为载体的随迁子女义务教育政策,保障随迁子女在流入地读上书、读好书。2018年省财政共投入资金11.5亿元,共有148.6万名随迁子女接受义务教育,其中外省户籍119.2万人。建设部门推进企业、园区集体宿舍建设和出租房屋"旅馆式"管理,推动流动人口居住进企业、进园区、进集中住宿点。鼓励和支持用工单位采取发放住房补贴等方式帮助流动人口通过市场租赁解决基本居住需求。开展全省第二次城镇房屋安全隐患排查,落实房屋使用安全管理条例,为流动人口提供了安全、宜居环境。卫健部门推进流动人口基本公共卫生计生服务均等化"全覆盖、同待遇、共享受、促融合",将其列入健康浙江考核,开展流动人口卫生计生关怀关爱行动,落实流动人口职业病防治、"四免一关怀"、流动儿童预防接种等基本公共卫生计生服务项目。民政部门开展"寒冬送温暖""夏季送清凉"专项救助行动,为受助人员提供临时性生活照料和精神抚慰。2018年全省共救助5.1万人次,其中外省户籍占93%。充分发挥基层工会、共青团和"流动妇女平安之家"等社会组织功能,为流动人口提供利益诉求表达、矛盾纠纷化解、心理疏导、法律援助等及时便捷服务,促进了基层社会善治。

回顾2018年的工作,我们也清醒地看到,当前流动人口管理服务工作中还有不少短板。流动人口居住登记率起伏波动较大,相关工作仍需常抓不懈、久久为功,并需要借势借力创新方法手段。网约房等互联网快速发展带来的新业态,亟待进一步加强监管、确保公共安全。流动人口可享有的基本公共服务和便利与其对美好生活的向往仍有差距、尚需努力。2019年,全省流动人口管理服务工作将高举习近平新时代中国特色社会主义思想伟大旗帜,坚持发展新时代"枫桥经验",深化居住证制度改革,夯实流动人口基础管控,融入基层治理新格局,提升公共服务品质,不断开创流动人口管理服务新局面,以优异成绩庆祝新中国成立70周年。

4.3.4 绍兴市流动人口服务管理提升工程实施方案[1]

提要:2018年,中共浙江省委政法委推出总结提升推广新时代"枫桥经验"六大工程,其中流动人口服务管理提升工程是其中一项。中共绍兴市委政法委员会根据上级部署,结合自身特色,印发总结提升推广新时代"枫桥经验"七大工程实施方案(比省级方案多一个工程),其中一项工程是流动人口服务管理工程。该则单独介绍流动人口服务管理提升工程实施方案。

关于印发总结提升推广新时代"枫桥经验"七大工程实施方案的通知

各区、县(市)委政法委,市直开发区,市级有关部门:

今年是毛泽东同志批示学习推广"枫桥经验"55周年暨习近平同志指示坚持发展"枫桥经验"15周年,为更好地总结提升推广新时代"枫桥经验",市级相关部门牵头制定了县、乡、村三级综治工作中心规范提升工程等七大实施方案,

---

[1] 节选自中共绍兴市委政法委员会:《关于印发〈总结提升推广新时代"枫桥经验"七大工程实施方案〉的通知》,2018年5月17日,绍市政法〔2018〕26号。

现印发给你们。请各牵头单位切实履行牵头抓总职责,认真抓好组织实施。其他责任单位密切协作配合,形成工作合力。各区、县(市)要结合本地实际,坚持问题导向,加强上下联动,认真制定具体实施方案,切实把七大工程各项工作落到实处。

有关工作推进情况请及时报市"枫桥经验"纪念办。

中共绍兴市委政法委员会
2018 年 5 月 17 日

流动人口服务管理提升工程实施方案

(牵头单位:市公安局、市流管局)

一、工作目标

创新提升新时代流动人口服务管理工作能力和水平,实现基础排查更加扎实、风险管控更加彻底、服务举措更加优化、打击防范更加有力。

二、实施步骤

(一)组织部署阶段(2018 年 5 月中旬前)

对全市各地流动人口服务管理工作情况进行调研摸底,制定实施方案,召开工作部署会,明确目标任务,列出重点工作责任清单,实行项目化管理、责任化推进。指导做好重点宣传和现场考察备选点的培育工作。

(二)重点推进阶段(2018 年 5 月下旬—2018 年 6 月)

1. 开展基础信息大排查。按照"街不漏巷、巷不漏房、房不漏户、户不漏人"要求,组织力量对用人单位和居住出租房屋、旅馆、民宿、农家乐等可供他人居住、生活的场所以及废弃库房、闲置房产等流动人口临时性、短暂性的落脚点开展地毯式排查,抓好信息登记常采常新,将同行、同住人员关系列入必采必查项目,全面掌握流动人口、居住出租房屋底数实情。

2. 开展风险隐患大整治。全面摸清辖区涉及流动人口的各类矛盾纠纷,突出关注因非法同居等问题引发的婚姻家庭矛盾。加大对不符合消防、建筑安全要求的居住出租房屋及群租房、"三合一"等合用场所的清理整治力度,确保百分百化解、整改到位。

3.优化居住证制度供给。全面落实劳动就业、社会保险、义务教育、卫生计生、住房保障、社会救助等居住证配套政策,推进全市域居住证"一卡通"建设,健全完善公共服务和便利提供机制,切实将居住证打造成集行政管理、公共服务、金融服务、商业应用、企业管理为一体的"二代"居住证。深化"最多跑一次"改革,依托"互联网+政务服务",推进部门间数据资源共享,优化居住证业务办理流程,推广使用居住证APP和电子居住凭证。

(三)规范提升阶段(2018年7月—2018年8月)

1.规范居住出租房屋管理。深入开展居住出租房屋"旅馆式"管理,深化二维码智能化管理,探索实施分类分级管理,规范居住出租房屋审核准入门槛,做到隐患消除在前、问题整改在前。破解网约房防控风险,将网约房纳入监管视线,消除管理盲区和死角,实现房屋和居住人员底数清、情况明。

2.强化日常管控措施。加强对治安问题突出部位等违法犯罪多发区域的日常管控,加大数据碰撞比对,梳理出一批犯罪嫌疑人员,发现一批违法犯罪线索、列管一批高危人员、打处一批现实危害人员、破获一批刑事案件。对无违法犯罪现实危害的前科劣迹人员,要帮助其尽快融入居住地社会。加大对生活失意、心态失衡、行为失常人员的人文关怀、心理疏导和危机干预,防止发生个人极端事件。

3.提升基层社会治理能力。深化党建引领下的流动人口再组织化建设,扩大基层党组织及工青妇社团组织对流动人口的组织覆盖、工作覆盖和服务覆盖,深化"外警协管外口"工作,增强联系服务流动人口的合力。充分发挥村规民约、社区公约的作用,培育发展流动人口融合性社会组织,组建平安志愿者队伍,推动建立多元主体参与的共建共治共享社会治理格局。

(四)总结提炼阶段(2018年9月底前)

1. 注重成果转化。认真总结流动人口服务管理提升工作成果,研究制订长效管理措施,按照"标配+特色"的要求,完成现场考察点巩固提升,形成一批可复制、可借鉴、可推广的成功经验,全面展示新时代流动人口服务管理工作的绍兴样板。

2. 组织考核验收。由市公安局会同有关部门对各地流动人口服务管理提升工程开展验收考核,实行排名赋分。

三、工作要求

(一)加强组织领导。各地要主动向党委政府汇报,从本地实际出发,抓紧研究制订具体工作方案,列出任务清单,压实责任主体,明确推进时间表,确保各项工作措施落到实处。各地公安(分)局要认真牵头组织,流管局(办)要发挥综合协调作用,各相关职能部门要加强协作配合,建立情况通报和定期会商制度,形成工作合力。

(二)筑牢基层基础。切实做强做优基层基础,进一步规范基层流管所站建设和流动人口协管员、网格员等队伍力量的配备与整合,依托乡镇(街道)"四平台",将流动人口服务管理职能纳入全科网格建设,加大考核比重,优化奖惩激励,做好基础信息采集、风险隐患排查整治等工作。

(三)强化宣传教育。将流动人口服务管理相关法律法规列为重点普法内容,扩大法治宣传覆盖面,提高法律服务和法律援助能力,提升全社会遵法学法守法用法意识。用足用好现有法律法规,压实主体责任,加大违法行为查处力度,做好以案释法工作。要加大安全防范宣传教育和演练,开展有针对性的用火、用电、用气、防火、灭火常识以及逃生技能培训,提高全民安全意识和自防自救互救能力。

(四)严抓督导问效。各地要切实加大对基层工作的督导检查力度,定期召开工作例会,指导重点区域、重点对象、重大隐患的整治和亮点工程培育工作,及时通报工作进展情况和存在的问题,跟踪整改落实,解决"最后一公里"问题。对因履职不到位引发影响社会安全稳定重大案事件的,严肃追究责任人的责任,做到发现一起、追责一起。

4.3.5 诸暨市以党建引领助推流动人口管理迈向新高度[1]

提要:诸暨市公安局以店口镇为试点,创新管理服务模式,以党建引领助推流动人口管理迈向新高度。该文从"兼容式"党支部建设、"自治式"流口管理和"关爱式"运行模式三个方面详细介绍了党建引领流动人口服务管理的核心要素。"兼容式"的党支部建设方式能够吸引更多的流动人口党员加入其中,不断扩充外来流动党员队伍的规模。依靠流动党员和先锋队的地理优势,充分发挥流动党员的带头模范作用,实现流动人口的自我管理和自我服务。"关爱式"的运行模式能够增强流动人口的归属感和获得感,从精神层面激励更多的流动人口主动融入诸暨,成为诸暨市城市建设发展的新动力。

近年来,诸暨市公安局主动适应社会经济发展新态势,积极探索流动人口管理新途径、新方式,在店口试点建立以流动党员为主体的社团组织——"新店口人先锋队",充分发挥流动党员的先锋模范引领作用,将"被管理者"纳入辖区社会治安共治范畴,全力打造共建共治共享社会治理新格局。

一、搭架构、强组织、优机制,做硬"兼容式"党支部

一是确立组织架构。"新店口人党支部"隶属于店口派出所党总支,由店口

---

[1] 诸暨市公安局:《立先锋模范 创共治典型 以党建引领助推流动人口管理迈向新高度》,载绍兴市委政法委编:《新时代"枫桥经验"在绍兴资料汇编》,内部资料,2018年印发,第230—231页。

派出所分管基础工作副所长任党支部书记,表现良好的流动党员等任副书记,部分优秀先锋队员任支部委员,并逐步选拔外籍优秀流动党员进入支部班子,不断强化顶层设计,实现"兼容式"组建。二是明确吸收原则。优先吸纳在镇街经商、务工且热心社会管理的流动人口作为先锋队队员,其中未转移组织关系的流动党员依章纳入党支部,夯实流动党员在支部中核心地位。目前,新店口人先锋队队员共236名,其中编入先锋队的党员共140名。三是提供综合平台。建立具备"一台两站四室"为主体功能的学教中心和活动中心,"一台"即服务管理共享平台;"两站"即流动党员管理站和电化教育工作站;"四室"即为综合活动室、谈心谈话室、荣誉陈列室、矛盾调解室。

二、聚情报、调矛盾、助宣传,做强"自治式"流口管理

一是发挥情报信息汇集作用。充分发挥先锋队"地域"优势,多渠道接触各类社情舆情,多方面搜集各类社会不稳定信息,为辖区情报搜集工作提供新的源头。目前,累计上报治安不稳定因素205条,提供有价值线索64条。二是发挥矛盾纠纷调解作用。充分发挥先锋队"原口"优势,凭借特殊老乡党员身份和较高威望,积极开展辖区流口纠纷化解,有力破解了流口"矛盾化解难、事情处理难"的困惑。目前,老乡党员共协助派出所调解矛盾纠纷125起。三是发挥法规宣传教育作用。充分发挥先锋队"同向"优势,通过创设各类载体,积极发动队员在各自领域内开展防范宣传,有效解决了流口来源地复杂、工作时间不规律的普法教育老大难问题。目前,店口辖区电信诈骗案件量显著下降。

三、立定位、解难题、加动力,做活"关爱式"运行模式

一是合理定位,增强归属感。主动将先锋队作为派出所协管流动人口的重要辅警力量,合理赋予其一定的职责和权限,积极协助派出所做好登记、注销、变更等工作,有效缓解警力不足压力,增强队员归属感。二是沟通维权,增强认同感。依托先锋队组建计生工作协助队、爱心志愿服务队等社会组织,积极开展各类关爱帮扶活动,切实解决流动人口实际困难,不断增强队员组织认同感。目前,慰问流动党员 6 名,帮助 2 名流动党员解决实际问题。三是评比激励,增强凝聚力。开展"先锋模范之星"评比活动,并将结果运用到流口子女就学、就业、信贷授信方面。对一些优秀先锋队队员根据发展共产党员的标准,逐步吸收发展为中共党员。

4.3.6 诸暨市大唐镇实现流动人口管理服务"四大转变"[1]

提要:大唐镇依托数据赋能,推动流动人口管理服务工作的智慧化发展,实现了流动人口管理服务的"四大转变"。具体而言,第三代劳动力市场汇集了更多的公共服务与系统功能,实现粗放管理向集约管理转变。一体化的综合服务平台丰富服务形式,优化服务配置,实现被动服务向主动服务转变。安心租 APP 兼具服务与管理于一体,为流动人口提供租房便利的同时自动上报租客信息,实现线下督管向线上统筹转变。外来建设者党支部能够增强流动党员的认同感,实现要我管理向自我管理转变。

诸暨市大唐镇党委、政府结合袜艺特色小镇建设,借力科技支撑,强化智慧治理,全方位高标准打造新型劳动力市场,以"服务"带动"管理"、以"管理"促进"服务",努力实现流动人口管理服务"四大转变"。

一、打造高标准劳动力市场,实现粗放管理向集约管理转变

针对劳动力市场存在的"来无何处、去无出处"的源头失管等问题,进行市场升级换代,在软硬件设施上进行大幅改造提升,搭建集信息采集、工作招

---

[1] 诸暨市大唐镇:《科技支撑 智慧治理 实现流动人口管理服务"四大转变"》,载绍兴市委政法委编:《新时代"枫桥经验"在绍兴资料汇编》,内部资料,2018 年印发,第 228—229 页。

聘、房屋出租、安全宣传等于一体的服务管理平台。如，第三方劳动力市场总投入1 000余万元，建筑面积达4 000平方米，最多可容纳5 000人同时进场招工求职，场内安装30套门禁系统、40台显示屏，并具备出入口管控、信息发布、高清视频监控、自助查询服务等多种系统功能，实现粗放管理向集约管理转变。

二、构建一体化综合服务平台，实现被动服务向主动服务转变

全面整合镇级各职能办的作用，积极构建接待诉求一站式、规范运作一体化、解决问题一竿子的综合服务平台，围绕计划生育、劳动保障、心理咨询、法律法规、综治服务等方面，坐堂解决外来建设者的需求。专门设置安防体验区，以实物陈列、情景模拟、视频影像、现场体验等形式，滚动普及安全技能知识，增强外来建设者自我防范意识和能力。合理优化各项服务，配备饮水机、桌面笔、便签纸、便民药箱等设施，为外来建设者提供了更加人性化的便民服务。

三、研发安心租平台管控系统，实现线下督管向线上统筹转变

自主研发"安心租"新居民社会协同服务管理平台，集房屋租赁、企业招工、自助服务等功能于一体，实现租赁过程多重保障、招工用工无缝对接、流动人口自主申报，努力打造"最大的网上中介平台""最大的网络租赁平台""最大的招工用工平台"。目前，"安心租"平台线上登记出租房屋达6 000多间，登记招工企业近500家。

四、成立外来建设者党支部，实现要我管理向自我管理转变

坚持党建引领，践行"党建+"模式，成立外来建设者党支部，通过流动党员"归队、聚心、亮身份"的形式，增强流动党员组织认同感。同时，切实做到"六个联"，即联上下互通、联矛盾化解、联安全生产、联环境保护、联文明出行、联就业创业，努力构建全镇流口管理共建共治共享新格局。目前，优秀流动党员代表参加所租住村（社区）支部活动、列席村两委会例会和镇重要会议

等9次,参与环境整治、社会治理等志愿者活动5次,协助派出所调解矛盾纠纷7次。

4.3.7 诸暨市公安局枫桥派出所扎实做好流动人口服务管理工作[1]

一、创新管理模式,改分散管理为集中治理

枫桥派出所联合枫桥镇党委政府,在枫桥镇陈家社区、钟山社区因地制宜推广了"统一代管、统一改造、统一出租、统一分配"的集约化旅馆式管理新模式——"红枫居"。

通过社区居委会向农户集体租赁房屋,在消防大队等单位指导下投入资金进行标准化改造,统一向外来务工人员出租。改造以后,每间居住出租房屋内部都设有独立的厨房、餐厅、卧室及卫生间,同时,"红枫居"室外专门设置了电瓶车集中充电停放点,还配备了治安监控、智能门锁、智慧用电、火灾报警等公共安全设施,为外来务工人员创建了一个既安全又温暖的家。截至目前,陈家社区"红枫居"共改造完成86套房间,已出租70套,每间租金200—600元/月不等,枫桥镇钟山社区在建"红枫居"共有46个房间,预计2021年底可以投入使用。统一改造、集中居住之后,"红枫居"周边的刑事、治安警情都有了明显下降,达到了"流动人口管理到位、消防隐患整改到位、社会治安防控到位"的预期效果。

二、依靠发动群众,社会组织参与日常管理

目前,枫桥辖区流动人口总数8 400余人,其中集镇中心区域的枫一、钟山、海角三个社区共计出租房屋1 123户、3 460人。参与这三个社区流动管理的工

---

[1] 《枫桥派出所扎实做好流动人口服务管理工作》,2021年1月19日,http://www.shaoxing.com.cn/p/2848031.html。

作人员只有5人，人均管理187户、577人。为加强枫桥集镇流动人口管理，提升流动人口服务质量，枫桥派出所与红枫义警协会合作开展流动人口管理工作，由红枫义警协会组建40人的流动人口管理小组，小组成员均居住在枫桥集镇区域，通过派出所培训、流动人口专管员逐户熟悉的方式，每名红枫义警队员平均每周走访20—30户出租房，上报流动人口、出租房的变更信息，由派出所及时办理登记或者注销，做到流动人口一次不用跑、信息一条都不漏。2020年以来，红枫义警共上报核查信息数6400余条，枫一、钟山、海角三个社区的流动人口信息准确率均达100%。

三、加强线索摸排，严查严打维护辖区平安

2021年1月16日，在枫桥镇学勉路一处出租房门口，红枫义警队员马方军和学勉路上的水果店老板合力抓获一名正在出租房内实施盗窃的犯罪嫌疑人楼某。正是枫桥派出所发动红枫义警参与出租房、流动人口服务管理，使得派出所、红枫义警与出租房房东、租客之间的联系更加频繁、紧密，群众会及时将可疑的情况、线索第一时间汇报给就近的红枫义警队员，由红枫义警队员核实上报给派出所处置，红枫义警队员马方军就是在接到群众提供的可疑人员线索后，当场抓获了正在实施盗窃的罪犯，目前，该楼某已被公安机关刑事拘留。

2021年1月份以来，随着疫情形势的日益严峻，结合防控工作和日常工作的需要，枫桥派出所组织社区民警、辅警和红枫义警加强对出租房屋的排查整治工作，强化流动人口管理工作，确保第一时间排查可疑线索、第一时间核查风险地区人员、及时掌握辖区社会面动态，在开展排查工作中，枫桥派出所通过细心观察、深入调查，成功通过出租房排查工作查处了多起非法狩猎浙江省重点保护动物、"三有"保护动物画眉鸟的案件，截至目前已办理非法狩猎案件2起，抓获犯罪嫌疑人3人，放生野生画眉鸟9只。

4.4 流动人口融合治理的典型案例

4.4.1 全省流动人口和居住出租房屋管理服务工作现场推进会在诸暨召开[1]

提要：浙江省深入总结提升推广新时代"枫桥经验"六大工程之"流动人口服务管理提升工程"。2018年7月，浙江在诸暨召开了全省流动人口和居住出租房屋管理服务工作现场推进会。新闻媒体报道了这场推进会，并重点介绍了诸暨市创新实施流动人口多元化融合式、信息化一站式、集约化旅馆式、网格化标配式"四化四式"的服务管理新模式，枫桥镇陈家村打造的居住出租房"旅馆式"管理新模式，店口镇2 500多新居民先锋队员促融合的典型经验。

7月13日，全省流动人口和居住出租房屋管理服务工作现场推进会在诸暨召开，我省将为流动人口出台包括提高居住证含金量、加快实现居住证办理"跑零次"，推动工业园区配套建设"夫妻房""全家房"等一系列新举措。

副省长、省流动人口管理服务工作领导小组组长王双全出席会议并讲话，省公安厅副厅长、省流动人口管理服务工作领导小组副组长金伯中主持。

近年来，随着诸暨产业经济的发展，企业外来建设者也在不断增加。据统计，目前全市有30万外来人口，其中，店口登记的常住外来人口有8万多人，大唐也有近7万人。

外来人口越来越多 社会综合治理的难度和要求也在不断提高

为此，我市按照党政主导、公安牵头、社会协同、公众参与的总体思路，创新

---

1 《昨天，这场全省现场推进会在我市召开，我市的哪些探索为全省提供了"诸暨样板"?》，2018年7月14日，https://mp.weixin.qq.com/s/CM7XgEJ1AlxzFgv9lN7_DA。

实施流动人口多元化融合式、信息化一站式、集约化旅馆式、网格化标配式"四化四式"服务管理新模式，有效地减少了安全隐患，促进了社会融合，实现了政府放心、村民开心、租户暖心"三心合一"，为新时代"枫桥经验"的孕育发展提供了诸暨实践。

枫桥镇陈家村打造居住出租房"旅馆式"管理新模式——红枫居

陈家村位于枫桥镇中心区，紧靠枫北工业园区，交通便捷，闲置农房多，老台门多，因此吸引了大量的外来务工人员居住。

这些出租房多为木结构老房，消防设施配备不完善，电线裸露杂乱，安全隐患较大。

另外，这些出租房生活设施不完善，缺少必要的卫生设施，导致出租房周边环境较差，本地村民意见较大。

在党委政府的支持下，陈家村试点打造旅馆式管理新模式——红枫居

1. 统一回收、统一改造、统一出租居住出租房，统一分配收入。

2. 在居住出租房整改上，实行标准化改造出租房屋。

3. 入口处统一设置电瓶车公共停放充电区域；安装摄像头、人脸识别系统、电子锁等设备；增设外部消防逃生楼梯；单独设立厨房、卫生间、客厅；在房间内统一配备安装智慧用电装置、设置火灾报警器和消防"四件套"等消防器材。

4. 从源头上消除了居住出租房的消防隐患，做到了政府放心、房东省心、租户暖心、企业安心，为群众营造平安稳定的社会环境，为新时期枫桥经验发展和乡村振兴提供实践样本。

在日常管理上，集约式开展出租管理

一是将外来人员纳入网格管理，网格长是"红枫居"网格第一责任人，下设党建网格员、美丽网格员、平安网格员。

二是将外来务工人员纳入公共文化服务体系,引导参与文化礼堂活动,开展节日慰问、关爱"小候鸟"等活动提升外来务工人员的归属感。

三是建立陈家村新居民先锋队,引导外来人员积极参加党组织生活、文化活动、志愿者活动,做好环境卫生、垃圾分类工作,融入本村生活。

红枫居服务中心设立了服务接待区、安全防范宣传区,平时由村警负责日常工作。村民自家的闲置农房需要出租,外来人员需要租赁房子,都可以在这里进行统一登记。服务中心不但是免费的中介,还承担了服务和管理的职能,对租客的身份核验、入住登记、离房注销实行统一管理,准确掌握流动人口信息。此外,这里还可以进行消防安全体验。

2 500多名新居民先锋队员促融合

湖南籍党员张文娟是浙江波士特机械有限公司人事科的负责人,又是新店口人先锋队的成员,企业每次招聘外地员工,她都会把信息及时报送给新店口人党支部。"这使我们能全面掌握外来人口的信息,便于服务和管理。"店口派出所所长许栋海说。

店口镇对流动人口的服务和管理模式进行新的探索,流动人口服务管理模式已经逐步从"外警协管外口"向社团自主管理转变,形成基层社会治理新模式。隶属于店口派出所党总支的新店口人党支部,将在店口镇务工、经商、居住6个月以上,未转移组织关系又不能按时回原所属党支部参加组织生活的流动党员吸纳进来。其中表现突出并有志于从事社会公益事业的,还可以吸收为新店口人先锋队成员。先锋队主要为外来人口提供流动人口登记、信息排查、纠纷调解、法律咨询、公益活动等服务。自2015年成立以来,先锋队成员从当初的43名,发展到目前的236名,其中党员140名,132名为外地党员,这些党员中在店口工作时间最长的已有24年。

近年来,诸暨将流动人口融合性社会组织建设作为新时期群防群治工作的重要抓手,积极推进党建引领下的流动人口社会组织建设,在流动人口超过3 000人的镇乡(街道)建立"新居民先锋队",构筑起矛盾调解组、巡逻防控组、维权服务组、平安宣传组的"四组一支部"运行模式。动员流动人口有组织地开展教育、服务、维权、管理工作,并与当地义工团体、公益团队、志愿组织开展互动活动,形成了"党建带队建、队建促共治"的良好格局。今年以来,全市"新居民先锋队"共有成员2 500余名,其中编入先锋队的党员共867名,共协助上报不安定因素205条,调解矛盾纠纷1 125起,提供案件线索64条。

安心租APP便捷服务零跑腿

陇义朝是贵州省赫章县人,在大唐务工近10年,一直从事建筑工作。不久前,他原先的租房快到期了,想在工作地点附近新找一套房子,可是跑了好几个地方都没有找到。后来,他下载安心租APP后,找到了大唐镇中兴社区的一套房子,很快与房东签订了协议。

安心租APP是市公安局自主研发的新居民社会协同服务平台。房东可以在线登记发布房源,由平台推送至辖区专管员进行线上线下二重审核,实现招租"网上办"、房屋"零隐患"。求租者只要下载安装安心租APP,点击"附近找房",系统就会提示可租房,并在地图上显示各租房坐标点。求租者根据自己的要求输入租房条件搜索,就能看到每套可租房的照片和信息介绍。流动人口可以在这里很方便地找工作、租房子,而公安部门可以通过大数据系统,更精准、高效地服务和管理流动人口。目前,在安心租APP上,已有1 000多家企业和7 000多间房子可供选择,涉及多个镇街。

在大唐，安心租 APP 还与经过升级改造的镇劳动力市场一起，形成了一个集用工招聘、信息登记、纠纷调解、计生服务、法律援助于一体的流动人口综合服务中心，真正将管理寓于服务之中，实现了房屋交易、招工用工无缝对接，形成了管理服务互补促进的良好局面。

在安心租的基础上，诸暨市还将全科网格建设纳入乡镇"四个平台"，深化安心租应用，落实房东清单、网格清单、村级清单三张"标配式"清单，确保流动人口精准服务管理水平更上一层楼。

"旅馆式"出租房增强治理质效

近日，在直埠镇紫草坞村，从萧山浦阳镇来的鞋企老板周环雨带着几名员工，住进了刚装修好的出租房，结束了每天来回浦阳的日子。"这些出租房环境好，不贵，住着也放心。"周环雨坦言，小企业建宿舍不现实，得知这个出租房后赶紧订了一层，解决了企业的大难题。

周环雨口中的出租房，是直埠镇在紫草坞村试点的升级版"旅馆式"出租房。这是直埠镇在危旧出租房整治中，探索出的"统一回收、统一改造、统一出租、统一分配收入"的出租房管理新模式。按照这种模式，农村闲置房屋资源，由村委会或房东出资统一设置厨房、公共卫浴、电瓶车公共停放充电区，逐房配备"消防四件套"、安全通道、智慧用电装置、火灾报警器等，高标准建成"外来建设者之家"，统一改造装修后对外租赁，切实将消防隐患扼杀在源头。房屋责任方通过收取租金的方式获得收入。

在"旅馆式"出租房的新模式下，诸暨市搭建以镇街、村居委主体的组织管理架构，设置集租房审核、合同签订、信息采集、监督检查、情况报送等功能为一体的"旅馆总（前）台"，全职负责该辖区流动人口、出租房屋服务管理工作，形成租前安全把关、人来登记、人走注销的精准管理模式。

4.4.2 诸暨流动人口享受就业居住一条龙贴心服务[1]

提要: 2018年,浙江在线新闻网曾多次报道了诸暨市流动人口享有就业居住一条龙服务的创新模式。该报道着重介绍了诸暨市安心租APP和线下智能化劳动力市场。这种依托于大数据建设的服务模式不仅能够为流动人口提供更加高效的便民服务,还能寓管理于服务,促进管理与服务的深度融合,为浙江省流动人口的服务管理工作开辟了智能化新局面。

"大热天不用到处跑,手机点一点就能租房,实在是太方便了。"7月13日,在社区民警的帮助下,来诸暨务工的贵州小伙小陇通过安心租APP,很快就在工作地点附近找到了一套心仪的房子,并与房东签订了协议。

安心租APP是诸暨市公安局自主研发的新居民社会协同服务平台,房东可以在线登记发布房源,求租者只要打开APP,点击"附近找房",系统就会提示可租房,并在地图上显示各出租房坐标点。求租者根据自己的要求输入租房条件搜索,就能看到每套可租房的照片和信息介绍,"目前,在安心租APP上有7 000多间房子可供选择,覆盖多个镇街"。诸暨市公安局相关负责人告诉记者,流动人口可以在这里方便租房,而公安部门可以通过大数据系统,更精准、更高效地服务和管理流动人口。

在诸暨市大唐镇,与线上安心租APP相配套的还有线下的智能化劳动力市场。7月13日上午,来自贵州毕节的李勇夫妇来到镇劳动力市场,在市场入口处他们通过刷居民身份证进入后,场中巨大显示屏上随即播报出企业招聘工种的位置图,他们很快找到了机械工程区域的相关企业。双方对工资、待遇和工作要求进行沟通,都比较满意,很快就达成了意向协议,"现在找房子、找工作都

---

[1] 李攀:《指尖寻住房 刷卡找岗位:诸暨流动人口享受就业居住一条龙贴心服务》,2018年7月16日,https://zjnews.zjol.com.cn/zjnews/sxnews/201807/t20180716_7786127.shtml。

这么方便,我们在这里就像在家里一样",李勇说。

近年来,随着诸暨产业经济的发展,企业外来务工人员不断增加。据统计,诸暨现有30万外来人口,外来人口越来越多,社会综合治理的难度和要求也在不断提高。为此,诸暨市按照党政主导、公安牵头、社会协同、公众参与的思路,创新实施流动人口多元化融合式、信息化一站式、集约化旅馆式、网格化标配式的服务管理新模式,寓管理于服务之中。

据了解,目前浙江的流动人口已经达到2 600余万人,接下来,我省将通过推广居住出租房"旅馆式"管理、深化居住证制度、加大职业技能培训和就业扶持力度等一系列举措,为流动人口提供就业、医疗、住房等一条龙贴心服务,让他们在浙江安心工作生活。

4.4.3 诸暨市首创"三位一体"的流动人口卫生计生服务中心[1]

诸暨市在流动人口密集的市第三医院建立集"流动人口计生管理服务、卫生计生基本公共服务、优生优育宣传教育"为一体的流动人口卫生计生规范化服务中心。

流动人口到此中心,可以免费办理流动人口婚育证明和电子婚育证明,以及免费查询及流动人口信息反馈接收等计生管理服务;可以免费享受查孕查环、领取避孕药具、孕产妇保健、儿童预防接种等卫生计生基本公共服务;可以免费接受"优生、优育、优教"宣传教育培训。

诸暨市推行"三位一体"的流动人口卫生计生规范服务中心,不但方便流动人口享受卫生计生基本公共服务,也提高对流动人口的服务能力,该服务模式为全省首创,深受外来务工者好评。

---

[1] 节选自诸暨市卫生计生委员会:《诸暨市首创"三位一体"的流动人口卫生计生服务中心》,2017年12月4日,https://m.thepaper.cn/newsDetail_forward_1890923。

4.4.4 诸暨市店口镇探索外来人口自治 230 余名"乡亲"编织管理网

提要：文献详细介绍了诸暨市店口镇党建引领流动人口管理服务的经验与成效。诸暨市店口镇在流动人口中成立"新店口人先锋队""新店口人党支部"，实现了从过去"外警协管外口"的被动模式向流动人口自我治理的主动模式的转变。"新店口人先锋队"不仅能够从流动人口群体内吸纳积极分子，还能够建立起外来人口与社会管理的桥梁和纽带，动员更多的社会力量参与到流动人口管理服务的工作中，为流动人口提供人口登记、信息排查、纠纷调解、法律咨询、公益活动等个性化服务。这种以党建引领流动人口管理服务的模式不仅是新时代"枫桥经验"运用于流动人口管理服务的典型创新，还为全国各地流动人口管理服务模式的转型提供了方向。

近日，绍兴诸暨店口镇波士特公司人事科的负责人张文娟又向店口派出所上报了新一批招聘的外地员工信息。工作之外，张文娟同时是店口镇"新店口人先锋队"的一名成员。每次公司新招聘外地员工后，她都会及时报送信息，"既让辖区掌握外来人口信息，协助开展工作，也能让公司、员工更放心"。

随着店口镇产业经济的发展，来店口务工的外来人口逐年增多。目前，店口登记常住的外来人口有 8 万多，而店口派出所却只有 27 名民警，给当地社会综合治理带来了较大压力。如何及时有效地化解这支庞大队伍的矛盾纠纷？早在 14 年前，店口镇探索建立了"外警协管外口"的外来人口管理模式，针对贵州遵义和江西永丰籍两地外来人员相对多的情况，邀请了两地民警进驻店口派出所，由"娘家人"协同管理外来人口。

近年来，随着外来人口落脚店口的时间越来越长，而且一部分外来人口在店口发展事业有成，较早融入了当地社会，并有了一定的口碑和声望。店口镇对流动人口管理尝试了新的模式,在 2015 年成立了"新店口人先锋队",为外来人口提供流动人口登记、信息排查、纠纷调解、法律咨询、公益活动等服务,对流动人口逐步实现由"外警协管外口"向社团自主管理转变。

"在原有的'新店口人党支部'基础上,我们将其中表现突出的或在某些领域具有较高威信的党员,有志于从事社会公益事业,吸收为'新店口人先锋队'成员。"店口派出所所长许栋海介绍,在店口派出所,"新店口人先锋队"还有自己专门的活动场地。据了解,目前"新店口人先锋队"共有队员 236 名,其中党员有 140 名,132 名为外市籍党员,这些外市籍党员中,在店口工作年份最长的达到了 24 年。

店口派出所"新店口人党支部"经过两年多的成长发展,在外来人口心中形成良好口碑。"和之前比,现在真的是大变样了,老乡帮了大忙!"家住店口六村群租房里的老王感慨。老王所住的群租房是一幢 4 层小楼,共有 18 间房子,住着 80 多户人家,以贵州、江西籍外来人口为主。此前,群租房楼道口存在电瓶车乱放、电线乱拉现象,灭火器沾满了灰尘。许栋海在"新店口人党支部"的微信交流群里说了这一个"老大难"问题后,成员们纷纷支招,其中几名江西籍的党员主动表示可以上门去做消防安全宣讲。现在群租房成了远近闻名的"样板房",每家每户都装着烟感响应器,门外都挂着消防四件套和灭火器。

"'新店口人先锋队'成员成为社会管理的信息员、调解员,外来人口管理的宣传员、登记员,发挥了外来人口与社会管理的桥梁与纽带作用,已成为协管流动人口的一支重要力量。"许栋海说。

据统计,自"新店口人先锋队"成立以来,已累计上报治安不稳定因素 181 起,提供有价值线索 64 条,老乡党员协助派出所调解矛盾纠纷 123 起。此外,"新店口人先锋队"还组建了平安创建宣传队、治水护水先锋队、计生工作协助队和爱心志愿服务队,配合镇政府开展义务巡逻,走进老乡家中,进行安全等宣传教育。

4.4.5 诸暨店口探索流动人口服务管理新模式：外来党员助力社会治理[1]

提要：2018年，浙江在线新闻网报道了诸暨市店口镇"外来党员助力社会治理"的治理新模式。事实上，这一模式已然通过基层党组织这一枢纽将流动人口的管理服务工作纳入社会治理的总体格局之中。一方面，过去依靠外来力量介入的协管模式无法适应流动人口不断扩增的发展趋势；另一方面，社会治理现代化要求以人民为中心，通过党建引领将流动人口作为社会治理中的重要主体力量，不仅要实现流动人口内部的自我治理，还要动员更多的流动人口参与社会治理，为整个共建共治共享的治理格局做出贡献。这种治理思路与新时代"枫桥经验"从社会管理走向社会治理的发展思路一脉相承。

湖南籍党员张文娟是浙江波士特机械有限公司人事科的负责人，又是新店口人先锋队的成员，企业每次招聘外地员工，她都会把信息及时报送给新店口人党支部。"这使我们能全面掌握外来人口的信息，便于服务和管理。"诸暨市店口镇派出所所长许栋海说。

在店口登记的常住外来人口有8万多，而店口镇派出所却只有27名民警。早在14年前，店口镇就探索建立了"外警协管外口"的管理模式。针对贵州遵义和江西永丰两地外来人员相对较多的情况，当地邀请了两地民警进驻店口派出所，由"娘家人"服务管理外来人口。

近年来，店口镇对流动人口的服务和管理模式又有了新探索。2015年成立的新店口人先锋队，主要为外来人口提供流动人口登记、信息排查、纠纷调解、

---

[1] 《店口镇探索流动人口服务管理新模式：外来党员助力》，2018年6月28日，https://zjnews.zjol.com.cn/zjnews/sxnews/201806/t20180628_7643121.shtm。

法律咨询、公益活动等服务，流动人口服务管理模式逐步从"外警协管外口"向社团自主管理转变，探索基层社会治理新模式。据了解，新店口人先锋队成员从当初的43名，发展到目前的236名，其中党员140名，132名为外地党员，这些党员在店口工作时间最长的已有24年。

新店口人党支部隶属于店口镇派出所党总支，在店口镇务工、经商、居住6个月以上，未转移组织关系又不能按时回原所属党支部参加组织生活的流动党员，可以申请加入新店口人党支部。其中表现突出并有志于从事社会公益事业的，可以吸收为新店口人先锋队成员。在店口镇派出所，新店口人党支部、新店口人先锋队还有自己的活动场地。

"充分调动他们的积极性，新店口人先锋队成员已成为服务管理流动人口的一股重要力量。"许栋海告诉记者，店口镇把党建工作渗透到流动人口领域，让外来党员真正发挥先锋模范作用。据统计，自新店口人先锋队成立以来，已累计上报治安不稳定因素181起，提供有价值线索64条，协助派出所调解矛盾纠纷123起。

4.4.6 "新店口人先锋队"：外来人口管理模式的探索[1]

浙江波士特机械有限公司每次新招聘外地员工，人事科的张文娟都会把其中的党员信息及时报送给"新店口人党支部"。作为"新店口人先锋队"的一员，张文娟经常像这样力所能及地协助店口派出所工作。"这既能让企业主放心，也让我们派出所省心。"浙江省诸暨市店口镇派出所所长许栋海对张文娟的做法很认可。

店口登记常住的外来人口有8万多，而店口派出所只有27名民警。如何及时有效地化解外来人口的矛盾纠纷，有序管理好这一庞大的人口？早在14年

---

[1]《"新店口人先锋队"：外来人口管理模式的探索》，《光明日报》2018年6月15日，第5版。

前,店口镇就探索建立了"外警协管外口"的外来人口管理模式。针对贵州遵义和江西永丰籍两地外来人员相对多的情况,邀请了两地民警进驻店口派出所,由"娘家人"协同管理外来人口。

随着时间的推移,很多外来人口在店口发展事业有成,逐渐融入了当地社会,并有了一定的口碑和声望,新的流动人口管理模式应运而生。2015年,店口镇成立了"新店口人先锋队",以"新店口人党支部"为核心,为外来人口提供流动人口登记、信息排查、纠纷调解、法律咨询、公益活动等服务。这使店口针对流动人口的管理服务,逐步实现由"外警协管外口"向社团自主管理转变。

"新店口人党支部"隶属于店口派出所党总支。支部规定,在店口镇务工、经商、居住超过6个月,未转移组织关系又不能按时回原所属党支部参加组织生活的流动党员,可以申请加入"新店口人党支部"。如表现突出或在某些领域具有较高威信,有志于从事社会公益事业,则可以吸收为"新店口人先锋队"成员。目前"新店口人先锋队"队员有236名,在其中的140名党员中,外市籍党员占到132名,这些外市籍党员在店口工作年份最长的24年。

"充分调动他们参与社会管理的积极性,'新店口人先锋队'成员已成为协管流动人口的一支重要辅警力量。"许栋海告诉记者,把党建工作渗透到流动人口领域,让外来党员真正发挥先锋模范作用,"一方面是针对他们分散于各个行业容易接触到各类社会舆情,他们发挥情报信息汇集的作用,另一方面是凭借他们特殊的老乡党员身份,发挥他们矛盾纠纷调解的作用。"许栋海说。

去年,3位安徽籍外来务工人员事先未与原务工企业沟通,擅自跳槽到另一家企业,结果在结算工资时与原单位发生纠纷,双方互不相让。民警联系安徽籍"新店口人先锋队"队员胡兴海,胡兴海对老乡进行了教育,为其讨回了工资,同时也帮助企业联系好了新员工。据统计,自"新店口人先锋队"成立以来,已累计上报治安不稳定因素181起,提供有价值线索64条,老乡党员协助镇调解矛盾纠纷123起。

据了解,除了新店口人先锋队,店口镇通过几年的积极培育,还形成较好的社会组织发展基础。目前,全镇共有社会组织190家,参与人数逾万,涵盖了调解维权、群防群治、公益慈善、文化体育等领域,在社会治理中发挥着独特作用。

4.4.7 老乡党员在身边 诸暨市大唐镇创新外来人口服务管理模式[1]

提要:2018年,浙江在线新闻网报道了诸暨市大唐镇以外来流动党员打造"共建共治共享"社会治理新格局的创新模式。大唐镇通过在流动人口群体中建立外来建设者党支部,一方面,搭建起当地党委政府与"新大唐人"之间的桥梁,将各级党委政府的指示精神和决策部署层层贯彻落地。另一方面,它能够激活外来流动党员的活力,协助党委政府服务管理流动人口,回应流动人口内部诉求,共同建设和谐社会。

日前,诸暨市大唐派出所民警金松的手中拿着"新鲜出炉"的《大唐镇外来流动党员名册》,一一梳理146名来自全国各地的流动党员的相关信息。金松说,大唐镇外来建设者党支部将在近日成立,这些漂泊着的党员就要在大唐安新"家"了。

成立外来建设者党支部,是大唐镇打造"共建共治共享"社会新格局的重要举措。大唐是劳务工输入大镇,在册流动人口数达7万左右,每年累计流动人口达14万人,本地人口仅3万左右。长期以来,如何管理和服务好流动人口、实现流动人口社会融合是大唐镇的焦点问题之一。

---

[1] 《老乡党员在身边 诸暨市大唐镇创新外来人口服务管理模式》,2018年4月24日,http://www.zjzzgz.gov.cn/art/2018/4/24/art_1413005_18647107.html。

"这些党员都是隐性党员,组织关系都在外地,很少回老家参与组织生活,在务工地大唐也默默无闻。"大唐镇党委副书记吕靖江说,经过反复考量,大唐镇决定成立外来建设者党支部,让外来流动党员亮出身份,过好组织生活,发挥党员联系群众的作用,"以抓好相对固定居住在辖区内的流入党员工作为切入点,打通流动人口与社会治理的隔阂"。

前阵子,在大唐镇打工的两名河南老乡因琐事发生争吵并有财物损伤,双方心里都憋着一股怨气。大唐派出所特意叫来了河南籍党员王瑞杰参与调解,王瑞杰晓之以理、动之以情,以老乡情化解了两人的矛盾,双方握手言和。

"这样的案例在大唐镇流动人口管理中比比皆是,这充分证明,流动党员在开展流动人口矛盾纠纷化解、和谐劳动关系处理、环境卫生整治等方面有着积极意义。"大唐派出所副所长俞奕飞认为,成立党支部后,这批流动党员将真正成为当地党委政府与"新大唐人"的桥梁,"把支部主题党日活动、'三会一课'中学习的上级和镇党委政府的决策部署传递给普通群众,同时把普通群众需要反映的情况问题反映给镇党委政府"。

据悉,"外来党员联系外来建设者"工作已开始在大唐镇推开。流动党员们通过老乡群等社交工具获取各类不稳定信息并及时上报,把矛盾纠纷化解在萌芽状态;不定期参与大唐环境整治、社会治理等志愿者活动,切实帮助了一批外来务工人员,使其利益不受损害,同时维护大唐和谐稳定美丽。

数据赋能同样也是这一阶段外来人口管理的特色之一。党的十八大以来,大数据、云计算和物联网等新兴数字技术的飞速发展为原有管理体系的迭代升级提供了可能,为外来人口管理工作的现代化发展提供了技术支撑。首先,数字技术的支持能够打破多部门间的信息壁垒,实现信息共享、服务联动。过去,尽管拥有多部门主体参与外来人口的综合治理,但是由于缺乏信息共享机制,再加之以治理锦标赛体制的固有弊病,导致主体间的互动程度不够,无法形成合力。相反,数据赋能能够实现原有合作路径的优化和重组,以消除资源壁垒强化主体协同,从而凝聚起多元主体参与外来人口管理的治理合力,全方位提升治理效能。其次,在大数据技术的支撑下,可以通过搭建数据平台汇聚公共服务资源,并在此基础上进行服务资源的再分配,从而降低外来人口获取公共服务资源的成本。例如,2018 年诸暨市建立起全市性的流动人口综合服务中心,汇聚全市的就业服务资源,为外来人口的就业提供有力保障。最后,科技支撑可以实现服务路径的优化,为外来人口获取服务资源提供更为高效便捷的新型方式。例如诸暨市公安局自主研发安心租 APP,实现外来人口租房服务的便捷化和高效化,开创了外来人口管理的"智能化"局面。

4.4.8 关爱流动人口 树立健康理念 建设健康诸暨[1]

提要: 该则新闻报道了诸暨市卫生健康局关爱流动人口,树立健康理念,建设健康诸暨的一些典型活动。通过这些关心关爱活动,诸暨提高了流动人口的法制观念,倡导流动人口的健康理念,树立健康意识,共建健康诸暨,使这些外来建设者们真正融合到诸暨人民中,共享美好生活。

近日,诸暨市卫生健康局联合店口镇、大唐镇人民政府,组织当地计生协、卫生计生办、卫生监督分所、卫生院等相关人员,在 2019 年元旦春节期间流动人口返乡之际,积极开展对流动人口的关心关爱活动。

活动以"送政策、送服务、送温暖、送健康"为主要内容,计生志愿者围绕科学就医、妇幼保健、生殖健康、心理健康等内容,通过健康服务、健康知识,引导广大育龄妇女和流动人口学习、掌握健康知识及必要的健康技能,形成健康文

---

[1] 诸暨市卫生健康局:《关爱流动人口 树立健康理念 建设健康诸暨》,2019 年 1 月 15 日,https://www.zhuji.gov.cn/art/2019/1/15/art_1452710_30584539.html。

明的家庭氛围。卫生计生办工作人员向居民群众宣传国家计生工作的相关政策,还介绍了社区计生各项工作的办事流程,并欢迎居民群众对社区计生工作进行监督。社区工作人员耐心地向前来咨询的居民群众和流动人口讲解国家人口计生政策法规,提供优生优育、生殖健康、避孕知情选择、更年期生理知识等方面的咨询服务。

通过上门慰问帮扶、上街宣传政策、发放流动人口公开信、发放避孕药具、宣传用品、健康小册子、医务人员现场咨询义诊方式,提高流动人口的法制观念,倡导流动人口的健康理念,树立健康意识,共建健康诸暨,使这些外来建设者们真正融合到诸暨人民中,共享美好生活。

4.4.9 "红枫居":新枫桥人的心安首选[1]

提要:2018年,枫桥镇将平安枫桥建设与流动人口服务管理工作相结合,推出"红枫居"出租房管理新模式,成为新枫桥人租房居住的首选方式。这种模式是由村社对村民房屋进行集中改造,并实行统一出租、统一管理。一方面,改造后的出租房屋安全系数明显提升,生活环境得到显著改善,成为助力平安建设的全新动力;另一方面,改造后的出租房对于新枫桥人的吸引力更大,为农村集体经济增长提供新思路和新方案。

在整个枫桥镇,目前有一万左右的流动人口,他们住得安全不安全、安心不安心,是当地平安建设的一个大考题。今年以来,枫桥镇陈家村探索出了"红枫居"这一出租房管理新模式,成了新枫桥人租房的首选。

来自贵州凯里的杨秀兰七年前就已经在枫桥镇陈家村租房子,是村里最早

---

[1] 《"红枫居":新枫桥人的心安首选》,2018年11月13日,http://n.cztv.com/news/13038758.html。

的外来租房户之一,说起以前的居住环境,杨秀兰还记忆很深:"以前住的房子都快要倒掉了,很担心。"

自打今年陈家村推出"红枫居"后,杨秀兰马上被这种"旅馆式"管理新模式吸引,成为第一批入住的住户,几个月下来,不管是生活设施和安全指数都让她很满意。杨秀兰说:"住起来舒服,这样像家的感觉,住起来好,比以前舒服,好多了。"

与杨秀兰这位老租户不同,来自湖南怀化的向丽萍原来租在其他的村子,虽然房租便宜,但是五六年下来她就觉得住得不踏实:"楼梯嘛是木楼梯,走的时候要小心一点,电线、烧饭用电的时候都要小心地看一下。"

在实地察看了"红枫居"后,她立即下决心搬过来,几个月住下来,除了设施好以外,村里管理方优质的服务也让她觉得很温暖:"你哪里有什么设施不好了,打个电话,管理人员就来了。"

为解决出租房的消防安全等问题,今年以来,陈家村把村民的出租房集中起来,进行了集中改造,并实施统一管理和统一出租,租金由村民和村级集体共享。目前,经过改造的80间"红枫居"已成为枫桥外来务工人员租房的首选。而对比原先的租房方式,不光村民们省心不少,村干部们更是大大舒了一口气。

枫桥镇陈家村村委会主任王焕钧说:"原来没有规范的时候,当时租出去的时候真的不省心,现在省不少心,因为这个老房子交给我们,我们统一按照消防的最高标准去改造。"

而对于当地政府来说,流动人口租房管理的大难题也迎刃而解,还为平安枫桥建设探索出了一条新路径。

枫桥镇党委委员、陈家村包村领导叶雯说:"不仅实现了农户和村集体经济的双提升,而且还为我们整个出租房管理中一些弊端带来了一些解决的办法,让我们这些新枫桥人租得放心,住得安心。"

4.4.10 让流动人口共享同城待遇 绍兴以居住证为载体推动公共服务均等化[1]

提要: 2021年,浙江在线新闻网就绍兴市公安局以电子居住证改革开启流动人口均等化服务新篇章进行报道。从暂住到居住,从实体证件到电子证件,反映了绍兴市流动人口管理工作的重心由管理转向服务。与此同时,绍兴市进一步拓展电子居住证的权益范围,使其成为劳动就业、社会保险、义务教育、卫生计生、文化体育、证件办理、住房保障、公共交通、社会事务、法律服务、社会救助和户口登记等12项基本公共服务的集成平台,全方位保障外来流动人口的合法权益。以农民工为代表的流动人口在均等化享有合法权益后更快地融入当地社会,推动"橄榄型"社会的形成。

在浙江,每3人中就有1个流动人口。2 900余万流动人口汇聚"浙里",为经济社会发展注入了澎湃活力。在迈向共同富裕的道路上,扩大中等收入群体规模,提高低收入群体的收入,探索形成"橄榄型"社会,广大流动人口特别是进城农民工是其中的重点群体。

如何让进城农民工实现市民化,更好地安居乐业,享受同城待遇?浙江,正在打破无形的墙。

今年6月,绍兴市公安局在省公安厅的指导下,在全省率先启动电子居住证改革。在数字化改革牵引下,当地进一步完善以居住证为载体的公共服务均等化机制,探索农业转移人口市民化集成改革,在就业、教育、医疗、住房、救助以及数据资源归集等方面,取得了一系列成果,形成了改革合力。

10月19日至20日,浙江日报报业集团与浙江工商大学、浙江大学社会治

---

[1] 施力维等:《让流动人口共享同城待遇 绍兴以居住证为载体推动公共服务均等化》,《浙江日报》2021年10月27日,第3版。

理研究院、省委党校公共管理研究部联合开展"'浙眼阅治理'——'书记县长冲冲冲'、'政已阅'走进绍兴"活动，探寻共同富裕进程中农民工市民化课题的"绍兴解法"。

从管理到服务，一张证背后的理念转变

相比电子《浙江省居住证》这个称呼，许多绍兴新居民更喜欢把手机上这张绿色的证件，形象地叫作"电子绿卡"。

河南人于凤娟在绍兴越城区一家纺织厂工作。来绍10多年，她申领过红本的暂住证，更换过IC卡式居住证。如今已有两个孩子的她，刚通过"浙里办"App申领了一张"电子绿卡"，用于个人医保和孩子就学。

由暂住到居住，从实体到电子，"于凤娟们"见证的，不仅是证件形式的改变，更是一座城市对他们的认可与接纳。

"把电子居住证，打造成流动人口融入当地的'身份证'、服务城市的'贡献证'、共享发展的'权利证'。"绍兴市副市长、公安局局长俞流江说，一张证件折射的，是包括公安在内各相关部门理念的转变——对流动人口由传统的重管理转向重服务。

目前，绍兴户籍人口有约447万，在册流动人口约185万。广大的流动人口，特别是大量来绍务工的农民工群体，为绍兴制造业的发展作出了举足轻重的贡献。但另一方面，流动人口也对当地的社会治理工作提出了更高要求。

绍兴市公安局副局长潘益民说，10多年前，公安机关的流动人口管理工作相对单一，重点在于掌握暂住人员的情况，为加强治安管理、案件侦查提供可靠信息，也为其他职能部门提供较为准确的基础信息。

眼下，流动人口在经济社会发展中的作用越来越凸显。"流动人口已成为影响人口区域分布、年龄结构甚至性别结构的内生动力之一。"参与调研的浙江省委党校公共管理教研部教授屈群苹认为，共享发展成果，实现共同富裕，重点和难点在于流动人口,特别是其中的农民工群体。

围绕共同富裕示范区建设,公安机关不仅要增强服务意识,更要通过改革,为进城农民工提供更为优质的公共服务。按照省委数字化改革要求,省公安厅聚焦群众所急所盼,以居住证申领这一高频事项为切口,在绍兴等地试点开展电子居住证改革。

在省级部门的协同、支持下,浙江政务服务2.0平台、公安流动人口信息系统,两大平台在确保数据安全的前提下,实现互联互通;证件申领受理端、审核审批端、查看展示端同步运行。

长期从事人口管理工作的诸暨市公安局枫桥派出所民警赵信,对电子居住证带来的便利深有感触,"现在窗口办证的人少了,但大家的满意度高了"。按照以往实体居住证的办理流程,公安部门需15个工作日才能完成制证,现在,办证流程从线下搬到线上,领证时间缩短到2个工作日,还免去10多元的制作工本费。

截至10月22日,绍兴全市已经核发电子居住证23 674本、签注35 642人次。对于没有智能手机的老人、儿童等人群,公安部门在户籍窗口仍然会出具有法律效力的确认单。统计显示,群众对绍兴公安各户籍窗口满意度达到99.95%。

从分散到集成,一次"破圈"的深刻变革

在绍兴,电子居住证可以当景区门票,打开手机出示证件,市内主要的5A级风景区免费游览;电子居住证是入学凭证,"浙里办"App入学报名,省去纸质材料,凭电子证全流程网办;电子居住证又是医保凭证,看病就医直接享受本地医保……

看似小小的一张电子居住证,却像一个平台集成着各类公共服务,让各部门的改革"破圈",从盆景集成为一道风景。依靠电子居住证,在绍兴可同等享受劳动就业、社会保险、义务教育、卫生计生、文化体育、证照办理、住房保障、公共交通、社会事务、法律服务、社会救助、户口登记等12方面的基本权益和公共服务政策。

《浙江高质量发展建设共同富裕示范区实施方案》明确,要"大力推进农业转移人口市民化集成改革"。此次电子居住证的改革探索,特别突出了集成改革的理念。

据了解,过去公安、教育、民政、人社、文旅等部门都为流动人口制定了相关的服务政策,但缺乏有效联动。许多改革都局限在各自部门内,有的知晓度不够,还有的要多部门来回跑才能享受。

依托一体化智能化公共数据平台,绍兴各政府部门间共享各类数字资源,并以电子居住证为统一的证照基础数据,从而有效提升了流动人口办理义务教育、医保社保、保障性住房以及婚姻登记、申领驾驶证等公共服务的智能化、便利化水平。

以电子居住证改革为契机,绍兴将试点工作纳入整体户籍制度改革,并成立了工作专班,通过协同共享和开放共建,召集相关部门共商公共服务政策,不断拓展电子居住证的应用场景,使这张证的覆盖面更广、含金量更高。

从分散到集成,一张电子证,让新居民尽享同城待遇,平衡了各部门间的"温差"。改革,还在缩小地区间公共服务的"落差"。

今年开学季,上虞新居民孙先生还在为孩子入学发愁。由于刚从温州搬到上虞,按照上虞此前的规定,新居民需缴纳6个月社保后,才能取得电子居住证。

值得一提的是,为有效简化省域内城市间居住证的转换手续,推动流动人口共享同城待遇。今年8月1日,我省在上虞启动了省内居住证互认改革试点,只要在浙江省内办居住证累计连续登记满6个月,就能在上虞进行电子居住证跨行政区域互认转换。这让孙先生的孩子，成功就读上虞的公办小学。

今年5月，长三角区域跨省联办也迎来新突破。从安徽来上虞打工的贾女士，领到了长三角区域首本跨省通办的新生儿居民户口簿。想起几年前第一个小孩出生时，她还特地赶回老家办落户，"这次只用了几分钟，就在上虞给宝宝办好了安徽的户口，对我们外乡人来说很方便"！

打破壁垒，让"好邻居"真正成为"自家人"。"绿卡"一路畅通的背后，是一桩桩群众"关键小事"难点、堵点的逐一击破，为群众带来更多的获得感和幸福感。

"逐步打破城乡间、区域间的壁垒，积极推进以人为核心的新型城市化，这些都为高质量发展建设共同富裕示范区提供了内生动力。"浙江大学公共管理学院教授吴结兵说。

从游离到融入，一个"橄榄型"社会的探索

每天下午2时，3个月内首次来绍兴且已住满7天的外来务工人员会陆续收到一条短信："为保障您的合法权益，即时享受公共服务和生活便利，请主动在微信小程序'越乡汇'申报居住登记……"

下午2时、3个月内首次、住满7天……这些看似寻常的细节，实则是相关部门一次次反复开会琢磨的结果。"不少外来务工人员晚上在餐饮行业打工或者做小生意，上午休息，下午2时后是他们最有可能收到短信的时间。"越城区流动人口服务管理中心相关负责人董涌涛介绍，为了让流动人口安心住下来、留下来，分布在越城区的506名流动人口专管员，每天四处寻找优质租房和招工信息，第一时间在"越乡汇"上发布。

一直以来，在城乡二元体制下，以农民工为代表的流动人口在社会保障、政治参与、文化生活等层面，都与城市居民存在差距。推动农民工从游离到融入，加快人的现代化进程，携手迈向共同富裕，是绍兴探索已久的课题。

安徽人季业成对自己在绍兴的生活现状颇为满意。他租住的50平方米人才公寓月租金只要300元,不到市场价的四分之一,社保、医保等待遇也和城市居民一样。

"户口还在老家,但我和生活在这座城市里的居民没有什么区别。"季业成的这番话是有依据的。以他所租住的鹅境雅园小区为例,这里除了是人才公寓,还把一半以上的住房低价出租给企业,为企业里的外来员工提供安身之处。

在如今的绍兴,家庭医生签约服务等基本公共卫生服务,已实行不分户籍的均等化。在教育这一备受关注的领域,更是做到了无差别待遇。

从一个领先全省的数据中就能发现:绍兴市义务教育段流动人口子女入学在校总数为10.6万人,占义务教育段在校总学生数25.9%,这些学生的公办入学率高达97.4%。"我们确保符合条件的流动人口子女100%入学,流动人口子女全部被纳入帮困助学体系,全程资助、全面覆盖。"绍兴市教育局副局长丁初效说。

浙江工商大学校长、浙江大学社会治理研究院院长郁建兴一直十分关注流动人口的社会融入。对于绍兴在住房、教育等方面让流动人口分散式融入社会的做法,他颇为认同。在他看来,如果为流动人口划定专门的住所,会一定程度造成社会排斥风险。"未来是否可以探索通过基金会等形式直接为流动人口发放补贴,让他们在广阔的市场中购买租房等服务,真正无标签地融入这座城市。"郁建兴说。

除了公共服务均等化,相关专家更关心如何通过高质量发展,通过做大蛋糕,让更多的流动人口迈向共同富裕。

"这里活跃的经济给了我们就业机会,也提供了一个更大的舞台。"河南焦作的孙长斌,5年前来到柯桥区安昌镇,他从一个纺织厂机修工做起,如今自己创业,已成为一家拥有20台圆机的工厂负责人。

不久前,在当地镇政府以及派出所的支持下,孙长斌和30余名新居民志愿者成立"新居民小组",搭建了就业、创业的平台。"柯桥纺织上下游产业链,每个环节都需要大量的一线员工和管理人才。"孙长斌说,"新居民小组"成立以来已经帮50余人解决了就业问题,其中,一线工人的人均月收入超过了1万元。

值得一提的是,一直以来绍兴的产业结构较为传统,近年来因为产业转型艰难,传统产业工人流失现象明显,城市流动人口数量有一定程度下降。

"为了改变这一现状,我们正向集成电路、生物医药、新材料等新兴产业发力,以期扩大中等收入群体,让更多外来务工人员享受这些具有爆发力的产业所带来的红利。"绍兴市发改委副主任王永火说。

4.5 流动人口融合治理的其他史料

4.5.1 诸暨市枫桥镇人民政府:关于受理群众热线反映流动人口往来密集的村口安装监控事项的告知书[1]

提要:这是一则枫桥镇人民政府受理一名枫桥群众通过绍兴市政务服务热线反映的问题的告知书。该群众毛某某希望枫桥镇人民政府能够在流动人口往来密集的村路口安装监控,排除社会治安隐患。枫桥镇在接到服务热线转过来的诉求后,马上联系毛某某,告知其镇政府已经受理了该事件,会在规定时间内予以反馈。

毛某某:

你(们)于2019年1月2日向绍兴市政务服务热线反映枫桥镇毛家村桑塘

---

[1] 诸暨市枫桥镇人民政府:《关于受理群众热线反映流动人口往来密集的村口安装监控事项的告知书》,2019年1月7日公布,枫电告字〔2019〕002号。

口一带比较偏僻,外来人口流动量大,存在一定的社会治安隐患,希望部门安装监控的事项已收到,本单位予以受理,即日起 30 日内(情况复杂的延长 60 日)本单位将向你反馈办理情况。

在办理期限内,如需查询办理情况可与我单位联系。联系人:卓某某,联系电话:89090990。办理期限内向其他各级单位重复提出同一事项的,将不再受理。

特此告知。

枫桥镇人民政府
2019 年 1 月 7 日

4.5.2 诸暨市枫桥镇人民政府:关于群众热线反映流动人口往来密集的村口安装监控事项的处理意见书[1]

提要:这是一则枫桥镇人民政府受理一名枫桥群众通过热线反映问题的处理意见书。从前后时间来看,枫桥镇人民政府在受理的次日便作出具体回应和处理方案。可见,枫桥镇人民政府高度重视群众意见和流动人口的服务管理工作,能够及时受理和反馈群众诉求。

毛某某:

你(们)于 2019 年 1 月 2 日向绍兴市政务服务热线反映枫桥镇毛家村桑塘口一带比较偏僻,外来人口流动量大,存在一定的社会治安隐患,希望部门安装监控的事项已收到,本单位予以受理,现处理答复如下:

你反映的位置位于杭派服饰开发地块附近,待杭派服饰产业园区主体完成

---

1 诸暨市枫桥镇人民政府:《关于群众热线反映流动人口往来密集的村口安装监控事项的处理意见书》,2019 年 1 月 8 日公布,枫电复字〔2019〕002 号。

后，统一安装监控，并已列入2019年社会治安监控安装计划。枫桥镇治安监控点位安装由枫桥镇、枫桥派出所以及相关行政村共同沟通协商决定。同时，已联系镇东警务站加强治安巡逻。感谢你对平安枫桥提出宝贵意见。

枫桥镇人民政府

2019年1月8日

参考文献

一、党政文件

(一) 国家有关流动人口的法规与政策文件

中央人民政府公安部:《城市户口管理暂行条例》,1951 年 7 月 16 日公布,同日施行。

中华人民共和国政务院:《关于劝止农民盲目流入城市的指示》,1953 年 4 月 17 日公布,同日施行。

国务院:《关于建立经常户口登记制度的指示》,1955 年 6 月 22 日公布,同日施行。

全国人民代表大会常务委员会:《中华人民共和国户口登记条例》,1958 年 1 月 9 日公布,同日施行。

公安部:《关于处理户口迁移的规定(草案)》,1964 年 8 月 14 日公布,同日施行。

国务院:《批转〈公安部关于处理户口迁移的规定〉的通知》,1977 年 11 月 1 日,同日施行。

国务院:《关于农民进入集镇落户问题的通知》,1984 年 10 月 3 日公布,同日施行,国发〔1984〕141 号。

公安部:《关于城镇暂住人口管理的暂行规定》,1985 年 7 月 13 日公布,同日施行,公发〔1985〕47 号。

全国人民代表大会常务委员会:《中华人民共和国居民身份证条例》,1985年9月6日公布,同日施行,中华人民共和国主席令第29号。

公安部:《中华人民共和国居民身份证条例实施细则》,1986年11月28日公布,同日施行。

国务院办公厅:《关于严格控制民工盲目外出的紧急通知》,1989年3月2日公布,国办发明电〔1989〕12号。

民政部、公安部:《关于进一步做好控制民工盲目外流的通知》,1989年4月10日公布,同日施行,〔89〕民电124号。

国家计划生育委员会:《流动人口计划生育管理办法》,1991年12月26日公布,1991年12月26日施行,国家计划生育委员会令第1号。

公安部:《暂住证申领办法》,1995年6月2日公布,同日施行,公安部令第25号。

公安部:《关于加强盲流人员管理工作的通知》,1995年8月10日公布,公通字〔1995〕37号。

中共中央办公厅、国务院办公厅:《转发中央社会治安综合治理委员会关于加强流动人口管理工作的意见》,1995年9月19日公布,同日施行。

国务院:《批转公安部〈小城镇户籍管理制度改革试点方案和关于完善农村户籍管理制度意见〉的通知》,1997年6月10日公布,同日施行,国发〔1997〕20号。

国务院:《批转公安部关于解决当前户口管理工作中几个突出问题意见的通知》,1998年7月22日,国发〔1998〕24号。

国家人口和计划生育委员会:《流动人口计划生育工作管理办法》,1998年9月22日公布,1999年1月1日施行,国家计划生育委员会令第1号。

公安部:《中华人民共和国居民身份证条例实施细则(1999修订)》,1999年10月1日公布,同日施行,公安部令第43号。

全国人民代表大会常务委员会:《中华人民共和国人口与计划生育法》,2001年12月29日公布,2002年9月1日施行,中华人民共和国主席令第63号。

全国人民代表大会常务委员会:《中华人民共和国居民身份证法》,2003年6月28日公布,2004年1月1日施行,中华人民共和国主席令第4号。

国家人口和计划生育委员会:《流动人口计划生育管理和服务工作若干规定》,2003年12月1日公布,2004年1月1日施行,国家人口和计划生育委员会令第9号。

国务院:《关于解决农民工问题的若干意见》,2006年1月31日公布,同日施行,国发〔2006〕5号。

中共中央办公厅、国务院办公厅:《转发中央社会治安综合治理委员会〈关于进一步加强流动人口服务和管理工作的意见〉的通知》,2007年11月20日公布,厅字〔2007〕11号。

国务院:《流动人口计划生育工作条例》,2009年5月11日公布,2009年10月1日施行,国务院令第555号。

全国人民代表大会常务委员会:《中华人民共和国社会保险法》,2010年10月28日公布,2011年7月1日施行,中华人民共和国主席令第35号。

国家人口和计划生育委员会、中央社会治安综合治理委员会办公室、财政部、人力资源和社会保障部:《关于创新流动人口服务管理体制推进流动人口计划生育基本公共服务均等化试点工作指导意见》,2010年9月21日公布,同日施行,人口流管〔2010〕69号。

国家卫生和计划生育委员会、中央社会治安综合治理委员会办公室、国务院农民工办、民政部、财政部:《关于做好流动人口基本公共卫生计生服务的指导意见》,2014年10月30日公布,同日施行,国卫流管发〔2014〕82号。

国务院:《关于进一步推进户籍制度改革的意见》,2014年7月24日公布,同日施行,国发〔2014〕25号。

国务院:《居住证暂行条例》,2015年11月26日公布,2016年1月1日施行,国务院令第663号。

文化部、国务院农民工工作领导小组办公室、全国总工会:《关于进一步做好为农民工文化服务工作的意见》,2016年3月17日公布,同日施行,文公共发〔2016〕2号。

国家卫生计生委:《关于印发"十三五"全国流动人口卫生计生服务管理规划的通知》,2017年5月4日公布,同日施行,国卫流管发〔2017〕9号。

(二)浙江省有关流动人口的法规与政策文件

《浙江省城镇暂住人口登记管理办法》,1987年6月13日公布,同日施行,浙政〔1987〕35号。

浙江省公安厅:《关于印发〈浙江省城镇租赁房屋治安管理办法〉的通知》,1993年4月1日公布,浙公治〔1993〕26号。

浙江省人民政府:《浙江省流动人口计划生育管理实施办法》,1993年2月20日公布,1993年6月1日起施行,省政府第30号令。

浙江省人民政府办公厅:《转发省公安厅关于〈加强暂住人口管理工作意见〉的通知》,1994年6月27日公布,同日施行,浙政办发〔1994〕129号。

浙江省公安厅:《关于启用新的户口迁移证、户口准迁证的通知》,1994年8月16日公布,同日施行,浙公通字〔1994〕37号。

浙江省公安厅:《印发〈关于暂住人口集中整治方案〉的通知》,1995年4月5日公布,同日施行,浙公治〔1995〕35号。

浙江省劳动厅、浙江省公安厅、浙江省财政厅、浙江省物价局:《关于加强农村劳动力跨地区流动就业管理的通知》,1995年4月13日公布,同日施行,浙劳就〔1995〕49号。

中共浙江省委宣传部、浙江省公安厅:《关于大力开展〈浙江省暂住人口管理条例〉宣传活动的通知》,1995年4月18日公布,浙公治〔1995〕38号。

浙江省人民代表大会常务委员会:《浙江省暂住人口管理条例》,1995年5月9日公布,1995年5月9日施行,无发文号。

浙江省公安厅:《关于印发〈浙江省暂住人口管理条例〉宣传提纲及标语、口号的通知》,1995年5月9日公布,同日施行,浙公治〔1995〕43号。

浙江省人民政府:《浙江省流动人口计划生育管理办法》,1999年12月24日公布,2000年1月1日施行,浙江省人民政府令第116号。

浙江省人民政府办公厅:《关于加强流动人口计划生育管理的通知》,2001年9月14日公布,同日施行,浙政办发〔2001〕59号。

浙江省公安厅:《关于进一步改进流动人口管理和服务工作的通知》,2003年7月3日公布,同日施行,浙公通字〔2003〕52号。

浙江省人民政府:《关于贯彻实施〈城市生活无着的流浪乞讨人员救助管理办法〉的通知》,2003年9月27日公布,同日施行,浙政发〔2003〕33号。

浙江省公安厅、浙江省人口和计划生育委员会、浙江省劳动和社会保障厅:《关于规范流动人口"一证式"管理工作的通知》,2004年3月17日公布,同日施行,浙公通字〔2004〕39号。

浙江省社会治安综合治理委员会办公室、浙江省公安厅、浙江省财政厅、浙江省地方税务局:《关于进一步加强和改进出租房屋治安管理工作的通知》,2004年6月23日公布,同日施行,浙公通字〔2004〕85号。

浙江省人民代表大会常务委员会:《关于修改〈浙江省暂住人口管理条例〉的决定》,2004年7月30日公布,同日施行,无发文号。

中共浙江省委、浙江省人民政府:《关于进一步加强和改进对农村进城务工人员服务和管理的若干意见》,2006年1月28日公布,同日施行,浙委〔2006〕10号。

浙江省人民政府:《浙江省人民政府关于解决农民工问题的实施意见》,2006年

8月28日公布,同日施行,浙政发〔2006〕47号。

浙江省公安厅:《浙江省公安厅关于印发〈强化流动人口治安管理工作方案〉的通知》,2006年1月13日公布,同日施行,浙公通字〔2006〕10号。

浙江省公安厅:《浙江省公安厅关于印发〈浙江省居住证申领暂行规定〉的通知》,2008年1月10日公布,同日施行,浙公通字〔2008〕14号。

浙江省公安厅:《浙江省常住户口登记管理规定(试行)》,2008年5月15日公布,2008年7月1日施行,浙公通字〔2008〕82号。

浙江省人民政府:《浙江省人民政府关于进一步加强和改进进城务工人员子女教育工作的意见》,2008年11月2日公布,同日施行,浙政发〔2008〕69号。

浙江省人民政府办公厅:《关于贯彻实施〈浙江省流动人口居住登记条例〉的意见》,2009年8月31日公布,同日施行,浙政办发〔2009〕106号。

浙江省人民政府:《浙江省居住房屋出租登记管理办法》,2010年11月12日公布,2011年1月1日起施行,浙江省人民政府令第281号。

浙江省人民政府办公厅:《关于加强流动人口计划生育工作的实施意见》,2011年12月31日公布,同日施行,浙政办发〔2011〕143号。

中共浙江省委办公厅、浙江省人民政府办公厅:《关于完善和创新流动人口管理服务的指导意见》,2014年1月22日公布,同日施行,浙委办发〔2014〕5号。

浙江省人力资源和社会保障厅、浙江省公安厅、浙江省财政厅、浙江省卫生和计划生育委员会、浙江省地方税务局、浙江省工商行政管理局:《关于进一步加强流动人口就业管理服务工作的通知》,2014年1月23日公布,自公布之日起30日后施行,浙人社发〔2014〕26号。

浙江省人民政府办公厅:《关于在嘉兴等地开展居住证制度改革试点工作的通知》,2014年9月9日公布,同日施行,浙政办函〔2014〕85号。

浙江省流动人口管理服务工作领导小组办公室、浙江省公安厅:《关于印发〈浙江省 IC 卡式居住证试点工作方案〉的通知》,2015 年 6 月 11 日公布,同日施行,浙流口办〔2015〕37 号。

浙江省人民代表大会常务委员会:《浙江省流动人口居住登记条例》,2016 年 3 月 31 日通过,2016 年 7 月 1 日起施行。

浙江省流动人口管理服务工作领导小组办公室、浙江省公安厅:《关于印发〈浙江省实施 IC 卡式居住证工作方案〉的通知》,2016 年 7 月 6 日公布,同日施行,浙流口办〔2016〕26 号。

浙江省人民政府办公厅:《关于推行新型居住证制度的通知》,2016 年 8 月 28 日公布,同日施行,浙政办发〔2016〕100 号。

浙江省卫生和计划生育委员会:《关于印发浙江省实施〈流动人口健康教育和促进行动计划(2016—2020 年)〉工作方案的通知》,2017 年 1 月 22 日公布,同日施行,浙卫发〔2017〕6 号。

浙江省人民政府办公厅:《关于浙江省推动非户籍人口在城市落户工作方案的通知》,2017 年 3 月 20 日公布,同日施行,浙政办发〔2017〕26 号。

浙江省公安厅:《关于印发〈浙江省居住出租房屋消防安全要求〉的通知》,2017 年 6 月 30 日公布,同日施行,浙公办〔2017〕144 号。

浙江省农村信用社联合社、浙江省公安厅:《关于创新流动人口管理服务共同推进平安浙江建设指导意见的通知》,2017 年 11 月 27 日公布,同日施行,浙信联发〔2017〕26 号。

浙江省流动人口管理服务工作领导小组办公室、浙江省公安厅:《关于进一步加强和改进居住出租房屋管理的指导意见》,2018 年 11 月 14 日公布,同日施行,浙公办〔2018〕268 号。

浙江省流动人口管理服务工作领导小组办公室、浙江省公安厅:《关于推广使用电子居住证件的通知》,2018 年 11 月 23 日公布,同日施行,浙公办〔2018〕277 号。

浙江省公安厅:《关于印发〈浙江省常住户口登记管理规定〉的通知》,2020年2月28日公布,2020年5月1日起施行,浙公通字〔2020〕5号。

浙江省公安厅办公室:《关于下发〈全省实施网上核发电子浙江省居住证工作方案〉的通知》,2022年1月18日公布,同日施行,浙公办〔2022〕11号。

浙江省应急管理厅:《关于印发〈浙江省消防安全重点单位消防安全评估办法〉〈浙江省居住出租房屋消防安全管理规定〉的通知》,2022年12月13日公布,同日施行,浙应急防火〔2022〕142号。

浙江省人民政府办公厅:《关于优化新市民积分管理服务工作的指导意见》,2023年6月18日公布,2023年7月26日起施行,浙政办发〔2023〕38号。

(三)绍兴市有关流动人口的政策文件

绍兴市公安局:《关于加强暂住人口管理配合做好计划生育工作的通知》,1990年8月22日印发,绍市公治〔1990〕23号。

绍兴市人民政府:《绍兴市建筑施工工地治安管理暂行办法》,1993年12月9日印发,绍市府发〔1993〕105号。

绍兴市人民政府:《绍兴市城镇私房租赁治安管理暂行规定》,1993年12月9日印发,绍市府发〔1993〕106号。

绍兴市公安局:《关于成立绍兴市公安局流动人口管理计划生育管理工作领导小组的通知》,1995年3月5日印发,绍公户〔1995〕2号。

绍兴市人民政府办公室:《关于加强春节前后流动人口计划生育管理工作的通知》,1996年2月15日印发,绍市府办发〔1996〕10号。

绍兴市人民政府办公室:《转发市计生委关于实行流动人口计划生育管理部门把关情况报表制度意见的通知》,1996年5月6日印发,绍市府办发〔1996〕26号。

绍兴市公安局、绍兴市计划生育委员会、绍兴市劳动局:《关于对市区暂住人口实行"合署办公、统一管理"的意见》,1996 年 9 月 3 日印发,绍市公户〔1996〕35 号。

绍兴市人民政府办公室:《转发市公安局关于〈绍兴市出租房屋集中整治方案〉的通知》,1999 年 4 月 2 日印发,市府办发〔1999〕29 号。

绍兴市公安局:《关于进一步加强对出租房屋暂住人口管理工作的通知》,2000 年 11 月 8 日印发,绍市公户〔2000〕23 号。

绍兴市公安局:《关于印发开展流动人口分层次管理工作的意见的通知》,2002 年 7 月 30 日印发,绍市公基〔2002〕9 号。

绍兴市公安局:《暂住人口管理工作责任倒查暂行规定》,2002 年 8 月 20 日印发,绍市公字〔2002〕10 号。

绍兴市人民政府:《绍兴市暂住人口管理办法》,2002 年 10 月 22 日公布,政府令第 55 号。

中共绍兴市委、绍兴市人民政府:《关于加强和改进对农村进城务工人员服务与管理的实施意见》,2006 年 6 月 15 日印发,绍市委发〔2006〕48 号。

绍兴市人民政府:《关于解决农民工问题的实施意见》,2006 年 11 月 5 日公布,绍政发〔2006〕104 号。

绍兴市公安局:《关于印发绍兴市公安局暂住人口信息系统管理规定的通知》,2007 年 6 月 7 日印发,绍公通〔2007〕87 号。

中共绍兴市委办公室、绍兴市人民政府办公室:《关于加强全市流动人口服务管理工作的意见》,2007 年 9 月 3 日印发,绍市委办发〔2007〕87 号。

绍兴市人口和计划生育委员会、绍兴市公安局:《关于全面推行流动人口服务管理协作工作的通知》,2010 年 6 月 3 日印发,绍市人口计生〔2010〕43 号。

绍兴市流动人口服务管理工作领导小组:《关于印发〈绍兴市流动人口服务管理工作领导小组及其办公室工作制度〉的通知》,2010 年 6 月 29 日印发,绍市流动管〔2010〕3 号。

中共绍兴市委办公室、绍兴市人民政府办公室:《转发市流动人口服务管理局〈关于进一步加强和改进流动人口服务管理工作的意见〉的通知》,2010年7月7日印发,绍市委办发〔2010〕84号。

绍兴市人民政府:《绍兴市流动人口居住登记暂行规定》,2010年11月14日印发,市政府令〔2010〕99号。

绍兴市人民政府办公室:《关于印发绍兴市推进流动人口计划生育服务体制机制创新和基本公共服务均等化试点工作实施方案的通知》,2010年12月9日印发,绍政办发〔2010〕172号。

绍兴市公安局:《关于印发全市出租房屋服务管理宣传月活动实施方案的通知》,2011年8月12日印发,绍公通〔2011〕100号。

绍兴市教育局:《关于实行市区流动人口子女初中升学"一卡通"制度的通知》,2011年11月16日印发,绍市教普〔2011〕126号。

绍兴市公安局:《关于进一步加强流动人口登记管理工作的通知》,2012年7月4日印发,绍公通〔2012〕100号。

绍兴市人口和计划生育委员会:《关于进一步加强流动人口计划生育管理的意见》,2013年6月17日印发,市人口计生委〔2013〕22号。

绍兴市公安局、绍兴市流动人口服务管理局:《关于2013年6月份全市流动人口基础信息登记管理工作情况的通报》,2013年7月5日印发,绍市流口发〔2013〕3号。

绍兴市流动人口服务管理工作领导小组:《关于加强流动人口再组织化建设的指导意见》,2013年9月2日印发,绍市流动管〔2013〕7号。

绍兴市人口和计划生育委员会:《关于进一步加强流动人口计划生育管理的意见》,2013年6月17日印发,市人口计生委〔2013〕22号。

绍兴市公安局、绍兴市流动人口服务管理局:《关于印发〈2014年绍兴市流动人口登记管理考核办法〉的通知》,2014年3月3日印发,绍市流口发〔2014〕6号。

中共绍兴市委办公室、绍兴市人民政府办公室:《关于印发〈关于实施流动人口积分制管理的指导意见(试行)〉的通知》,2015年6月10日印发,绍市委办发〔2015〕41号。

绍兴市公安局、绍兴市流动人口服务管理局:《关于印发〈2016年绍兴市流动人口登记管理考核办法〉的通知》,2016年3月10日印发,绍市流口发〔2016〕4号。

绍兴市公安局:《关于明确〈浙江省居住证〉有关事项及申领条件的通知》,2016年7月12日印发,绍公网传〔2016〕656号。

绍兴市公安局:《关于加快推进〈浙江省居住证〉发放进度的通知》,2016年10月10日印发,绍公通〔2016〕168号。

绍兴市人民政府办公室:《关于贯彻浙江省流动人口居住登记条例的实施意见》,2016年12月30日印发,绍政办发〔2016〕114号。

绍兴市教育局、绍兴市流动人口服务管理工作领导小组办公室:《2017年关于积极稳妥推进户籍制度改革、完善义务教育入学管理的意见》,2017年1月5日印发,绍市教〔2017〕5号。

绍兴市公安局:《关于印发2019年度绍兴市县级公安机关流动人口管理服务评估实施方案》,2019年3月5日印发,绍公通〔2019〕51号。

绍兴市教育局办公室:《关于调整义务教育段流动人口随迁子女入学部分条件设置的通知》,2019年3月15日印发,绍市教办发〔2019〕9号。

绍兴市流动人口管理服务工作领导小组办公室:《绍兴市推广居住出租房屋"旅馆式"管理实施方案》,2019年5月13日印发,绍市流动管〔2019〕1号。

绍兴市教育局、绍兴市公安局:《关于进一步做好义务教育阶段流动人口随迁子女积分入学工作的通知》,2019年10月21日印发,绍市教〔2019〕83号。

绍兴市公安局:《关于传发〈2023年度全市流动人口管理服务整治提升行动方案〉的通知》,2023年4月19日,绍公网传〔2023〕428号。

绍兴市公安局:《关于进一步加强流动人口管理服务工作的通知》,2022年7月30日印发,绍公网传〔2023〕928号。

绍兴市公安局:《关于传发绍兴市推行长三角城市流动人口居住证"跨省互通互认"工作实施方案的通知》,2023年8月4日,绍公网传〔2023〕811号。

(四)诸暨市有关流动人口的政策文件

诸暨市公安局:《关于要求批转〈城关暂住人口登记管理实施意见〉的报告》,1986年8月8日印发,诸公治〔1986〕11号。

诸暨市公安局:《关于省市将对暂住人口管理工作进行检查验收的通知》,1994年11月26日印发,诸公户〔1994〕7号。

诸暨市人民政府办公室:《关于成立诸暨市外来人口管理工作领导小组的通知》,1994年12月7日印发,政办发〔1994〕161号。

诸暨市公安局:《关于成立暂住人口管理稽查队的通知》,1996年2月28日印发,诸公户〔1997〕2号。

诸暨市公安局:《关于进一步强化暂住人口管理工作的意见》,1997年3月10日印发,诸公户〔1997〕3号。

诸暨市公安局:《关于印发〈关于全面开展实有人口排查工作的意见〉的通知》,1998年3月2日印发,诸公户〔1998〕2号。

中共枫桥镇委员会:《关于成立外来人口综合管理领导小组的通知》,2001年4月10日印发,枫委〔2001〕24号。

诸暨市公安局:《关于印发〈当前外来流动人口综合管理需明确的几个问题〉的通知》,2003年6月3日印发,诸公基〔2003〕8号。

诸暨市公安局:《转发省公安厅〈关于进一步改进流动人口管理和服务工作〉的通知》,2003年7月4日印发,诸公基〔2003〕11号。

中共诸暨市委办公室、诸暨市人民政府办公室:《诸暨市关于开展外来建设者服务管理工作专项活动的通知》,2006年3月13日印发,市委办〔2006〕35号。

诸暨市公安局:《关于印发〈强化暂住人口管理工作实施意见〉的通知》,2006年4月5日印发,诸公通〔2006〕40号。

中共诸暨市委办公室、诸暨市人民政府办公室:《关于加强流动人口服务管理工作的意见》,2007年9月17日印发,市委办〔2007〕112号。

中共枫桥镇委员会:《关于加强流动人口服务管理工作的意见》,2007年8月23日印发,枫委〔2007〕86号。

诸暨市社会治安综合治理委员会:《关于进一步规范流动人口信息登记工作的通知》,2009年3月20日印发,诸综委办〔2009〕1号。

中共诸暨市委、诸暨市人民政府:《关于印发〈诸暨市社会管理创新综合试点实施意见〉的通知》,2010年9月20日印发,市委〔2010〕46号。

枫桥镇人民政府:《关于印发〈2011年枫桥镇流动人口服务管理工作计划〉的通知》,2011年4月11日印发,枫政〔2011〕20号。

中共诸暨市委办公室、诸暨市人民政府办公室:《转发市流动人口服务管理局〈关于进一步加强和改进流动人口服务管理工作的意见〉的通知》,2011年6月22日,市委办〔2011〕78号。

诸暨市公安局:《关于进一步加强流动人口登记管理工作的通知》,2012年7月4日印发,诸流管领办〔2012〕19号。

诸暨市人民政府办公室:《关于进一步做好外来建设者随迁子女就学工作的实施意见(试行)》,2014年7月28日印发,诸政办发〔2014〕91号。

诸暨市流动人口服务管理工作领导小组办公室:《关于印发〈2015年全市流动人口管理服务工作要点〉的通知》,2015年3月23日印发,诸流管领办〔2015〕6号。

诸暨市公安局:《关于进一步加强流动人口专职协管员队伍建设的通知》,2015年4月7日印发,诸公通〔2015〕36号。

中共诸暨市委办公室、诸暨市人民政府办公室:《关于完善和创新流动人口管理服务工作的意见》,2015年12月20日印发,市委办〔2015〕133号。

中共诸暨市委办公室、诸暨市人民政府办公室:《关于印发〈诸暨市流动人口积分管理办法(试行)〉的通知》,2015年12月31日印发,市委办〔2015〕138号。

诸暨市公安局:《关于印发〈流动人口登记管控专项行动实施方案〉的通知》,2016年7月12日印发,诸公通〔2016〕68号。

诸暨市公安局:《关于印发〈居住出租房屋和流动人口专项整治行动实施方案〉的通知》,2021年6月3日印发,诸公通〔2021〕109号。

诸暨市公安局:《关于印发〈关于进一步加强流动人口管理服务工作的通知〉的通知》,2022年8月1日印发,诸公通〔2022〕142号。

诸暨市公安局:《关于转发绍兴市局〈关于传发〈2023年度全市流动人口管理服务整治提升行动方案〉的通知〉的通知》,2023年4月23日印发,无发文号。

二、档案与报刊

詹肖冰、章柏良:《管理与服务并重 打击与保障并举》,《人民公安报》2000年12月15日,第2版。

张涛:《外来人口的安居乐园》,《人民日报》2003年5月16日。

谢佳:《让900万外来人员安居乐业》,《人民公安报》2003年12月12日,第1版。

虞卓华:《逐步减免流动人口子女借读费》,《人民政协报》2004年7月27日。

陈穆商：《浙江流动人口将纳入法律援助》，《人民日报》2005年5月30日，第1版。

茅卫东、吕瑜洁：《绍兴民工子女入学有"绿卡"》，《中国教师报》2006年2月15日，第A01版。

汤建驰、都培学、朱振岳：《农民工子女入学走"绿色通道"》，《中国教育报》2007年3月5日，第1版。

李婷、钱宪庚：《"新市民"模式彰显城市魅力》，《中国人口报》2007年4月25日，第1版。

余东明、李建：《让流动人口心里不再"流动"》，《法制日报》2007年4月26日，第2版。

王宁、钱宪庚：《浙江多方位构建"一盘棋"格局》，《中国人口报》2008年1月4日，第1版。

谢佳：《浙江推行流动人口服务管理协作工作》，《人民公安报》2008年10月28日，第2版。

钟伟、包震东：《怀揣教育券 就近可入学》，《绍兴日报》2009年1月23日，第7版。

李刚殷：《浙江流动人口年内用上居住证》，《工人日报》2009年4月5日，第2版。

岳德亮：《浙江：持居住证者符合条件可申转常住户口》，《新华每日电讯》2009年6月4日，第1版。

朱振岳：《浙江让外来务工人员子女"读好书"》，《中国教育报》2009年9月2日，第1版。

孔令泉：《浙江探索流动人口管理新模式》，《民主与法制时报》2010年4月19日，第A05版。

贺丹、甘国华、钱宪庚：《区域协作挺进"深水区"》，《中国人口报》2010年4月27

日,第 1 版。

孔令泉:《农民工参选人大代表浙江破冰》,《民主与法制时报》2011 年 1 月 3 日,第 B05 版。

张陆龙、朱馨忆:《让新绍兴人享受更多均等化服务》,《绍兴日报》2011 年 4 月 7 日,第 1 版。

李树成:《为流动人口谋幸福》,《中国人口报》2012 年 11 月 6 日,第 3 版。

王珍、辛永刚:《以平等、尊重、包容之心来做城市民族工作》,《中国民族报》2013 年 11 月 1 日,第 1 版。

倪钰、陈龙、张瑜:《40 万流动人口涌入诸暨 享同城待遇共发展》,《诸暨日报》2014 年 11 月 19 日。

翁均飞、王雨、张瑜:《大唐建成流动人口综合服务中心》,《诸暨日报》2018 年 5 月 9 日。

赵仙芳、王雨:《流动人口共建共享共荣的诸暨实践 创新"四化四式"服务管理模式》,《诸暨日报》2018 年 7 月 12 日。

施力维等:《让流动人口共享同城待遇 绍兴以居住证为载体推动公共服务均等化》,《浙江日报》2021 年 10 月 27 日,第 3 版。

郑亚丽:《人口增量全国第二,浙江吸引力何在》,《浙江日报》2022 年 8 月 5 日,第 2 版。

《我市推广实施流动人口服务管理新模式》,《诸暨日报》2018 年 6 月 15 日。

三、著译作

俞雷主编:《中国现阶段犯罪问题研究》,中国人民公安大学出版社 1992 年版。

应勇、周长康主编:《当代中国小城镇社区犯罪控制》,中国发展出版社 1995

年版。

政协诸暨市文史资料委员会、诸暨市公安局编:《枫桥经验实录》,中共党史出版社 2000 年版。

周长康、金伯中主编:《走向 21 世纪的"枫桥经验"预防犯罪实证研究》,群众出版社 2000 年版。

王智民:《当前中国流动人口犯罪研究》,中国人民公安大学出版社 2002 年版。

魏津生编:《中国流动人口研究》,人民出版社 2002 年版。

李若建等:《走向有序:地方性外来人口管理法规研究》,社会科学文献出版社 2007 年版。

浙江省公安厅编:《浙江公安机关"枫桥经验"的创新发展》,群众出版社 2008 年版。

汪世荣主编:《枫桥经验:基层社会治理的实践》,法律出版社 2008 年版。

赵义:《枫桥经验:中国农村治理样板》,浙江人民出版社 2008 年版。

张维庆主编:《改革开放与中国人口发展》,社会科学文献出版社 2009 年版。

侯亚非、张展新:《流动人口的城市融入:个人、家庭、社区透视和制度变迁研究》,中国经济出版社 2010 年版。

张真理:《社区流动人口服务管理》,中国社会出版社 2010 年版。

朱志华等:《枫桥经验发展论:兼论中国特色整体预防犯罪模式的构建》,浙江人民出版社 2011 年版。

余钊飞:《社会管理创新的"诸暨之路"》,中国法制出版社 2013 年版。

金三林:《人口倒挂地区社会管理研究》,中国发展出版社 2013 年版。

熊光清、喻少如:《流动人口权利救济问题研究》,中央编译出版社 2013 年版。

国家卫生和计划生育委员会流动人口司:《流动人口社会融合理论与实践》,中国人口出版社 2014 年版。

陈丰:《城市化进程中流动人口服务管理创新研究》,华东理工大学出版 2015

年版。

陈菊红:《"国家—社会"视域下的流动人口自我管理研究》,浙江大学出版社2016年版。

梁海艳:《中国流动人口之矛盾:空间集聚与生活隔离》,经济管理出版社2018年版。

梁海艳:《中国流动人口生存与发展状况研究》,经济管理出版社2018年版。

中国法学会"枫桥经验"理论总结和经验提升课题组:《"枫桥经验"的理论构建》,法律出版社2018年版。

《新时代"枫桥经验"的浙江实践》编写组编:《新时代"枫桥经验"的浙江实践》,浙江人民出版社2018年版。

中共绍兴市委党校"枫桥经验"研究中心编写:《新时代"枫桥经验"与基层治理现代化》,浙江人民出版社2018年版。

《新时代"枫桥经验"基层社会治理的诸暨范本》编写组编:《新时代"枫桥经验"基层社会治理的诸暨范本》,新华出版社2018年版。

肖子华、刘金伟编:《流动人口社会融合蓝皮书:中国城市流动人口社会融合评估报告No.1》,社会科学文献出版社2019年版。

徐水源:《社会融合:新时代中国流动人口发展之路》,人民出版社2019年版。

朱志华、周长康主编:《"枫桥经验"的时代之音》,浙江工商大学出版社2019年版。

樊士德:《中国流动人口政策演化与评价:以长三角地区为例》,社会科学文献出版社2020年版。

武玮:《中国大陆流动人口子女的教育融入结果研究》,北京理工大学出版社2020年版。

中国人民公安大学、公安部公安发展战略研究所"枫桥经验"研究中心编:《新时代"枫桥经验"与基层社会治安治理创新》,中国人民公安大学出版社

2020 年版。

卢芳霞、余钊飞、刘开君编:《"枫桥经验"概论》,浙江人民出版社 2020 年版。

卢芳霞等编:《创新"枫桥经验" 建设平安浙江》,浙江大学出版社 2021 年版。

陈亚辉:《中国流动人口的城市融入与社区参与研究》,东北师范大学出版社 2021 年版。

彭灵灵:《流动人口的社会融入》,知识产权出版社 2021 年版。

郭静:《流动人口基本公共卫生服务实施效果评价:十年回顾研究 我国流动人口基本公共卫生服务实施效果的历史回顾与总结评价》,化学工业出版社 2022 年版。

李雅楠:《中国流动人口家庭化迁移与社会融合》,知识产权出版社 2022 年版。

夏伦:《流动人口发展路径的统计分析——从提升主观幸福感到社会融入的转变》,经济科学出版社 2023 年版。

四、论文

田味:《浙江省纪念毛主席对枫桥经验批示 30 周年召开研讨会——探索小城镇社区犯罪控制的战略意义》,《公安研究》1994 年第 2 期。

浙江省公安厅、中共绍兴市委、诸暨市委联合调查组:《预防化解矛盾 维护农村稳定——'枫桥经验'新发展》,《公安学刊》1998 年第 6 期。

叶寒冰:《"枫桥经验"在农村社会稳定中的作用》,《学习与思考》1998 年第 12 期。

本刊特约评论员:《推广"枫桥经验" 维护社会稳定》,《今日浙江》1999 年第 10 期。

浙江省公安厅、绍兴市委、诸暨市委联合调查组:《看枫桥如何实现矛盾少发展快——关于"枫桥经验"创新与发展的调查》，《今日浙江》2003年第23期。

李朝晖：《人口流动与城市冲突》，《中国改革》2005年第9期。

段成荣、孙玉晶：《我国流动人口统计口径的历史变动》，《人口研究》2006年第4期。

刘贵山：《1949年以来中国户籍制度演变述评》，《天津行政学院学报》2008年第1期。

郑秉文：《改革开放30年中国流动人口社会保障的发展与挑战》，《中国人口科学》2008年第5期。

中共绍兴市委政法委课题组、戴辉：《"枫桥经验"是维护基层和谐稳定的法宝——五年来绍兴市探索实践"枫桥经验"调研报告》，《公安学刊》（浙江警察学院学报）2008年第6期。

中共诸暨市委、诸暨市人民政府调研组：《以矛盾少治安好发展快推进平安和谐新农村建设——新的历史起点上"枫桥经验"的创新发展》，《公安学刊》（浙江警察学院学报）2008年第6期。

朱志华、周长康、孙永刚：《从源头上预防流动人口犯罪——长三角地区流动人口犯罪问题的调查与思考》，《浙江社会科学》2009年第9期。

周长康：《"枫桥经验"的科学发展——中国特色整体预防犯罪模式的构建》，《山东警察学院学报》2009年第5期。

金伯中：《论"枫桥经验"与社区警务创新发展》，《公安学刊》（浙江警察学院学报）2009年第1期。

陈一新：《"枫桥经验"的新发展与新启示——关于浙江诸暨市加强和创新社会管理的调查与思考》，《政策瞭望》2011年第5期。

冯卫国：《转型期中国基层社会的犯罪治理——以"枫桥经验"为视角》，《山东警察学院学报》2011年第4期。

周学馨：《我国流动人口治理及机制研究》，《行政管理改革》2012年第1期。

张瑞:《中国流动人口管理与服务问题研究综述》,《当代经济管理》2013年第2期。

马永定、戴大新、吴佳宝:《枫桥经验:践行党的群众路线的典范》,《观察与思考》2013年第11期。

陈福连:《绍兴市公安机关坚持发展"枫桥经验"的实践与启示》,《公安学刊》(浙江警察学院学报)2013年第3期。

翁里、刘献明、刘萍:《"枫桥经验"与社区化治安管理》,《公安学刊》2014年第3期。

中共浙江省委政法委员会课题组:《坚持和发展"枫桥经验"、加强和创新群众工作的调查与思考》,《公安学刊》(浙江警察学院学报)2014年第3期。

卢芳霞:《"枫桥经验"与流动人口再组织化建设》,《中共杭州市委党校学报》2014年第2期。

肖子华:《习近平流动人口社会融合思想研究》,《人口与社会》2016年第3期。

潘益民:《新时代"枫桥经验"的创新研究——基于公安基层基础和治安防控建设的思考》,《公安学刊》(浙江警察学院学报)2018年第1期。

"枫桥经验"联合蹲点调研组、金伯中:《社会治理的典范 平安和谐的绿洲——枫桥镇提升推广新时代"枫桥经验"调查报告》,《公安学刊》(浙江警察学院学报)2018年第3期。

梁勇、马冬梅:《现阶段我国城市流动人口变动的新特点及服务管理创新》,《理论与改革》2018年第1期。

熊万胜、严子泳:《结构性融合:流动人口社会融合的新形态》,《东北农业大学学报》(社会科学版)2022年第3期。

邢祖哥、黄耿志、薛德升:《中国城市流动人口社会融合的空间格局与影响机制》,《地理学报》2022年第10期。

王洁晶、张沐华:《中国流动人口市民化:理论、概念、影响因素与制度创新》,《西北师大学报》(社会科学版)2023年第5期。

桑瑞娇、虞惠雯、毛哲玮:《流动人口特征变化与犯罪预防研究》,《云南警官学院学报》2023年第3期。

编写说明

《"枫桥经验"流动人口服务管理史料与研究》一书主要由导论、正文两大部分组成。导论主要从历史维度梳理了"枫桥经验"与流动人口服务管理工作60年的发展历程，并根据不同阶段流动人口服务管理模式的嬗变刻画出"枫桥经验"流动人口服务管理模式的内在逻辑转向，从而得出60年来"枫桥经验"流动人口服务管理工作不断创新发展的启示。正文分成四章内容：第一章是"枫桥经验"与流动人口教育改造（1963—1978年），共收录了5份史料；第二章是"枫桥经验"与流动人口综合管理（1979—2002年），共收录了26份史料；第三章是"枫桥经验"与流动人口服务管理（2003—2012年），共收录了50份史料；第四章是"枫桥经验"与流动人口融合治理（2013—2023年），共收录了34份史料。全书共计收集115份史料。

本书由浙江警察学院"枫桥经验"与社会治理研究院教授卢芳霞编著。中国人民公安大学硕士研究生（本科毕业于浙江警察学院）李嘉豪与卢芳霞教授共同商定研究思路、拟定大纲，并参与了导论、史料提要等的撰写工作。中共浙江省委党校硕士研究生蒋林慧承担了大量史料整理与编校工作。浙江警察学院"枫警社"社长陈杭洋，副社长钱晨雨、蒋承珂，社员贺宇涛、王智立、叶珈卉、楼舒睫、顾盼、周恒毅、陈科霏、李夏雨、李汝莹、林田宜、周霆昂、孙俊杰参与了史料整理。浙江省公安厅、绍兴市公安局、诸暨市公安局、诸暨市档案馆、枫桥镇、店口镇、大唐镇等提供了大量相关史料。在此,表示衷心感谢。

由于时间仓促和水平有限,本书难免存在疏漏和不足之处,敬请读者批评指正。

编著者

2023 年 7 月

图书在版编目(CIP)数据

"枫桥经验"流动人口服务管理史料与研究 / 卢芳霞编著. -- 北京：商务印书馆, 2025
（"枫桥经验"史料整理与研究）
ISBN 978-7-100-23062-9

Ⅰ.①枫⋯　Ⅱ.①卢⋯　Ⅲ.①流动人口—社会管理—史料—研究—诸暨　Ⅳ.①D631.42

中国国家版本馆CIP数据核字（2023）第181560号

权利保留，侵权必究。

"枫桥经验"史料整理与研究
第六卷
"枫桥经验"流动人口服务管理史料与研究
卢芳霞　编著

商　务　印　书　馆　出　版
（北京王府井大街36号　邮政编码100710）
商　务　印　书　馆　发　行
南京爱德印刷有限公司印刷
ISBN 978-7-100-23062-9

2025年8月第1版　　开本 720×1000 1/16
2025年8月第1次印刷　　印张 34
定价：188.00元